KB220243

창세기 연구

창조와 축복

창세기 연구 창조와 축복

총편집인 김 의 원
지 은 이 안 오 순
발 행 일 2020년 10월 20일
발 행 처 도서출판 사무엘
등 록 제972127호 (2020.10.16)
주 소 안양시 동안구 관악대로 282 고려빌딩 3층
표 지 김 별 아

ISBN 979-11-972127-3-4
값 25,000원

Copyright©2020안오순

이 책은 저작권법에 따라 보호받는 저작물입니다.
저자의 허락 없이 무단으로 전재, 복제하는 것을 금지합니다.
내용의 일부를 이용하려면 반드시 저작권자의 서면 동의를 받아야 합니다.

SEE 성경과 신학 시리즈 01

성경 교사와 설교자를 위한 기본과정 102

창세기 연구

창조와 축복

총편집인 김 의 원

지 은 이 안 오 순

도서출판 사무엘

머리말

우리는 여러분이 '성경 교사'로 임명받기를 원합니다.

"내가 이 복음을 위하여 선포자와 사도와 교사로 세우심을 입었노라" (딤후 1:11)

교회는 세상의 유일한 희망입니다!

지난 수 세기 동안 인류는 과학과 지식의 발달로 교회 밖에서 희망을 찾으려 노력하였습니다. 합리주의, 계몽주의, 낭만주의, 실존주의, 공산주의, 그리고 과학주의 등이 연거푸 일어나면서 교회는 세상에서 설 자리를 잃어버린 것 같았습니다. 그 결과는 절망적인 사건들로 이어졌습니다. 식민주의와 패권주의는 인류를 제1차 제2차 세계대전의 혼돈으로 몰아갔고, 물질문명과 세속주의는 도덕적 위기 속에 빠트렸습니다. 여기서 그치지 않았습니다. 과학만능주의와 상업주의는 인류에게 환경파괴와 기후변혁과 바이러스 재앙 등을 안기면서 미래를 어둠에 갇히게 했습니다.

새 천 년에서 교회가 세상의 유일한 소망이어야 합니다. 세상은 하루가 다르게 급변하고 있습니다. 교회는 여기에 대한 구체적인 대응을 해야 합니다. '콘텍스트(context)'와 환경은 변하지만, '텍스트(text)'와 진리는 변하지 않기 때문입니다. 변하지 않는 진리를 변화하는 세계에 적용하려면 교회의 본질을 살펴야 합니다.

교회의 중심은 성경에 있습니다. 성경은 하나님의 구원 사역에서 유일한 길이기 때문입니다. 성경은 역사의 소용돌이 속에서 여전히 영혼을 구원하고 교회를 바르게 세우며, 성도를 양육하기 위해서 주신 하나님의 도구입니다.

오늘 교회에서 그 일을 해야 할 사람은 누구인가요? 바로 "성경 교사"입니다. 혼돈의 시대일수록 교회는 성경을 바르게 배우고 가르치면서 성경대로 사는 "성경 교사"가 필요합니다. 성경을 바르게 배우고 가르치지 않고서는 교회의 건강을 논할 수 없습니다. 성경을 바르게 배워야 바른 믿음을 가질 수 있고 바른 삶을 살 수 있습니다.

세속화의 거센 파도 속에서 유럽, 미국뿐 아니라 한국교회마저 힘을 잃으면서 선교지로 바뀌고 있습니다. 목사들, 신학자들과 선교사들이 넘치고, 거리마다 교회들이 즐비하며, TV와 SNS에서 설교는 넘치는데, 왜 그런 일이 생기는 것일까요? 그들만으로는 부족하기 때문입니다. 교회가 바르게 서려면 "성경 교사"의 바른 가르침과 바른 삶이 절대적으로 필요합니다. 이 대열에 동참하는 "성경 교사"가 많으면 많을수록 '품격 있는 신자', '건강한 교회'로 자라면서, 세상에 대안을 제시하는 '대안 공동체'로서의 교회로 거듭날 수 있습니다.

사무엘연구원(SEE: Samuel Education by Extension)는 그 일을 위해서 총 다섯 과정의 성경 공부 과정을 만들었습니다. 그것을 두 단계로 구분할 수 있습니다. 첫째 단계는 네 과정으로 야구 '베이스'를 기초하여 '1루(101, 102…)', '2루(201, 202…)', '3루(301, 302…)', 그리고 '홈베이스(401, 402…)'로 나누었습니다. 이를 마치면 "성경 교사"(1급)의 자격을 줍니다. 둘째 단계는 심화 과정(501, 502…)으로 "성경 교사"(2급)의 자격을 줍니다.

I. 1단계: 「성경 교사」(1급)(1A, 1B, 1C, 1D)의 자격 과정(10과목)

1) SEE 기본 과정(1루, 1A: 101, 102)

요한복음(101), 창세기(102) 중에서 열다섯 강의를 선택하여 공부합니다. 성경의 기초 과정으로 아직 예수님을 모르는 사람은 그분을 그리스도로 믿고 고백하기를 원합니다. 이미 예수님을 그리스도로 믿은 사람은 성경에 기초한 건강한 믿음을 굳게 하기를 바랍니다.

이 공부는 귀납법적으로 본문을 배우고, 본문에서 배운 그 메시지를 내 삶의 현장에 적용하며 실천하는 데 그 목적이 있습니다.

2) SEE 중급 과정(2루, 1B: 201, 202)

이 과정에서는 사도행전(201) 중에서 열다섯 강의를 선택하여 공부하고, 로마서(202) 전체를 공부합니다. 우리는 이 과정을 통해 성경의 렌즈로 나와 교회, 그리고 이 세상을 보는 가치관과 삶의 변화가 있기를 기대합니다.

이 과정에서는 성경 본문을 먼저 읽고, 그 후에 문제를 풀어야 합니다. 그리고 말씀 공부를 마친 후에는 배운 바를 자기 삶과 교회에 적용하여 그 내용을 글로 써야 합니다.

3) SEE 고급 과정(3루, 1C: 301, 302, 303)

이 과정부터는 성경 과목을 자기 형편에 따라 순서를 바꿀 수 있습니다. 우리는 마태복음(301), 레위기(302), 그리고 에베소서(303) 등을 공부하기를 권합니다.

이 과정에서는 말씀을 깊이 공부하면서 사역 현장에 적용하는 능력을 배웁니다. 즉 성경의 렌즈에 기초한 목회적 능력을 길러야 합니다. 따라서 성경을 배우는 사람은 가장 먼저 본문을 읽고 주제별로 문단을 나눠야 합니다. 말씀을 배우고 난 후에는 그 말씀을 나와 교회, 그리고 우리 시대에 적용하여 글로 써야 합니다.

4) 석의와 설교 과정(홈베이스, 1D: 401, 402, 403, 404)

위의 기본 과정, 중급 과정, 그리고 고급 과정을 이수한 후에 다음 과목 중에서 세 과목을 선택할 수 있습니다. 우리는 사무엘서(401), 이사야서(402), 고린도전서(403), 히브리서(404) 등을 심도 있게 석의하며 배우기를 원합니다. 그 외에도 누가복음(405) 출애굽기(406) 디모데전서(407) 등이 있습니다. 그 과정을 통해 배운 핵심 주제를 우리의 삶에 적용하는 설교문을 작성합니다. 우리는 이것을 '성경 중심의 설교'라고 부릅니다. 우리는 이 과정을 통해 설교자로서의 기초 훈련을 쌓도록 돕고자 합니다.

우리는 이 과정을 마친 사람에게 "성경 교사"(1급)의 자격증을 수여할 수 있습니다. "성경 교사"(1급)은 교회 혹 선교지 학교의 성경공부반이나 평신도를 가르칠 수 있습니다.

II. 2단계: 「성경 교사」(2급)의 자격 과정(16과목)

5) 심화 과정(501, 502…)

SEE의 기본과정, 중급과정, 고급과정, 그리고 석의와 설교 과정을 이수한 후에 각 교회와 학교에서 선택적으로 더 많은 성경 과목을 연구하는 과정입니다. 민수기, 학개, 스가랴, 마가복음, 야고보서, 요한계시록 등을 배울 수 있습니다. 여기에 구약신학, 신약신학, 조직신학, 교회사 각 1과목씩을 공부합니다.

우리는 이 과정을 마친 사람에게 "성경 교사"(2급)의 자격증을 수여할 수 있습니다. "성경 교사"(2급)은 "성경 교사"(1급)을 가르칠 수 있으며, 선교지의 평신도 선교사로 사역할 수 있습니다.

이 과목들을 학위의 과정인 신학 과정(BA), 성경학 과정(Th. B.) 등에서 사용할 수 있습니다.

이 시리즈를 출간하는 데에 격려와 도움을 준 동북아선교회의 고 김교찬 장로, 임종훈 장로, 장신기 장로, 한춘선 집사 제위께 감사드립니다.

아테아(ATEA) 대표
사무엘연구원(SEE) 원장
김의원(철학박사, 구약)

차례

서론

성경 공부, 무엇을 위해 어떻게

1. 성경 공부의 목적

첫째로, 성경을 기초부터 체계적으로 공부함으로써 예수님을 그리스도로 믿고 고백하는 데 그 목적이 있습니다. 둘째로, 체계적인 성경 공부를 통하여 말씀에 기초한 신앙을 확립하는 데 그 목적이 있습니다. 성경을 통하여 그 가치관과 삶이 변하여 건강하고 영향력 있는 예수님의 제자가 되는 겁니다. 마지막으로, 땅끝까지 이르러 예수님 증인의 삶을 살도록 하는 데 그 목적이 있습니다. 즉 이 시대를 섬기는 성경 교사로 사는 겁니다.

1) 학습자(양)

양은 아직 예수님을 믿지 않은 사람이거나, 이제 막 예수님을 믿는 어린 신자를 말합니다. 그 양에게 성경을 기초부터 체계적으로 가르침으로써 성경에서 가르치는 예수님을 인격적으로 만나고, 예수님을 그리스도로 믿고 고백할 수 있도록 돕고자 합니다(마 16:16).

그 후에는 성경 말씀에 기초한 기독교 인생관, 세계관, 그리고 역사관을 심고자 합니다. 그리하여 '무늬만 신자'가 아닌 세상에 대하여 소금과 빛으로 영향력을 끼치는 성숙한 신앙인으로 자라도록 돕고자 합니다(마 5:13).

2) 인도자(목자)

목자는 양에게 성경을 가르치고, 삶의 본을 보이는 사람을 말합니다. 그는 국내뿐만 아니라 세계에까지 나아가 성경 교사요 설교자로 자라야 합니다. 즉 성경 말씀에 기초한 신앙과 인격을 겸비하여 삶의 현장에서 영향력을 끼치는 지도자로 자라야 합니다.

2. 성경 공부 자세

1) 성경은 특수한 상황에 부닥친 특별한 공동체에 주신 메시지입니다.

성경을 진공상태에서 기록하지 않았습니다. 특별한 공동체가 처한 어떤 문제를 해결하거나 도움을 주기 위해서 기록했습니다. "성경은 오늘 '우리를 위하여(for us)' 기록했지만, 오늘 '우리에게(to us)' 기록한 것은 아닙니다." 그러므로 우리는 '당시', '그 교회에' 주신 '그 메시지'를 먼저 찾아야 합니다. 이를 위해서 두 가지 기본적인 지침을 마음에 새겨야 합니다.

첫째로, 오늘날의 문화적인 전제로 본문을 읽지 않아야 합니다. 즉 오늘 우리의 '렌즈'로 성경 본문을 읽지 않아야 합니다. 우리의 세계는 성경의 세계와는 다르기 때문입니다. 당시의 사회 문화 종교에 기초하여 성경 본문을 봐야 합니다.

둘째로, 현대의, 혹은 자신의 고정된 신학으로 읽지 않아야 합니다. 최대한 자기의 생각을 버리고 성경 말씀이 무엇을 말하고 있는가를 먼저 듣도록 해야 합니다. 그래야 말씀이 마음에 들립니다.

2) 성경은 당시 언어로 주신 메시지입니다.

성경 본문을 대할 때 구문과 어휘에 관심을 가져야 합니다. 즉 주어와 동사, 주절과 종속절의 관계, 그리고 원인과 결과, 전환을 살펴야 합니다. 또 반복되는 단어나 사상에 대해서 주의를 기울여야 합니다. 그러면 처음 청중에게 주신 '그 메시지'를 좀 더 바르게 찾을 수 있습니다.

3) 오늘 나와 교회 공동체에도 적실하게 적용할 수 있는 메시지입니다.

본문은 당시 특별한 교회에 주신 메시지입니다. 동시에 오늘 우리에게도 적실하게 적용할 수 있는 메시지입니다. 그러므로 먼저 본문의 '그 메시지'를 귀담아들으면 오늘 내 삶에도 적실하게 적용할 수 있습니다. 내 삶의 문제를 해결하기 위해서 본문을 보지 말고, 본문을 통해 내 삶의 문제를 해결하도록 해야 합니다.

다음과 같은 질문을 마음에 두고 본문을 살펴보는 것이 좋습니다.

본문이 주고자 하는 한 가지 메시지는 무엇인가?

본문이 하나님, 예수님, 그리고 성령님에 대해서 어떻게 가르치는가?

신앙생활에 따르는 하나님의 명령 또는 약속, 피해야 할 죄와 실천해야 할 행동은 무엇인가?

현재 나와 우리 교회, 그리고 이 시대가 부딪치는 문제에 대한 교훈이나 방향은 무엇인가?

3. 본 교재 구성

"미리 보기"는 본문의 개요를 읽히는 데 도움을 줍니다. 각 강의를 세 단계로 구성했는데, 문제지, 문제 풀이, 그리고 설교문 등입니다. 설교문은 '별책'으로 만들었습니다.

"문제지"는 성경을 가르치는 교사는 물론이고 성경을 배우는 학생도 본문을 따라서 먼저 풀어야 합니다. "문제 풀이"는 성경 교사가 본문을 가르칠 때 사용해야 합니다. "설교문"은 본문에서 배운 바를 우리 삶에 적용하며 글로 쓰도록 하는 지침서입니다. 그뿐만 아니라 사역 현장에서 설교문을 작성하는데 길잡이를 할 수 있습니다. "설교문"은 교회 현장에서 실제 설교했던 것을 정리한 겁니다. 찬송가는 "새찬송가"를, 성경본문은 "개역개정한글"을 사용했습니다.

4. 성경 공부 인도하는 방법

인도자는 함께 공부하는 양(들)과 함께 본문을 한 절씩 돌아가면서 읽습니다. 양이 한 문제를 읽고 본문에 기초하여 답을 말합니다. 그 문제를 다 푼 후에 인도자가 보충 설명 및 질문을 합니다. 그때 주의해야 할 점은 자기 생각을 먼저 말하기보다는 성경이 무엇을 말하는지를 먼저 생각하고 답해야 합니다. 전체 시간 조정을 위해서 한 문제에 많은 시간을 보내서도 안 되고, 한 사람이 많은 말을 하지 않도록 하는 섬세함이 필요합니다.

인도자는 전체 문제를 다 풀고 나면 본문에 대한 핵심을 다시 정리하고, 그 핵심에 근거하여 각 사람이 배운 바를 한 마디씩 짧게 발표하도록 합니다. 그리고 오늘 본문을 통하여 배운 메시지를 삶의 현장에서 실천할 수 있도록 기도합니다.

중급과 고급과정에서는 오늘 배운 바를 글로 써서 다음 주에 서로 발표하면 더 큰 은혜를 나눌 수 있습니다.

성경 교사(목자)와 학생(양)이 개인적으로 공부할 때는 1대1로 하는 것이 가장 좋습니다. 또는 1대2-3으로 그 수를 제한해야 합니다. 그래야 서로 인격적 관계성을 맺으며 삶으로 배울 수 있기 때문입니다.

5. 본 교재를 만들면서

본 교재를 만들면서 두 가지 점에 집중했습니다. 하나는, 본문이 말하는 '그 메시지'를 찾고자 했습니다. 다른 하나는, '그 메시지'를 오늘 우리에게 적실하게 적용하려고 했습니다. 왜냐하면 오늘의 사역 현장에서 가장 안타까운 점을 들라면, '본문을 잃어버린 설교'와 '청중을 잃어버린 설교'라고 생각하기 때문입니다. 따라서 성경 교사가 가르쳐야 하는 '성경 본문(text)'과 그 본문을 들어야 하는 '청중(context)'이라는 두 개의 기둥을 살리려고 애썼습니다. '본문'과 '청중', 즉 '석의(exegesis)'와 '적용(application)'의 두 기둥을 바르게 균형을 잡으면 잡을수록, 또 그 대열에 동참하는 성경 교사가 많으면 많을수록 우리 교회는 양들이 뛰노는 푸른 초장으로 변화할 겁니다. 변화의 소용돌이 속에서 버거워하고 있는 성도에게 영양분을 제공하여 그들의 삶을 변화시키고, 세상에 대항하는 대안 공동체를 이룰 겁니다. 그리고 그 '장막터'를 한국은 물론이고 세계에까지 넓힐 수 있습니다(사 54:2).

이 교재를 만들도록 오랫동안 격려하며 도와주신 김의원 총장님께 감사합니다. 할 일이 많은 중에도 책을 읽기에 좋도록 정성을 다하여 섬겨주신 윤병운 목사님과 출판을 위해 애를 써준 함윤길 목사님에게 감사합니다. 교정에 시간과 마음을 써준 유명진 목사님에게 감사합니다.

저를 대학생 때부터 오늘의 성경 선생으로 자라도록 섬겨주신 이다니엘 목자님께 감사합니다. 그리고 개척 때부터 오늘까지 캠퍼스 복음 사역을 함께 섬기며 설교에 참여한 사랑하는 '한남교회' 동역자와 아내 최영선 사모, 두 아들 스데반과 예성에게 고마움을 전합니다.

이 교재가 '성경한국'과 세계선교에 헌신하는 동역자들에게 보리빵 다섯 개처럼 쓰임 받기를 기도합니다.

2020년 10월 20일

아테아(ATEA) 지도자개발연합회 교수위원장
사무엘연구원(SEE) 성경연구분과 위원
안오순(신학박사, 설교학)

미리 보기

창조와 축복

"내가 너로 큰 민족을 이루고 네게 복을 주어 네 이름을 창대하게 하리니 너는 복이 될지라"
(창 12:2)

1. 오경

모든 성경은 진공상태에서 기록되지 않았다. 모든 성경에는 기록한 사람의 의도가 실려 있다. 즉 궁극적으로 전달하려는 메시지가 담겨 있다.[1] 그리고 그 메시지를 효과적으로 전달하기 위해서 나름대로 구조를 마련했다. 따라서 성경 해석자 내지는 설교자는 이 구조를 제대로 이해해야 한다. 그럴 때만이 성경을 기록한 사람의 의도를 정확하게 알 수 있다.

오경은 그 어느 책보다도 독특한 구조로 되어 있다. 위대한 작품의 탁월성은 다층적인 구조 속에서 더 크게 드러난다. 양파와 같이 다양한 층의 묘미를 오경과 같이 복합적인 책에서 기대할 수 있다.[2] 그 묘미를 발견하기 위해서는 기록된 말씀에 대해서 '문예적· 역사적· 신학적 해석'을 추구해야 한다. 개혁주의 성경 해석학은 이런 문제의식에서 시작한다.

---

1) 김의원, 『하늘과 땅, 그리고 족장들의 톨레돗』(서울: 총신대학교 출판부, 2005), 3.
2) 송제근, "창세기의 구조와 신학," 『창세기 어떻게 설교할 것인가』 (서울: 두란노, 2003), 11-12.

첫째로, 문예적 해석은 본문을 보다 '공시적이고(synchronically)' '통시적으로(diachronically)'[3] 보는 해석을 기본으로 한다. 거기에 수사학적 접근과 본문 상호 간 해석까지 포함하여 '말씀의 내용' 뿐만 아니라 '말씀의 멋과 아름다움'까지 보려고 시도한다.

둘째로, 역사적 해석은 성경 역사의 배경을 살피는 것이다. 그런데 성경 본문의 역사적 배경을 살피는 것으로 그치지 않고 더 넓은 배경을 이루고 있는 고대 근동 아시아의 문화와 종교와 역사도 살핀다. 그리하여 '비교와 대조'의 방법으로 구약 신앙의 독특성과 역사성을 찾고자 한다.[4]

셋째로, 신학적 해석은 이런 과정을 통해서 당시 청중에게 주는 본래의 의미를 찾는 작업이다. 그리하여 그 의미를 오늘의 청중에게 적실하게 적용하는 것까지를 말한다.

이런 '렌즈'를 도구로 삼을 때만이 본문을 기록한 사람이 말하고자 하는 '그 의미'를 가장 정확하게 배울 수 있다. 물론 그 방법이 '유일한' 것이나 '절대적인' 것은 아니다. 하지만 성경의 메시지를 가장 잘 반영할 수 있는 '제일 나은 방법'이라고 믿는다. 그 렌즈로 볼 때 오경은 어떤 책인가?

---

3) 어떤 특정한 시기에 쓴 하나의 작품으로 이해하려고 노력한다. 더 오래된 자료비평은 통시적으로 생각하는 경향이 있다. 즉 그것은 '언제, 어떻게 작품으로 만들었으며, 그것의 자료는 무엇이었는가' 등을 묻는다. 성경 연구에서 좀 더 오래된 통시적 접근 방법으로부터 현대의 공시적 방법으로의 변화는 언어학에서의 유사한 접근 방법의 변화를 반영한다. Gordon J. Wenham, *WBC-Genesis*, 박영호 옮김, 『창세기』 (서울: 솔로몬, 2000), 46. '통시적(diachronic)'이란 말은 '시간을 통하여(through time)'라는 뜻이다. 따라서 기본적으로 시간적 양식(temporal mode)에서 통시적 접근을 사용한다. 대부분 구약 신학이 시간적 흐름(temporal sequence), 즉 역사적 발전의 한 형태라는 면에서 통시적 전개를 제시해 왔다. 하지만 여기에 조직적인 정렬의 필요성을 더 강하게 주장해 왔다. 이것을 '공시적 접근'이라 부른다. 여기서는 '조직적(systematic)'이라는 말을 강조한다. 즉 '공시적- 조직적(synchronic- systematic)' 접근은 하나의 개념이나 개념의 묶음을 중심으로 구약의 자료를 포괄적으로 정렬하는 시도이다. John H. Sailhamer, *Introduction to Old Testament Theology*, 김진섭 역, 『구약신학 개론: 정경적 접근』 (서울: 솔로몬, 2003), 313-330을 보라.

4) 김정우, 『구약통전: 구약성경 바르게 읽기(상)』 (서울: 이레서원, 2002), 36.

1) 오경의 명칭

"오경(Pentateuch)"이란 말은 '라틴어 역본(Latine Vulgate)'의 표제에서 비롯했다. 이것은 헬라어 역본인 '칠십인 경(LXX, Septuagint)'의 명칭을 따른 것이다.[5] 그러나 구약과 신약에서는 '오경'이라는 말로 부르지 않는다.[6] 그러면 오경을 공부할 때 가져야 할 가장 기본적인 자세는 무엇인가?

(1) 오경은 '한 권'의 책이다.

"모세 오경은 한 권의 책이다."[7] 오경, 즉 "다섯 권으로 된 책"은 마치 각 권이 서로 떨어져 있는 것처럼 보인다. 하지만 "오부로 된 한 권의 책(five part book)"으로 이해해야 한다.[8] 고대 이스라엘에서는 두루마리에 성경을 기록했기 때문에 이용하거나 보관하기 위해서는 길이를 제한할 수 밖에 없었다. 그래서 다섯 권으로 구분하여 기록할 수밖에 없었다.[9] 그러

---

5) 헬라어 "ἡ πεντάτευχος(헤 펜타튜코스)"는 '다섯 부분으로 이루어진 책'을 의미한다. 라틴어로는 "*penta*(다섯)"와 "*teuchos*(파피루스 두루마리를 운반하기 위한 상자, 나중에는 두루마리 자체)"로 번역하였다. John H. Sailhamer, 『"서술"로서의 모세오경(상)』, 28-29.

6) 구약과 신약에서는 다음과 같이 부른다. 1) 구약- "율법"(수 8:34, 느 8:2, 7, 13, 스 10:3, 대하 14:14), "율법서"(신 31:26, 수 1:18, 왕하 22:8, 느 8:3 3), "여호와의 율법"(스 7:10, 대상 16:40, 대하 31:3), "하나님의 율법"(느 10:28-29, 말 4:4), "모세의 율법"(단 9:11, 13), "모세의 율법서"(수 8:31; 23:6, 왕하 14:6). 2) 신약- "율법"(마 12:5, 눅 16:16, 요 7:19), "율법의 책"(갈 3:10), "여호와의 율법"(눅 2:3-24), "모세의 율법"(눅 2:22, 요 7:23), "모세의 책"(막 12:26). 유재원, 『모세오경』(서울: 솔로몬, 1998), 7-8; Hebert M. Wolf, *An Introduction to The Old Testament Pentateuch*, 엄성옥 옮김, 『오경개론』(서울: 은성, 2002), 18.

7) John H. Sailhamer, 『"서술"로서의 모세오경(상)』, 3.

8) Hebert M. Wolf, 『오경개론』, 18.

9) 유대인은 포로 후기 전에는 양피지를 사용하지 않았다. 그들은 문서를 파피루스에 기록했다(렘 36장). 파피루스는 양피지만큼 견고하거나 유연하지 못하였다. 따라서 글을 짧게 쓸 수밖에 없었다. 따라서 긴 책이 거의 없었다. Gordon J. Wenham, *Exploring the Old Testament. vol. 1: The Pentateuch*, 박대영 옮김, 『성경이해 3: 모세오경』(서울: 성서유니온선교회, 2007), 28. 성경의 장(chapter)을 나눈 사람은 1200년경 켄터베리(Canterbury) 주교(Archbishop)였던 스티븐 랭턴(Stephen Langton, 1150-1218)이다. Ibid., 26. 한편 프랑스의 궁정 인쇄 기술자인 스테파노스

나 원래의 작품은 한 권의 책으로 약 2,700년간의 역사를 다루고 있다.[10)]

(2) 오경은 한 사람이 기록했다.

오경이 한 권의 책이라는 사실은 그것이 한 사람이 기록했다는 사실로 이어진다. 그리고 그것을 기록한 사람은 하나의 목적이 있음을 말한다. 그는 오경을 기록함으로써 그 목적을 달성하려고 하였다. 오경을 이해하려면 이 기록자의 의도에 주의를 기울여야 한다.[11)]

기록한 사람은 누구인가? 유대교와 신약성경은 모세로 본다(요 5:46). 구약성경에서도 모세임을 증언한다(출 17:14).[12)] 모세가 다음과 같은 것을 썼다는 데에는 의심의 여지가 없다: 아말렉에 대한 하나님의 심판(출 17:14), 언약의 책(출 24:4-8), 언약의 회복(출 34:10-26), 여행기(민 33:3-40), 신명기 31장까지의 상당 부분, 그리고 두 편의 시(신 32장, 시 90편) 등이다.[13)] 유일한 논란은 신명기 34:5 이하에 나오는 모세 죽음에 관한 내용이다. 필로(Philo)와 요세푸스(Josephus)는 모세가 자기의 죽음을 묘사했다고 확언한다. 반면 탈무드는 "토라(תּוֹרָה, Torah)"의 여덟 절, 마지막 여덟 절을 여호수아에게 돌리고 있다.[14)]

(Stephanus, 1503-1559)는 신약성경을 절(verse)로 구분하여 1551년 출간했다. 신구약 전체에 장과 절이 붙은 성경은 1555년 스테파노스의 라틴어 불가타(Vulgate) 역이 처음이다.

10) 이 기간을 다 똑같이 다룬 것은 아니다. 창세기는 2,300년간의 역사를, 출애굽기부터 민수기 14장까지는 시내 산 사건을 다룬다. 연대기적으로는 1년 동안의 일을 기록하고 있다. 민수기의 나머지 부분은 광야 40년 동안의 사건을 다루고 있다. 신명기는 모세의 생애 마지막 순간에 초점을 맞추고 있다. Ibid., 22.

11) John H. Sailhamer, 『"서술"로서의 모세오경(상)』, 28.

12) 김정우, 『구약통전: 구약성경 바르게 읽기(상)』, 299.

13) J. D. Douglas, *New Bible Dictionary*, 나용하 · 김의원 공역, 『새성경 사전』 (서울: 기독교문서선교회, 2001), 507.

14) Ibid., 508.

(3) 오경은 문학이다.

성경은 단순한 역사적 기록물이 아니다. 성경은 섬세하게 구성된 문학 작품이다. 그러므로 기록한 사람의 의도를 이해하려면 문학적인 면, 즉 문학이 가지고 있는 장치를 주목해야 한다.[15] 기록한 사람의 문학적 기교를 잘 이해할 때 그 의도를 잘 이해할 수 있다.[16]

(4) 오경은 통일성을 가지고 있다.

오경은 우리가 쉽게 간파할 수 있는 통일성을 가지고 있다. 물론 어떤 부분은 전혀 통일성이 없는 것처럼 보이기도 한다. 하지만 우리는 통일성이 있음을 믿고 그것을 찾고자 해야 한다.

(5) 오경은 모든 성경의 기초이다.

오경은 신구약 성경의 근본을 이룬다. 모든 성경은 오경에 뿌리를 두고 있다.[17] 오경의 내용은 구약성경의 나머지 부분 및 성경 전체를 이해하는 데 중요하다. 모든 성경은 오경으로부터 시작하여 선지서(여호수아-말라기)와 지혜서(욥-아가서)로 발전했다.

2) 오경의 역사적 배경

역사적 배경에 대한 이해는 성경 본문을 해석하는 데에 중요하다. 두 종류의 역사적 배경을 알아야 한다. 첫째로, 그 본문을 기록한 역사적 배경을 알아야 한다. 그 본문을 구성하게 된 어떤 특정한 시대, 장소와 함께 누가, 누구를 위해서 기록했는가에 대해서 아는 것이다. 둘째로, 기록한

15) 문학적 장치는 줄거리에 영향을 끼치거나 진행하는 이야기에 소개하는 인물이나 사물이다.

16) John H. 『"서술"로서의 모세오경(상)』, 31.

17) 김정우, 『구약통전: 구약성경 바르게 읽기(상)』, 297.

사건의 역사적 배경을 알아야 한다. 에덴동산으로부터 시작하여 홍수, 바벨론의 건설, 족장들의 땅, 그리고 애굽 땅과 시내광야에 이르기까지 그 책에 기록한 사건의 배경에 대해서 알아야 한다.[18] 그래야만 '그때 그곳(at that time & there)'의 청중에게 주셨던 '그 메시지'를 찾아서 '지금 이곳(now & here)'의 청중에게 적실하게 적용할 수 있다. 이런 과정을 통해서 선포하고 영접하는 메시지야말로 가장 성경적 메시지라 할 수 있다.

(1) 기록한 사람의 배경

우리는 오경을 기록한 사람을 모세라고 믿는다. 따라서 모세가 오경을 출애굽 시기와 가나안 정복의 초창기에 기록한 것으로도 믿는다. 당시 모세는 이스라엘을 하나의 나라로 만들어가는 사명을 감당하고 있었다.

모세는 이스라엘이 자신들은 누구이며 하나님의 언약 안에서 그들을 부르신 하나님의 큰 목적이 무엇인지를 알도록 오경을 기록했다. 이스라엘은 하나님께서 그들의 삶 속에서 역사를 시작하심으로써 온 세상을 구속하려는 하나님 계획의 중요한 부분임을 알기 원했다.[19] 그것은 이스라엘이 "제사장 나라 거룩한 백성"(출 19:6)으로서의 정체성을 회복하는 것이다.

(2) 사건의 배경

오경에 나타난 사건은 세 가지 유형으로 나눌 수 있다. 첫째로, 세계적 혹은 전 우주적인 규모로 발생한 사건이다(창조 기사: 창 1장, 홍수 기사: 창 6-7장). 둘째로, 제한적으로 일어난 사건이다(노아의 술 취한 사건: 창 9장, 불붙는 떨기나무 안에서의 모세와 하나님의 만남: 출 3장). 셋째로, 일반적으로 세계의 역사로 생각하는 범위 안에서 일어난 사건이다(애

---

18) John H. Sailhamer, 『"서술"로서의 모세오경(상)』, 31-32.

19) Ibid., 34-35.

굽으로부터의 이스라엘의 구원: 출 12-14장, 동방으로부터 온 네 왕의 가나안 침입: 창 14장)이다. 오경에 기록한 사건 대부분은 그들 중 두 번째이다. 곧 제한된 시간과 장소 속에서 일어난 사건의 유형을 따른다.[20]

3) 오경의 신학

오경은 전체를 두 단위나 세 단위로 나눌 수 있다. 두 단위 : ① 창세기 ② 출애굽기-레위기-민수기-신명기.[21] 세 단위 : ① 창세기 ② 출애굽기-레위기-민수기 ③ 신명기.[22] 이 단위가 지향하는 것은 '하나님 나라의 형성'이다. 그리고 하나님의 나라는 "씨(seed, 백성)" "땅(land, 영토)" "뜻(rule, 하나님의 주권)"으로 구성된다.

창세기는 하나님 나라의 '씨'와 '땅'이 어떻게 하나님의 '뜻'에 순종하면서 준비되어 가는지를 그리고 있다. 시간적으로는 과거, 공간적으로는 가나안의 관점에 서 있다. 출애굽기-레위기-민수기는 이 하나님 나라의 씨가 하나님의 뜻에 순종함을 통해 완성해 가는 것을 보여준다. 시간적으로는 현재, 공간적으로는 광야-모압 땅의 관점에 서 있다. 신명기는 하나님 나라의 땅이 하나님의 뜻에 순종하므로 완성되는 것을 나타낸다. 시간적으로는 미래, 공간적으로는 가나안의 관점에 서 있다.[23]

창세기는 하나님께서 당신의 백성을 부르시는 '선택'의 주제로 가득 차 있다. 출애굽기는 이스라엘을 애굽에서 건져낸 '구속'과 '삶'을 말하고 있다. 레위기는 그 삶의 핵심인 '성결'을 가르친다. 민수기는 광야에서 백성을 '인도'하심에 대해서 말한다. 신명기는 모세의 고별설교를 통해서 백성에게 주신 '교훈'이다.[24]

---

20) Ibid., 37.

21) 김의원, "출애굽기는 어떤 책인가,"『출애굽기』(서울: 두란노, 2003), 30-31.

22) 송제근,『오경과 구약의 언약신학』(서울: 두란노, 2004), 15.

23) Ibid., 15.

(1) 하나님의 나라

하나님의 나라는 예수님의 가르침과 사도 바울의 가르침의 핵심이기도 하다. 오경에서 하나님의 나라는 대부분 국가적인 이스라엘의 형태로 나타난다.[25] 이 하나님의 나라는 '씨(후손)' '땅', 그리고 '하나님의 뜻'[26]을 통해서 이루어진다.

① 씨(The Seed) : 창세기는 후손을 말할 때 '씨(seed)'라는 은유법(metaphor)[27]을 사용한다. 이 씨에 대한 약속은 믿음의 조상들의 후손을 통해서 이어간다.[28]

② 땅(The Land) : 하나님께서 천지를 창조하시고 에덴동산을 만드셨다. 에덴동산은 하나님의 성전이었다. 하지만 타락 후 에덴동산을 잃어버렸다. 하나님은 아브라함을 부르셔서 그 에덴동산을 회복하고자 하신다. 하나님은 그 후손에게 가나안 땅을 약속하신다. 이 땅에 대한 약속을 여호수아를 통해 이루신다(수 21:43-45).[29]

③ 뜻(God's Rule)[30]) : 이 모든 역사는 하나님의 주권 속에서 이루어진다. 그 '씨'를 잇는 일은 전적으로 하나님의 뜻대로 이루어진다. 하나님

---

24) 김의원,『하늘과 땅, 그리고 족장들의 톨레돗』, 28. 웬함(Gordon J. Wenham) 폰 라트(von Rad)와 클라인즈(David Clines)의 주장을 통해서 다른 관점에서 제시한다. 즉 창세기는 '후손'에 관해서, 출애굽기와 레위기는 하나님과 인간 사이의 특별한 관계를 세우는 일로, 그리고 민수기와 신명기는 땅의 정복을 말한다. Gordon J. Wenham,『성경이해 3: 모세오경』, 229.

25) Bruce K. Waltke, *Genesis* (Grand Rapids: Zondervan, 2001), 43-45.

26) '하나님의 뜻'을 '하나님과의 관계'라고도 말한다. Gordon J. Wenham, 『성경이해 3: 모세오경』, 229.

27) 사물의 상태나 움직임을 암시적으로 나타내는 수사법이다. 예로는 "내 마음은 호수요" 따위가 있다.

28) Bruce K. Waltke, *Genesis*, 46.

29) Ibid., 48.

30) Bruce K. Waltke는 "Third Motif: God's Rule" "Fourth Motif: The Ruler"로 나누어서 설명한다. 자세한 설명은 Ibid., 50-54를 보라.

은 당시에 통용되는 문화적 관습과는 일치하지 않는 방식으로 일하신다. 이런 방식은 반복적인 모티브(motif)로 등장한다.[31] 이스라엘은 처음에는 가나안 땅에서 이방인으로 살았다. 하지만 하나님께서 그 땅을 유업으로 주셨다.

(2) 언약

언약이란 무엇인가? 그것은 성경을 전체적으로 보는 하나의 '렌즈'이다. 하나님의 나라가 역사 속에서 형성되는 구체적인 수단은 하나님과 이스라엘 사이에 맺은 '언약(בְּרִית, *berith*, covenant)'[32]이다. 언약이라는 말은 다양한 종류의 협약을 뜻하는 일반적인 구약성경의 용어이다. 국가 사이의 조약(treaty), 우호 동맹(alliance of friendship), 개인 사이의 서약(pledge), 또는 승낙(agreement)이라는 사전적인 뜻이 있다. 그러나 언약의 핵심적 의미는 '관계'이다.[33]. 즉 하나님과 사람 사이의 독특한 관계를 나타내는 표현이다.

언약은 기본적으로 세 가지 요소를 요구한다. 언약을 주관하는 왕과 언약의 대상자인 신하, 그리고 언약의 조항이 담긴 책이다.[34] 그래서 하나님과 이스라엘이 맺은 언약에도 이런 모습이 나타나지만, 그것은 독특한 모습으로 나타난다. 첫째, 언약은 인격적인 관계이다. 언약은 대왕이신 여호와(Yahweh, the Great King) 하나님께서 주도적으로 맺으신다. 왜냐하면

---

31) Gordon D. Fee & Douglas Stuart, *How to Read the Bible Book by Book*, 김진선 역,『책별로 성경을 어떻게 읽을 것인가』(서울: 한국성서유니온선교회, 2004), 32.

32) 우리말로는 '언약'이나 '계약'으로 번역한다. '언약'은 하나님의 주권적인 성격을 강조하고, '계약'은 이스라엘의 언약적 의무를 강조한다. 성주진,『신명기의 언약신학: 사랑의 마그나카르타』(수원: 합동신학대학원 출판부, 2007), 57.

33) Ibid., 59.

34) Eugene H. Merrill, *The New Americal Commentary: An Exegetical and Theological Exposition of Holy Scripture NIV Text: Deuteronomy* (Nashville: Broadman & Holman Publishers, 1999), 48.

죄인인 사람이 거룩하신 하나님 앞에 나아올 수 없기 때문이다. 따라서 하나님이 일방적인 은혜로 언약을 맺으신다. 강압이 아닌 인격적인 관계로 맺으신다. 둘째, 언약은 공적인 관계이다. 여호와는 이스라엘의 하나님이 되고 이스라엘은 여호와의 백성이 된다. 죄 때문에 단절되었던 하나님과 이스라엘의 관계가 언약을 통해서 다시 회복한다. 셋째, 언약은 법적인 관계이다. 언약은 정해진 장소와 정해진 시간에서 이루어지기 때문이다.[35)]

창세기에는 여호와께서 족장과 맺은 언약(창 15장, 17장)으로 씨와 땅을 준비하는 언약이 나온다. 출애굽기-레위기-민수기에는 하나님 나라의 씨가 완성되는 시내 산 언약이 나온다(출 19-24장). 신명기에는 하나님 나라의 땅이 완성되는 것을 나타내는 모압(세겜) 언약이 등장한다. 이 세 언약을 통하여 하나님의 나라는 준비에서 출발하여 완성에 이른다.[36)]

하나님 나라의 궁극적인 목적(ultimate purpose)은 '언약(בְּרִית)'이라는 합당한 역사적 수단(proper historical method)을 통해서 이루어진다. 오경은 구약의 출발점이자 구약 전체의 핵심이다. 오경의 언약이 지향하는 그것은 이 땅 위에 하나님의 나라를 견고하게 세우는 것이다. 이 하나님의 나라는 창세기의 예비적인 언약인 족장언약을 통해서 준비되었다. 출애굽기-레위기-민수기에서는 하나님 나라의 한 측면인 '씨(זֶרַע, *zerah*, 백성)'가 완성되는 것을 나타내는 '시내 산 언약(Sinai covenant)'이 있다. 신명기는 하나님 나라의 다른 한 측면인 '땅(אֶרֶץ, *erech*, 영토)'의 완성을 나타내는 '모압(세겜) 언약(Moab(Shechem) covenant)'을 묘사한다.[37)] 시내 산 언약은 하나님과 민족이 된 이스라엘 사이의 최초 언약이다. 반면 모압 언약은 새로운 상황에서 갱신된 언약이다. 모압 언약이라는 말은 신

35) 성주진, 『신명기의 언약신학: 사랑의 마그나카르타』, 59-60.

36) 송제근, 『오경과 구약의 언약신학』, 16.

37) 송제근, "출애굽기에 나타난 신학적 주제들,"『출애굽기』(서울: 두란노, 2003), 40-41.

29:1에 나온다. 신명기 5장-28장의 전체 내용이 모압 언약의 구체적인 내용이다.

(3) 인간

① 하나님의 형상으로 지음 받음 : 인간은 하나님을 닮았으므로 세상에서 하나님의 대변인으로서 다른 피조물을 다스릴 권위를 받았다.[38)]

② 타락 : 창세기에서 하나님과 인간 사이의 아름다운 관계를 제대로 묘사하기도 전에 죄가 들어와 그 완전함이 파괴되었다.

(4) 하나님

① 창조주 하나님 : 오경은 하늘과 땅의 창조주이신 하나님에 대한 묘사로 시작된다(창 1:1). 그리고 이스라엘의 아버지요 창조주이신 하나님에 대한 언급으로 끝난다(신 32:6, 15).

② 구속주 하나님 : 구원의 본보기인 이스라엘 민족을 애굽 땅에서 구원하신 일과 직접 연결된다.

③ 거룩하신 하나님 : 레위기에서는 하나님의 거룩하심이 등장한다. 동시에 하나님의 전능하심과 사랑의 모습이 나타난다. 그뿐만 아니라 홍수 심판에서는 공의의 모습을 더 강조한다.

④ 하나님의 이름 : "하나님", "여호와", "주님" 등으로 나타난다. 그밖에 "지극히 높으신 하나님", "전능하신 하나님", "영원하신 하나님", "이삭의 경외하는 이", "야곱의 전능자", "반석(rock)", "아버지" 등으로 그린다.

다른 모든 것이 존재하기 전에 하나님께서 존재하셨다. 이것은 오경을 출발하는 신앙이다. 증명도 변명도 제시하지 않는다. 다만 선포할 뿐이다. 그러나 하나님의 존재는 뒤이어 오는 모든 것의 토대이다.[39)] 하나님은 이

38) Hebert M. Wolf,『오경개론』, 39.

스라엘을 통해서 역사하시며 이스라엘과의 언약 관계를 이루신다. 그러나 온 세상일에 관심을 가지신다. 이스라엘과 여러 국가는 하나님을 배반하지만, 여호와는 언약을 버리지 않으시며 인류를 회복하고 구속하신다. 하나님은 은혜로우시며 거룩하고 의로우시다. 하나님께 순종하지 않는 사람은 심판을 받는다. 그러나 오경에서는 궁극적으로 죗값을 치르실 하나님의 어린양을 기대한다.[40]

2. 창세기: 성경의 위대한 서론

인류의 시작은 언제, 어디에서, 어떻게 이루어졌을까? 창세기는 인간의 근원이 하나님의 "천지창조에 있다."라고 선언한다. 우리는 천지창조의 메시지를 통해서, '이 세상과 우리를 만든 분은 누구인가?'라는 근원적인 질문에 대한 대답을 들을 수 있다. 그뿐만 아니라, '우리는 오늘 무엇을 해야 하는지?'에 대한 방향도 얻을 수 있다.

창세기는 그 이름 때문에 '창조'라는 주제를 다루는 것으로 착각하기 쉽다. 그러나 창조라는 주제는 물론이고 많은 지면을 할애하여 하나님의 나라인 이스라엘이 형성될 수밖에 없는 이유와 그 형성과정을 자세하게 다루고 있다. 창세기는 오경 내에서 서론 역할을 한다. 창세기에서 시작한 하나님 나라에 대한 역사적 묘사는 출애굽기를 거쳐서 레위기, 민수기까지 이어지며 다시 신명기에서 종합적으로 재정리된다. 오경이 구약과 성경 전체에 대한 기초요 서론이라면 창세기는 그야말로 성경 전체에 대한 서론인 셈이다.[41] 창세기는 이 세상의 시작, 곧 우주와 세상과 인류, 그리고 이스라엘 민족의 기원부터 설명한다.[42]

---

39) Peter S. Craigie, "모세 오경을 어떻게 읽은 것인가,"『그말씀』(서울: 두란노, 1998년 2월호), 35.

40) Hebert M. Wolf,『오경개론』, 53.

41) 송제근,『오경과 구약의 언약신학』, 59-60.

1) 제목

히브리 성경의 창세기 이름은 '베레쉬트'(בְּרֵאשִׁית, 태초에)이다. 고대에는 어떤 책의 첫 단어나 두 단어를 따서 그 책의 이름을 지었다. 영어 역본은 'Genesis(제니시스)'라고 표기한다. "Genesis"란 '기원(origin)' '근원(source)' '종족(race)' '창조(creation)'의 뜻이 있다.[43] 이것은 창세기에 10번 이상 나오는 '톨레돗(תּוֹלְדוֹת)'이라는 표현을 '칠십인 역'에서 '게네세오스(γένησεος)'로 번역한 것을 '라틴 벌게이트(the Latin Vulgate)' 역에서 'Liber Genesis(리버 제네시스)'라고 음역한 데서 비롯했다. 한글 개역개정성경은 이 용어에 신학적 의미를 담아 "창세기"라고 부른다.[44]

2) 기록한 사람

우리는 창세기를 기록한 사람을 당시 백성의 목자였던 모세라고 믿는다.[45] 물론 창세기에는 기록한 사람을 지시하는 말은 없다. 모세가 살았던 역사적 시기는 열왕기상을 통해 알 수 있다. "솔로몬이 이스라엘 왕이 된 지 사 년"은 "이스라엘 자손이 애굽 땅에서 나온 지 사백팔십 년"이다(왕상 6:1). 솔로몬 등극을 주전 966년이라고 한다면 출애굽 연대는 주전 1446년이다. 이스라엘은 광야에서 40년간 방황했으므로 그 시기는 주전 1446-1406년이다. 그 시기에 모세가 기록한 것으로 본다.

3) 기록 목적

모세는 출애굽하여 광야에 거주하였던 백성에게 그들을 구속하신 하나님이 누구이며, 가나안으로 인도하신 분이 누구인지를 가르칠 필요가 있

---

42) 김의원,『하늘과 땅, 그리고 족장들의 톨레돗』, 3.

43) Bruce K. Waltke, *Genesis*, 17.

44) 김의원,『하늘과 땅, 그리고 족장들의 톨레돗』, 3-4.

45) Ibid.

었다. 첫째로, 애굽 땅에서 종노릇 했던 이스라엘 백성을 불러내어 구속하신 하나님은 온 우주를 창조하신 창조주이다. 둘째로, 그 하나님은 은혜로 아브라함을 부르시고 그를 통해서 이스라엘을 언약 백성으로 부르신 하나님이다. 셋째로, 모세는 이스라엘이 평범한 백성이 아니라 약속의 후손이요 언약의 상속자임을 증언한다. 따라서 창세기의 목적은 하나님께서 그의 백성과 맺으신 언약의 역사적인 기초를 제공하는 데 있다.

4) 중심주제

중심주제는, 하나님이 아브라함을 불러 그에게 주신 약속이 어떻게 실현되어 가는가와 밀접하게 연결되어 있다(12:1–3, 7a). 아브라함에게 주신 하나님의 약속은 나머지 오경과 성경으로 흘러가는 메시지의 근원을 형성한다. 창세기는 아브라함에게 주실 후손의 약속에 대한 성취를 보여준다. 출애굽기부터 신명기까지는 그에게 주신 땅의 약속이 어떻게 성취되는가를 보여준다. 그러므로 창세기의 중심주제는, '하나님이 창조한 땅 안에서 그의 백성을 통해서 자신의 계획을 어떻게 실행하시는가'에 맞추어져 있다. 중심요소는 '땅', '자손', 그리고 '축복'이다.[46]

(1) 창조, 그 장엄한 시작

"창조하다(בָּרָא)"(1:1)라는 단어는 성경에서 하나님께만 쓰였다. 창조에 사용하는 재료에 대한 언급이 없다. 이것은 하나님의 절대 주권적 행위요, 인간이 흉내 낼 수 없는 것이다.

창조의 내용은 '하늘과 땅'(1:1), 즉 우주 전체(사 44:24)이다. 이로써 창조주로서의 하나님의 유일한 행동을 장엄하게 선포한다. 하나님은 그 일을 '태초에' 하셨다. 훗날에 다시 우주를 새롭게 하실 것(사 65:17, 계

---

46) Ibid., 13–14.

21:1)의 원형이 되게 하셨다. 이것은 하나님의 속성을 잘 표현하고 있는데, 하나님은 '복수성(plurality)', 즉 '엘로힘(אֱלֹהִים, *'elohim*)'이시다(1:1, 2, 26). 창조주 하나님은 이스라엘이 출애굽과 시내 산 언약에서 경험했던 바로 그 여호와이심을 강조하고 있다. 그들이 광야 생활에서 경험하여 알고 있는 여호와가 바로 이 세상을 창조하신 '엘로힘'이시다.

(2) 하나님의 '닮은꼴'로서의 인간

"인간이 무엇이냐"(시 8편)라는 시편 기자의 질문은 오늘날 다양한 현장에서 다양한 관점으로 다루어지고 있다. 그러나 성경은 '인간'이라고 말할 때 적어도 몇 가지 측면에서는 확실한 답을 주고 있다.[47] 창조에 있어서 인간은 모든 피조물 중에서 유일한 위치를 차지한다. 인간이 하나님의 형상 하나님의 모양(1:26)으로 창조되었기 때문이다. 이것은 인간이 '하나님의 닮은꼴'로 창조되었음을 뜻한다.

(3) 인간의 타락, 그러나 하나님의 은혜로서의 구속

창세기는 창조 세계에 존재하는 어둠의 그림자가 '왜, 어떻게 생겼는지'를 말하지 않는다. 다만 이미 어둠의 세력이 존재한다는 것을 암시한다: "반드시 죽을 것이다"(2:17). 하나님의 구속 활동은 '원시 복음'으로 알려진 3:15부터가 아니라 3:9부터라고 할 수 있다.[48] 창세기의 큰 맥락 속에서 하나님의 구원에 대한 계획을 발견할 수 있다. 하나님의 창조 계획과는 달리 인간은 실패했음에도 불구하고 하나님의 축복 계획은 세워졌고, 계속되고 있다.

---

47) 케빈 홀, "창세기 1-11장의 신학",『창세기 어떻게 설교할 것인가』, (서울: 두란노, 2003), 60.

48) Ibid., 66-67.

(4) 족장들의 삶과 신앙

믿음의 조상들은 당시 나그네처럼 살았다. 그뿐만 아니라 그들은 가정적인 어려움을 겪었다. 아내의 불임, 자식들 간의 문제, 그리고 현실적인 어려움을 경험했다. 족장들은 하나님의 축복을 경험한 동시에 현실의 삶 속에서 고난과 소외를 경험해야 했다. 그러나 결국 이러한 시련을 통해서 강한 믿음과 사랑과 소망을 체험한다.[49]

(5) 유일하신 여호와(one Yahweh)

창세기는 신이라는 이름을 얻기에 합당한 분은 오직 유일하신 여호와 하나님 한 분뿐임을 기정사실로 간주한다. 따라서 많은 신을 인정하는 다신론과 신의 존재를 부인하는 무신론, 그리고 모든 만물에 신성이 있다는 범신론을 부정한다. 그들의 주변 사람, 즉 애굽과 가나안 사람은 자기들 세계에 많은 신이 존재한다고 생각했다.

그러나 '하나님'이라고 번역한 '엘로힘(אֱלֹהִים)'은 유일하신 하나님에 대한 이스라엘의 신앙이었다. 이스라엘의 유일하신 하나님을 지칭하는 용어로 '엘'의 복수형이 사용된 이유에 대해서는 여러 가지 설명이 있다. 가장 핵심적인 설명은, 이스라엘은 자기 신을 '모든 권능의 본체'로, 혹은 포괄적 절대적으로 신성을 나타내시는 거룩한 하나님으로 믿었기 때문이다.

(6) 하나님 나라와 세상 나라

가인과 아벨의 탄생을 통해서 하나님 나라와 세상 나라를 대조한다. 하나님께서는 대홍수와 바벨탑 사건을 통해서 세상 나라를 심판하신다. 하지만 아브라함을 부르심으로 하나님 나라의 극적인 새 출발을 시작하신다. 그 나라는 이삭과 같은 인간적인 수동성으로 진행되기도 한다. 하지만

---

49) 김의원,『하늘과 땅, 그리고 족장들의 톨레돗』, 3.

야곱과 같은 인간적인 능동성으로 이루어지기도 한다. 그뿐만 아니라 요셉처럼 고난을 통해서 완전에 이른다.50)

5) '톨레돗' 연구

창세기에는 '엘레 톨레돗(אֵלֶּה תּוֹלְדוֹת)'과 '제 톨레돗(זֶה תּוֹלְדוֹת)'이란 두 가지 표현이 나온다. 이것을 보통 '족보(genealogy)', '세대', '역사', '후손들'이라고 번역한다.51)

(1) 첫 번의 '톨레돗'은 첫 단락의 후반부에 붙어 있다.

각 단락은 표제로 시작하지만, 첫 장에는 이런 표제가 나타나지 않는다. 이 장은 창세기 전체의 서론으로서 10개의 '톨레돗'을 열어주는 근본이 되기 때문이다. 10개의 '톨레돗'은 모두 천지창조의 후예들이다.52)

(2) '톨레돗' 뒤에 족보가 뒤따르는 경우

창세기를 제외하고 구약성경의 다른 곳에 나오는 '톨레돗'은 모든 경우에 한 개인의 직계 자손이나 씨족의 수를 말한다(민 1:20, 22, 24, 26, 28, 30, 32, 34, 36, 38, 40, 42, 출 6:16, 19; 28:10, 룻 4:18 대상 1:29; 5:7; 7:2, 4, 9; 8:28; 9:9, 34; 26:31). 즉 '톨레돗'은 '생명을 이어주는' 같은 뿌리를 의미한다.53)

(3) '톨레돗' 뒤에 '내러티브'가 뒤따르는 경우

창세기에서 '톨레돗' 문구 다음에 족보 대신 '내러티브'가 나오는 경우가

---

50) 송제근,『오경과 구약의 언약신학』, 69-86을 기초로 요약함.

51) 김의원,『하늘과 땅, 그리고 족장들의 톨레돗』, 15.

52) 김정우,『구약통전-상』, 343.

53) 김의원,『하늘과 땅, 그리고 족장들의 톨레돗』, 17.

있다. "하늘과 땅의 톨레돗"(2:4), "노아의 톨레돗"(6:9), "이삭의 톨레돗"(25:19), "야곱의 톨레돗"(37:2) 등이다. 그것들은 모두 족보가 아닌 '내러티브'가 뒤따라 나오는 공통점이 있다. 톨레돗의 제목인 인물의 이야기가 아닌 다음 세대 중심인물의 이야기로 구성된다. 따라서 톨레돗 문구 뒤에 내러티브가 나오면 '족보'라는 의미보다는 '가문의 이야기'로 이름 붙이는 것이 적절하다.[54)]

① "하늘과 땅의 톨레돗" : 2:4는 1:1−2:3과는 관련이 없다. 2:4는 앞 단락인 1:1−2:3의 결말이라기보다 뒤 단락인 2:4−4:26의 표제로서 내러티브를 소개한다. "하늘과 땅에 관한 톨레돗"은 이미 하늘과 땅의 창조된 이후 뒤이어 창조된 것, 인간과 관련되어 있음을 암시한다. 이런 점에서 "하늘과 땅의 톨레돗" 기사는 구분된다.[55)]

1:1−2:3의 창조 기사에서는 하나님의 이름을 '엘로힘(אֱלֹהִים)'으로 불렀는데, 2:4−4:26에서는 '야웨 엘로힘(*Yahweh elohim*)'으로 불렀다. 그 창조의 하나님이 바로 다름 아닌 출애굽하면서 이스라엘과 언약을 맺은 '언약의 하나님'이심을 고백하는 고백 명사문(nominal clause of confession)을 쓰고 있다.[56)]

② "노아의 톨레돗" : 노아의 죽을 당시의 나이가 기록된 9:29까지 다룬다. 그러나 이 문구에 뒤따라 나오는 홍수 이야기(6:11−9:27)는 족보가 아닌 내러티브이다. 이 기사는 노아를 기점으로 홍수 이전 세계와 그 이후 세계를 진술하고 있다.[57)]

③ "이삭의 톨레돗" : 이 문구 다음에 계보가 아닌 야곱의 내러티브가

---

54) Ibid., 17−18.

55) Ibid., 19.

56) 송제근, "창세기의 구조와 신학", 14. 창 1:1−3은 "특주"에서 몇 가지 이론과 함께 주해하고 있다.

57) Ibid.

나온다. 족보에 관한 내용은 단지 25:19-20과 에서와 야곱의 출생 시에 이삭의 나이를 언급하는 25:26과 35:22-29이다. 나머지는 에서와 야곱의 출생 이야기를 비롯한 내러티브로 이루어졌다. 이 부분도 이삭 후손 중의 하나인 야곱의 내러티브에 초점을 맞추고 있다. 야곱의 장자권과 이에 따른 축복이 주된 내용이다. 따라서 '이삭 기사'보다는 '이삭 가족 기사'이어야 한다.[58]

④ "야곱의 톨레돗" : 바로 뒤에서 계보가 아닌 요셉의 내러티브를 갑자기 시작한다(37:2). 요셉 내러티브는 야곱의 계보만을 기술하고 있지 않다. 기록자는 이 톨레돗 문구를 통해 야곱 가족의 기사를 다루면서 주된 인물인 요셉에게 초점을 맞추었다. 이 기사를 통해 야곱 가족이 어떻게 애굽으로 이주하게 되었는지를 진술한다.[59]

창세기 전체 구조에서 볼 때, 기록자는 톨레돗 문구 다음에 족보가 나오면 큰 단락을 나눈다. '데라 톨레돗'에서 데라의 가족 중의 주된 인물인 아브라함의 내러티브를 이야기한다. '이삭 톨레돗'에서 이삭이 낳은 쌍둥이 중 중심인물인 야곱의 내러티브를 이야기한다. '야곱 톨레돗'에서 야곱 가족 중에서 중심인물인 요셉의 내러티브를 이야기하고 있다. 창세기 전체 구조를 '톨레돗' 문구를 중심으로 구성한 기록자의 깊은 의도를 보여준다.[60]

기록자는 창조 기사(1:1-2:3)를 독립적으로 선포한 뒤에 10개의 '톨레돗' 문구를 중심으로 모두 11개의 단락을 나누었다.[61]

1. 창조 기사(1:1-2:3)
2. 하늘과 땅의 '톨레돗' (2:4-4:26): 내러티브

58) Ibid., 20.

59) Ibid.

60) Ibid., 21.

61) Ibid.

3. 아담의 '톨레돗' (5:1–6:8): 족보
4. 노아의 '톨레돗' (6:9–9:29): 내러티브
5. 노아 아들들의 '톨레돗' (10:1–11:9): 족보
6. 셈의 '톨레돗' (11:10–26): 족보/내러티브
7. 데라의 '톨레돗' (11:27–25:11): 네러티브
8. 이스마엘 '톨레돗' (25:12–18): 족보
9. 이삭의 '톨레돗' (25:19–35:29): 내러티브
10. 에서의 '톨레돗' (36:1–37:1): 족보
11. 야곱의 '톨레돗' (37:2–50:26): 족보/내러티브

6) 문예적 구조

창세기를 크게 세 부분으로 구분할 수 있다: 창조 기사(1:1–2:3), 아브라함 이전 기사(2:4–11:26), 족장 기사(11:27–50:26). 각각 주된 내용은 '우주의 기원', '민족들의 기원', 그리고 '이스라엘의 기원'이다.

(1) 창조 기사(1:1–2:3)

창조 기사는 창세기의 서론일 뿐만 아니라 모세 오경, 더 나아가 성경 전체의 서론이다. 이 단락은 독립된 기사로 하나님이 온 세상의 주권자임을 선포한다. 즉 천지창조는 하나님의 말씀으로 이루어진 사건이며, 하나님이 온 우주의 주관자이심을 선포한다.

(2) 아브라함 이전 기사(2:4–11:32)

이곳에서는 '어떻게 창조 세계가 발전되어 가는가'를 설명한다. 유혹을 통해 악이 침범하여 인간을 종으로 삼는다. 그리고 그 죄는 인류를 홍수에 의해서 거의 전멸되도록 만들어 버린다. 그뿐만 아니라 그 죄는 인류를 온

지면에 흩어지게 하는 원인이 되었다. 따라서 이 단락은 '타락과 그 결과'라고 말할 수 있다. 동시에 '하나님께서 아브라함을 선택하신 이유'를 말해 주고 있다.

(3) 족장 기사(12:1-50:26)

족장 기사는 주인공들로 세 명의 주된 족장들인 아브라함, 이삭, 야곱을 다루고 있다. 이를 통해서 아브라함에게 약속한 언약이 어떻게 그 후손들에게 계승되어가고 있는지를 보여준다. 한 가지 독특한 점은 언약의 자손을 소개하기 전에 선택받지 못한 자의 계보를 간략하게 취급하면서 언약 당사자의 이야기를 확대하고 있다는 점이다(택함을 받지 못한 이스마엘 이야기, 25:12-18/ 택함을 받은 이삭 이야기, 25:19-35:29/ 택함을 받지 못한 에서 이야기, 36:1-43/ 택함을 받은 야곱 이야기, 37:2-50:26).

이 과정을 통하여 족장의 하나님과 시내 산 언약의 하나님을 온 세상의 창조주와 연결한다. 또 하나님께서 족장을 부르시고 시내 산 언약을 맺으신 궁극적 목적이 원래의 창조 목적을 이루는 것임을 제시한다.

7) 문학적 특징

창세기는 큰아들보다는 동생의 생애에 초점을 맞춘다. 가인보다는 셋의 생애, 이스마엘보다는 이삭의 생애, 에서보다는 야곱의 생애, 열두 형제들보다는 유다와 요셉의 생애, 므낫세보다는 에브라임의 생애에 초점을 맞추고 있다. 하나님께서 택하신 사람과 그 가족에 대한 강조는 창세기 전체의 특징 가운데 가장 분명한 문학적 신학적 특징이다. 하나님의 백성은 자연적인 인간발전의 산물이 아님을 강조한 것이다. 즉 인간의 역사 안에 들어오신 하나님의 섭리와 주권적 간섭의 산물임을 강조하고 있다.

창세기에는 상징적 의미가 있는 숫자들이 뚜렷하게 나타난다. '10'은 창세기의 주요 단락 수이다. 동시에 5장과 11장의 족보 가운데 나오는 이름의 수이기도 하다(5:5). '7'이라는 숫자도 자주 등장하고 있다. 1:1에서는 일곱 개의 단어가 등장한다. 1:2은 14, 즉 7의 배수의 단어로 이루어져 있다.

8) 공부목적

우리는 성경 본문에 접근하면서 역사적이고 과학적인 질문들이 먼저 떠오를 수 있다. 과학적 사고방식에 젖어 있는 현대인에겐 생소하기 짝이 없는 옛 신화로 들리기도 한다. 왜냐하면 이것은 우리가 학교에서 배운 우주 생성학, 지질학, 생물학과 조화를 이루지 않기 때문이다.[62] 우리 시대의 역사 기술법의 관점에서 볼 때, 너무도 낯선 방식으로 인간의 역사를 기록하고 있기 때문이다.

하지만 여기서 놓쳐서는 안 될 그것이 있는데, 그것은 고대의 청중이 받아들일 수 있는 방식으로 기록했다는 점이다. 당시 고대 사회에 퍼져 있던 이교 사상의 우주 발생론은 조잡한 다신론에 기반을 둔 이론들이며, 우주의 기원에 관한 마술적인 기사들이었다. 고대인은, 창조란 태고의 세력들 사이에 벌어졌던 투쟁의 산물이라고 믿었다. 그들은 질서의 신이 혼돈을 복종시키려고 하늘과 땅을 만들었다고 믿었다. 그러나 성경은 말씀으로 세계를 창조하신 하나님, 즉 권위 있는 말씀의 하나님에 대해 증언하고 있다. 이것은 이교도의 잘못된 세계관에 정면으로 도전하는 것이다.

이 메시지를 처음으로 들은 청중은 누구일까? 그 메시지를 구전으로 들었던 청중은 아담으로부터 시작하여 노아와 아브라함, 그리고 그 후손일

---

62) "성경은 우리가 천국으로 가는 길을 말하지 하늘의 운행에 관해서 말하는 책은 아니다."라고 갈릴레오는 선언했다. 하지만 성경과 과학은 갈등하는 것만은 아니다. 자연의 세계를 볼 때 성경적 조망과 과학적 조망 사이에는 분명 차이가 있다. 하지만 양쪽의 견해는 상호 보완적인 협조가 이루어질 수 있다. 이 문제에 대해서는 Charles E. Hummel, *The Galileo Connection*, 황영철 옮김,『갈릴레오 사건』(서울: IVP, 2000)을 참고함.

것이다. 그러나 그 메시지를 처음으로 오경이라는 그릇에 담아 기록한 사람은 모세이다.63) 모세는 하나님의 백성 이스라엘을 종으로 살았던 애굽에서 건져내고, 약속의 땅으로 가던 중 광야에서 처음으로 천지창조의 이야기를 들려주었다. 애굽을 떠났지만, 여전히 세계관과 가치관은 애굽적인 백성의 진정한 정치적, 영적 구원을 기다리며 그는 창조 이야기로부터 시작했다. 그는 삶과 인식의 모든 출발을 창조에 두고 있다. 창조 이야기를 처음 듣던 광야의 이스라엘은 그들의 세계관에 '패러다임의 전환(paradigm shift)'이 일어나서 신화적 세계관을 떨치고 나와야 했다.

모세의 이야기를 듣던 이스라엘처럼, 오늘 우리도 세속도시의 황무지에서 살면서 창세기 메시지를 새롭게 듣고자 한다. 시련의 광야에서, 혼돈의 광야에서, 불평과 심판의 광야에서, 금송아지를 만들고 죽음에 직면하고, 놋뱀을 바라보며 구원의 희망을 품었던 광야에서 우리는 새로운 하나님의 백성이 태어나길 바라며 듣고자 한다.64) 세속적인 애굽 정신과 결별하고, "제사장 나라 거룩한 백성"이 우리 가운데 이루어지기 위해 창조 이야기부터 듣고자 한다. 그리하여 종교 혼합주의로 인한 세속주의의 신을 우리 세계관과 삶에서 다 몰아내기를 소망한다. 종교 혼합주의 시대에서 우리의 세계관에 '패러다임의 전환(paradigm shift)'이 일어나서 온 세상의 복으로 살기를 바란다.

---

63) 김정우, "창세기 강해," 『성서사랑방』(서울: 한국신학정보연구원, 1997-1), 16 이하.
64) 김정우, "창세기 강해2," 『성서사랑방』(서울: 한국신학정보연구원, 1997-2), 19 이하.

제1강

이 세상은 언제, 어떻게 생겼는가

◇본문 창세기 1:1-23
◇요절 창세기 1:1
◇찬송 78장, 79장

1. 성경의 첫 말씀은 무엇입니까(1)? 이 세상은 언제, 어떻게 생겼습니까? '하나님께서 세상을 창조하셨다.'라는 사실이 당시 청중과 오늘 우리에게 주는 의미는 무엇입니까?

2. 그때 땅의 상태는 어떠했으며, 하나님의 영은 무엇을 하셨습니까(2)? '하나님의 영은 수면 위에 운행하신다.'라는 말은 무슨 뜻일까요?

3. 하나님께서 이 세상에 가장 먼저 존재하게 하신 것은 무엇입니까(3)? 하나님은 왜 빛과 어둠을 나누셨을까요(4)? 낮과 밤이 어떻게 생겼습니까(5)?

4. 하나님께서 둘째 날에는 무엇을 하셨습니까(6-8)? 하나님께서 '하늘'을 만드셨다는 사실이 당시 청중에게 주는 의미는 무엇일까요? 식물은 어떻게 존재하게 되었으며, 여기에는 어떤 뜻이 있습니까(9-13)?

5. 하나님께서 '광명체'를 만드시고 무엇을 하도록 하셨습니까(14-19)? 여기에는 어떤 뜻이 있을까요? '큰 바다짐승'을 만드시고 어떻게 하셨나요(20-23)? 이 하나님은 어떤 분이십니까?

6. 이상에서 볼 때 하나님의 창조 사역은 어떤 틀 속에서 이루어졌습니까(명령- 3, 6, 9, 11, 14, 20, 24, 26/ 순종- 7, 9, 11, 15, 24, 30/ 평가- 4, 10, 12, 18, 21, 25, 31)? '이 세상이 하나님의 말씀으로 존재했다.'라는 사실이 나에게 주는 의미는 무엇입니까?

제1강

이 세상은 언제, 어떻게 생겼는가

◇본문 창세기 1:1–23
◇요절 창세기 1:1
◇찬송 78장, 79장

1. 성경의 첫 말씀은 무엇입니까(1)? 이 세상은 언제, 어떻게 생겼습니까? '하나님께서 세상을 창조하셨다.'라는 사실이 당시 청중과 오늘 우리에게 주는 의미는 무엇입니까?

1 "태초에 하나님이 천지를 창조하시니라"

이 말씀은 창조 기사 전체의 선언적 요약이다. 히브리어로는 일곱 단어이다. '7'이라는 완전수를 통해 하나님 창조의 완전함을 담고 있다. 이 첫 절은 창조주와 창조의 역사성에 대해서 분명하게 선언한다. 이 말씀은 다음의 질문에 대한 답을 준다. 첫째로, 이 세상은 언제, 어떻게 생겼는가? 둘째로, 세상을 창조하신 하나님이 오늘 우리에게는 어떤 분인가?

◇"태초에": 성경은 '태초에'라는 심오한 말씀으로 시작한다. '태초'가 정확하게 언제인지는 모른다. 다만 '태초에'라는 말씀은 창조의 역사성을 말한다. 그 역사성은 창조의 사실성을 말한다. 성경은 우리의 신앙이 역사성과 사실성에 근거하고 있음을 처음부터 강조하고 있다.

◇"하나님"(אֱלֹהִים, *Elohim*): 복수 명사인데, 동사는 단수이다. 여기서 복수

명사는 수 개념이 아니라 강조의 의미이다. 그 경우를 가리켜 '장엄의 복수'라고 말한다. 하나님은 이방의 신과는 달리 부인이나 첩이 없다. 하나님은 당신의 의도를 성취하기 위해서 당신 이외 누구의 도움도 필요로 하지 않는다. 그 하나님께서 무엇을 하셨는가?

◇"천지": '하늘들(heavens)'과 '땅(earth)'을 말한다. 우주 전체를 가리키는 시적 표현이다. '낮과 밤'이 하루를 말하는 것과 같다. 히브리어에는 '우주(cosmos/ universe)'라는 말이 없어서 '하늘들과 땅'은 '짜인 우주'로서 모든 만물을 포함한다. 우주에 존재하는 모든 것은 하나님으로부터 나왔다(시 33:6, 히 11:3).

◇"창조하시니라"(בָּרָא, *bara*): 아무것도 없는 '무(無)'에서 뭔가가 있는 '유(有)'의 완전한 창조의 행위를 말한다. 히브리어에서 '만들다'라는 단어가 몇 개가 있는데, 그 단어들과는 다르다. 예를 들어, "עָשָׂה"(아사)는 '행하다', '만들다'라는 뜻인데, 이미 창조된 물질을 재료로 하여 더 나은 사물을 만드는 것을 말한다. "יָצַר"(야차르)는 '빚다', '형성하다'라는 뜻인데, 특별한 목적에 따라 기존의 사물을 새로 완벽히 조성하는 것을 말한다.

'창조하다'라는 동사는 두 가지 특징을 가진다. 첫째로, 하나님이 항상 주어이며, 인간이나 그 어떤 신도 주어로 나타나지는 않는다. 그 어떤 이방의 신을 창조자로 성경은 소개하지 않는다. 우리는 가끔 "새 역사를 창조하자." 혹은 "새 나라를 창조하자."라는 표어를 내건다. 하지만 결코 인간은 새로운 것을 창조할 수 없다. 인간은 '만들고' '빚고' '세울 수는 있지만', '창조'는 하나님의 영역이다.

둘째로, 이 동사는 전치사나 목적격을 가지지 않는다. 즉 하나님은 이미 존재하는 그 어떤 것을 수단으로 사용하여 창조하지 않으신다. 하나님 창조의 특성은 '무에서의 창조(*creation ex nihilo*)'이다.

이 하나님은 어떤 분인가? 하나님은 이 세상의 주인님이시다. 그분이 만물을 만들었기 때문에 소유하신다. 하나님은 창조주로서 온 세상을 설계하시고 시공하시고 완공하신 건축자 같은 인격적 존재이시다. 그리고 그 하나님께서 우주 안에 있는 그 무엇보다 먼저 존재하셨다. 누군가는 묻는다. "하나님은 세상을 창조하시기 전에 무엇을 하고 계셨는가?" 루터(Martin Luther)는 "하나님은 미주알고주알 캐묻기 좋아하는 사람을 벌주기 위해 회초리를 만들고 계셨다."고 대답했다.

세상을 창조하신 하나님이 당시 이스라엘에 주는 의미는 무엇인가? 이스라엘은 과거 '애굽적 세계관'과 앞으로 들어갈 '가나안적 세계관'의 도전을 받고 있다. 그들의 세계관은 두 가지로 정리할 수 있다. 첫째는, 세상은 우연히 저절로 생겼다. 둘째는, 세상은 자기들이 믿는 신들에 의해서 존재하게 되었다. 이런 배경 속에서 모세는 성경의 세계관을 가르친다. 즉 세상은 우연히 존재한 것이 아니라 창조되었다. 그 창조는 이상한 신들에 의해서가 아니라 하나님으로 말미암았다(시 96:5). 그 창조주 하나님은 믿음의 조상을 부르시고, 자기 백성을 애굽에서 구원하시고, 시내 산에서 언약을 맺으시며, 약속의 땅으로 인도하신 선한 목자이시다. 따라서 그들은 가나안에 가서도 이 하나님만을 믿고 섬기고 사랑하며 예배해야 한다. 그래야 종교 혼합주의, 세속주의에 빠지지 않는다.

오늘 우리에게 주는 의미는 무엇인가? 지금 내가 믿고 순종하는 그분, 우리 주 예수님이 천지를 창조하신 창조주이시다. 우리의 구원자와 우리의 창조주는 한 분이시다. 다른 종교는 창조주와 구원자가 같지 않다. 삶의 현장은 하나님을 향한 충성과 헌신을 갉아먹는 거짓 신에 대한 숭배로 물들어 있다. 과거 시대처럼 해, 달, 별들, 그리고 바다, 강, 동물은 물론이고 돈이 신이 되어 유혹한다. 다른 종교의 유혹도 만만하지 않다. 하지만 다른 종교조차도 모두 하나님께서 창조하셨다. 즉 하나님의 피조물이다. 그러므로 우리는 유혹에 빠지지 말고 오직 창조주 하나님만을 섬겨야 한다. 즉 그분의 말씀에 순종해야 한다. 하나님께서 처음 창조하셨을 때 땅의 상태는 어떠한가?

2. 그때 땅의 상태는 어떠했으며, 하나님의 영은 무엇을 하셨습니까(2)? '하나님의 영은 수면 위에 운행하신다.'라는 말은 무슨 뜻일까요?

2 "땅이 혼돈하고 공허하며 흑암이 깊음 위에 있고 하나님의 영은 수면 위에 운행하시니라"

◇"땅": '이제 땅은', '그리고 땅은'이라는 뜻이다. 하나님께서 창조하셨던 당시 땅의 모습을 말한다. 두 가지는 부정적이며, 하나는 긍정적이다. 땅은 혼돈하고 공허하며 흑암이 깊음 위에 있고, 하나님의 영은 수면에 운행하신다.

◇"혼돈"(תֹהוּ, *tohu*): '정해진 꼴을 갖지 못함(formless/ waste)', '황량함'이라는 뜻이다. '마구 헝클어진' 상태나 '혼잡한 물질 덩어리' 상태가 아니라, '길 없는 사막이나 문명 이전의 상태'를 가리킨다. 창조를 완성했을 때 있는 질서와 대조되는 짜이지 않은 상태를 말한다.

◇"공허"(בֹהוּ, *bohu*): '비어 있음(empty)'이라는 뜻이다. 하나님께서 말씀으로 질서를 만들기 전에 아무것도 존재하지 않은 '텅 빈' 상태를 강조한다. 혼돈과 공허는 창조 과정의 두 중심축을 이룬다. 첫 사흘 동안 하나님은 '혼돈(formless)'에 대항하여 구조를 짜시고, 나머지 사흘 동안 '공허(empty)'에 대항하여 채우신다.

◇"흑암이 깊음 위에 있고": '어둠이 깊은 바다를 덮고 있었고'라는 말이다.

◇"깊음": '깊은 물', '표면(surface)'을 뜻한다. 아직 빛이 나타나지 않았기에 어둠이 온 세상을 덮고 있다. 어둠이 깊음을 싸고 있는 상태는 태초의 황량함을 묘사한다.

◇"영": '바람(wind)', '숨(breath)', '영(spirit)'을 뜻한다. 제3위인 성령 하나님을 말한다. 성령 하나님은 태초부터 한 인격으로서 창조 사역에 참여하셨다.

◇"운행하다": '비상하다', '배회하다(hover over)'라는 뜻이다. 어미 새

(독수리)가 새끼가 완전히 날 수 있을 때까지 새끼 위를 맴돌며, 지키고 양육하는 행위를 말할 때 사용하였다(신 32:11). 어미 새는 새끼가 날 때 비틀거리며 아래로 떨어질 때, 그들 밑으로 급히 내려가서 잡아채어 떨어지지 않도록 한다.

이 말씀은 무슨 뜻인가? 성령님께서 창조 활동을 계속해서 하심을 뜻한다. 하나님의 영이 '혼돈의 물 덩어리' 위로 배회하신다. 성령님은 혼돈의 덩어리를 감싸고 준비하신다. 그리고 그것에게 형태와 생명과 질서를 부여하신다. 하나님께서 세상에 가장 먼저 존재하게 하신 것은 무엇인가?

3. 하나님께서 이 세상에 가장 먼저 존재하게 하신 것은 무엇입니까(3)? 하나님은 왜 빛과 어둠을 나누셨을까요(4)? 낮과 밤이 어떻게 생겼습니까(5)?

3 "하나님이 이르시되 빛이 있으라 하시니 빛이 있었고"

◇"빛이 있으라": 성경에 나오는 첫 하나님의 말씀이다. 이 말씀과 함께 창조 사역을 시작하셨다. 하나님이 처음으로 창조한 것은 빛이다. 하나님께서 빛을 가장 먼저 창조하신 것은 세상이 어둡기 때문이다. 어둠은 혼돈과 무질서를 낳는다. 이 어둠을 몰아내려면 빛이 있어야 한다. 창조 사역은 혼돈의 상태(chaos)에서 질서의 상태(cosmos)로 이루어진다. 하나님은 빛을 만드신 후에 무엇을 하시는가?

4 "빛이 하나님이 보시기에 좋았더라 하나님이 빛과 어둠을 나누사"

◇"좋았더라": 그 빛은 하나님이 보시기에 좋았다.

◇"하나님이 빛과 어둠을 나누사": 하나님은 빛과 어둠을 함께 두지 않으신다. 하나님은 혼합을 싫어하시고 순수를 좋아하신다. 이 하나님은 거룩한 것과 속된 것을 함께 두지 않으신다. 낮과 밤은 어떻게 생겼는가?

5 "하나님이 빛을 낮이라 부르시고 어둠을 밤이라 부르시니라 저녁이 되고 아침이 되니 이는 첫째 날이니라"

◇ "낮이라": 하나님은 빛을 낮이라 부르셨다. 어둠을 밤이라 부르셨다.

◇ "부르시고": '공포하다', '선언하다'라는 뜻이다. 하나님께서 이름을 부르신 행위는 통치권이나 주권, 혹은 소유권의 행사를 의미한다. 하나님은 천지를 창조하신 후에 그것을 버려두지 않으신다. 하나님은 피조물에 이름을 지어주심으로써 하나님의 지배권을 분명하게 표현하셨다. 빛과 어둠도 하나님께서 창조하셨다. 낮과 밤도 하나님께서 창조하셨다.

◇ "첫째 날이니라": 그날이 첫째 날이었다. 하나님께서 둘째 날에는 무엇을 하셨는가?

4. 하나님께서 둘째 날에는 무엇을 하셨습니까(6-8)? 하나님께서 '하늘'을 만드셨다는 사실이 당시 청중에게 주는 의미는 무엇일까요? 식물은 어떻게 존재하게 되었으며, 여기에는 어떤 뜻이 있습니까(9-13)?

6 "하나님이 이르시되 물 가운데에 궁창이 있어 물과 물로 나뉘라 하시고"

◇ "궁창": '두들겨 넓게 펼친 판', '창공(sky/ expanse heaven)'이라는 뜻이다.

◇ "물과 물로 나뉘라": 하나님은 물을 궁창 위의 물과 궁창 아래의 물로 구분하셨다. 물을 분리하여 일부를 지상에, 일부를 하늘의 대기권 속에 있게 하셨다.

7 "하나님이 궁창을 만드사 궁창 아래의 물과 궁창 위의 물로 나뉘게 하시니 그대로 되니라"

8 "하나님이 궁창을 하늘이라 부르시니라 저녁이 되고 아침이 되니 이는 둘째 날이니라"

◇"하늘": 하나님이 창공을 하늘이라 부르셨다. 하나님께서 창공을 하늘이라고 부르신 데는 무슨 뜻이 있는가? 당시 이교 신화는 하늘을 고귀한 신들이 사는 곳으로 여겼다. 그러나 하나님께서 그 영역을 창조하셨다. 그 안에 있는 그것을 구분하셨고, 그것을 다스리신다. 하나님만이 천상에 계신 최고의 신이시다.

9 "하나님이 이르시되 천하의 물이 한곳으로 모이고 뭍이 드러나라 하시니 그대로 되니라"

10 "하나님이 뭍을 땅이라 부르시고 모인 물을 바다라 부르시니 하나님이 보시기에 좋았더라"

◇"바다라 부르시니": 가나안 족속은 바다를 신격화하여 숭배하였다. 하지만 그 바다를 하나님께서 만드셨다. 바다의 신은 존재하지 않는다. 하나님께서 다스리는 바다만 존재한다.

11 "하나님이 이르시되 땅은 풀과 씨 맺는 채소와 각기 종류대로 씨 가진 열매 맺는 나무를 내라 하시니 그대로 되어"

12 "땅이 풀과 각기 종류대로 씨 맺는 채소와 각기 종류대로 씨 가진 열매 맺는 나무를 내니 하나님이 보시기에 좋았더라"

◇"각기 종류대로": 하나님은 풀과 씨 맺는 채소를 각기 종류대로 만드셨다.

◇"열매 맺는 나무를 내니": 땅은 식물로 풍성하다.

13 "저녁이 되고 아침이 되니 이는 셋째 날이니라"

풍성함은 어디에서 오는가? 가나안 사람은 '바알' 신이 풍성함을 제공한다고 주장했다. 고대 종교는 신들에게 곡식과 열매를 맺도록 설득하기 위해서 제사를 지냈다. 그러나 식물은 이방신이 권력을 행함으로 오는 것이 아니다. 식물은 통치자이신 창조주 하나님의 위엄 있는 말씀으로부터 온다.

5. 하나님께서 '광명체'를 만드시고 무엇을 하도록 하셨습니까(14-19)? 여기에는 어떤 뜻이 있을까요? '큰 바다짐승'을 만드시고 어떻게 하셨나요(20-23)? 이 하나님은 어떤 분이십니까?

14 **"하나님이 이르시되 하늘의 궁창에 광명체들이 있어 낮과 밤을 나뉘게 하고 그것들로 징조와 계절과 날과 해를 이루게 하라"**

◇"광명체들": 해와 달과 별들을 '광명체(lights)'로 부른다. '광명체'는 '빛을 가진 물체'를 말한다.

◇"있어": 그동안 존재하지 않았던 천체 자체를 존재하게 하신 것보다는 기존에 있던 천체인 태양과 달을 빛을 가진 천체로 만드신 것을 뜻한다. 즉 '빛이 없는 천체'가 '빛이 있는 천체'로 존재하게 된 것이다. 존재하지 않았던 '광명'이 존재하게 되었다.

◇"낮과 밤을 나뉘게 하고 그것들로 징조와 계절과 날과 해를 이루게 하라": 빛은 이미 궁창에 존재했는데, 이제 낮과 밤을 나누며, 계절과 날과 해를 표시하는 역할을 한다. 그 명령을 통해, 봄이 오면 새싹이, 여름이 오면 이슬이, 늦가을이 오면 서리가 내린다.

여기서 볼 때 넷째 날의 중심 관심이 해, 달, 별들의 창조에 있기보다 그 삼중적 기능에 있다. 즉 1절의 '천지'는 우주로서 해, 달, 별들을 포함한다. 16절까지 해를 만든 이야기는 나타나지 않는다. 그러면 3절의 빛은 무엇을 말하는가? 삼 일을 해 없이 있을 수 있는가? 셋째 날에 만드신 초목과 채소는 해 없이 있을 수 있는가? 이미 첫째 날에 창조한 천지 속에 태양이 만들어져 있었다. 이제 그 기능을 말하고 있다. 이미 날짜 구분도 있었다. 6일 동안 천지창조는 철저하게 땅의 관점에서 소개하고 있으므로, 넷째 날은 해와 달과 별이 땅에서의 생활에 어떤 기능을 하는지를 설명한다.

15 **"또 광명체들이 하늘의 궁창에 있어 땅을 비추라 하시니 그대로 되니라"**

16 "하나님이 두 큰 광명체를 만드사 큰 광명체로 낮을 주관하게 하시고 작은 광명체로 밤을 주관하게 하시며 또 별들을 만드시고"

17 "하나님이 그것들을 하늘의 궁창에 두어 땅을 비추게 하시며"

18 "낮과 밤을 주관하게 하시고 빛과 어둠을 나뉘게 하시니 하나님이 보시기에 좋았더라"

19 "저녁이 되고 아침이 되니 이는 넷째 날이니라"

하나님께서 '두 광명체를 만드시고 그것들을 궁창에 두어 비추게 하셨다.'라는 말은 무슨 뜻일까? 해는 애굽의 신, 달은 갈대아 우르의 신이었다. 그런데 그런 존재를 하나님이 만드셨다. 하나님만이 하늘의 광명을 만들었기 때문에, 그 누구도 하나님께서 받으셔야 할 영광과 존귀를 받을 수 없다. 그것들은 하나님의 영광을 드러내는 증거일 뿐(시 19편) 그 이상이 아니다. 태양과 달을 바라보는 성도의 눈은 창조주를 향해야 한다. 하나님은 물과 하늘에는 무엇을 만드셨는가?

20 "하나님이 이르시되 물들은 생물을 번성하게 하라 땅 위 하늘의 궁창에는 새가 날으라 하시고"

21 "하나님이 큰 바다 짐승들과 물에서 번성하여 움직이는 모든 생물을 그 종류대로, 날개 있는 모든 새를 그 종류대로 창조하시니 하나님이 보시기에 좋았더라"

◇"그 종류대로": 하나님은 커다란 바다짐승과 물에서 번성하는 움직이는 모든 생물을 그 종류대로 창조하셨다. 날개 달린 모든 새를 그 종류대로 창조하셨다.

◇"큰 바다짐승": 큰 물고기를 말한다. 이교도들은 큰 바다 생물을 용과 괴물로 여기고 숭배했다. 그러나 하나님께서 그것을 창조하셨다고 말씀함으로써 이런 사상을 가볍게 잠재운다.

◇ "창조하시니": 하나님께서 식물과 동물을 만드실 때 같은 명령을 하셨다. 그러나 그 두 형태의 생명은 다른 기원을 가진다. 식물은 땅에서 나오지만, 생물은 하나님이 직접 만드셨다. 당시 히브리인의 사고방식에 의하면 식물은 생명이 아니기 때문이다. 모든 생명의 기원은 하나님이심을 강조한다.

22 "하나님이 그들에게 복을 주시며 이르시되 생육하고 번성하여 여러 바닷물에 충만하라 새들도 땅에 번성하라 하시니라"

◇ "복을 주시며": 하나님은 모든 생물을 만드신 후에 그들에게 복을 주셨다. 어떤 복인가?

◇ "생육하고 번성하여 충만하라": 복은 생명의 번성과 연결된다. 하나님의 축복은 후손의 선물로 가장 명료하게 드러난다.

6. 이상에서 볼 때 하나님의 창조 사역은 어떤 틀 속에서 이루어졌습니까(명령: 3, 6, 9, 11, 14, 20, 24, 26/ 순종: 7, 9, 11, 15, 24, 30/ 평가: 4, 10, 12, 18, 21, 25, 31)? '이 세상이 하나님의 말씀으로 존재했다.'라는 사실이 나에게 주는 의미는 무엇입니까?

A. 명령(command), 순종(obey), 평가(evaluation)

(1) 창조 명령: "하나님이 이르시되(God said)", "있으라(Let there be)."라는 형식으로 나타난다(3, 6, 9, 11, 14, 15, 20, 24, 26). 하나님께서 상황에 따라서 직접 만들기도 하신다. "그리고 하나님이 만드셨다"(7, 16, 17, 25), "나누셨다"(4, 7), "창조하셨다"(21, 27), "돋아나게 하셨다"(12). 이 행동은 하나님의 초월성을 강조한다.

(2) 순종: "있었다"(3), "그렇게 되었다"(7, 9, 11, 15, 24, 30)가 뒤따른다.

(3) 평가 혹은 승인 형식: 이것은 "좋았다"로 나타난다. 하나님께서 만드신 모든 것은 선하다. 창조 이야기는 이점을 강조한다. 일곱 번 나타난다(4, 10, 12,

18, 21, 25, 31). 이것은 창조에 대한 승인 형식(approval formula)으로 창조주 하나님을 찬양하는 기능을 갖는다. 창조는 하나님의 위대하심과 선하심을 증명해 준다. "성경은 아름다움에 대한 단어로부터 시작하고 있다."

B. 삼일의 대칭 구조

첫째 날 : 빛	넷째 날 : 광명체
둘째 날 : 물과 궁창	다섯째 날 : 새들과 물고기들
셋째 날 : 땅과 채소	여섯째 날 : 짐승과 남자와 여자
일곱째 날 : 안식일	

첫 삼일은 주로 "나누다"와 "모으다"라는 표현을 통해 땅의 공간적인 구조를 이룬다. 나머지 삼일은 주로 "채우다", "번성하다", "생육하다"라는 표현을 통해 공간을 채우는 모습이 나타난다. 2절에 있는 '혼돈'에 '질서'를, '공허'에 '채움'을 이루는 모습이 나타난다. 하늘과 땅은 공허한 곳이 되어서는 안 된다. 첫째 날은 넷째 날과, 둘째 날은 다섯째 날과, 셋째 날은 여섯째 날과 대칭을 이룬다. '빛'은 '광명'과 이어지고, '물과 궁창'은 '새들과 물고기들', '땅과 채소'는 '짐승과 인간'을 위한 터전이다.

창조의 6일 중 셋째 날과 여섯째 날은 각각 삼일의 절정으로 나타난다. 그 날 하나님의 활동이 두드러진다. 셋째 날에는 "하나님이 이르시되"(9, 11)가 두 번 나타나며, 여섯째 날에는 세 번 나타난다(24, 26, 29). 3일에는 하나님께서 땅과 식물을 만드시고, 6일에는 땅 위에 사는 동물들과 인간을 만드시어 서로 어울리게 한다. 하나님께서 미리 '풀과 채소와 과목'을 내게 하시며, 6일에는 동물과 인간으로 먹게 하신다.

제7일은 표준 구조에서 벗어났는데, 안식일 제도의 기원이다. 하나님의 안식으로 창조가 끝나는 날로부터 인간의 노동이 시작된다. 인간의 노동은 하나님의 안식과 기쁨 속에서 이루어진다. 하나님은 엿새에 걸쳐 창조를 이루시며, 제7일에 완성하신다. 제7일은 창조의 절정이다. 안식일은 창조의 절정으로 창조주를 기억하며 기리는 날이다.

이 세상의 모든 것들은 어떻게 존재했는가? 하나님의 말씀으로 생겨났다. 천지는 단순한 인과법칙을 따라 만들어진 것이 아니라 하나님의 말씀으로 만들어졌다. 창조의 수단은 말씀이다. 성경은 이 점을 강조한다. "그가 말씀하시매 이루어졌으며 명령하시매 견고히 섰도다"(시 33:9). 하나님의 말씀은 일반적인 교훈이 아니다. 하나님의 말씀은 하나님의 존재 자체요, 능력 자체이다. 사람을 변화시키고 구원한다. 따라서 우리는 그 말씀을 신뢰하고, 순종해야 한다.

그런데 더 놀라운 일은 만물을 창조하신 '그 말씀'이 곧 예수 그리스도시라는 사실이다. "태초에 말씀이 계시니라 이 말씀이 하나님과 함께 계셨으니 이 말씀은 곧 하나님이시니라. 그가 태초에 하나님과 함께 계셨고 만물이 그로 말미암아 지은 바 되었으니 지은 것이 하나도 그가 없이는 된 것이 없느니라"(요 1:1-3). "말씀이 육신이 되어 우리 가운데 거하시매 우리가 그의 영광을 보니 아버지의 독생자의 영광이요 은혜와 진리가 충만하더라"(요 1:14). 천지창조의 사역 속에 삼위의 하나님이 함께하셨다. 우리가 믿고 순종하는 예수 그리스도는 세상을 창조하신 창조주 하나님이시다. 그 하나님이신 성령님께서 오늘도 우리를 인도하시고 함께 하시는 선한 목자이시다.

제2강

나는 어떻게, 왜 존재하였는가

◇본문 창세기 1:24-2:3
◇요절 창세기 1:26
◇찬송 463장, 455장

1. 하나님께서 땅에 사는 동물을 어떻게 만드셨습니까(1:24-25)? '그 종류대로 만드셨다.'라는 말은 무슨 뜻일까요?

2. 하나님은 사람을 얼마나 특별한 존재로 창조하십니까(26a)? '우리의 형상'은 무엇을 말할까요? 사람을 창조하신 목적은 무엇입니까(26b)? 이 사실이 오늘 나에게 주는 의미는 무엇일까요?

3. 하나님께서 사람을 창조하실 때 부여하신 또 하나의 특별함은 무엇입니까(27)? 하나님께서는 그들에게 어떤 복을 주셨습니까(28)?

4. 하나님은 모든 피조물을 어떻게 먹이십니까(29-30)? 하나님이 그 지으신 모든 것을 보시고 어떤 평가를 하십니까(31)? 이 평가가 오늘 나에게 주는 의미는 무엇입니까?

5. 하나님은 그 하시던 일을 언제 마치셨으며, 그리고 무엇을 하셨습니까(2:1-2)? 하나님은 그 일곱째 날을 어떻게 하셨으며, 그 이유는 무엇입니까(3)? 이 사실이 오늘 우리에게는 어떤 뜻이 있을까요?

제2강

나는 어떻게, 왜 존재하였는가

◇본문 창세기 1:24–2:3
◇요절 창세기 1:26
◇찬송 463장, 455장

1. 하나님께서 땅에 사는 동물을 어떻게 만드셨습니까(1:24-25)? '그 종류대로 만드셨다.'라는 말은 무슨 뜻일까요?

24 "하나님이 이르시되 땅은 생물을 그 종류대로 내되 가축과 기는 것과 땅의 짐승을 종류대로 내라 하시니 그대로 되니라"

25 "하나님이 땅의 짐승을 그 종류대로, 가축을 그 종류대로, 땅에 기는 모든 것을 그 종류대로 만드시니 하나님이 보시기에 좋았더라"

◇"그 종류대로": 계속해서 '그 종류대로'를 강조한다. 하나님은 들짐승을 그 종류대로, 집짐승을 그 종류대로, 길짐승을 그 종류대로 만드셨다.

'그 종류대로 만드셨다'는 말은 무슨 뜻일까? 하나님은 생물학적인 종에 따라서 창조하셨다. 동물은 처음부터 생물학적인 종에 따라서 존재하였다. 당시 히브리인은 식물을 생명체로 생각하지 않았다. 그러니까 동물은 식물과 다르게 창조했음을 강조한다. 하나님은 사람을 얼마나 특별하게 지으셨는가?

2. 하나님은 사람을 얼마나 특별한 존재로 창조하십니까(26a)? '우리의 형상'은 무엇을 말할까요? 사람을 창조하신 목적은 무엇입니까(26b)? 이 사실이 오늘 나에게 주는 의미는 무엇일까요?

26 a "하나님이 이르시되 우리의 형상을 따라 우리의 모양대로 우리가 사람을 만들고"

◇ "우리": 삼위의 하나님을 말한다. 창조 사역뿐만 아니라 사람을 만드신 일에도 삼위 하나님이 함께하신다.

◇ "형상을 따라": 앞에서는 '그 종류대로' 생물을 만들지만, 사람은 삼위 하나님의 형상을 따라서 만드신다.

◇ "형상"(צֶלֶם, *tselem*): '닮음(image)'이라는 뜻이다. 이 용어는 실체를 가진 우상의 형태와 모양과 조각 그림을 가리키는 말로 사용하였다. 또 '인격', '속성', 혹은 '도덕적 선택을 할 능력' 등으로 다양하게 설명한다. 이 말은, 사람이 하나님의 영적 속성을 반영하고 있음을 나타낸다. 구체적으로 '의와 거룩함'(엡 4:24)과 '지식'(골 3:10)을 포함한다. 사람은 영적 생명, 윤리 도덕적 감수성, 양심, 그리고 하나님을 대표할 능력이 있다. 특히 신자는 그리스도의 '형상을 본받아야' 하며(롬 8:29), 언젠가 '그와 같게' 될 것이다(요일 3:2).

◇ "모양"(דְּמוּת, *demut*): '닮은 것(likeness)', '같은 모양(similitude)'이라는 뜻이다. '형상'과 '모양'은 본질로는 같은 의미이다. 사람은 하나님의 형상과 모양대로 만들어졌다.

여기에는 무슨 뜻이 있을까? '형상'은 통치권과 관련이 있었다. 전쟁에서 승리한 왕이 점령지에 승전비를 세웠다. 승전비에 승리한 왕의 얼굴을 새겼다. 그것은 왕권이 이곳까지 미치는 것을 표현한 것이다. 당시 사람은 오직 왕만이 신을 닮았다고 생각했다. 그러나 성경은 모든 사람이 다 하나님을 닮았다고 말한다. 사람은 동물과 같은 피조물이지만 하나님의 형상을 가진 특별한 존재이다. 이 형상과 모양으로 사람은 동물과 완전히 구분된다. 오직 사람만이 하나님과 교제할 수 있고, 예배할 수 있다.

그러나 여기서 주의해야 할 점은 무엇인가? 오늘 우리는 하나님의 형상을 가졌는가? 가지지 않았는가? 우리는 창세기 1장과 2장의 사람, 3장(타락) 이후의 사람, 그리고 예수님을 믿는 사람으로 구분하여 생각해야 한다. 3장 이후의 사람은 타락한 사람이다. 가인은 타락한 첫 사람이다. 노아 시대 사람은 육신이 되었다(6:3). '육신이 된 사람'은 '죽은 새'로 비유한다. '죽은 새'는 스스로 살아날 수 없다. 어떤 사람은 '병든 새'로 비유한다. 즉 스스로 회복하기가 쉽지 않지만 그렇다고 불가능한 것도 아니라는 뜻이다. 그러나 우리는 타락한 사람을 '죽은 새'로 정의한다. '죽은 새'는 하나님의 형상을 잃어버린 사람이다.

구원이란 무엇인가? 하나님의 형상을 회복하는 일이다. 어떻게 회복할 수 있는가? 예수 그리스도를 믿음으로만 가능하다. 하나님의 형상을 잃어버린 사람, 즉 죽은 새는 절대적으로 구원자가 필요하다. 오직 구원자를 통해서만 하나님의 형상을 회복할 수 있다. 오늘 예수님을 그리스도로 믿는 자는 하나님의 형상을 회복한 사람이다. 그러나 그 형상의 회복이 하루아침에 완성되는 것은 아니다. 신앙생활을 통하여 회복된다. 그 여정을 '성화의 과정'이라고 부른다. 우리 믿음의 사람은 지금 '성화의 과정'에 있다. 하나님의 형상을 회복하는 중이다. 그런데 그 과정에서 죄악 된 본성 때문에 고통을 받기도 한다. 그러나 예수 그리스도의 성품을 닮은 자로 자라날 소망이 있다. 하나님의 형상으로 만들어진 사람은 무엇을 해야 하는가?

26 b "그들로 바다의 물고기와 하늘의 새와 가축과 온 땅과 땅에 기는 모든 것을 다스리게 하자 하시고"

◇"모든 것을 다스리게 하자": 사람은 바다의 고기와 공중의 새와 땅 위에 사는 온갖 들짐승과 땅 위를 기어 다니는 모든 길짐승을 다스려야 한다. 이것이 하나님께서 당신의 형상으로 사람을 창조하신 목적이다.

이 사실을 통해서 무엇을 배울 수 있는가? '형상'은 '통치력'과 관계가 있다. 하나님의 형상으로 창조된 사람만이 하나님의 창조 세계를 다스릴 수 있다. 하나님은 단지 사람을 모든 피조물의 먹이 사슬 중에서 최고로 높은 층에 있도록 만들지 않으셨다. 하나님은 사람을 자연의 지배자로 만드셨다. 그러나 그의 다스림은 착취나 위협이나 권력의 남용이 아니라, 하나님이 만드신 세상을 잘 돌보고 가꾸는 데 있다. 목자로서 양을 잘 돌보아야 하는 것과 같다. 하나님께서 사람에게 또 어떤 특권을 주셨는가?

3. 하나님께서 사람을 창조하실 때 부여하신 또 하나의 특별함은 무엇입니까(27)? 하나님께서는 그들에게 어떤 복을 주셨습니까(28)?

27 "하나님이 자기 형상 곧 하나님의 형상대로 사람을 창조하시되 남자와 여자를 창조하시고"

◇"남자와 여자를 창조하시고": 하나님은 다른 생물, 즉 동물을 창조하실 때는 암수의 구별을 말씀하지 않으셨다. 하지만 사람을 창조하실 때는 '남자와 여자'를 구별하여 말씀하신다. 이 점이 사람을 창조하실 때 나타나는 또 하나의 특별함이다.

여기에는 무슨 뜻이 있는가? 남자가 여자에게, 혹은 여자가 남자에게 종속되어 있지 않음을 뜻한다. 사람은 하나님 앞에서 사는 인격적 존재이다. 하나님은 처음부터 그렇게 만드셨다. 하나님은 그들에게 어떤 복을 주시는가?

28 "하나님이 그들에게 복을 주시며 하나님이 그들에게 이르시되 생육하고 번성하여 땅에 충만하라, 땅을 정복하라, 바다의 물고기와 하늘의 새와 땅에 움직이는 모든 생물을 다스리라 하시니라"

◇"복을 주시며": 생물은 이미 다섯째 날에 복을 받았다. "생육하고 번성하여 여러 바닷물에 충만하라"(1:22). 그 복을 사람에게도 주신다.

◇"충만하라, 정복하라, 다스리라": 하나님의 복은 '후손'과 '생명' 개념과

밀접하게 이어져 있다. 하나님의 복은 생명과 연관된 모든 것에 임한다. 축복의 기본 개념은 생명이 번성하는 것이다. 이 생명의 번성으로 가족과 나라에 축복이 임한다(신 28:1-14).

이 사실을 통해서 우리는 무엇을 배울 수 있는가? 현대인은 어디에서 복을 찾는가? 성공에서 찾는다. 돈, 권세, 사랑, 대박을 꿈꾼다. 성경은 생명의 번성을 축복으로 강조하고 있다. 또 하나의 축복은 땅을 정복하고 다스리는 일이다. 이를 '문화명령(The Cultural Mandate)'이라고 부른다. 이 말씀은 우리의 삶의 현장을 '하나님의 주권 영역'으로 보는 '렌즈'를 제공한다. 이 세계를 하나님의 대리인으로 다스리며, 피조물 속에서 창조주께 영광을 가져올 수 있는 모든 가능한 것을 끌어내는 문화 계발과 문화 창달을 의미한다. 따라서 오늘 우리는 삶의 전 영역에서 하나님의 이름을 드러내는 일에 힘써야 한다. 하나님은 우리를 어떻게 먹이시는가?

4. 하나님은 모든 피조물을 어떻게 먹이십니까(29-30)? 하나님이 그 지으신 모든 것을 보시고 어떤 평가를 하십니까(31)? 이 평가가 오늘 나에게 주는 의미는 무엇입니까?

29 **"하나님이 이르시되 내가 온 지면의 씨 맺는 모든 채소와 씨 가진 열매 맺는 모든 나무를 너희에게 주노니 너희의 먹을 거리가 되리라"**

◇"너희에게 주노니": 하나님께서 친히 먹이신다. 이방 세계에서는 사람이 신을 먹인다. 『심청전』을 보면 인당수에 제물을 넣는다. 그러나 하나님은 사람을 만드시고 그들을 먹이신다. 실제로 이스라엘 백성은 삶 속에서 이 하나님을 체험했다. 하나님은 그들을 광야에서 40년 동안 먹이셨다.

30 **"또 땅의 모든 짐승과 하늘의 모든 새와 생명이 있어 땅에 기는 모든 것에게는 내가 모든 푸른 풀을 먹을 거리로 주노라 하시니 그대로 되니라"**

◇"먹을 거리로 주노라": 하나님은 모든 짐승과 공중의 모든 새와 생명을 지닌 모든 것에게도 모든 푸른 풀을 먹거리로 주신다. 하나님은 사람은 물론이고 일반 모든 생명도 먹이신다. 하나님은 그들을 창조하셨기 때문에 그들을 먹이신다. 이 모든 사역을 보신 하나님의 소감은 무엇인가?

31 "하나님이 그 지으신 모든 것을 보시니 보시기에 심히 좋았더라 저녁이 되고 아침이 되니 이는 여섯째 날이니라"

◇"심히 좋았더라": 평가 형식(4, 10, 12, 18, 21, 25)의 마지막이다. 특히 '심히 좋았다.'라는 평가는 최종 작품의 완전성을 강조한다.

◇"여섯째 날이니라": 여기에는 정관사가 있다. 즉 '그 여섯째 날(day, the sixth)'이다. 이 형식은 사람을 만든 날과 안식일을 묘사할 때만 나타난다. 그만큼 여섯째 날을 특별하게 여겼다. 왜냐하면 특별한 피조물인 사람을 창조하신 날이기 때문이다.

이 사실이 당시 백성에게 주는 의미는 무엇일까? 이스라엘은 오랫동안 애굽의 노예로 살았다. 그들의 존재가치는 형편이 없었다. 그러나 그들의 본래 모습은 하나님께로부터 최고의 평가를 받는 존재이다. 물론 그들이 형상을 잃어버렸기 때문에 이런 평가를 듣지 못한다. 하지만 하나님은 그들을 당신의 백성으로 삼아주셨다. 즉 그들을 향한 평가를 다시 회복하셨다. 그러므로 그들의 존재가치도 달라졌다. 그들은 더는 노예 백성이 아니다. 하나님이 보시기에 심히 좋은 존재이다. 하나님 앞에서 그 백성으로서 자존감과 정체성을 가져야 한다.

오늘 우리에게 주는 의미는 무엇인가? 예수님을 믿지 않는 사람은 죄 때문에 형상을 잃어버린 채 살아간다. 그러나 예수님을 믿은 사람은 형상을 회복하였다. 즉 본래의 모습을 회복하고 있다. 그러므로 우리도 하나님께서 보실 때 심히 좋은 존재이다. 여기서 우리는 자신의 존재 의미와 목적, 그리고 그 가치를 찾을 수 있다. 우리는 결코 운명적인 존재도 상대적인 존재도 아니다. 우리는 우리가 어디에서 왔으며, 무엇을 위해 살아야 하는지를 분명히 알 수 있다. 나는 결코 목적

없이 허무하게 살다가 죽는 존재가 아니다. 하나님의 사랑으로 태어나 하나님의 뜻을 이루기 위해 존재하고 있다. 나는 하나님의 형상을 닮은 자로서 하나님 보시기에 심히 좋은 존재이다.

오늘 우리가 창세기 공부를 통해 이 가치관에 대한 '패러다임의 전환(paradigm shift)'이 일어나야 한다. 우리는 '성형미인'이 아닌 하나님이 만드신 '자연미인'이다. "우리는 그가 만드신 바라 그리스도 예수 안에서 선한 일을 위하여 지으심을 받은 자니 이 일은 하나님이 전에 예비하사 우리로 그 가운데서 행하게 하려 하심이니라"(엡 2:10). 그러므로 우리는 사람 앞에서가 아니라, '하나님 앞에서(Coram Deo)' 살아야 한다.

5. 하나님은 그 하시던 일을 언제 마치셨으며, 그리고 무엇을 하셨습니까(2:1-2)? 하나님은 그 일곱째 날을 어떻게 하셨으며, 그 이유는 무엇입니까(3)? 이 사실이 오늘 우리에게는 어떤 뜻이 있을까요?

1 "천지와 만물이 다 이루어지니라"

◇"다 이루니라": '완전하게 하다.'라는 뜻이다. 창조 사역을 그분의 뜻과 계획대로 완전히 성취하셨다. 1장의 요약적 결론이다.

2 "하나님이 그가 하시던 일을 일곱째 날에 마치시니 그가 하시던 모든 일을 그치고 일곱째 날에 안식하시니라"

◇"일곱째 날": '그 일곱째 날(the seventh day)'이라는 뜻이다. 제7일을 다른 날과 구별하고 있다.

◇"마치시니": '모든 일을 끝마쳤다(had finished).' '모든 일을 그쳤다(rested from all his work).'라는 뜻이다. 그날은 하나님께서 다른 날처럼 말씀하시거나 일하지 않으셨다. 하나님은 하시던 일을 엿샛날까지 다 마치셨다. 이렛날에는 모든 일에서 손을 떼고 쉬셨다. 이렇게 하신

데는 무슨 뜻이 있는가?

3 "하나님이 그 일곱째 날을 복되게 하사 거룩하게 하셨으니 이는 하나님이 그 창조하시며 만드시던 모든 일을 마치시고 그날에 안식하셨음이니라"

◇"복되게 하사": 하나님은 그날 자체를 축복하셨다. 날 자체를 축복하는 것이 독특하다. 하나님은 동물과 사람에게만 축복하셨다. 하나님이 사람과 동물을 축복하실 때 그 내용은 생육하고 번성하는 것이다. 그런데 여기서는 날을 축복하셨다. 그 내용은 무엇인가?

◇"거룩하게 하셨으니": '특별하게 구별하셨다(sanctified it/ made it holy).'라는 뜻이다. 이것이 축복의 내용이다. 하나님은 일곱째 날을 여섯 날들과 특별하게 구별하셨다. 일곱째 날 자체가 거룩했던 것이 아니라 하나님께서 그날을 거룩한 날로 여겼기 때문에 거룩한 날이다. 왜 그렇게 하셨는가?

◇"그날에 안식하셨음이니라": 하나님께서 모든 일을 마치시고 그날에 쉬셨다.

◇"안식하다": '활동으로부터 쉼'을 의미한다. 하나님께서 창조 활동으로 인해 지쳤다거나 쉼을 필요로 한다는 것을 말하지 않는다. 창조행위를 멈추셨음을 말한다. 하나님께서는 이후로 더는 새로운 피조물을 만들지 않으셨다.

이 사실이 주는 의미는 무엇인가? 지금 이 메시지를 듣는 처음 청중은 가나안으로 가서 농사를 짓는다. 그들은 그때부터는 자기들이 일해서 먹고살아야 한다. 그러면 그 일곱째 날을 지키기가 어렵다. 하나님 중심으로 살기가 어렵다. 하루라도 더 일하면 수입이 많아진다고 생각하기 때문이다. 그러나 그들은 그곳에서 철저하게 하나님 중심으로 살아야 한다. 창조주 하나님을 기억하고 살아야 한다. 그것이 일곱째 날을 기념하여 지키는 일이다. 그날은 단순히 기분전환이나 오락에 참여하는 날이 아니다. 그날은 이스라엘 민족이 하나님께서 만드신 피조물이며,

그들 자신이 하나님의 거룩한 백성임을 일깨워주는 날이다. 그들 자신을 하나님께 구별해 드리고, 자신의 행동을 그분께 구별해 드려야 한다.

오늘 우리에게는 무슨 뜻인가? 오늘 우리에게 안식일은 주일로 바뀌었다. 예수님께서 돌아가시고 다시 살아나신 날을 우리는 '주님의 날', '주일'로 부른다. 주일은 한 주의 첫째 날이다. 우리는 그 주일을 안식일로 지킨다. 오늘 우리는 첫날 예배하고 한 주를 시작한다.

제3강

행복은 어디에 있는가

◇본문 창세기 2:4-25
◇요절 창세기 2:17
◇찬송 찬송 200장, 206장

1. 이제부터는 무엇에 관한 내용입니까(4)? 하나님의 이름이 어떻게 바뀌었으며, 여기에는 어떤 뜻이 있을까요? 당시 땅의 상태는 어떠했습니까(5-6)?

2. 여호와 하나님은 사람을 어떻게 지으십니까(7a)? 사람은 어떤 존재가 되었습니까(7b)? '생령이 되었다.'라는 말은 무슨 뜻일까요?

3. 여호와 하나님께서 창설하신 에덴동산의 모습이 어떠합니까(8-14)? 하나님께서는 왜 사람을 그곳에 두십니까(15)? '경작하며 지키게 한다.'라는 말은 무슨 뜻일까요?

4. 여호와 하나님께서 그 사람에게 내린 첫 번째 명령은 무엇입니까(16-17)? 사람이 살기 위해서는 어떻게 해야 합니까? 왜 삶의 조건으로 선악을 알게 하는 나무의 열매를 먹지 못하게 했을까요?

5. 하나님께서 제시하신 선악의 기준은 무엇입니까(18a)? '돕는 배필'은 무슨 일을 하도록 돕습니까(18b)? 아담은 무엇을 하고 있습니까(19-20)? 여호와 하나님은 어떻게 여자를 만드십니까(21-22)?

6. 아담은 돕는 배필을 어떻게 맞이합니까(23)? 첫 결혼에 나타난 원리는 무엇입니까(24)? 그들은 얼마나 행복한가요(25)? 결혼의 궁극적 목적은 무엇일까요?

제3강
행복은 어디에 있는가

◇본문 창세기 2:4–25
◇요절 창세기 2:17
◇찬송 찬송 200장, 206장

1. 이제부터는 무엇에 관한 내용입니까(4)? 하나님의 이름이 어떻게 바뀌었으며, 여기에는 어떤 뜻이 있을까요? 당시 땅의 상태는 어떠했습니까(5-6)?

4 "이것이 천지가 창조될 때에 하늘과 땅의 내력이니 여호와 하나님이 땅과 하늘을 만드시던 날에"

◇"내력"(תּוֹלְדוֹת, *toledot*): '출생', '후손(the account of)'이라는 뜻이다. 즉 '어떤 사건이나 사람의 역사'를 의미한다. 그러나 어떤 사람의 '톨레돗'을 소개할 때 그 사람의 출생을 포함하지 않는다(창 25:19은 예외이다. 이삭의 생애 기사는 그가 아브라함의 아들이었다는 사실을 언급함으로써 시작한다). 오히려 그 후손들이 행한 것을 다룬다. 따라서 '하늘과 땅의 내력'이라는 말은 '하늘과 땅이 존재하게 되었다'는 의미나 앞에 나오는 사건에 대한 요약이 아니다. 하늘과 땅의 창조에 뒤이은 사건에 대해서 말한다(2:4–4:26). 창세기에는 모두 10개의 '톨레돗'이 나타난다.

◇"여호와"(יהוה, YHWH): 앞에서는 '하나님'으로만 나타났다. 그런데 여기서부터 하나님의 이름을 '여호와(Yahweh)'로 바꾼다.

하나님의 이름을 바꾼 데는 무슨 뜻이 있는가? '여호와' 라는 이름의 문자적인 뜻은 '스스로 계신 분' 이다(출 3:14). 이스라엘의 하나님을 나타내는 고유명사이다. 그 이름의 특징은 하나님의 인격적, 언약적 속성을 강조한다. 유대인은 그 이름을 너무 거룩하게 여겨서 발음하지 않았다. 사본 필사자는 그 이름을 기록할 때 매번 목욕하고 옷을 갈아입었고, 기록한 후에는 그 붓을 부러뜨렸다. 감히 입으로 말하기가 황송한 그 이름에 대한 경외심 때문에 읽을 때는 'אֲדֹנָי(아도나이, 나의 주님)' 로 발음했다.

◇"하나님": 일반적인 의미의 신을 가리킨다. 그러나 이 '하나님'이라는 이름도 성경 하나님의 고유명사가 되었다.

◇"여호와 하나님": 1장의 하나님과 2장의 하나님은 같은 분이다. 우주의 창조주이신 하나님이 곧 이스라엘의 하나님이시다. 그분은 이스라엘의 민족 신일 뿐만 아니라, 모든 피조 세계를 지배하는 최고의 하나님이시다. 지금 이스라엘은 시내 산에서 여호와 언약을 맺었다. 그런데 그 여호와는 누구신가? 천지를 창조하신 그 하나님이시다. 그 하나님 여호와께서 무엇을 하시는가?

5 "여호와 하나님이 땅에 비를 내리지 아니하셨고 땅을 갈 사람도 없었으므로 들에는 초목이 아직 없었고 밭에는 채소가 나지 아니하였으며"

◇"여호와 하나님이 땅에 비를 내리지 아니하셨고": 여호와 하나님께서 사람을 창조하기 이전의 땅의 상태를 설명한다. 여호와께서 비를 내리지 아니하셨다. 생명체가 살 수 있는 환경이 아직 아니다.

◇"땅을 갈 사람도 없었으므로": 땅을 개간할 사람이 없었다. 땅이 땅으로서 존재 의미와 목적을 가지려면 관리할 사람이 있어야 한다. 사람의 중요성을 강조한다. 땅이 주인공이 아니라 사람이 주인공이다. 땅의 상태

가 어떠한가?

◇"들에는 초목이 아직 없었고 밭에는 채소가 나지 아니하였으며": 땅에는 나무가 없고, 들에는 풀 한 포기도 아직 돋아나지 않았다.

6 "안개만 땅에서 올라와 온 지면을 적셨더라"

◇"안개만": 땅은 사람을 필요로 한다. 그 사람이 어떻게 존재하는가?

2. 여호와 하나님은 사람을 어떻게 지으십니까(7a)? 사람은 어떤 존재가 되었습니까(7b)? '생령이 되었다.'라는 말은 무슨 뜻일까요?

7 "여호와 하나님이 땅의 흙으로 사람을 지으시고 생기를 그 코에 불어넣으시니 사람이 생령이 되니라"

◇"땅"(אֲדָמָה, *'adama*): '땅(ground)', '토지'라는 뜻이다.

◇"흙으로": '마른 흙', '티끌(dust)'이라는 뜻이다.

◇"사람"(אָדָם, *'adam*): '땅(*'adama*)'과 '사람(*'adam*)'은 히브리어로는 언어유희다.

◇"지었다"(יָצַר, *yatsar*): '빚어 만들다(formed)'는 뜻이다. 여호와 하나님께서 '땅의 흙'으로 사람을 지으셨다. 사람은 '그 땅'으로부터 지음을 받았다. 즉 '아담'은 '아다마'로부터 지음을 받았다.

우리는 무엇을 배울 수 있는가? 첫째로, 토기장이가 토기를 짓듯이 여호와 하나님께서 사람을 빚으셨다. 사람은 하나님의 특별한 목적에 의해서 창조된 '작품'이다. 경쟁 관계에 있는 많은 것 중 하나의 '상품'이 아니다. 둘째로, 사람은 흙으로 지음을 받은 피조물이다. 하나님은 '아다마'를 가지고 '아담'을 만드셨다. '아담'으로 '아다마'를 경작하게 하신다. '아담'은 죽어서 '아다마'로 돌아간다. '아다마'는 '아담'의 요람이며, 거처고, 무덤이다.

◇"생기": '숨', '호흡', '생명의 숨(the breath of life)'이라는 뜻이다. 생명

을 특징짓는 핵심적인 요소다.

◇“불어넣으시니”: ‘숨 쉬다’, ‘강하게 불다.’라는 뜻이다. 하나님은 흙으로 만든 몸에 ‘생명의 숨’을 불어 넣어 숨을 내쉬도록 하셨다. 인공호흡을 하는 모습이 떠오른다. 에스겔서에서 다시 맞추어진 몸을 소생시키기 위해 그것에 생기를 불어넣도록 명령한 것과 같다(겔 37:9).

◇“생령”: ‘살아 있는 존재(living soul/ living being)’, ‘생존하여 있는’, ‘숨 쉬는 존재’를 말한다.

◇“영”: 숨 쉬는 것이나 호흡하는 존재, 영혼, 생명 등을 의미한다.

여기서 인간 존재에 대해서 무엇을 배울 수 있는가? 여호와 하나님께서 ‘생명의 숨’을 불어넣음의 결과로 사람이 ‘살아서 숨 쉬는 존재’가 되었다. ‘생령’은 죽은 자와 대조된다. 하나님은 흙으로 만들어서 아직 생명이 없는 몸에 생기를 불어넣음으로써 사람을 살아나게 하셨다. 이 사실은, 사람 생명의 근원이 하나님께 있음을 말한다. 동시에 사람은 영혼의 존재임을 말한다. 여호와께서 사람을 만드신 후에 무엇을 만드시는가?

3. 여호와 하나님께서 창설하신 에덴동산의 모습이 어떠합니까(8-14)? 하나님께서는 왜 사람을 그곳에 두십니까(15)? ‘경작하며 지키게 한다.’라는 말은 무슨 뜻일까요?

8 “여호와 하나님이 동방의 에덴에 동산을 창설하시고 그 지으신 사람을 거기 두시니라”

◇“에덴”: ‘기쁨(pleasure/ delight)의 동산’이라는 뜻이다. 동산은 아름다운 정원을 가리키는 표현이다.

◇“거기 두시니라”: 하나님께서 에덴동산을 만드시고, 그곳에 인간을 초대하셨다. 하나님은 그곳에서 그들과 사귐을 가지며 살도록 하셨다. 더 나아가 사람과 동물, 그리고 식물이 조화를 이루는 복을 누리도록 하신다.

에덴동산은 원형적인 성전(archetypal sanctuary)을 상징한다. 인간이 하나님과 사귐을 가지며 그분의 함께하심을 누리는 장소이다. 이곳은 생명과 평화의 장소로서 죄와 죽음이 없다(3:22, 계 21:8).

9 "여호와 하나님이 그 땅에서 보기에 아름답고 먹기에 좋은 나무가 나게 하시니 동산 가운데에는 생명 나무와 선악을 알게 하는 나무도 있더라"

◇"보기에 아름답고 먹기에 좋은 나무가 나게 하시니": 여호와 하나님께서 보기에 아름답고 먹기에 좋은 나무를 공급하신다.

◇"생명 나무와 선악을 알게 하는 나무도 있더라": 하나님은 그곳에 특별한 두 나무를 두셨다.

10 "강이 에덴에서 흘러나와 동산을 적시고 거기서부터 갈라져 네 근원이 되었으니"

◇"강": 강의 근원은 에덴이다.

◇"갈라져 네 근원이 되었으니": 하나의 강에서 네 줄기로 나뉜다.

11 "첫째의 이름은 비손이라 금이 있는 하윌라 온 땅을 둘렀으며"

◇"비손": 어느 곳인지 정확히 알지 못한다.

12 "그 땅의 금은 순금이요 그 곳에는 베델리엄과 호마노도 있으며"

◇"베델리엄": 값진 향료이다.

◇"호마노": 보석의 일종이다.

13 "둘째 강의 이름은 기혼이라 구스 온 땅을 둘렀고"

◇"구스 온 땅": 오늘날의 에티오피아와는 다른 지역이다.

14 "셋째 강의 이름은 힛데겔이라 앗수르 동쪽으로 흘렀으며 넷째 강은 유브라데더라"

◇"힛데겔": 헬라어로는 '티그리스'이다.

◇"유브라데": 티그리스 강과 함께 메소포타미아에 있는 중요한 강이다.

강이 주는 의미는 무엇일까? 에덴동산에서 땅의 사방으로 흐르는 것은 하늘의 복이 성전을 통해 온 세상으로 흘러가는 것과 같다. 구약에서는 하나님의 성전에서 물이 흘러나오고, 신약에서는 신자의 내면에 성령님이 생수처럼 흐른다(요 7:37-39). 생수의 샘이 살아 계신 하나님의 보좌에서 흘러내린다(렘 17:13, 겔 47:1, 계 22:1). 그 물의 풍성함은 바다를 채우며(슥 14:8), 그 아름다움은 수정처럼 깨끗하며(계 22:1), 그 능력은 소금물을 단물로 바꾸며(겔 47:8-9), 그 정결하게 하는 힘은 예루살렘 사람의 죄를 씻고(슥 13:1), 그 치료의 힘은 생명 나무를 살아나게 한다(겔 47:12, 계 22:2).

보석이 주는 의미는 무엇일까? 보석은 주로 사치에 사용해서 일반적으로 부정적으로 나타난다. 그러나 하나님의 임재를 상징할 때는 보석을 적극적으로 사용한다. 모세가 지은 하나님의 성막에도 보석이 가득 차 있었다. 사도 요한도 새 예루살렘에서 보석을 말한다(계 21:18). 보석으로 가득 찬 에덴동산의 모습은 구약 성전과 신약 교회의 영광스러운 모습을 상징한다. 여호와께서 아름다운 동산을 만드신 후에는 무엇을 하시는가?

15 "여호와 하나님이 그 사람을 이끌어 에덴동산에 두어 그것을 경작하며 지키게 하시고"

◇"경작하며"(עָבַד, *'abad*): '일하다(work)', '섬긴다(serve)'라는 뜻이다. '밭을 경작하다.' '어떤 사람을 위해서 봉사하다.', '하나님을 예배하고 섬긴다.'라는 의미이다. 제사장이 성막에서 '시무한다.'라는 뜻이다(민 3:7-8). 따라서 '경작한다.'라는 말은 여호와를 예배하고 섬기는 사람이 가질 수 있는 가장 고귀한 특권을 뜻한다.

◇"지키다": '돌보다', '보호하다'를 의미한다. 즉 정원(창 2:15), 양(창 30:31), 집(삼하 15:16) 등과 같은 것들을 지키거나 돌보는 일을 말한

다. 그뿐 아니라 하나님의 말씀을 지키는 일도 뜻한다.

"경작하며", "지킨다"라는 말을 하나님과의 관계성 속에서 해석한다. 사람이 에덴동산에서 '경작한다.'라는 말은 먹고 살기 위함이 아니다. 여호와를 섬기기 위한 일이다. 사람은 하나님을 섬기고, 하나님의 말씀을 지키며 살아야 한다.

그러므로 에덴동산에서 사람이 하는 일은 무엇인가? 일차적으로는 동산을 잘 경작하고 돌보는 일을 한다. 상징적인 의미는 '하나님을 예배하고 하나님의 말씀을 지키는 일을 한다.' 하나님은 에덴동산에서부터 사람이 말씀을 순종하고 예배하도록 창조하셨다. 에덴동산은 아름다운 곳이다. 하나님은 그 아름다운 곳을 만드셔서 사람에게 주셨다. 에덴에는 하나님이 계시고, 아름다움과 풍요로움이 있다. 그 모든 것들을 계속해서 간직하려면 사람이 하나님을 예배해야 한다.

이 사상을 당시 백성에게 어떻게 적용할 수 있는가? 젖과 꿀이 흐르는 가나안에 들어가서 무슨 일을 해야 하는가? 일차적으로 '경작하고 다스리는 일'을 해야 한다. 그러나 좀 더 깊은 의미로는 '하나님을 예배하고 하나님의 말씀을 지키는 일'을 해야 한다. 하나님은 그들을 제사장으로 세우신다. 이스라엘은 약속의 땅에서 하나님을 섬기는 거룩한 제사장으로 부름을 받는다(출 19:6). 그때 그들은 아름답고 풍요로운 곳에서 살 수 있다. 그들이 그곳에서 또 지켜야 할 일은 무엇인가?

4. 여호와 하나님께서 그 사람에게 내린 첫 번째 명령은 무엇입니까(16-17)? 사람이 살기 위해서는 어떻게 해야 합니까? 왜 삶의 조건으로 선악을 알게 하는 나무의 열매를 먹지 못하게 했을까요?

16 "여호와 하나님이 그 사람에게 명하여 이르시되 동산 각종 나무의 열매는 네가 임의로 먹되"

◇"명하여": 성경에서 첫 번째 명령이다. 그것은 생명과 죽음에 관한 명령이다. 여기에는 긍정적인 축복과 부정적인 저주가 함께 있다.

◇"임의로 먹되": '마음대로 먹어라(free to eat).'라는 말이다. 사람은 에

덴에서 모든 나무의 열매를 마음대로 먹을 수 있다. 그러나 한 가지 조건은 무엇인가?

17 "선악을 알게 하는 나무의 열매는 먹지 말라 네가 먹는 날에는 반드시 죽으리라 하시니라"

◇"선": '좋은(good)', '이익'이라는 뜻이다.

◇"악": '나쁜(bad)', '악한(evil)'이라는 뜻이다.

◇"먹지 말라": 명령하는 자의 권위와 함께 조건 없는 순종을 강조한다. 사람은 그 명령을 듣고 그것에 순종함으로써 그 명령을 주신 분과 새로운 관계를 맺게 된다.

◇"죽음": 단순한 육체적 죽음 이상을 포함하고 있다. 삶의 중단이나 소멸이 아니다. 하나님으로부터 소외, 혹은 분리를 말한다. 더 나아가 하나님의 저주까지 포함한다. 따라서 사람이 살기 위해서는 어떻게 해야 하는가? 순종해야 한다. 다른 길이 없다. 순종만이 사는 길이다.

하나님은 왜 선악을 알게 하는 나무의 열매를 먹지 말라고 하셨을까? 이 말씀은, '하나님만이 선과 악에 대해서 가르쳐 주시겠다.' 라는 뜻이다. 반면 '선악을 알게 하는 나무의 열매를 먹는다.' 라는 말은 '사람이 스스로 선악의 문제를 결정하겠다.' 라는 뜻이다. 사람에게 이것이 매력적으로 다가올 수 있지만, 죽음의 길이다. 사람이 스스로 기준을 정해버리면 절대성이 사라지기 때문이다. 절대성이 없으면 기준이 없어진다. 질서가 무너진다. 그러므로 하나님의 말씀은 사람을 살리는 말씀이다. 즉 사람에게 생명을 주는 생명줄이다. 생명줄은 행복의 줄이다. 하늘에 떠 있는 연은 그 줄이 있을 때만이 생명을 보장받는다. 하나님께서 사람에게 제시하신 선악의 기준은 무엇인가?

5. 하나님께서 제시하신 선악의 기준은 무엇입니까(18a)? '돕는 배필'은 무슨 일을 하도록 돕습니까(18b)? 아담은 무엇을 하고 있습니까

(19-20)? 여호와 하나님은 어떻게 여자를 만드십니까(21-22)?

18 "여호와 하나님이 이르시되 사람이 혼자 사는 것이 좋지 아니하니 내가 그를 위하여 돕는 배필을 지으리라 하시니라"

◇"좋지 아니하니": '나쁘다'라는 말이다. 17절에서 사람이 지켜야 할 조건을 제시하셨다. 하나님께서 제시하신 선과 악에 대한 구체적인 기준을 제시하신다. '좋고 나쁨'의 기준이 하나님께 있다. '좋다'는 말은 '창조의 목적에 어울리고 들어맞는 것'을 말한다. 하나님은 6일 동안 천지 만물을 창조하시고 말씀하셨다. "보시기에 좋았다." 그러나 좋지 못한 것이 있다. 그것은 무엇인가?

◇"사람이 혼자 사는 것": 사람이 혼자 사는 것은 좋지 못한 일이다. 창조의 목적에 맞지 않는 일이다. 오늘날 독신주의가 늘고 있다. 우리는 그 문제를 세상 기준이 아닌 하나님의 기준으로 봐야 한다. 하나님의 기준에 의하면 좋은 일이 아니다. 이런 결정을 누가 하는가? 하나님이 하신다. 사람은 그 결정에 순종해야 한다.

◇"돕는": '남자에게 부족한 것을 공급해 주는 이', 혹은 '남자가 혼자서는 할 수 없는 것을 할 수 있는 이'를 말한다.

◇"배필": '그의 맞은편에 있는 자', 혹은 '그와 상대가 되는 자'라는 뜻이다. 이 말은 여자가 남자의 속성을 함께 가지고 있음을 가리킨다. 즉 남자가 창조 때에 받은 모든 것을 여자도 갖고 있음을 말한다. 남자와 여자는 육체적으로, 사회적으로, 영적으로 서로 동역하는 존재이다. 남자에게 부족한 것(좋지 못한 것)을 여자가 제공하였다. 그리고 여자에게 부족한 것을 남자가 제공하였다.

무엇을 도와주는가? 일상생활에서 가사나 생업을 돕는 정도가 아니다. 돕는 배필은 하나님을 섬기고 그분의 계명을 지키도록 돕는 일을 하는 사람이다. 에덴동산에 사람을 두신 목적과 연결하여 돕는 배필을 생각해야 한다. 여호와 하나님은 아담에게 무엇을 데리고 왔는가?

19 "여호와 하나님이 흙으로 각종 들짐승과 공중의 각종 새를 지으시고 아담이 무엇이라고 부르나 보시려고 그것들을 그에게로 이끌어 가시니 아담이 각 생물을 부르는 것이 곧 그 이름이 되었더라"

◇"아담이 각 생물을 부르는 것이 곧 그 이름이 되었더라": 아담이 에덴동산에서 가장 먼저 한 일이다.

20 "아담이 모든 가축과 공중의 새와 들의 모든 짐승에게 이름을 주니라 아담이 돕는 배필이 없으므로"

◇"아담이 모든 가축과 공중의 새와 들의 모든 짐승에게 이름을 주니라": 사람이 다른 피조물들보다 우월함을 증명하고 있다. 즉 사람의 우월성은 다른 피조물의 이름을 짓는 것으로 증명된다. 그러나 아담에게 부족한 것은 무엇인가?

◇"아담이 돕는 배필이 없으므로": 아담이 동물의 이름을 짓는 것은 자신의 적절한 배필을 찾는 과정이기도 했다. 그러나 아담은 자신의 배필을 찾을 수가 없었다. 동물은 아담의 배필이 될 수 없다. 사람은 동물과는 다른 존재이기 때문이다. 여호와께서 그를 위해서 무엇을 하시는가?

21 "여호와 하나님이 아담을 깊이 잠들게 하시니 잠들매 그가 그 갈빗대 하나를 취하고 살로 대신 채우시고"

22 "여호와 하나님이 아담에게서 취하신 그 갈빗대로 여자를 만드시고 그를 아담에게로 이끌어 오시니"

◇"그 갈빗대로 여자를 만드시고": 여호와께서는 아담으로부터 배필을 만든다. 하나님은 남자의 돕는 배필을 남자로부터 만드신다. 갈비뼈가 옆구리인 것처럼 돕는 배필인 여자는 언제나 남자의 옆에 서 있다. 돕는 배필인 여자는 남자를 능가하도록 그의 머리로부터 만들어진 것이 아니

며, 그에 의해서 짓밟히도록 그의 발로부터 만들어진 것이 아니다. 그의 옆구리로부터 보호받고 사랑받도록 그의 심장 가까이에서 만들어졌다.

◇"그를 아담에게로 이끌어 오시니": 하나님이 여자를 만드시고 중매하셨다. 아담은 돕는 배필을 어떻게 맞이하는가?

6. 아담은 돕는 배필을 어떻게 맞이합니까(23)? 첫 결혼에 나타난 원리는 무엇입니까(24)? 그들은 얼마나 행복한가요(25)? 결혼의 궁극적 목적은 무엇일까요?

23 "아담이 이르되 이는 내 뼈 중의 뼈요 살 중의 살이라 이것을 남자에게서 취하였은즉 여자라 부르리라 하니라"

◇"이르되": "이제야 나타났구나, 이 사람! 뼈도 나의 뼈, 살도 나의 살, 남자에게서 나왔으니 여자라고 부를 것이다." 그는 여자를 보고 크게 기뻐한다.

◇"뼈": '골육' '혈육'임을 강조한다. 우리는 가족관계에서 '핏줄'을 가장 중요하게 생각하지만, 히브리인은 뼈와 살의 관계로 이해하고 있다. 부부관계는 인간관계 중 가장 가깝고 친밀한 관계이다.

◇"남자", 여자": '남자'(אִישׁ, *이쉬*), '여자'(אִשָּׁה, *이솨*) 언어의 유희이다.

◇"부르리라": 남자가 최초의 여자 이름을 지었다. 이것은 마치 동물의 이름을 지은 것과 같다. 즉 남자와 여자 사이의 권리는 동등하지만, 남자가 여자보다 그 권위에서 우월함을 보여준다.

24 "이러므로 남자가 부모를 떠나 그의 아내와 합하여 둘이 한 몸을 이룰지로다"

◇"떠나": '남기다(leave)', '저버린다(forsake).'라는 뜻이다. 남자는 아내를 위하여 자기 부모와의 강력한 결속을 벗어나야 한다.

◇"합하여": '달라붙는다(cling).' '굳게 결합하다.' '충실히 대하다(cleave).' 라는 뜻이다. 남자는 부모를 저버리는 대신에 아내를 꽉 붙잡아야 한다.

◇"이룰지로다": 하나가 된 한 남자와 한 여자의 완전한 인격적 공동체를 표현한다. 어느 한쪽이 다른 한쪽에 대해 구속하거나 지시하는 것을 말하지 않는다. 둘이 하나가 되었기 때문이다. 남자와 여자는 둘이 아니고 한 몸이라는 뜻은, '1+1=2'가 아닌 '1+1=1'이라는 공식을 보여준다.

우리는 결혼의 원리에 대해서 무엇을 배울 수 있는가? 이 말씀은 최초 결혼의 원리이다. '부모를 떠나'(독립성), '아내와 합하여'(연합성), '한 몸을 이룰지로다'(합일성). 결혼 전에 남자에게 가장 중요한 책임은 그의 부모에 관한 것이지만, 결혼 후에는 그의 아내에 관한 것이다. 이때까지는 아버지의 책임으로 가정을 이루었다. 하지만 이제부터 새롭게 만들어지는 가정의 책임은 남편에게 있다. 남자는 새로 꾸민 가정의 책임을 지고, 그 누구보다도 아내와의 관계를 우선으로 해야 한다. 최초 부부의 모습은 어떤가?

25 "아담과 그의 아내 두 사람이 벌거벗었으나 부끄러워하지 아니하니라"

◇"벌거벗었으나": '벌거벗음(naked)', '꾸밈없는'이라는 뜻이다.

◇"부끄럽지 않았다": 그들은 서로에게 편안했고, 악에 이용당할 두려움이 없었다. 그들은 행복했다.

그들의 행복은 어디에서 왔는가? 그들의 행복은 아름답고 풍요로운 환경에서 왔다. 그들의 행복은 여호와의 말씀을 지키는 데서 왔다. 그들의 행복은 순결한 가정으로부터 왔다. 행복은 하나님한테서 온다. 말씀을 순종함으로 온다.

제4강

유혹과 타락

◇본문　창세기 3:1–7
◇요절　창세기 3:6
◇찬송　546장, 543장

1. 뱀의 특성이 어떠합니까(1a)? 그는 여자를 어떻게 유혹합니까(1b)? 이 질문에서 뱀이 노리는 것은 무엇일까요?

2. 여자의 대답은 무엇입니까(2-3)? 여자의 대답이 하나님의 말씀(2:16-17)과는 어떻게 다릅니까? 왜 이렇게 다를까요?

3. 뱀은 여자에게 어떤 거짓 확신을 심습니까(4)? 뱀은 여자에게 어떻게 하나님의 신실하심에 의문을 제기합니까(5)? 여호와의 신실하심을 믿는 믿음이 왜 그렇게 중요할까요?

4. '그 나무'를 보는 여자의 눈이 어떻게 달라졌습니까(6a)? 그녀는 어떻게 했습니까(6b)? 여자는 왜 하나님의 말씀보다도 뱀의 말을 더 잘 들었을까요? 왜 남자는 하나님의 말씀보다도 여자의 말을 더 잘 들었을까요?

5. '그 열매'를 따먹은 그들에게 어떤 예상하지 못한 일이 일어났습니까(7)? 이 말씀이 당시 청중과 오늘 우리에게 주는 의미는 무엇일까요?

제4강
유혹과 타락

◇본문 창세기 3:1–7
◇요절 창세기 3:6
◇찬송 546장, 543장

1. 뱀의 특성이 어떠합니까(1a)? 그는 여자를 어떻게 유혹합니까(1b)? 이 질문에서 뱀이 노리는 것은 무엇일까요?

1 "그런데 뱀은 여호와 하나님이 지으신 들짐승 중에 가장 간교하니라 뱀이 여자에게 물어 이르되 하나님이 참으로 너희에게 동산 모든 나무의 열매를 먹지 말라 하시더냐"

◇"그런데": 여호와께서는 아름답고 행복한 가정을 만드셨다. 그런데 무슨 일이 일어났는가?

◇"뱀": 하나님께 대하여 비판적인 첫 피조물로 등장한다. 이 뱀은 사탄의 화신처럼, 대리자처럼 일하고 있다. 뱀은 어떤 존재인가?

◇"지으신": 하나님이 지으셨다. 초자연적 존재가 아닌 피조물이다.

◇"간교": '교활한', '영리한', '슬기로운'이라는 뜻이다. 부정적인 면과 함께 긍정적인 면이 있다. 여기서는 부정적인 뜻으로 사용하였다.

◇"뱀이 여자에게 물어": 뱀이 여자를 유혹하는 방법이 등장한다.

왜 성경은 뱀을 등장시켜 여자를 유혹하는 존재로 만들었을까? 첫째로, 유혹이 변장을 통하여 들어왔음을 가르친다. 유혹은 인간이 지배권을 행사할 수 있는 피조물로부터 왔다. 자기보다 아래에 있는 것으로부터 온 매력은 하와를 놀라게 했을 것이다. 왜냐하면 미처 생각할 기회를 얻기도 전에 대화에 빠졌기 때문이다.

둘째로, 고대 근동 아시아에서 뱀은 생명과 치료와 지혜의 상징이다. 가나안의 풍년 종교의식에서는 뱀이 '바알' 신을 상징한다. 레 11장, 신 14장에서 뱀을 부정한 동물 중 그 원형으로 여겼다. 그 뱀이 여자를 어떻게 유혹하는가?

◇"하나님": 뱀은 '여호와' 대신에 '하나님'이라고 말한다. 자신과 하나님 사이에 거리를 두고 있다. 인격적인 여호와가 아닌 막연한 하나님으로 표현한다.

◇"참으로": '또한', '뿐만 아니라(indeed/ really/ truly)'라는 뜻이다.

◇"모든 나무의 열매를 먹지 말라 하시더냐": '먹지 말라'는 부정적인 것에 초점을 맞추고 있다.

◇"모든 나무의 열매": "선악을 알게 하는 나무의 열매는 먹지 말라."(2:17)는 하나님의 말씀을 왜곡하였다.

◇"하시더냐": '먹지 말라'는 하나님의 직접적인 명령을 의문형으로 바꾸었다. 뱀은 하나님의 명령을 직접적으로 부인하지는 않는다. 적어도 아직은 그랬다. 그러나 하나님께서 "너희는 그 어떤 나무의 실과도 먹지 말라고 말하지 않았니?"라는 느낌을 준다. 하나님께서 너그럽게 주신 것을 완전히 뒤집었다.

이 질문에서 뱀이 노리는 것은 무엇일까? 마음속에 의심의 씨를 심어 신뢰를 흔들고 있다. 뱀은 여자의 마음에 하나님의 금기사항을 과장함으로써 그분의 신실함을 의심하도록 한다. 뱀은 마치 자신도 믿을 수 없는 풍문을 들은 것처럼 미묘하고 은근하게 불쾌한 감정을 심고 있다. 뱀은 '무신론적인 괴물'이나 '혼돈의 짐승'처럼, 혹은 '싸나미'처럼 무식하게 밀어붙이지 않는다. 여자는 어떻게 반응하는가?

2. 여자의 대답은 무엇입니까(2-3)? 여자의 대답이 하나님의 말씀(2:16-17)과는 어떻게 다릅니까? 왜 이렇게 다를까요?

2 "여자가 뱀에게 말하되 동산 나무의 열매를 우리가 먹을 수 있으나"

◇"우리가 먹을 수 있으나": 여호와께서는 "네가 임의로 먹되"라고 말씀하셨다(2:16). 여자의 대답에는 여호와의 말씀이 정확하게 드러나지 않는다. 그녀는 말씀을 변경하는데, 세 가지로 나타난다. 첫째로, 여호와의 말씀을 축소했다.

3 "동산 중앙에 있는 나무의 열매는 하나님의 말씀에 너희는 먹지도 말고 만지지도 말라 너희가 죽을까 하노라 하셨느니라"

◇"만지지도 말라": 여호와께서는 그 나무를 만지는 것에 대해서는 아무 말씀도 하지 않으셨다. 그러나 그녀는 말씀을 나름대로 해석한다. 하나님과는 멀어지고 뱀과는 가까워진다. 뱀의 바이러스(virus)에 오염되고 있다. 그녀는 둘째로, 말씀에 없는 것을 추가한다.

◇"너희가 죽을까 하노라": 하나님께서는 "반드시 죽으리라."(2:17)라고 말씀하셨다. 그러나 그녀는 "죽을까 하노라"라고 말한다. 이 표현은 하나님 경고의 의미는 전달하지만 죽음이라는 벌의 확실성을 담고 있지는 않다. 핵심이 무너지고 있다. 그녀는 셋째로, 죄에 대한 처벌을 약하게 했다. 즉 하나님의 말씀을 상대화시키고 있다.

그녀는 왜 이렇게 달라졌을까? 뱀의 말이 어떤 점에서 여자의 신앙을 흔들고 있을까? 그녀는 에덴동산에서 부족함 없이 살았다. 그러나 뱀과 말을 섞는 중에 심리적 박탈감과 상대적 빈곤감에 빠졌다. 그녀에게 하나님은 인색하고, 강압적이고, 자유를 박탈하는 분으로 다가왔어요. 하나님께 대한 신뢰심에 금이 갔다. 그녀는 하나님의 말씀보다도 사탄의 말에 귀를 기울였기 때문이다. 누구의 말에 귀기를 기울이냐에 따라서 전혀 다른 결과가 나타난다. 여자의 마음에 금이 간 것을 본 뱀은 그녀에게 어떤 거짓 확신을 심는가?

3. 뱀은 여자에게 어떤 거짓 확신을 심습니까(4)? 뱀은 여자에게 어떻게 하나님의 신실하심에 의문을 제기합니까(5)? 여호와의 신실하심을 믿는 믿음이 왜 그렇게 중요할까요?

4 "뱀이 여자에게 이르되 너희가 결코 죽지 아니하리라"

◇"결코 죽지 아니하리라": 간교한 뱀은 확신 있게 거짓말을 한다. 뱀은 여자가 하나님께 대한 신뢰에 금이 간 것을 보고 죽음이라는 벌을 정면으로 부정한다. 이 거짓말은 그 후부터 일정 부분 인류 역사를 지배하였다. 그러나 성경은 "그 누구도 죄를 짓고 아무 탈 없이 지낼 수 없다."라고 분명히 밝힌다. 불순종은 죽음을 가져온다.

5 "너희가 그것을 먹는 날에는 너희 눈이 밝아져 하나님과 같이 되어 선악을 알 줄 하나님이 아심이니라"

◇"하나님과 같이 되어": 피조물이 창조주와 "같이 된다."라는 말은 대단히 매력적이다. 뱀은 여자의 마음에 교만을 불러일으킨다.

◇"선악을 알 줄": 피조물이 창조주가 되면 선악을 스스로 알 수 있다. 그러나 하나님은 선과 악에 대해서 사람이 스스로 결정하기를 원하지 않으셨다. 하나님께서 정하신 것에 순종하기를 원하셨다. 스스로 결정하는 것은 대단히 매력적이다. 그런데 그것은 피조물이 창조주께 정면으로 도전하는 행위이다.

◇"하나님이 아심이니라": 하나님은 이 모든 사실을 알고 계셨다. 즉 사람이 선악의 열매를 먹으면 사람이 하나님과 같이 되고, 선악을 스스로 결정할 수 있다는 사실을 알고 계셨다. 그래서 하나님께서는 먹지 말라고 하셨다. 뱀은 이 모든 사실을 다 알고, 그 모든 사실을 진실하게 알려

준 것처럼 말한다.

뱀은 무엇을 노리는가? 하나님의 사랑과 신실하심을 믿지 못하게 만든다. "하나님은 사람을 사랑하시는 것 같지만 실은 '2%'가 부족하다. 사람을 정말로 사랑하신다면 왜 '금지 조항'을 주었겠는가? 금지 조항이 있다는 것 자체가 문제가 있다." 뱀은 여자가 이런 생각을 하고 하나님의 사랑과 신실하심에 대해서 미련 없이 돌아서기를 원한다. 하나님께 대한 신뢰가 무너지면 어떻게 되는가?

4. '그 나무'를 보는 여자의 눈이 어떻게 달라졌습니까(6a)? 그녀는 어떻게 했습니까(6b)? 여자는 왜 하나님의 말씀보다도 뱀의 말을 더 잘 들었을까요? 왜 남자는 하나님의 말씀보다도 여자의 말을 더 잘 들었을까요?

6 "여자가 그 나무를 본즉 먹음직도 하고 보암직도 하고 지혜롭게 할 만큼 탐스럽기도 한 나무인지라 여자가 그 열매를 따 먹고 자기와 함께 있는 남편에게도 주매 그도 먹은지라"

◇ "먹음직", "보암직", "지혜롭게 할 만큼 탐스러움": 이 표현은 "육신의 정욕, 안목의 정욕, 이생의 자랑"(요일 2:16)으로 나타난다. 이 모든 것이 한데 어울려 죄로 이끈다.

◇ "본즉"(saw), "따 먹고"(took), "주매"(gave), "먹은지라"(ate): 여러 개의 접속사로 이어진 연속절이 나타난다. 여자의 행동이 얼마나 신속한지를 보여준다. 새로운 삶의 가능성은 그녀를 꼬드겨 그 열매를 먹게 만든다.

◇ "남편에게도 주매 그도 먹은지라": 여자가 뱀의 말을 쉽게 듣는 것처럼, 남편도 아내의 말을 쉽게 듣는다. 여자가 그 열매를 따서 먹고, 함께 있는 남편에게도 주니, 그도 그것을 먹었다. 여자는 그 과일을 보았고, 탐을 내었고, 끝내 취하였다. 여기에서 타락 이야기는 절정에 이른다.

유혹과 타락의 패턴을 통해서 무엇을 배울 수 있는가? 유혹과 타락의 패턴은 인류 역사 속에서 계속되고 있다. 아간은 전리품 가운데 시날에서 빼앗은 좋은 옷을 '보았고' '그것을 탐하여' 마지막으로 이를 '취하였다'(수 7:21). 하나님과의 신뢰심 속에서 보았을 때는 그것들이 눈에 들어오지 않았다. 하지만 하나님과의 신뢰심에 금이 가버리니 저렇게 좋은 것을 버리라고 하신 것에 대해서 의문이 들었다. 너무 좋아서 취해버렸다. 그러나 그것은 하나님께 불순종한 것이며, 반역이었다. 다윗이 해서는 안 될 일을 했을 때도 비슷했다. 옥상에서 몸을 씻는 여인을 보았고, 그녀를 취하였다. 죄를 지었다(삼하 11:2-4).

왜 여자는 하나님의 말씀보다도 뱀의 말을 더 잘 들었을까? 왜 남자는 하나님의 말씀보다도 여자의 말을 더 잘 들었을까? 신뢰가 무너졌기 때문이다. 하나님께 대한 신뢰가 무너지니 그 말씀을 듣지 않는다. 신뢰가 무너지면 귀가 막히고, 고집불통이 된다. 소통 문제는 신뢰 문제이다. 신뢰를 회복하면 소통을 저절로 회복할 수 있다.

5. '그 열매'를 따먹은 그들에게 어떤 예상하지 못한 일이 일어났습니까(7)? 이 말씀이 당시 청중과 오늘 우리에게 주는 의미는 무엇일까요?

7 "이에 그들의 눈이 밝아져 자기들이 벗은 줄을 알고 무화과나무 잎을 엮어 치마로 삼았더라"

◇"이에 눈이 밝아져": 그들이 먹고 난 후의 결과가 나타난다. 그들의 눈이 열렸다.

◇"벗은 줄을 알고 무화과나무 잎을 엮어 치마로 삼았더라": 그들은 벗은 것을 나쁘게 생각하여 치마를 입었다. 과거에는 좋은 점만 알았다. 그러나 이제는 나쁜 점도 알았다. 그들은 스스로 선과 악을 판단하고 결정하게 되었다. 그들은 하나님처럼 된 것이 아니라, 오히려 하나님과의 관계성이 깨지고 말았다.

하나님과 사람의 관계를 유지하는 가장 중요한 핵심은 무엇인가? 신뢰이다. 신뢰는 인간관계에서도 핵심이다. 신뢰가 깨지면 모든 것이 무너지고 만다. 뱀은 여자를 유혹할 때 줄기차게 한 가지만을 공격한다. 하나님께 대한 신뢰이다.

참 신앙이란 무엇인가? 하나님의 선하심과 사랑을 신뢰하는 일이다. 어떤 상황에서도 신뢰의 끈을 놓지 않는 것이다. 그것은 구체적으로 하나님의 말씀을 붙드는 일이다. 하나님의 사랑과 신실하심을 붙들고 산다는 말은 그 말씀에 순종하며 산다는 뜻이다. 하나님의 신실을 믿지 못하면 그 말씀에 순종할 수 없다.

이 말씀이 이스라엘에 주는 메시지는 무엇인가? 그들은 가나안을 향하여 들어간다. 그곳에는 수많은 유혹이 있다. 그 유혹 속에서 어떻게 해야 하는가? 어떻게 하나님의 거룩한 제사장으로 설 수 있는가? 하나님의 사랑에 대한 흔들림 없는 신뢰이다. 이것은 세상과 악에 대한 승리의 원동력이다. 그 신뢰는 하나님의 말씀을 붙들고 씨름하는 데서 유지된다. 가나안으로 들어가는 백성에게 하나님의 말씀을 제대로 알고 삶의 현장에서 붙들도록 강조하는 것은 전혀 놀라운 일이 아니다. 이런 모습을 후에 예수님도 보여주신다. 사탄은 광야에서 예수님을 유혹한다. 그러나 예수님은 하나님의 말씀을 정확하게 붙들고 하나님의 신뢰를 잃지 않는다. 그리고 이기신다(마 4:7).

오늘 우리에게 주는 의미는 무엇인가? 우리가 이 땅에서 하나님의 백성으로, 성경 선생이요 한 영혼의 '목자'로 살고자 할 때 평생 부딪히는 문제는 유혹이다. 믿음의 길을 걷는다는 말은 유혹을 이기느냐, 먹히느냐의 싸움이다. 어떻게 이길 수 있는가? 하나님의 선하심에 대한 전적인 확신이 있어야 한다. 그 신뢰는 말씀으로부터 온다. 즉 삶의 현장에서 말씀을 붙들고 씨름하는 데서 온다.

제5강

나는 무엇을 소망해야 하는가

◇ 본문　창세기 3:8-24
◇ 요절　창세기 3:14
◇ 찬송　260장, 488장

1. 그들이 '그 열매'를 따먹었을 때 어떤 예상하지 못한 일이 일어났습니까(8)? 하나님의 형상으로 지음을 받은 사람에게 이것은 얼마나 심각한 일일까요? 여호와 하나님은 그들을 어떻게 찾아오십니까(9)?

2. 아담은 무엇이라고 대답합니까(10)? 여호와께서 그들을 어떻게 심문하시며, 그들의 변명은 무엇입니까(11-13)? 그들은 왜 이렇게 책임 전가로 일관할까요?

3. 여호와께서 뱀을 어떻게 저주하십니까(14-15)? 뱀과 여자, 뱀의 후손과 여자의 후손은 어떤 관계가 됩니까? 누가 승리자이며, '여자의 후손'은 누구를 말합니까? 이 사실이 당시 회중과 오늘 우리에게 주는 의미는 무엇일까요?

4. 여자에게 임한 저주는 무엇입니까(16)? 여호와께서 아담에게 벌을 내리신 이유는 무엇입니까(17a)? 그 벌들은 구체적으로 무엇입니까(17b-19)? 그 형벌을 보면서 우리가 소망해야 할 바는 무엇일까요?

5. 아담은 아내의 이름을 무엇이라고 지었습니까(20)? 여기에는 무슨 뜻이 있을까요? 여호와 하나님은 왜 그들에게 가죽옷을 지어 입히셨을까요(21)? 여호와께서는 그들을 왜 에덴동산에서 추방하셨습니까(22-24)? 이런 그들에게도 소망이 있습니까?

제5강

나는 무엇을 소망해야 하는가

◇본문 창세기 3:8–24
◇요절 창세기 3:14
◇찬송 260장, 488장

1. 그들이 '그 열매'를 따먹었을 때 어떤 예상하지 못한 일이 일어났습니까(8)? 하나님의 형상으로 지음을 받은 사람에게 이것은 얼마나 심각한 일일까요? 여호와 하나님은 그들을 어떻게 찾아오십니까(9)?

8 "그들이 그날 바람이 불 때 동산에 거니시는 여호와 하나님의 소리를 듣고 아담과 그의 아내가 여호와 하나님의 낯을 피하여 동산 나무 사이에 숨은지라"

◇"낯을 피하여", "숨은지라": 하나님의 형상을 닮은 사람이 하나님을 피하여 숨었다. 하나님의 형상으로 지음을 받은 사람에게 이것은 얼마나 심각한 일인가? 이것은 그들이 하나님과의 관계성이 깨졌음을 뜻한다. 그들은 이제 생명줄이 끊어졌다. 사람은 하나님과 함께 할 때 생명을 유지할 수 있다. 하나님과 관계성의 파괴는 죽음을 의미한다. 여호와는 그런 그들을 어떻게 찾아오시는가?

9 "여호와 하나님이 아담을 부르시며 그에게 이르시되 네가 어디 있느냐"

◇"부르시며": 여호와께서 아담을 부르신다. 불순종한 죄인을 먼저 찾아오셨다.

◇"네가 어디 있느냐": 여호와께서는 그들이 죄를 지었음을 알았지만, 그들이 돌아오도록 부르신다. 아이가 어디에 숨어 있는지를 알고 있는 엄마가 그를 나오게 하려고 "어디 있니?"라고 말하는 것처럼 표현한다. 여호와께서 세상을 구속하시는 사역의 모형을 보여준다. 구속 사역은 여호와께서 먼저 시작하신다.

이 여호와께서 당시 이스라엘에는 어떤 분으로 나타나실까? 애굽에서 노예로 살고 있을 때 그들을 돌보셨고, 그들의 고통을 기억하셨다(출 2:24-25). 그리고 모세를 부르셔서 목자로 세우시고, 그들을 구원하신다(출 3:1-10). 이 여호와는 잃어버린 인류에 대하여 어떻게 관심을 가지시는가? 지금도 여호와는 죄 때문에 숨어 있는 사람을 먼저 찾아 나선다. 예수 그리스도께서 육신의 몸을 입고 세상에 오셨다(요 1:14). 그리고 회개의 메시지를 전파하셨다(마 4:17). 그 후에는 제자를 세상으로 보내신다(막 16:15). 바울 사도는 복음전파의 중요성을 강조한다. "전파하는 자가 없이 어찌 들으리요. 보내심을 받지 아니하였으면 어찌 전파하리요. 기록된바 '아름답도다, 좋은 소식을 전하는 자들의 발이여' 함과 같으니라"(롬 10:14-15).

오늘 우리가 구원을 받은 것은 이 전도자들의 전도를 통해서이다. 우리가 캠퍼스에서 전도사역에 힘쓰는 이유가 여기에 있다. 우리의 전도는 하나님 구속 사역에 참여하는 일이다. 하나님의 부르심 앞에서 아담의 반응은 무엇인가?

2. 아담은 무엇이라고 대답합니까(10)? 여호와께서 그들을 어떻게 심문하시며, 그들의 변명은 무엇입니까(11-13)? 그들은 왜 이렇게 책임 전가로 일관할까요?

10 "이르되 내가 동산에서 하나님의 소리를 듣고 내가 벗었으므로 두려워하

여 숨었나이다"

◇"소리를 듣고": 그는 하나님의 부르심을 들었다.

◇"벗었으므로 두려워하여 숨었나이다": 그는 하나님의 부르심을 듣고 벗었음을 알았고, 두려워하였다. 그는 과거에도 벗었었다. 그의 외적인 모습은 과거나 현재나 다르지 않다. 그런데 그는 두려움을 느낀다. 왜냐하면 그는 여호와께 죄를 지었기 때문이다. 죄를 지으면 여호와가 두렵다. 그래서 숨을 수밖에 없다. 여호와는 그에게 무엇을 물으시는가?

11 "이르시되 누가 너의 벗었음을 네게 알렸느냐 내가 네게 먹지 말라 명한 그 나무 열매를 네가 먹었느냐"

◇"누가 너의 벗었음을 네게 알렸느냐", "그 나무 열매를 네가 먹었느냐": 여호와는 그에게 '벗었음을 알려준 사람'과 '그 열매를 먹었는지'를 물으신다. 여호와께서는 아담이 말씀에 불순종하였음을 지적하신다. 그는 무엇이라고 대답하는가?

12 "아담이 이르되 하나님이 주셔서 나와 함께 있게 하신 여자 그가 그 나무 열매를 내게 주므로 내가 먹었나이다"

◇"하나님이 주셔서 나와 함께 있게 하신 여자": 아담은 즉시 책임을 여자에게 돌린다. 그런데 그 여자는 하나님께서 주셨다. 그는 하나님께 책임을 돌린다. 아담은 아내와도, 하나님과도 관계성이 깨져버렸다.

◇"내가 먹었나이다": 그는 먹었음을 인정한다. 여호와께서 여자에게는 무엇을 물으시는가?

13 "여호와 하나님이 여자에게 이르시되 네가 어찌하여 이렇게 하였느냐 여자가 이르되 뱀이 나를 꾀므로 내가 먹었나이다"

◇"네가 어찌하여 이렇게 하였느냐": 여호와 하나님은 여자를 추궁하신다.

◇"뱀이 나를 꾀므로 내가 먹었나이다": 여자는 자신의 죄를 직접적으로

뱀에게, 간접적으로 하나님께 돌린다.

◇"내가 먹었나이다": 여자는 자기 죄를 인정한다.

아담과 하와는 자신의 잘못을 인정하면서도 누구에게 책임을 '전가(轉嫁, 잘못이나 책임을 다른 사람에게 넘겨씌운다)하고 있는가? 아내와 뱀에게 전가한다. 죄인의 모습이다. 오늘 우리가 우리의 잘못을 남에게 핑계를 대는 이유는 무엇일까? 아담과 여자가 핑계를 대었기 때문이다. 그들이 핑계를 대는 것은 하나님과의 관계성이 깨졌기 때문이다. 하나님과의 관계성 파괴는 모든 인간사에 나타나는 죄의 뿌리이다.

이 관계성을 어떻게 회복할 수 있는가? 골고다 언덕에서 십자가에 돌아가신 예수님을 믿음으로만 회복할 수 있다. 예수님의 십자가는 수직과 수평으로 이루어져 있다. 수직적으로는 하나님, 수평적으로는 사람과의 관계성 회복을 상징한다. 그러므로 누구든지 그 예수님을 믿으면 하나님과 관계성을 회복하고, 사람과의 관계성도 회복할 수 있다. 여호와께서 뱀에게 무엇이라고 말씀하시는가?

3. 여호와께서 뱀을 어떻게 저주하십니까(14-15)? 뱀과 여자, 뱀의 후손과 여자의 후손은 어떤 관계가 됩니까? 누가 승리자이며, '여자의 후손'은 누구를 말합니까? 이 사실이 당시 회중들과 오늘 우리에게 주는 의미는 무엇일까요?

14 "여호와 하나님이 뱀에게 이르시되 네가 이렇게 하였으니 네가 모든 가축과 들의 모든 짐승보다 더욱 저주를 받아 배로 다니고 살아 있는 동안 흙을 먹을지니라"

◇"모든 짐승보다 더욱 저주를 받아": 사람의 타락은 다른 모든 짐승 세계에도 영향을 끼쳤다(렘 12:4, 롬 8:20). 본래 에덴동산에서는 사자와 어린양이 함께 뛰놀았다. 그러나 이제는 약육강식의 정글의 법칙이 적용된다. 그런데 그중에서도 뱀은 더 큰 저주를 받는다.

◇"흙을 먹을지니라": 일차적으로는 에덴동산의 풍요로움에서 제외됨을 말한다. 가장 심하게 저주받았음을 말하는 일종의 은유법이다. 뱀은 실제로 흙을 먹지는 않는다. "흙을 먹는 것"은 싸움에서 패배하여 철저한 수치를 당한다는 것을 뜻한다. 그러나 더욱 중요한 것은 영적인 의미이다.

15 "내가 너로 여자와 원수가 되게 하고 네 후손도 여자의 후손과 원수가 되게 하리니 여자의 후손은 네 머리를 상하게 할 것이요 너는 그의 발꿈치를 상하게 할 것이니라 하시고"

◇"너로 여자와 원수가 되게 하고": 앞에서는 뱀과 여자는 서로 한 패였다. 서로 결탁하여 여호와께 대적했다. 그러나 이제는 서로 원수가 된다. 하나님께 대적하기 위해서 한 패가 되면 결국 서로 원수가 된다.

◇"네 후손": '뱀의 후손'을 말한다. '뱀'도 사탄이고, '뱀의 후손'도 사탄이다. 여호와를 거부하고 그 말씀에 불순종하는 모든 사람을 포함한다(요 8:44).

◇"여자의 후손": 일차적으로는 하와의 첫아들 가인을 생각할 수 있다(4:1). 그러나 가인은 '악한 자'에게 속하여(요일 3:12) 동생 아벨을 죽였다. 그는 사탄과 원수가 아니라 사탄의 후손이다. 그러므로 그는 여자의 후손일 수 없다. 나중에 태어난 셋이 일단은 여자의 후손이다(4:25). 셋의 후손은 계속해서 태어났고, 그 후손에서 예수 그리스도께서 오셨다. "때가 차매 하나님이 그 아들을 보내사 여자에게서 나게 하시고 율법 아래에 나게 하신 것은"(갈 4:4). 따라서 '여자의 후손'은 예수 그리스도를 말한다. '뱀의 후손'과 '여자의 후손'은 서로 어떤 관계가 되는가?

◇"네 후손도 여자의 후손과 원수가 되게 하리니": 뱀의 후손과 여자의 후손은 원수가 된다. 사탄과 예수 그리스도는 원수가 된다. 에덴동산 이후로부터 세상은 선과 악의 치열한 싸움터가 되었다. 사탄이 예수님을 대적하기 때문이다. 사탄은 예수님을 시험했고, 그 백성을 유혹한다. 이

세상을 다시 지배하려고 노리고 있다. 이 싸움에서 누가 이기는가?

◇"여자의 후손은 네 머리를 상하게 할 것이요": '여자의 후손'이 '뱀의 후손'의 머리를 깨는 것이 아니라, '뱀의 머리'를 부순다. 뱀과 '그의 후손'은 하나이다. 그러나 여자와 여자의 후손은 하나가 아니다. 싸움에서 이기는 자는 여자의 후손이다. 즉 예수 그리스도께서 사탄의 머리를 상하게 한다.

◇"너는 그의 발꿈치를 상하게 할 것이니라": 그러나 여자의 후손도 상처를 받는다.

이 싸움은 어떤 사건을 말하는가? 예수님께서 십자가에서 돌아가신 사건을 말한다. 예수님께서 십자가에서 죽으신 것은 사탄과 최후의 결전이었다. 그때 예수님은 사탄의 머리를 상하게 한다. 즉 사탄을 완전히 물리친다. 하지만 예수님도 돌아가셨다. 그것은 예수님께서 발꿈치를 다치신 일이다. 그러나 예수님은 죽은 자 가운데서 다시 살아나셨다. 사탄은 완전히 패배하지만 예수님은 다시 살아나셨다. 따라서 예수님이 최후의 승리자이시다.

이 사실이 당시 회중에게 주는 의미는 무엇일까? 당시 회중의 조상은 끊임없이 죄의 유혹을 받았다. 그런데 그 유혹을 자기 스스로 이기지 못하였다. 마치 아담과 하와가 유혹자에게 넘어가 하나님의 말씀에 불순종한 것처럼, 그들도 삶의 현장에서 유혹에 넘어가 불순종하게 되었다. 그런 그들은 절망할 수밖에 없다. 그러나 그들에게 소망의 빛이 임한다. 사탄을 이기실 예수 그리스도가 오시기 때문이다. 그분을 믿으면 더는 사탄과 갈등하지 않는다. 즉 죄에 빠지지 않는다. 그러면 저주는 사라지고 축복을 받는다. 특히 거룩한 제사장 나라로서 쓰임 받을 수 있다. 그러므로 그들은 약속의 땅에 들어가서 이 메시아를 소망하며 살아야 한다. 여기서 '메시아 대망 사상'이 생겼다. 구약의 백성은 오실 메시아를 기다리며 살았다.

오늘 우리에게 주는 의미는 무엇일까? 오늘 우리는 이미 이 땅에 오신 예수 그리스도를 믿고 살아야 한다. 동시에 장차 다시 오실 예수 그리스도를 믿고 살아야 한다. 예수 그리스도를 믿고 살면 죄에 지지 않는다. 죄의 삯인 사망의 두려움과 허무에 지지 않는다. "사망아 너의 승리가 어디 있느냐 사망아 네가 쏘는 것이 어디 있느냐"(고전 15:55)? 더욱 담대하게 믿음의 길을 갈 수 있다. "그러므로 내 사랑하는 형제들아 견실하며 흔들리지 말고 항상 주의 일에 더욱 힘쓰는 자들이 되라 이는 너희 수고가 주 안에서 헛되지 않은 줄 앎이라"(고전 15:58). 최후 승리자 예수 그리스도를 믿고 살면 하나님의 구속 사역에 쓰임 받는다. 이것이 우리의 소망이다. 여호와께서는 그런 가운데 여자에게는 무엇을 말씀하시는가?

4. 여자에게 임한 저주는 무엇입니까(16)? 여호와께서 아담에게 벌을 내리신 이유는 무엇입니까(17a)? 그 벌들은 구체적으로 무엇입니까(17b-19)? 그 형벌을 보면서 우리가 소망해야 할 바는 무엇일까요?

16 **"또 여자에게 이르시되 내가 네게 임신하는 고통을 크게 더하리니 네가 수고하고 자식을 낳을 것이며 너는 남편을 원하고 남편은 너를 다스릴 것이니라 하시고"**

◇"여자에게": 여호와께서는 여자에게 두 가지 아픔을 주셨다.

◇"수고하고 자식을 낳을 것이며": 임신 자체에 고통이 있다는 말보다는 임신과 출산을 하나의 과정으로 보고 있다. 출산 중에 고통을 겪게 된다. 출산 자체는 하나님께서 창조 때에 약속한 축복이다(창 1:28). 그러나 죄는 이것을 저주로 바꾸어 임신과 출산에 '수고'를 동반하게 한다.

◇"크게 더하리니": 타락 전에도 고통을 겪었거나 겪을 수 있다는 암시이다. 그러나 타락 후에는 그 고통을 크게 하신다.

◇"너는 남편을 원하고": "너의 욕구가 네 남편에게 향할 것이다."라는 뜻이다. 여자는 남편과의 관계성을 지배하려고 갈망한다. 이것은 "죄가 너를 원하나..."(4:7), 즉 "죄가 가인을 움켜쥐고 죄를 짓게 한다면..."과 같은 단어이다. 여자는 남편을 소유하고 조정하고 지배하기를 원한다. 그

러나 상황이 어떻게 바뀌는가?

◇"남편은 너를 다스릴 것이니라": 남편과 아내의 동등한 관계가 깨진다. 아내와 남편이 사랑하는 관계에서 서로 다스리려고 하는 관계로 변했다. 타락 이후 남자와 여자는 서로 주도권을 잡기 위해서 싸운다. 남편과 아내 사이에는 '사랑과 전쟁'이 시작되었다. 죄는 아내의 순종과 남편의 사랑을 모두를 더럽혔다. 그러나 예수 그리스도를 믿는 남편과 아내는 처음 관계를 회복할 수 있다. 예수님께서 우리 속의 죄를 없애기 때문이다. 여호와께서 아담에게는 무슨 말씀을 하시는가?

17 "아담에게 이르시되 네가 네 아내의 말을 듣고 내가 네게 먹지 말라 한 나무의 열매를 먹었은즉 땅은 너로 말미암아 저주를 받고 너는 네 평생에 수고하여야 그 소산을 먹으리라"

◇"아내의 말을 듣고": "왜냐하면 아내의 말을 들었기 때문이다." 남자에 대한 저주는 그가 하나님의 말씀보다 아내의 말을 들었다는 것으로 시작한다.

◇"땅은 너로 말미암아 저주를 받고": 아담의 죄 때문에 땅이 저주를 받았다. 아담의 범죄 때문에 세상이 벌을 받는다. 그는 세상의 대표이기 때문이다. 그 결과가 어떻게 나타나는가?

◇"평생에 수고하여야 그 소산을 먹으리라": 사람은 먹을거리로 죄를 지었다. 그래서 먹을거리로 벌을 받는다. 평생 수고하여야 먹고 살 수 있다. 일 자체는 형벌이 아니다. 먹고 살기 위해서 평생을 고생해야 한다는 것이 문제다.

18 "땅이 네게 가시덤불과 엉겅퀴를 낼 것이라 네가 먹을 것은 밭의 채소인즉"

◇"엉겅퀴를 낼 것이라": 땅의 풍요로움이 사라졌다.

19 "네가 흙으로 돌아갈 때까지 얼굴에 땀을 흘려야 먹을 것을 먹으리니 네

가 그것에서 취함을 입었음이라 너는 흙이니 흙으로 돌아갈 것이니라 하시니라"

◇"얼굴에 땀을 흘려야": 아담은 땀을 흘려야 낟알을 먹을 수 있을 것이다.

◇"흙으로 돌아갈 것이니라": 땅에 저주가 임한 것처럼 사람에게도 저주가 임했다. 사람은 죄 때문에 흙으로 돌아간다. 아담은 땅을 다스리도록 창조되었으나, 이제 땅의 흙이 그를 다스리게 된다. 그런 중에 아담은 아내의 이름을 무엇이라고 짓는가?

5. 아담은 아내의 이름을 무엇이라고 지었습니까(20)? 여기에는 무슨 뜻이 있을까요? 여호와 하나님은 왜 그들에게 가죽옷을 지어 입히셨을까요(21)? 여호와께서는 그들을 왜 에덴동산에서 추방하셨습니까(22-24)? 이런 그들에게도 소망이 있습니까?

20 "아담이 그의 아내의 이름을 하와라 불렀으니 그는 모든 산 자의 어머니가 됨이더라"

◇"하와"(חַוָּה, *hawua*): '살다', '생명을 가지다'라는 뜻에 왔다.

◇"산 자의 어머니": 첫 이름 '여자'는 여자의 기원(남자로부터, 2:23)을, 두 번째 이름인 '하와'는 그녀의 운명(모든 산 자의 어머니, the mother of all the living)을 가리킨다. 이 세상에 죽음을 가져온 자신의 아내에게 '모든 산 자의 어머니'라는 이름을 붙여주는 것이 놀랍다. 이미 죽음에서 생명으로의 전환이 나타난다. 아담은 하와에게서 새로운 생명의 가능성을 찾고 있다. 그는 '여자의 후손'에 대한 소망을 가졌다. 그때 여호와께서는 무엇을 하시는가?

21 "여호와 하나님이 아담과 그의 아내를 위하여 가죽옷을 지어 입히시니라"

◇"가죽옷": 가죽옷을 만들려면 동물의 희생이 있어야 한다. 여호와께서는

동물의 희생을 통하여 그들의 죄를 덮고 그들과 관계를 회복하신다. 이 동물의 희생은 구약시대 때는 희생 제사로 이어진다. 그리고 마침내 예수 그리스도께서 희생 제물인 어린양으로 돌아가신다. 그 희생 제사를 통하여 우리는 여호와 하나님과 관계를 회복하게 되었다. 그러나 그들은 어떻게 되는가?

22 "여호와 하나님이 이르시되 보라 이 사람이 선악을 아는 일에 우리 중 하나 같이 되었으니 그가 그의 손을 들어 생명 나무 열매도 따 먹고 영생할까 하노라 하시고"

◇"선악을 아는 일에 우리 중 하나 같이 되었으니": 일종의 모순된 표현이다. 그들은 하나님과 같이 되지 않았기 때문이다. 그들은 악한 존재가 되었다.

◇"생명 나무 열매도 따 먹고 영생할까 하노라": 그들은 영생할 수 있는 자격을 잃어버렸다. 그들이 여호와의 말씀에 순종하지 않았기 때문이다. 그런 그들은 죄의 벌로 죽어야 한다.

23 "여호와 하나님이 에덴 동산에서 그를 내보내어 그의 근원이 된 땅을 갈게 하시니라"

◇"에덴동산에서 그를 내보내어": 그들은 에덴동산에서 쫓겨나 생명 나무의 열매를 먹을 수 없게 되었다. 그들이 동산에서 쫓겨나는 것은 레위기 13:46에 있는 피부 병자가 이스라엘의 거룩한 공동체에서 쫓겨나는 것과 유사하다. 타락은 오염과 같은 것이다.

이담과 이브가 낙원을 잃는 사건 속에 인간 타락의 어리석음이 나타난다. 인간은 '하나님처럼' 되고자 했지만, 이제 더는 동산에서 하나님과 함께 있을 수 없었다. 인간의 행복은 '하나님처럼' 되는 데 있는 것이 아니고, '하나님과 함께하는' 데 있다(시 16:11).

◇"그의 근원이 된 땅을 갈게 하시니라": 사람은 하나님 앞에서 쫓겨났다

고 해도 창조 때 받은 본연의 임무에서 벗어난 것은 아니다. 그는 아직도 땅을 경작할 자이다. 다만 저주를 받은 땅을 경작하고 그 수고의 대가로 채소를 먹으며 살아야 한다.

24 "이같이 하나님이 그 사람을 쫓아내시고 에덴동산 동쪽에 그룹들과 두루 도는 불 칼을 두어 생명 나무의 길을 지키게 하시니라"

◇"그룹들": 얼굴은 사람 모양이고 몸은 사자의 몸이고 날개가 달려 있으며 성전을 지키는 수호자(cherubim) 역할을 한다.

◇"두루 도는 불 칼": 빙글빙글, 혹은 전후좌우로 움직이는 칼(flaming sword)을 말한다. 이것들은 하나님께서 생명 나무를 지키도록 두셨다. 여호와께서는 생명 나무를 없애지 않으신다. 다만 지키게 하신다. 그들이 자격을 회복하면 먹을 수 있게 하신다.

누가 자격을 회복하는가!? 여자의 후손, 예수 그리스도를 믿는 자이다. 예수 그리스도를 믿으면 생명 나무를 먹을 수 있는 자격이 회복된다. 죄가 해결되기 때문이다. 여기에 에덴에서 쫓겨난 사람에게도 소망이 있다. 여자의 후손은 모든 시대, 모든 인류의 소망이다.

제6강

죄, 다스려야 한다

◇본문　창세기 4:1-26
◇요절　창세기 4:7
◇찬송　342장, 350장

1. 하와가 가인을 낳고 무엇이라고 말했습니까(1)? 아벨과 가인의 직업은 각각 무엇입니까(2)? 그들은 각각 무엇으로 여호와께 드렸습니까(3-4a)?

2. 여호와께서는 그들과 그 제물들을 어떻게 하셨으며, 이에 대한 가인의 반응은 어떠합니까(4b-5)? 여호와께서 가인에게 어떻게 경고하십니까(6-7a)? 가인은 어떻게 해야 합니까(7b)? 어떻게 죄를 다스릴 수 있을까요?

3. 가인은 아우 아벨을 어떻게 합니까(8)? 그는 왜 아우를 죽일 수밖에 없었습니까? 그는 여호와의 추궁 앞에서 자기 죄를 어떻게 부정합니까(9)?

4. 여호와께서 가인을 어떻게 벌하십니까(10-12)? 그러나 그는 어떻게 항의합니까(13-14)? 여호와께서 그런 그를 어떻게 보호해주십니까(15)? 이 사실이 당시 회중(민 35:11-12)과 오늘 우리에게 주는 의미는 무엇입니까?

5. 가인은 어디에 거주합니까(16)? 그 후손들과 함께 세상은 어떻게 번성합니까(17-22)? 그들은 생명을 어느 정도까지 멸시합니까(23-24)? '하나님 없이' 형성한 세상의 문제는 무엇입니까?

6. 셋은 어떻게 태어났습니까(25)? '하나님이 다른 씨를 주셨다.'라는 말은 무슨 뜻일까요? 에노스 때에 비로소 어떤 일이 일어났습니까(26)? 이 사실이 당시 회중들과 우리에게 주는 의미는 무엇입니까?

제6강

죄, 다스려야 한다

◇본문 창세기 4:1-26
◇요절 창세기 4:7
◇찬송 342장, 350장

1. 하와가 가인을 낳고 무엇이라고 말했습니까(1)? 아벨과 가인의 직업은 각각 무엇입니까(2)? 그들은 각각 무엇으로 여호와께 드렸습니까(3-4a)?

1 **"아담이 그의 아내 하와와 동침하매 하와가 임신하여 가인을 낳고 이르되 내가 여호와로 말미암아 득남하였다 하니라"**

◇"가인"(קַיִן, *qayin*): '소유하다', '얻다'라는 뜻에서 나왔는데, '소유'를 뜻한다. 후에는 지명으로도 사용한다."

◇"득"(קָנָה, *qana*): '얻다(get)', '취득하다(acquire)'라는 뜻이다.

◇"남": '사람(man)', '남자'를 뜻한다.

이 말을 두 가지로 해석할 수 있다. 첫째로, "내가 여호와가 행했던 것처럼 한 남자를 창조했다(I have created a man equally with the Jehovah)." 그녀는 자신이 낳은 아들을 여호와의 사역과 비교하며 교만을 드러내고 있다. 하와는 너무나 잘 생기고 똑똑하고 건강한 아들을 낳은 것을 자랑한다. 3장 타락의 연장으로 4장의 시작을 본다면 부정적인 측면으로 해석하는 것이 좋다.

둘째로, “내가 여호와의 도움을 얻어 한 남자를 얻었다(I have gotten a man with the help of the Jehovah).” 긍정적인 표현으로 여호와의 도움을 강조한 것으로 볼 수도 있다. 그녀는 또 누구를 낳았는가?

2 “그가 또 가인의 아우 아벨을 낳았는데 아벨은 양 치는 자였고 가인은 농사하는 자였더라”

◇“아벨”(הֶבֶל, *헤벨*): ‘숨’, ‘허무’를 뜻한다. 그의 삶이 갑자기 끝날 것을 암시한다. 성경은 두 아이의 출생부터 서로 대조하는데, 둘 사이에 무엇인가 일어날 것을 보여준다. 그들의 직업은 무엇인가?

◇“아벨은 양 치는 자였고 가인은 농사하는 자였더라”: 아벨은 양을 치는 목자이고, 가인은 농부이다. 고대 농경 사회에서 목자와 농부는 삶의 두 영역이었다. 두 직업 사이에는 아무런 갈등도 나타나지 않았다. 세월이 지난 후에 그들은 각각 어떻게 예배하는가?

3 “세월이 지난 후에 가인은 땅의 소산으로 제물을 삼아 여호와께 드렸고”

◇“가인은 땅의 소산으로 제물을 삼아”: 가인은 땅에서 거둔 곡식을 여호와께 제물로 바쳤다.

4a “아벨은 자기도 양의 첫 새끼와 그 기름으로 드렸더니...”

◇“아벨은 자기도 양의 첫 새끼와 그 기름으로 드렸더니”: 아벨은 첫 새끼와 그 기름을 드렸다. 여호와께서는 그들의 제물에 대해서 어떻게 반응하시는가?

2. 여호와께서는 그들과 그 제물들을 어떻게 하셨으며, 이에 대한 가인의 반응은 어떠합니까(4b-5)? 여호와께서 가인에게 어떻게 경고하십니까(6-7a)? 가인은 어떻게 해야 합니까(7b)? 어떻게 죄를 다스릴 수 있을

까요?

4 b "…여호와께서 아벨과 그의 제물은 받으셨으나"

◇"아벨과 그의 제물은 받으셨으나": 여호와께서 아벨과 그가 바친 제물은 받으셨다.

5 "가인과 그의 제물은 받지 아니하신지라 가인이 몹시 분하여 안색이 변하니"

◇"가인과 그의 제물은 받지 아니하신지라": 가인과 그가 바친 제물은 받지 않으셨다.

여호와께서는 왜 그렇게 하신 것인가? 본문은 그 이유를 정확하게 말하지 않는다. 히브리서는 이렇게 증언한다. "믿음으로 아벨은 가인보다 더 나은 제사를 하나님께 드림으로 의로운 자라 하시는 증거를 얻었으니 하나님이 그 예물에 대하여 증언하심이라"(11:4). 여호와께서 아벨과 그 제사를 받으신 이유는 믿음으로 드렸기 때문이다. 그렇다면 여호와께서 가인과 그 제물을 받지 않으신 이유는 믿음으로 드리지 않았기 때문이다.

믿음이란 무엇인가? 모든 세계가 하나님의 말씀으로 지어진 줄을 믿는 것이다(히 11:3). 세상을 지으신 창조주 하나님께서 지금도 살아 계셔서 우리의 삶을 인도하시는 분임을 믿는 것이다. 그리고 그 말씀에 순종하여 사는 사람을 축복하시는 분임을 믿는 것이다. 아벨은 이 믿음으로 하나님의 사랑과 은총에 감사하며 제사를 지냈다. 반면 가인은 이런 하나님에 대해서 의식하지 않았고, 형식적으로 드렸다. 그런데 오늘 말씀은 가인이 어떻게 드렸는가 보다도 여호와께서 받지 않으신 것에 대한 반응에 초점을 맞춘다. 가인은 어떻게 반응하는가?

◇"안색이 변하니": '얼굴이 아래로 떨어졌다(downcast).' '기운이 죽어 고개를 푹 숙였다'는 뜻이다. 가인은 몹시 화가 나서 얼굴빛이 달라졌다.

그는 왜 얼굴을 아래로 떨어뜨렸을까? 여호와께서 두 사람의 것을 다 받지 않으셨다면 괜찮았을 것이다. 그러나 아벨 것만 받았기 때문에 자존심이 상했다. 가인은 단 한 번도 아벨이 자기를 뛰어넘을 수 있다고 생각하지 않았다. 엄마 아빠의 사랑은 물론이고 하나님의 사랑까지도 언제나 자기가 우선이라고 생각했다. 그러나 오늘 아벨은 하나님의 은총을 받았고, 자기는 거절당했다. 그 일은 충격이다. 여호와께 대한 반발과 아벨에 대한 시기심이 솟았다. 여호와께서 그런 가인에게 어떻게 경고하시는가?

6 "여호와께서 가인에게 이르시되 네가 분하여 함은 어찌 됨이며 안색이 변함은 어찌 됨이냐"

◇"분하여 함은 어찌 됨이며 안색이 변함은 어찌 됨이냐": "왜 네가 화를 내느냐? 얼굴빛이 달라지는 까닭이 무엇이냐?"

7 "네가 선을 행하면 어찌 낯을 들지 못하겠느냐 선을 행하지 아니하면 죄가 문에 엎드려 있느니라 죄가 너를 원하나 너는 죄를 다스릴지니라"

◇"선을 행하면": 여호와께서 받으시도록 제사를 지낸 것을 말한다. 그것은 여호와의 선하심과 사랑을 믿는 것을 말한다.

◇"낯을 들다": '안색이 변하다(얼굴이 아래로 떨어졌다).'라는 표현과 대조한다.

가인은 선을 행하지 않았기 때문에 얼굴을 떨어뜨리고 있다. 가인은 제사를 제대로 드리지 않았기 때문에 얼굴을 들지 못한다. 여호와께 좋은 마음, 즉 그의 선하심과 사랑을 믿지 못하고 반발하기 때문에 얼굴을 들지 못한다. 여호와께 좋은 마음을 갖지 못하면 어떻게 되는가?

◇"죄가 문에 엎드리느니라": '죄가 문 앞에 엎드려 웅크리고 있다(sin is crouching at the door).' '죄는 문 앞에 웅크리고 있는 악마이다(Sin is the demon at the door).'라는 뜻이다.

◇"엎드림": 먹이를 노리는 동물의 모습을 보여준다. 죄는 먹이를 노리는 야수처럼 가인의 문 앞에 잠복하고 있다. 죄는 배고픈 사자처럼 언제든

지 가인을 덮칠 준비를 하고 있다(렘 5:6).

◇"죄가 너를 원하나": "그 욕망은 너에게 반대한다(Its desire is contrary to you)." "죄가 그를 다스리고 조정하려고 한다."

◇"너는 죄를 다스릴찌니라": "너는 죄를 다스려야 한다." 가인은 죄를 다스릴 수 있다. 죄와 싸워서 이길 수 있다.

여기서 인간 존재에 대해서 무엇을 생각할 수 있는가? 내 속에는 나와 반대하는 죄가 있다. 나를 지배하려는 죄가 있다. 그리고 나는 그 죄를 다스릴 수 있다. 내 속에는 두 개의 세력이 존재한다. 이 두 세력이 서로 주도권을 잡기 위해서 '힘겨루기(power game)'를 하고 있다. 그 결과에 따라서 전혀 다른 열매를 맺는다.

어떻게 내가 죄를 다스릴 수 있는가? 여호와께서 나는 거절하시고 다른 사람은 영접하는 것 같을지라도 씩씩거리면 안 된다. 비교하면 시기심과 반발심에 빠진다. 그러면 죄에 넘어가고 만다. 그러므로 바로 그 순간에도 여호와의 사랑과 신실하심을 붙들어야 한다. 여호와의 은총을 믿어야 한다. 그러면 시기심과 반발심을 다스릴 수 있다. 죄를 다스리는 비결은 여호와를 믿고 의지하는 것뿐이다. 그러나 죄가 나를 다스리면 어떻게 되는가?

3. 가인은 아우 아벨을 어떻게 합니까(8)? 그는 왜 아우를 죽일 수밖에 없었습니까? 그는 여호와의 추궁 앞에서 자기 죄를 어떻게 부정합니까(9)?

8 "가인이 그의 아우 아벨에게 말하고 그들이 들에 있을 때에 가인이 그의 아우 아벨을 쳐죽이니라"

◇"말하고": 가인은 아벨을 들로 데리고 나갔다. "들로 나가자(Let us go out to the field)."

◇"쳐 죽이니라": "맞서서 죽였다(rose up against and killed)."

◇"아우": 형이 동생에게 맞섰다. 그리고 죽였다. 가인이 죄를 다스리지 못하자 가인을 기다리던 죄가 그를 삼켰다. 그 결과 형이 동생을 죽였다.

인류 최초의 살인이며, 친족 살인이다.

어떻게 이런 일이 일어났는가? 시기심과 반발심 때문이다. 시기심과 반발심의 파괴력은 우리의 상상을 뛰어넘는다. 여호와께서 가인에게 무엇을 물으시는가?

9 "여호와께서 가인에게 이르시되 네 아우 아벨이 어디 있느냐 그가 이르되 내가 알지 못하나이다 내가 내 아우를 지키는 자니이까"

◇"여호와께서 가인에게": 여호와께서 가인에게 찾아오셨다. 에덴동산에서 아담을 찾아오신 그분께서(3:9) 가인에게도 찾아오셨다.

◇"네 아우 아벨이 어디 있느냐": 여호와께서 동산 나무 사이에 숨은 아담에게 말씀하셨다. "네가 어디 있느냐"(3:9)? 그분께서 가인에게 물으신다. "너와 함께 늘 한솥밥을 먹던 아벨은 도대체 어디에 있니? 이 세상에서 너와 가장 닮은 아벨은 어디에 있니?" 여호와께서는 가인에게 동생에 대한 책임감을 요구하신다. 그의 대답은 무엇인가?

◇"내가 알지 못하나이다 내가 내 아우를 지키는 자니이까": 그는 살인에 대한 어떤 사실도 인정하지 않는다.

◇"지키는 자니이까": '목자가 양을 지킨다'는 뜻이다. "내가 그를 양처럼 지키는 자입니까? 저는 아벨의 목자가 아닙니다." 그는 동생에 대한 책임을 부정한다. 살인에 대한 거짓말도 문제지만 동생에 대한 책임을 부인하는 것도 문제이다. 여호와께서는 그런 가인을 어떻게 벌하시는가?

4. 여호와께서 가인을 어떻게 벌하십니까(10-12)? 그러나 그는 어떻게 항의합니까(13-14)? 여호와께서 그런 그를 어떻게 보호해주십니까(15)? 이 사실이 당시 회중(민 35:11-12)과 오늘 우리에게 주는 의미는 무엇입니까?

10 "이르시되 네가 무엇을 하였느냐 네 아우의 핏소리가 땅에서부터 내게 호

소하느니라"

◇"핏소리": 피가 땅에서 나에게 울부짖는다.

11 "땅이 그 입을 벌려 네 손에서부터 네 아우의 피를 받았은즉 네가 땅에서 저주를 받으리니"

◇"저주를": 아벨이 흘린 피 때문에 땅은 저주를 받았다. 농부인 가인에게 땅은 축복의 터전이었다. 그러나 이제부터 그 땅은 저주가 되고 말았다.

12 "네가 밭을 갈아도 땅이 다시는 그 효력을 네게 주지 아니할 것이요 너는 땅에서 피하며 유리하는 자가 되리라"

◇"유리하는 자가 되리라": 가인은 땅 위에서 쉬지도 못하고 떠돌아다니게 될 것이다. 그의 수고는 헛것으로 돌아갈 것이다. 땅은 죄가 없는 사람의 피를 마셨다. 따라서 생명력을 발휘하지 못한다. 죄는 하나님과의 관계성을 파괴하고, 공동체로부터 추방당하게 하고, 자연과 조화를 이루지 못하게 한다. 여호와의 벌 앞에서 가인은 무엇이라고 말하는가?

13 "가인이 여호와께 아뢰되 내 죄벌이 지기가 너무 무거우니이다"

◇"너무 무거우니": 그는 여호와께서 선언하신 형벌이 너무 가혹하다고 호소한다. 그 형벌을 순순히 받아들일 수 없다는 말이다. 죄를 짓고도 여호와께 반문하는 그의 뻔뻔스러움이 나타난다.

14 "주께서 오늘 이 지면에서 나를 쫓아내시온즉 내가 주의 낯을 뵈옵지 못하리니 내가 땅에서 피하며 유리하는 자가 될지라 무릇 나를 만나는 자마다 나를 죽이겠나이다"

◇"피하며 유리하는 자가 될지라": 그는 땅 위에서 도망자, 방랑자가 된다. 그는 길 없는 길과 끝없는 길을 걷는다.

◇"나를 죽이겠나이다": 그는 살해될까 봐 두려워한다. 그는 죄의 끝은 죽

음이라는 사실을 알고 있다. 여호와께서 그에게 어떤 소망을 주시는가?

15 "여호와께서 그에게 이르시되 그렇지 아니하다 가인을 죽이는 자는 벌을 칠 배나 받으리라 하시고 가인에게 표를 주사 그를 만나는 모든 사람에게서 죽임을 면하게 하시니라"

◇"그렇지 아니하다": 이것은 앞의 저주를 모두 철회하는 것은 아니다. 죄인을 사랑하시는 일반 은총이다.

◇"가인을 죽이는 자는 벌을 칠 배나 받으리라": 가인을 죽이는 자는 일곱 곱절로 벌을 받을 것이다. '칠'은 완전수로서 '완전한 잣대로', '가장 엄격한 벌로서'라는 뜻이다.

◇"표를 주사 그를 만나는 모든 사람에게서 죽임을 면하게 하시니라": 여호와께서는 가인에게 표를 주셔서 그를 죽이지 못하게 하셨다.

◇"가인에게": '가인에게(to)', '가인을 위하여(for)'를 뜻한다.

◇"표": 여호와께서는 그에게 표(mark)를 주시고 그를 보호하신다. 여호와께서는 그를 생명의 위협으로부터 보호하실 것을 약속하신다. 가인은 도망자의 운명을 피할 수는 없지만, 그의 생명은 보장받는다. 비록 살인자라도 함부로 죽이지 못하도록 하여 피의 보복을 금지하셨다.

이 말씀을 이스라엘 공동체에 어떻게 적용할 수 있을까? 하나님은 우발적으로 살인한 자를 정당한 재판을 받기까지 피의 복수자로부터 보호하시기 위해 '도피성(city of refuge)'을 만들어 주신다(민 35:11-12). 그 누구도 살인을 저지른 죄인일지라도 하나님의 판결을 집행할 권리는 없다.

오늘 우리에게 '표'는 무엇일까? 예수 그리스도이시다. 예수 그리스도를 믿는 자는 도피성에 들어가는 것과 같다. 피의 복수로부터 보호를 받는다. 아침부터 간음한 여인에게 누가 돌을 던질 수 있는가? 아무도 없다. 오직 예수님뿐이다. 그 예수님께서 다시 기회를 주신다. "나는 세상의 빛이니 나를 따르는 자는 어둠에 다니지 아니하고 생명의 빛을 얻으리라"(요 8:12). 가인은 어디에서 사는가?

5. 가인은 어디에 거주합니까(16)? 그 후손들과 함께 세상은 어떻게 번성합니까(17-22)? 그들은 생명을 어느 정도까지 멸시합니까(23-24)? '하나님 없이' 형성한 세상의 문제는 무엇입니까?

16 "가인이 여호와 앞을 떠나서 에덴 동쪽 놋 땅에 거주하더니"

◇"여호와 앞을 떠나서": 그는 하나님한테서 추방을 당했다.

◇"에덴 동쪽": 하나님이 계시지 않는 곳을 말한다.

◇"놋": '방랑', '유리(wandering)'라는 뜻이다.

◇"거주하더니": 그는 '놋', 즉 '방랑의 땅'에 정착했다. 여호와를 떠난 인간의 쓸쓸한 모습을 보여준다. 그런 중에도 그는 어떻게 생활하는가?

17 "아내와 동침하매 그가 임신하여 에녹을 낳은지라 가인이 성을 쌓고 그의 아들의 이름으로 성을 이름하여 에녹이라 하니라"

◇"성을 쌓고": 방랑자가 성을 쌓았다. 자신을 숨기기 위함입니다. 그 성은 '열려 있는 성'이 아닌 '닫혀 있는 성', 즉 '아성(牙城, 본거지, stronghold)'이다. 그 후손의 모습은 어떠한가?

18 "에녹이 이랏을 낳고 이랏은 므후야엘을 낳고 므후야엘은 므드사엘을 낳고 므드사엘은 라멕을 낳았더라"

◇"낳고": 가인의 후손은 생육하고 번성하며 문화를 형성한다. 그 문화가 어떠한가?

19 "라멕이 두 아내를 맞이하였으니 하나의 이름은 아다요 하나의 이름은 씰라였더라"

◇"두 아내를": 라멕은 두 아내를 맞았다. 그는 하나님의 창조 질서인 일부일처제를 깨뜨린 최초의 사람이다.

20 "아다는 야발을 낳았으니 그는 장막에 거주하며 가축을 치는 자의 조상이

되었고”

◇“아다”: 가축을 기르는 조상이었다.

21 “그의 아우의 이름은 유발이니 그는 수금과 퉁소를 잡는 모든 자의 조상이 되었으며”

◇“유발”: 수금을 타고 퉁소를 부는 사람의 조상이었다.

22 “씰라는 두발가인을 낳았으니 그는 구리와 쇠로 여러 가지 기구를 만드는 자요 두발가인의 누이는 나아마였더라”

◇“두발가인”: 구리나 쇠를 가지고 온갖 기구를 만드는 사람이다.

23 “라멕이 아내들에게 이르되 아다와 씰라여 내 목소리를 들으라 라멕의 아내들이여 내 말을 들으라 나의 상처로 말미암아 내가 사람을 죽였고 나의 상함으로 말미암아 소년을 죽였도다”

◇“라멕”: 타락한 인간 모습을 보여준다.

◇“나의 상처로 말미암아 내가 사람을 죽였고 나의 상함으로 말미암아 소년을 죽였도다”: “나에게 상처를 입힌 남자를 내가 죽였다. 나를 상하게 한 젊은 남자를 내가 죽였다.” 생명에 대한 멸시가 나타난다. 낙원 밖에서 저질러진 살인은 여기서도 계속된다.

24 “가인을 위하여는 벌이 칠 배일진대 라멕을 위하여는 벌이 칠십칠 배이리로다 하였더라”

◇“칠십칠 배”: 라멕은 여호와의 사랑을 멸시하고 역이용한다.

가인과 그 후손을 통해서 이루어진 문화는 어떤 문화인가? 인류의 첫 살인자 가인이 세운 성에는 농업과 목축과 음악과 예술과 각종 산업이 발전하고 있다. 그러나 그 창시자가 ‘여호와의 앞을 떠나서’ 그 문화를 세웠다. 따라서 여호와께 대한 경외와 생명의 존엄이 없다. 에덴 동쪽 가인 성 사람들은 서로에게 상처를 주고 복수하면서 인간성을 파괴하고 있다. 화려한 문화 문명의 속은 깊이 병들어 간다.

이 사실이 당시 회중에 주는 의미는 무엇일까? 그들은 가나안으로 들어가면서 세상의 도시와 화려한 문화에 관심을 품는다. 가나안의 세속문화는 번성한다. 그런데 그 문화는 여호와께 반역하는 문화이다. 여호와의 문화를 거부하고 심지어 무너뜨리려고까지 한다. 하지만 여호와 없이 건설하는 세상은 자기 파멸로 치닫고 만다.

오늘 우리 사회에 있는 포스트모더니즘(post modernism)은 에덴 동쪽의 문화이다. 가인 성의 문화이다. 많은 사람이 이런 사회와 문화를 동경한다. 겉으로 보기에는 화려하기 때문이다. 하지만 그 속은 너무나 깊이 병들어 있다. 인간성을 파괴하기 때문이다. 상처로 얼룩진 사람들이 얼마나 많은가? 여호와를 중심으로 이룬 문화와 도시만이 영원하다. 교회 공동체가 세상 문화와 도시에 대항하는 '대안 공동체'이다. 그 '대안 공동체'는 어떻게 시작하는가?

6. 셋은 어떻게 태어났습니까(25)? '하나님이 다른 씨를 주셨다.'라는 말은 무슨 뜻일까요? 에노스 때에 비로소 어떤 일이 일어났습니까(26)? 이 사실이 당시 회중들과 우리에게 주는 의미는 무엇입니까?

25 "아담이 다시 자기 아내와 동침하매 그가 아들을 낳아 그의 이름을 셋이라 하였으니 이는 하나님이 내게 가인이 죽인 아벨 대신에 다른 씨를 주셨다 함이며"

◇"셋": '놓인', '임명했다(he appointed).'라는 뜻이다. 셋이 아벨의 자리에 놓였다고 생각한다. 하나님의 새 구원 사역은 새 아들의 탄생으로 시작한다. 여기에서 하와의 태도에 큰 변화가 생겼다.

◇"하나님이": 하와는 가인을 낳고 "나도 여호와처럼 창조자가 되었다."라고 자랑하였다. 그러나 이제 "하나님이 내게 다른 씨를 주셨다."라고 고

백한다. 하나님께서 새로운 생명 사역을 친히 시작하셨음을 인정하고 고백한다.

◇"씨": '씨(seed)', '자손(offspring)'을 뜻한다.

◇"다른 씨를 주셨다": 하와는 '셋이 가인을 대치한다.'라고 말하지 않고, '아벨을 대신한다.'라고 말한다. 가인은 장자이지만 축복을 상속하지 못하고 동생 아벨이 상속한다. 하나님께서 아벨을 대신하여 다른 '씨'를 주셨다. 가인의 성과 문화에 '대안적인 사역'이 셋으로부터 시작한다. 그 역사의 물줄기가 어떻게 이어지는가?

26 "셋도 아들을 낳고 그의 이름을 에노스라 하였으며 그 때에 사람들이 비로소 여호와의 이름을 불렀더라"

◇"에노스": '사람', '인간'을 뜻한다.

◇"여호와의 이름을 불렀더라": 비로소 사람들이 여호와의 이름을 불러 예배하기 시작하였다. 셋의 후손은 시작부터 달랐다. 그들은 하나님을 예배하고 찾는다. 예배를 회복했다. '대안 공동체'의 특징은 예배 회복이다. 인류 문화가 아무리 발전해도 예배가 없다면 '가인 문화'가 될 수밖에 없다.

이 사실이 우리에게 주는 의미는 무엇일까? 세상에는 '가인 문화' 만 있는 것은 아니다. 그 속에 하나님께서 친히 이루어 가시는 구속 문화가 있다. 여호와의 이름을 부르는 여호와의 공동체가 있다. 그들을 통하여 구속 사역은 계속된다. 오늘 우리 교회 공동체가 셋의 후예이다.

제7강

하나님과 함께 걸어가기

◇본문 창세기 5:1-6:8
◇요절 창세기 5:24
◇찬송 430장, 449장

1. 이것은 무엇에 관한 책입니까(5:1a)? 하나님은 사람을 어떻게 창조하셨습니까(1b-2)? 아담은 언제 어떻게 아들을 낳았습니까(3)? 여기에는 어떤 뜻이 있을까요?

2. 아담과 그 후손들의 삶의 패턴이 어떻게 나타납니까(4-20)? 그들 모두는 왜 죽어야 했습니까(2:17)?

3. 오직 누구만 죽음에서 벗어났습니까(21-24)? '하나님과 동행한다.'라는 말은 무슨 뜻일까요? 하나님과 함께 걸으면 어떤 축복이 임합니까? 라멕이 자기 아들의 이름을 '노아'라고 지은 데는 어떤 뜻이 있습니까(25-32)?

4. 사람이 번성하기 시작할 때에 하나님의 아들들은 어떻게 결혼했습니까(6:1-2)? 이것이 왜 문제입니까? 여호와께서는 왜 그들과 함께하지 않습니까(3)? 누가 유명했습니까(4)?

5. 여호와께서 보시니 사람이 어느 정도 악해졌습니까(5)? 그 사람을 보시는 여호와의 마음이 어떠합니까(6)? 어떤 결단을 내리십니까(7)?

6. 그러나 절망의 순간에 누가 여호와의 눈에 들어왔습니까(8)? '은혜를 입었다.'라는 말은 무슨 뜻일까요?

제7강

하나님과 함께 걸어가기

◇본문 창세기 5:1-6:8
◇요절 창세기 5:24
◇찬송 430장, 449장

1. 이것은 무엇에 관한 책입니까(5:1a)? 하나님은 사람을 어떻게 창조하셨습니까(1b-2)? 아담은 언제 어떻게 아들을 낳았습니까(3)? 여기에는 어떤 뜻이 있을까요?

1 "이것은 아담의 계보를 적은 책이니라 하나님이 사람을 창조하실 때에 하나님의 모양대로 지으시되"

◇"계보"(תּוֹלְדֹת, *toledot*): '후손(descendants)', '결과(results)'라는 뜻이다. 언제나 복수로 사용한다.

◇"아담": 아담의 후손들(the generations) 이야기이다. 2:4에서 "내력이니"라고 시작해서 4:26까지 끝났다. 5:1에서부터 시작한 아담 후손들의 이야기는 6:8에서 끝난다.

◇"하나님이 사람을 창조하실 때": 하나님은 사람을 하나님의 형상대로 만드셨다.

2 "남자와 여자를 창조하셨고 그들이 창조되던 날에 하나님이 그들에게 복

을 주시고 그들의 이름을 사람이라 일컬으셨더라"

◇"남자와 여자를 창조하셨고": 하나님은 그들을 남자와 여자로 창조하셨다.

◇"복을 주시고": 하나님은 그들에게 복을 주셨다.

◇"이름을 사람이라 일컬으셨더라": '사람'이라고 이름을 지으셨다. 1장에 대한 또 다른 설명이다(1:27–28).

3 "아담은 백삼십 세에 자기의 모양 곧 자기의 형상과 같은 아들을 낳아 이름을 셋이라 하였고"

◇"자기의 형상과 같은 아들을 낳아": 하나님께서 아담을 '당신의 모양대로' 지으신 것처럼 아담도 '자기의 모양대로' 아들을 낳았다. 아담의 아들에게 하나님의 형상이 이어진다. 그 형상을 모든 인류에게 물려준다. 아담은 모든 인류의 아버지이다. 하나님은 아담의 창조주이시고, 그 아들의 창조주이시고, 모든 인류의 창조주이시다.

◇"셋": 하나님이 아담의 이름을 짓고, 아담은 그 아들 셋의 이름을 짓는다(4:25). 가인의 교만과 폭력의 족보가 끝나고, 셋을 통한 새로운 족보를 시작한다. 10명의 이름이 가인 후손과 비슷하나 같은 인생을 살지 않고, 전혀 다른 역사를 만들고 있다.

2. 아담과 그 후손들의 삶의 패턴이 어떻게 나타납니까(4-20)? 그들 모두는 왜 죽어야 했습니까(2:17)?

4 "아담은 셋을 낳은 후 팔백 년을 지내며 자녀들을 낳았으며"

5 "그는 구백삼십 세를 살고 죽었더라"

6 "셋은 백오 세에 에노스를 낳았고"

7 "에노스를 낳은 후 팔백칠 년을 지내며 자녀들을 낳았으며"

8 "그는 구백십이 세를 살고 죽었더라"

9 "에노스는 구십 세에 게난을 낳았고"

10 "게난을 낳은 후 팔백십오 년을 지내며 자녀들을 낳았으며"

11 "그는 구백오 세를 살고 죽었더라"

12 "게난은 칠십 세에 마할랄렐을 낳았고"

13 "마할랄렐을 낳은 후 팔백사십 년을 지내며 자녀들을 낳았으며"

14 "그는 구백십 세를 살고 죽었더라"

15 "마할랄렐은 육십오 세에 야렛을 낳았고"

16 "야렛을 낳은 후 팔백삼십 년을 지내며 자녀를 낳았으며"

17 "그는 팔백구십오 세를 살고 죽었더라"

18 "야렛은 백육십이 세에 에녹을 낳았고"

19 "에녹을 낳은 후 팔백 년을 지내며 자녀들을 낳았으며"

20 "그는 구백육십이 세를 살고 죽었더라"

이상을 통해서 무엇을 배울 수 있는가? 하나님께서 자신의 형상대로 남자와 여자를 지으시고 축복하셨다. 인류는 계속 숫자가 증가한다. 그러나 그들은 규칙적으로 죽어갔다. 아무리 오래 살아도, 아무리 훌륭하게 살아도 결국은 죽는다. 이것이 이 세상의 사람에게 주신 하나의 '패턴'이다. 즉 '태어나고(born)', '살고(lived)', 그리고 '죽는다(and died).'

사람은 왜 죽는가? 사람의 죄에 대한 하나님의 저주 때문이다. 하나님은 아담에게 말씀하셨다. "선악을 알게 하는 나무의 열매는 먹지 말라 네가 먹는 날에는 반드시 죽으리라"(2:17). "너는 흙이니 흙으로 돌아갈 것이니라"(3:19). 하나님의 말씀은 반드시 이루어진다. 아담 이후로 모든 사람은 죄 때문에 죽을 수밖에 없다. 아담 한 사람이 죄를 지어서 그 죄가 세상에 들어왔다. 그 죄 때문에 죽음이 들어왔다(롬 5:12). 그리고 죽음이 모든 사람을 지배한다. 누가 이 죽음에서 벗어날 수 있는가?

3. 오직 누구만 죽음에서 벗어났습니까(21-24)? '하나님과 동행한다.'라는 말은 무슨 뜻일까요? 하나님과 함께 걸으면 어떤 축복이 임합니까? 라멕이 자기 아들의 이름을 '노아'라고 지은 데는 어떤 뜻이 있습니까(25-32)?

21 "에녹은 육십오 세에 므두셀라를 낳았고"

22 "므두셀라를 낳은 후 삼백 년을 하나님과 동행하며 자녀들을 낳았으며"

◇"동행하며": '걷는다(walked with)', '기쁘게 하다(pleased)'라는 뜻이다. 그는 하나님과 함께 걷고, 하나님을 기쁘시게 했다. 그냥 단지 '살았다.'라는 뜻이 아니다. 하나님과 같은 방향으로 걸으며, 그분의 말씀에 순종하는 삶을 가리킨다. 보통 사람은 자기 생각이나 자기 방향과 같을 때 하나님과 '같은 방향'으로 간다. 하지만 에녹은 언제나 하나님을 믿고 의지하며 말씀 중심으로 살았다. 그 '동행'을 300년이나 계속했다.

23 "그는 삼백육십오 세를 살았더라"

24 "에녹이 하나님과 동행하더니 하나님이 그를 데려가시므로 세상에 있지 아니하였더라"

◇"데려가시므로", "세상에 있지 아니하였더라": 하나님은 에녹을 '취하셨다(took).' 에녹은 '죽음'이란 과정을 통과하지 않고 이 세상을 떠났다. 보통의 사람은 죽음이라는 과정을 통과해서 하나님 나라에 들어간다. 그러나 하나님께서는 에녹에게 죽음을 무효로 만드셨다. 에녹은 죽음의 저주 속에서 생명을 찾은 자요, 아담의 운명을 벗어난 자의 예증이다. 인류에게 죽음이 최종적인 답은 아니다. 하나님과 함께 걸으면 생명 나무에 직접 이를 수 있다.

이런 그를 통해서 무엇을 배울 수 있는가? 그가 살던 세상의 실상이 6:1-8까지에 나온다. 그런 세상에서 하나님과 같은 방향으로 갔으니 얼마나 어려웠을까? 여기에는 아픔이 있고, 손해가 있고, 희생이 있다. 눈에 보이는 열매가 기대만큼 없다. 그런데도 그는 어떻게 어려움을 극복하고 하나님과 함께 걸었을까? 히브리서는 이렇게 증언한다. "믿음으로 에녹은 죽음을 보지 않고 옮겨졌으니 하나님이 그를 옮기심으로 다시 보이지 아니하였느니라 그는 옮겨지기 전에 하나님을 기쁘시게 하는 자라 하는 증거를 받았느니라"(히 11:5). 에녹에게는 믿음이 있었다. 그 믿음으로 어려움을 극복하고 하나님과 동행했다.

그 믿음이란 어떤 믿음인가? "믿음이 없이는 하나님을 기쁘시게 하지 못하나니 하나님께 나아가는 자는 반드시 그가 계신 것과 또한 그가 자기를 찾는 자들에게 상주시는 이심을 믿어야 할지니라"(히 11:6). 믿음이란 하나님의 살아 계심과 자기를 찾는 자에게 상 주시는 이심을 믿는 믿음이다. 하나님과 함께 걷고자 할 때 어려움은 누구에게나, 언제나 있다. 문제는 믿음이다. 믿음이 있으면 어려움을 이길 수 있다. 믿음은 어려움을 헤쳐나가는 원동력이다. 하나님과 함께 걸어갈 수 있느냐, 없느냐를 결정하는 것은 상황이 어려운가, 쉬운가의 문제가 아니다. 믿음이 있느냐, 없느냐의 문제다. 그러므로 우리는 믿음을 주시도록 기도해야 한다.

이 사실이 당시 회중에 주는 의미는 무엇인가? 하나님은 이스라엘이 하나님의 백성으로 살고, 그 땅에서 하나님의 축복을 전하도록 창조하셨다. 그들이 그 축복을 누리려면 하나님과 동행해야 한다. "너희가 내 규례와 계명을 준행하면, 내가 너희에게 철따라 비를 주리니 땅은 그 산물을 내고 밭의 나무는 열매를 맺으리라"(레 26:3-4). "내가 너희를 돌보아 너희를 번성하게 하고 너희를 창대하게 할 것이며 내가 너희와 함께 한 내 언약을 이행하리라"(레 26:9). "나는 너희 중에 행하여 너희의 하나님이 되고 너희는 내 백성이 될 것이니라"(레 26:12).

오늘 우리에게 주는 의미는 무엇일까? 에녹의 이름, 그의 믿음, 그리고 그의 축복이 오늘 우리에게도 그대로 적용할 수 있다. 그러므로 현재의 어려움에 매이지 말고 눈을 들어 하나님의 살아 계심과 상 주심을 믿고 하나님과 함께 걸어가야 한다. 계속해서 누가 등장하는가?

25 "므두셀라는 백팔십칠 세에 라멕을 낳았고"

26 "라멕을 낳은 후 칠백팔십이 년을 지내며 자녀를 낳았으며"

27 "그는 구백육십구 세를 살고 죽었더라"

◇"구백육십구 세": 므두셀라는 성경에 나오는 사람 중에 가장 오래 살았다.

28 "라멕은 백팔십이 세에 아들을 낳고"

29 이름을 노아라 하여 이르되 여호와께서 땅을 저주하시므로 수고롭게 일하는 우리를 이 아들이 안위하리라 하였더라"

◇"노아": '쉬다', '안식하다'에서 유래했으며, '안식'을 뜻한다.

◇"우리를 이 아들이 안위하리라": 라멕은 저주에서 벗어날 소망을 가진다. 그는 땅의 저주 때문에 몹시 힘든 삶을 살고 있다. 하지만 라멕은

자기 아들 노아를 통해서 여호와께서 위로해 줄 소망을 갖는다.

30 **"라멕은 노아를 낳은 후 오백구십오 년을 지내며 자녀들을 낳았으며"**

31 **"그는 칠백칠십칠 세를 살고 죽었더라"**

32 **"노아는 오백 세 된 후에 셈과 함과 야벳을 낳았더라"**

4. 사람이 번성하기 시작할 때에 하나님의 아들들은 어떻게 결혼했습니까(6:1-2)? 이것이 왜 문제입니까? 여호와께서는 왜 그들과 함께하지 않습니까(3)? 누가 유명했습니까(4)?

1 **"사람이 땅 위에 번성하기 시작할 때에 그들에게서 딸들이 나니"**

◇"사람"(אָדָם, *adam*): '사람(Man)', '인류(mankind)'를 말한다.

◇"번성하기 시작할 때에": 아담의 범죄 이후 모두가 죽을 운명에 처했음에도 하나님은 사람에게 생육하고 번성하라는 복을 누리도록 하셨다. 하지만 번성하기 시작하면서 심각한 문제가 발생했다. 사람의 죄가 점차 강해진다. 반면 하나님의 은혜는 더욱 구체적으로 나타난다.

◇"딸들이 나니": 그들에게서 딸들이 태어났다. 딸들에게 초점을 맞춘다. 그 딸들에게 무슨 일이 일어났는가?

2 **"하나님의 아들들이 사람의 딸들의 아름다움을 보고 자기들이 좋아하는 모든 여자를 아내로 삼는지라"**

◇"하나님의 아들들": 첫째는 '셋의 후예'를 말한다. 둘째는 '타락한 천사'를 말한다. 타락한 천사는 자기 거주지를 떠나 사람 속에서 군주와 용사, 그리고 위대한 인물로 살아갔다. 그런데 그들의 결혼관에 문제가 생겼다.

◇"사람의 딸들": '가인의 후예'로 본다.

◇"아름다움을 보고 자기들이 좋아하는 모든 여자를 아내로 삼는지라": 이 말씀 속에는 3:6의 패턴을 그대로 따르고 있다. "보았다", "좋았다", "취했다."

이것이 왜 문제인가? 하나님의 아들들은 믿음을 뒤로했다. 대신에 외모를 앞세웠다. 그들은 잘못된 결혼관을 가졌다. 왜냐하면 에덴동산에서 가정은 하나님을 섬기는 것이 그 목적이었기 때문이다. 여호와께서는 무엇을 하시는가?

3 "여호와께서 이르시되 나의 영이 영원히 사람과 함께 하지 아니하리니 이는 그들이 육신이 됨이라 그러나 그들의 날은 백이십 년이 되리라 하시니라"

◇"영이 영원히 사람과 함께 하지 아니하리니": "나의 영이 사람 속에 영원히 머물지는 않을 것이다."

◇"함께하다": '심판하다(judge)', '다투다(contend)', '변론하다(plead)'라는 뜻이다. 하나님께서 사람과 다투지 않으신다. 다툼도 사랑의 한 표현이다. 그러나 하나님은 사람을 더는 사랑하지 않으신다. 하나님은 사람을 포기하셨기 때문이다. 왜 포기했는가?

◇"육신이 됨이라": "육체이기 때문이다(he is flesh)." 하나님은 하나님과 함께 걷는 자에게만 함께하신다.

◇"백이십 년이 되리라": 사람의 수명이 120년인지, 하나님의 심판을 120년 후에 하실 것인지 분명하지 않다. 두 가지를 다 생각할 수 있다. 심판의 유보는 회개할 수 있는 마지막 은혜의 기간이다. 당시에는 누가 있었는가?

4 "당시에 땅에는 네피림이 있었고 그 후에도 하나님의 아들들이 사람의 딸들에게로 들어와 자식을 낳았으니 그들은 용사라 고대에 명성이 있는 사람들이었더라"

◇"네피림": '습격이나 공격하는 자', '덩치가 매우 큰 사람(giant)'을 뜻한

다. 그들은 거대한 신체를 지닌 폭군들(침략자들)이다.

◇"용사라 고대에 명성이 있는 사람들이었더라": 하나님의 아들들은 사람의 딸들을 취하여 계속 자식을 낳았다. 그 후손 중 일부는 강력한 사람들로 컸다. 가나안의 거인은 네피림이었다(민 13:33). 홍수 이전에도 거인이 있었지만, 하나님의 심판으로 모두 멸종했다는 점을 강조한다. 이로써 이스라엘이 하나님만 의지하면 여호와께서 그들이 두려워하는 거인을 물리쳐 주실 수 있다는 확신과 용기를 주고자 한 것이다. 여호와께서는 그들의 어떤 점을 아시는가?

5. 여호와께서 보시니 사람이 어느 정도 악해졌습니까(5)? 그 사람을 보시는 여호와의 마음이 어떠합니까(6)? 어떤 결단을 내리십니까(7)?

5 "여호와께서 사람의 죄악이 세상에 가득함과 그의 마음으로 생각하는 모든 계획이 항상 악할 뿐임을 보시고"

◇"계획": '형태(form)', '구조(framing)', '의도(purpose)'를 뜻한다. 사람의 구조 자체가 항상 악했다. 악한 계획은 악한 마음과 부패한 본성을 만들어낸다. 죄는 생각에서 시작한다. 사람이 죄인인 것은 그의 행동이 악하기 때문이 아니라, 그가 마음에서 만들고 있는 모든 생각이 악한 데 있다. 사람은 잠깐 악한 생각을 하는 정도가 아니라 늘 악한 생각을 만들어내고 있다. 사람은 태어나면서부터 죄성을 드러낸다. "내가 죄악 중에 출생하였음이여 모친이 죄 중에 나를 잉태하였나이다"(시 51:5). 사람이 세상을 가득 채운만큼(6:1) 악이 세상을 가득 채웠다. 하나님은 온 세상이 하나님의 영광과 그를 아는 지식으로 충만하길 원하셨는데, 이 세상은 사람의 죄로 가득 했다. 죄가 보편화하고, 국제화하고 세계화하고 있다.

◇"여호와께서... 보시고": 여호와께서는 인간의 실존을 보셨다. 그 마음이

어떠하신가?

6 "땅 위에 사람 지으셨음을 한탄하사 마음에 근심하시고"

◇"한탄하사": 태초에 사람을 만드신 여호와께서는 "보시기에 심히 좋았다."라고 말씀하셨다. 그러나 이제는 사람 지으셨음을 한탄하신다.

◇"마음에 근심하시고": 여호와께서는 사람의 죄 때문에 깊은 상처를 받으셨다. 온 세상을 아름답게 만드시고 당신의 뜻을 이루길 원하셨던 여호와께서 이제 근심하신다. 사람의 죄가 가져오는 슬픔과 고통은 사람만 느끼는 것이 아니다. 여호와도 느끼신다. 그 여호와께서 어떤 결단을 내리시는가?

7 "이르시되 내가 창조한 사람을 내가 지면에서 쓸어버리되 사람으로부터 가축과 기는 것과 공중의 새까지 그리하리니 이는 내가 그것들을 지었음을 한탄함이니라 하시니라"

◇"쓸어버리되": '씻는다(will blot out)'라는 뜻이다. 이 단어는 앞으로 있을 심판의 성격을 보여준다. 물로 심판하실 것을 말한다. 하나님은 사람의 죄를 되돌릴 수 없음을 아시고 심판을 결정하셨다.

◇"사람으로부터 가축과 기는 것과 공중의 새까지": 여호와께서는 사람뿐 아니라 짐승과 땅 위를 기어 다니는 것과 공중의 새까지 그렇게 하신다. 여호와께서는 우주적인 심판을 결심하신다.

◇"내가 그것들을 지었음을 한탄함이니라": 여호와께서는 그것들을 만든 것을 후회하셨다.

왜 사람이 죄를 지었는데 우주적인 심판을 하시는가? 죄가 사람을 통해서 온 세상에 퍼졌기 때문이다. 동물도 에덴동산의 동물이 아니다. 그들도 죄에 물들었다. 따라서 우주적인 심판을 할 수밖에 없다. 그만큼 사람은 우주에 대한 책임이 있다. 사람은 우주의 청지기로 지음을 받았기 때문이다. 그 절망의 순간에 누가 있는가?

6. 그러나 절망의 순간에 누가 여호와의 눈에 들어왔습니까(8)? '은혜를 입었다.'라는 말은 무슨 뜻일까요?

8 "그러나 노아는 여호와께 은혜를 입었더라"

◇"은혜"(חֵן, *chen*): '호의(favor)', '은총(grace)'을 뜻한다. 윗사람이 아랫사람에게 특별한 호의를 베푸는 것을 말한다.

◇"입었더라": '찾다', '얻다', '이르다'라는 뜻이다. 노아는 여호와께로부터 특별한 은총을 받았다.

여기에는 무슨 뜻이 있는가? 여호와께서는 노아에게 은혜를 주심으로써 "이 아들이 우리를 안위하리라."(5:29)라는 소망을 이루어 주신다. 노아는 사람들에게 위로를 줄 뿐만 아니라 여호와께 위로가 된다. 여호와께서는 그를 통하여 새 역사를 시작하실 것이다. 모세 시대에 세상이 우상을 숭배하자 여호와는 심판을 결심하셨다. 애굽과 가나안을 심판하고자 때를 기다리셨다. 그때 이스라엘은 여호와께 은혜를 입었다. 그들을 거룩한 제사장 나라 삼고자 하셨다. 이스라엘을 통하여 새 역사를 시작하고자 하셨다.

이 사상을 오늘 우리에게도 적용할 수 있다. 세상은 갈수록 여호와한테서 멀어진다. 세상은 점점 악해진다. 세상은 심판을 자초하고 있다. 그러나 우리는 여호와께 은혜를 입었다. 캠퍼스에서 몇 사람이 여호와께 은혜를 입었다. 여호와께서는 그 은혜 입은 사람을 통하여 세상에 대항하는 '대안 공동체'인 교회 공동체를 이루어 가신다. 우리는 그 공동체의 구성원으로 쓰임 받는 은혜를 입었다. 그러므로 우리는 어떻게 살아야 하는가? 하나님과 함께 걸어가야 한다.

제8강

심판과 구원

◇본문 창세기 6:9-8:19
◇요절 창세기 6:22
◇찬송 521장, 545장

1. 누가 새로운 이야기의 주인공입니까(6:9a)? 그는 당시 사람들과는 어떻게 다른 삶을 살고 있나요(9b-10)? 당시 세상은 어떠했습니까(11-12)?

2. 하나님은 노아에게 어떤 충격적인 말씀을 하십니까(13)? 그에게는 어떤 방향을 주십니까(14a)? 방주의 설계도가 어떠합니까(14b-16)?

3. 하나님은 세상을 어떻게 멸절시키고자 하십니까(17)? 그러나 노아와는 어떤 언약을 세우십니까(18-21)? 그는 어떻게 했습니까(22)? 그가 준행하고자 했을 때 따르는 어려움은 무엇일까요? 어떻게 그 어려움을 이기고 다 준행했을까요?

4. 여호와께서 노아에게 어떤 방향을 주셨습니까(7:1-4)? 그는 어떻게 순종합니까(5)? 홍수는 언제, 어떻게 시작합니까(6-15)? 누가 문을 닫았습니까(16)?

5. 홍수는 어느 정도였습니까(17-20, 24)? 방주 밖에 있는 생물은 어떻게 되었습니까(21-23a)? 오직 누구만 남았습니까(23b-24)? 오늘 우리에게 심판과 구원을 어떻게 적용할 수 있습니까?

6. 하나님께서 '노아를 기억하셨다.'라는 말은 무슨 뜻입니까(8:1-5)? 노아는 방주에서 언제, 어떻게 나왔습니까(6-19)?

제8강

심판과 구원

◇본문　창세기 6:9-8:19
◇요절　창세기 6:22
◇찬송　521장, 545장

1. 누가 새로운 이야기의 주인공입니까(6:9a)? 그는 당시 사람들과는 어떻게 다른 삶을 살고 있나요(9b-10)? 당시 세상은 어떠했습니까(11-12)?

9 "이것이 노아의 족보니라 노아는 의인이요 당대에 완전한 자라 그는 하나님과 동행하였으며."

◇"노아의 족보니라": 여기서부터 새로운 이야기를 시작한다. 그 이야기의 주인공은 노아이다. 그는 누구인가? 그는 어떤 삶을 살고 있는가? 당시 사람과는 어떻게 다른지에 대해 세 가지 관점에서 그린다.

◇"의인": 도덕이나 윤리 규범을 잘 지키는 사람을 말하지 않는다. 하나님과 올바른 관계를 맺는 사람을 말한다. 그렇다고 세상을 떠나서 독선적으로 살아가는 것은 아니다. 하나님과 바른 관계성을 맺으면서도 사람에게 따뜻한 마음을 가지고 사는 사람이다.

◇"당대에 완전한 자": 세상의 도덕과 윤리적인 잣대에서 어떤 절대적인 완전의 경지에 도달했다거나 죄가 없다는 말이 아니다. 하나님을 의식

하며 하나님의 뜻대로 살아가는 사람이다.

◇ "하나님과 동행": 제2의 에녹이다. 왜 '의인'이며 '완전한 자'인지를 설명한다. 노아가 '의롭고 완전한 사람'인 것은 다른 사람보다 성품이 천성적으로 어질고 착하였기 때문이 아니다. 하나님과 함께 걸었기 때문이다. 당시 세상은 어떤가?

10 "세 아들을 낳았으니 셈과 함과 야벳이라"

11 "그 때에 온 땅이 하나님 앞에 부패하여 포악함이 땅에 가득한지라"

◇ "부패": 옷이 더러운 상태를 묘사할 때 사용하는 단어이다. 마치 모든 사람이 누더기와 걸레를 걸친 것처럼 더러웠다. 귀부인은 아름답고 비싼 옷을 걸치고 다니지만, 그 속은 부정부패로 물들어 마음이 더러웠다. 사람은 진실이라고 강변하지만, 거짓말 잔치만 벌인다.

◇ "포악": 물리적인 완력, 제도나 법의 권력으로 해를 가하고, 희롱하며, 약탈하는 것을 말한다. 부패가 표출되는 모습이다. 부패가 내면적인 모습이라면 포악은 그로 인한 외형적 모습이라고 할 수 있다.

12 "하나님이 보신즉 땅이 부패하였으니 이는 땅에서 모든 혈육 있는 자의 행위가 부패함이었더라"

◇ "하나님이 보신즉 땅이 부패하였으니": 하나님이 보시기에 참으로 좋았던 세상(창 1:31)은 썩고 말았다.

◇ "혈육 있는 자의 행위가 부패함이었더라": 하나님의 형상을 닮은 자들로 가득 차기를 바랐지만, 세상은 '폭력배'와 '모리배'로 가득 차게 되었다. 하나님은 노아에게 어떤 충격적인 말씀을 하시는가?

2. 하나님은 노아에게 어떤 충격적인 말씀을 하십니까(13)? 그에게는 어

떤 방향을 주십니까(14a)? 방주의 설계도가 어떠합니까(14b-16)?

13 "하나님이 노아에게 이르시되 모든 혈육 있는 자의 포악함이 땅에 가득하므로 그 끝 날이 내 앞에 이르렀으니 내가 그들을 땅과 함께 멸하리라"

◇"멸하리라": 하나님께서 세상을 심판하고자 하신다. 하나님께서 손수 만드셨던 그 좋은 세상을 이제는 끝내려고 하신다. 이 얼마나 충격적인 말씀인가? 그러나 노아에게는 무슨 방향을 주시는가?

14 "너는 고페르 나무로 너를 위하여 방주를 만들되 그 안에 간들을 막고 역청을 그 안팎에 칠하라"

◇"고페르"(cypress/ gopher): '잣나무'로 번역하기도 한다. 내구성이 강한 침엽수이다.

◇"방주"(方舟): 큰 배보다는 거룻배(barge)의 형태이다. 아기 모세를 담은 '광주리', '자그마한 상자'를 가리킬 때도 사용하였다(출 2:3, 5).

◇"너를 위하여 방주를 만들되": 하나님은 의인을 악인과 함께 심판하지 않으신다. 하나님께서 노아에게 심판으로부터 구원의 길을 제시하신다. 방주는 어떻게 만들어야 하는가?

◇"그 안에 칸들을 막고 역청을 그 안팎에 칠하라": 방주 안에 방을 여러 칸 만들고 역청을 안팎에 칠해야 한다.

15 "네가 만들 방주는 이러하니 그 길이는 삼백 규빗, 너비는 오십 규빗, 높이는 삼십 규빗이라"

◇"규빗"(cubit): 측량단위로 팔꿈치에서 가운뎃손가락 끝까지의 길이로 약 45-50cm를 뜻한다. 이 배는 길이가 150m(축구장 길이의 1.5배), 넓이가 25m(자동차 10대의 주차 공간), 높이가 15m(5층 빌딩)이었다. 방주의 공간은 4만 5천m² 이상이었다. 약 6,000t의 무게로서 약 15,000t을 실을 수 있었다. 방주의 규모는 훗날 모세에게 주신 성막 안

뜰의 규모에 정확히 3배이다(100×50 규빗).

16 "거기에 창을 내되 위에서부터 한 규빗에 내고 그 문은 옆으로 내고 상 중 하 삼층으로 할지니라"

◇"삼층으로": 방주는 직육면체의 상자에 가깝다. 이 디자인은 공간을 매우 효과적으로 사용할 수 있어서 짐을 싣는 목적에 적합하다. 배를 항해하는 데 필요한 키나 돛에 대한 언급은 없다. 배에 탄 사람의 운명은 전적으로 하나님의 손에 달려 있음을 강조한다. 하나님은 어떻게 세상을 멸하고자 하시는가?

3. 하나님은 세상을 어떻게 멸절시키고자 하십니까(17)? 그러나 노아와는 어떤 언약을 세우십니까(18-21)? 그는 어떻게 했습니까(22)? 그가 준행하고자 했을 때 따르는 어려움은 무엇일까요? 어떻게 그 어려움을 이기고 다 준행했을까요?

17 "내가 홍수를 땅에 일으켜 무릇 생명의 기운이 있는 모든 육체를 천하에서 멸절하리니 땅에 있는 것들이 다 죽으리라"

◇"홍수": 하나님은 홍수를 일으켜서 온 세상을 심판하고자 하신다. 하나님 심판의 수단은 홍수이다.

◇"생명의 기운이 있는 모든 육체": 심판의 대상은 생명의 기운이 있는 모든 육체이다. 하나님은 왜 심판의 수단으로 물을 사용하실까? 큰 홍수는 세상을 정화하는 데 가장 효과적이다. 부패 덩어리를 깨끗이 씻어낼 수 있기 때문이다. 후에 물은 우리의 죄를 정결하게 하는 의식으로 사용한다. "모세가 아론과 그의 아들들을 데려다가 물로 그들을 씻기고."(레 8:6). 신약 역시 이 모티프를 채택한다. "우리를 구원하시되 우리가 행한 바 의로운 행위로 말미암지 아니하고 오직 그의 긍휼하심을 따라 중

생의 씻음과 성령의 새롭게 하심으로 하셨나니"(딛 3:5). 그러나 여호와께서 노아와는 무엇을 하시는가?

18 "그러나 너와는 내가 내 언약을 세우리니 너는 네 아들들과 네 아내와 네 며느리들과 함께 그 방주로 들어가고"

◇"언약을 세우리니": 그러나 여호와께서는 노아와는 언약을 세우신다.

◇"언약"(בְּרִית, *berit*): '협약', '계약'이라는 뜻이다. 하나님은 노아와 언약을 맺으신다. 언약을 잘 지키려면 서로가 그 약속에 충실해야 한다. 언약의 내용은 무엇인가?

◇"너는 네 아들들과 네 아내와 네 며느리들과 함께 그 방주로 들어가고": 노아는 가족을 방주로 인도해야 한다.

19 "혈육 있는 모든 생물을 너는 각기 암수 한 쌍씩 방주로 이끌어 들여 너와 함께 생명을 보존하게 하되"

◇"이끌어 들여": 그는 모든 짐승도 수컷과 암컷으로 한 쌍씩 방주로 데리고 들어가서 함께 살아남게 해야 한다. 노아의 방주를 통한 하나님의 구원 계획은 모든 생명도 포함한다.

20 "새가 그 종류대로, 가축이 그 종류대로, 땅에 기는 모든 것이 그 종류대로 각기 둘씩 네게로 나아오리니 그 생명을 보존하게 하라"

◇"그 생명을 보존하게 하라": 모든 생명은 그 종류대로 두 마리씩 노아에게 온다. 생명이 스스로 노아에게로 나아온다. 노아가 그들을 일일이 잡으러 다니지 않는다.

21 "너는 먹을 모든 양식을 네게로 가져다가 저축하라 이것이 너와 그들의 먹을 것이 되리라"

◇"저축하라": 노아는 모든 먹거리를 가져다가 쌓아 두어야 한다.

22 "노아가 그처럼 하여 하나님이 자기에게 명하신 대로 다 준행하였더라"

◇"다 준행하였더라": 노아는 말씀에 절대적으로 순종한다. 방주를 만드는 일뿐만 아니라 생명을 구하는 일에도 순종한다.

노아가 순종할 때 어려움은 무엇일까? 노아는 날씨가 아주 좋을 때 방주를 지으라는 방향을 받았다. 예언자와 정치가는 태평성대를 말한다. 그러나 노아는 마른 땅 위에 방주를 만든다. 세상은 별난 늙은 성자를 조롱한다. '마른 땅의 선박제독'으로 놀림 받는다. 하나님의 말씀과 현실 사이의 긴장감은 고조된다. 이 긴장을 어떻게 이길 수 있는가? 긴장이란 양쪽이 팽팽할 때 생기는 것이다. 그러므로 그 긴장을 푸는 길은 오직 하나, 한쪽으로 몰아주는 것뿐이다. 말씀과 현실 사이의 긴장을 푸는 길도 한쪽으로 몰아주는 것뿐이다. 어디로 몰아줘야 하나? 하나님의 말씀이다. 즉 하나님의 말씀을 더 믿는 것이다. 그러면 긴장은 쉽게 사라진다. 노아는 현실보다도 하나님의 말씀을 더 믿었다. 그의 믿음을 히브리서는 증언한다. "믿음으로 노아는 아직 보이지 않는 일에 경고하심을 받아 경외함으로 방주를 준비하여 그 집을 구원하였으니 이로 말미암아 세상을 정죄하고 믿음을 따르는 의의 상속자가 되었느니라"(히 11:7). 현실과 말씀 사이에서 일어나는 긴장을 극복할 수 있는 길은 오직 하나, 말씀을 더 믿는 것뿐이다.

이 사실이 당시 공동체에 주는 의미는 무엇일까? 여호와께서는 이스라엘과 시내 산에서 언약을 맺으신다. "너희가 내 말을 잘 듣고 내 언약을 지키면 너희는 모든 민족 중에서 내 소유가 되겠고, 너희가 내게 대하여 제사장 나라가 되며 거룩한 백성이 되리라"(출 19:5-6). 이스라엘이 하나님의 말씀대로 살면 세계에 대하여 제사장 나라가 된다. 이 언약을 오늘 우리에게 적용할 수 있다. "그리스도를 믿으면 구원을 받고, 세계에 대하여 목자가 된다!" 우리도 하나님과 언약을 맺은 언약 백성이요, 언약 공동체이다. 물론 이 삶에는 어려움이 있다. 아픔이 있다. 세상 문화와 다른 길을 걸어가야 하기 때문이다.

지금 우리가 하는 복음 사역이 여름 홍수를 대비하는 일인가? 언젠가는 있을 심판을 대비하는 일인가? 여호와께 대한 경외심과 그 말씀에 대한 믿음이 있으면 현실과 말씀 사이의 긴장을 이길 수 있다. 계속해서 그 길을 갈 수 있다. 자기와 가족은 물론이고 세상을 구원할 수 있다. 여호와께서 노아에게 무슨 방향을 주시는가?

4. 여호와께서 노아에게 어떤 방향을 주셨습니까(7:1-4)? 그는 어떻게 순종합니까(5)? 홍수는 언제, 어떻게 시작합니까(6-15)? 누가 문을 닫았습니까(16)?

1 "여호와께서 노아에게 이르시되 너와 네 온 집은 방주로 들어가라 이 세대에서 네가 내 앞에 의로움을 내가 보았음이니라"

◇"방주로 들어가라": 여호와께서 홍수심판으로부터 노아 가족을 보호하신다. 그 이유가 무엇인가?

◇"내 앞에 의로움을 내가 보았음이니라": "너만이 내 앞에서 의로운 사람이다(I have found you righteous/ you alone I have seen to be righteous before Me)." 하나님은 세상의 악과 부패를 보셨지만 동시에 땅에 있는 한 명의 의인을 보신다. 그를 당대의 모든 사람과 대조한다. 그런 그가 감당해야 할 할 사명은 무엇인가?

2 "너는 모든 정결한 짐승은 암수 일곱씩, 부정한 것은 암수 둘씩을 네게로 데려오며"

3 "공중의 새도 암수 일곱씩을 데려와 그 씨를 온 지면에 유전하게 하라"

◇"유전하게 하라": 그 씨를 온 땅 위에 살아남게 해야 한다.

4 "지금부터 칠 일이면 내가 사십 주야를 땅에 비를 내려 내가 지은 모든 생물을 지면에서 쓸어버리리라"

◇"지금부터 칠 일이면": 홍수 7일 전이다. 노아는 한 주 전에 경고를 받는다.

5 "노아가 여호와께서 자기에게 명하신 대로 다 준행하였더라"

◇"다 준행하였더라": 노아의 순종을 다시 강조한다. 노아의 삶은 침묵과 순종이 특징이다. '침묵 정진'이다.

6 "홍수가 땅에 있을 때에 노아가 육백 세라"

7 "노아는 아들들과 아내와 며느리들과 함께 홍수를 피하여 방주에 들어갔고"

8 "정결한 짐승과 부정한 짐승과 새와 땅에 기는 모든 것은"

9 "하나님이 노아에게 명하신 대로 암수 둘씩 노아에게 나아와 방주로 들어갔으며"

◇"방주로 들어갔으며": 하나님이 명하신 대로 방주로 들어갔다.

10 "칠 일 후에 홍수가 땅에 덮이니"

11 "노아가 육백 세 되던 해 둘째 달 곧 그 달 열이렛날이라 그 날에 큰 깊음의 샘들이 터지며 하늘의 창문들이 열려"

◇"큰 깊음의 샘들이 터지며 하늘의 창문들이 열려": 홍수가 일어난 때는 노아 600세 되던 해 2월 17일이다. 그날 땅속 깊은 곳에서 큰 샘이 모두 터지고 하늘에서는 홍수 문이 열렸다.

12 "사십 주야를 비가 땅에 쏟아졌더라"

◇"사십 주야": 40일 동안 밤낮으로 비가 쏟아졌다. 모세가 시내 산에서 40일을 지낸 것처럼(출 24:18), 예수님께서 40일을 금식하신 것처럼(마 4:2) 비가 40일 동안 내렸다. 40주야는 가장 파괴적인 기간을 말한다.

13 "곧 그 날에 노아와 그의 아들 셈, 함, 야벳과 노아의 아내와 세 며느리가 다 방주로 들어갔고"

14 "그들과 모든 들짐승이 그 종류대로, 모든 가축이 그 종류대로, 땅에 기는 모든 것이 그 종류대로, 모든 새가 그 종류대로"

15 "무릇 생명의 기운이 있는 육체가 둘씩 노아에게 나아와 방주로 들어갔으니"

16 "들어간 것들은 모든 것의 암수라 하나님이 그에게 명하신 대로 들어가매 여호와께서 그를 들여보내고 문을 닫으시니라"

◇"명하신 대로": 하나님이 노아에게 명하신 대로 살아 숨 쉬는 모든 것들이 방주 안으로 들어갔다.

◇"문을 닫으시니라": 마지막으로 노아가 들어가니 여호와께서 몸소 문을 닫으셨다. 여호와께서 모든 것을 확인하신 후 방주 문을 닫아주신다. 방주 문은 노아가 닫을 수 없다. 이제부터 하나님께서 노아의 방주 생활 전체를 주관하고 인도하고 보호하신다. 홍수는 어느 정도였는가?

5. 홍수는 어느 정도였습니까(17-20, 24)? 방주 밖에 있는 생물은 어떻게 되었습니까(21-23a)? 오직 누구만 남았습니까(23b-24)? 오늘 우리에게 심판과 구원을 어떻게 적용할 수 있습니까?

17 "홍수가 땅에 사십 일 동안 계속된지라 물이 많아져 방주가 땅에서 떠올랐고"

18 "물이 더 많아져 땅에 넘치매 방주가 물 위에 떠 다녔으며"

◇"방주가 물 위에 떠다녔으며": 폭풍과 폭우가 쏟아졌지만, 방주는 침몰하지 않았다. 방주에는 항해사가 없다. 하나님이 선장이시고 항해사이시다.

19 "물이 땅에 더욱 넘치매 천하의 높은 산이 다 잠겼더니"

20"물이 불어서 십오 규빗이나 오르니 산들이 잠긴지라"

21 "땅 위에 움직이는 생물이 다 죽었으니 곧 새와 가축과 들짐승과 땅에 기는 모든 것과 모든 사람이라"

◇"다 죽었으니": 땅 위에서 움직이는 모든 것들이 다 죽었다.

22 "육지에 있어 그 코에 생명의 기운의 숨이 있는 것은 다 죽었더라"

◇"다 죽었더라": 코로 숨을 쉬며 사는 것들이 모두 죽었다.

23 "지면의 모든 생물을 쓸어버리시니 곧 사람과 가축과 기는 것과 공중의 새까지라 이들은 땅에서 쓸어버림을 당하였으되 오직 노아와 그와 함께 방주에 있던 자들만 남았더라"

◇"쓸어버림을 당하였으되": 여호와께서는 땅 위에 사는 모든 생물을 없애 버리셨다.

◇"오직 노아와 그와 함께 방주에 있던 자들만 남았더라": 오직 노아와 방주에 들어간 사람들과 짐승들만이 살아남았다.

24 "물이 백오십 일을 땅에 넘쳤더라"

◇"백오십 일": 물은 150일 동안이나 땅을 뒤덮었다. 세상 어디를 보아도 물밖에 보이지 않는다. 노아는 다섯 달 동안이나 방주를 타고 다닌다. 그동안 그와 그의 가족은 마른 땅을 볼 수 없었다.

◇"숨이 있는 것은 다 죽었다"(22). "모든 생물은 쓸어버림을 당하였다"(23). "오직 노아와 그와 함께 방주에 있던 자들만 남았더라"(23).

이 말씀을 통해서 무엇을 생각할 수 있는가? 첫째로, 부패한 세상의 끝은 분명하다. 방주 밖에 있는 사람은 다 죽었다. 여호와께서 세상을 쓸어버리시기 때문이다.

둘째로, 의인은 살아남는다. 방주 안으로 들어간 사람은 살았다. 홍수에서 살아남은 자는 여호와의 말씀대로 하는 사람뿐이다(6:22; 7:5, 9, 16). 말씀에 순종하는 것이 구원의 길이다. 죄인에 대한 심판은 여호와의 말씀에 대한 불순종에 있다. 심판으로부터의 구원은 오직 여호와의 말씀에 순종하는 데 있다. 노아는 순종과 구원의 모범이다. 노아는 언제 방주 밖으로 나오는가?

6. 하나님께서 '노아를 기억하셨다.'라는 말은 무슨 뜻입니까(8:1-5)? 노아는 방주에서 언제, 어떻게 나왔습니까(6-19)?

1 "하나님이 노아와 그와 함께 방주에 있는 모든 들짐승과 가축을 기억하사 하나님이 바람을 땅 위에 불게 하시매 물이 줄어들었고"

◇"기억하사": 하나님께서 노아와 방주에 함께 있는 모든 들짐승과 집짐승을 기억하셨다. 홍수 기사의 전환점 역할을 한다. 하나님은 노아를 잊지 않으셨다. 기억하심은 항상 그 대상을 향한 움직임을 의미한다. '기억'은 '행동'으로 나타난다. 노아는 방주 안에 있었기 때문에 안전하기는 했지만, 아직 구원받은 것은 아니다. 하나님의 마음이 노아를 향해 움직이면서 방주의 방향도 새롭게 움직인다.

◇"물이 줄어들었고": 하나님께서 땅 위에 바람을 일으키시니 물이 빠지기 시작했다. 노아를 기억하신 하나님께서 그를 위해서 구체적으로 일하신다.

2 "깊음의 샘과 하늘의 창문이 닫히고 하늘에서 비가 그치매"

3 "물이 땅에서 물러가고 점점 물러가서 백오십 일 후에 줄어들고"

◇"줄어들고": 땅에서 물이 줄어들고 150일이 지나니 물이 많이 빠졌다. 노아는 150일을 더 기다린다. 신앙생활은 이렇게 하나님이 하시는 일을 바라보며 기다리는 것이다. 때로는 우리도 노아처럼 소망 중에 기다려

야 한다.

4 "일곱째 달 곧 그 달 열이렛날에 방주가 아라랏 산에 머물렀으며"

◇"일곱째 달": 홍수가 시작된 지 일곱째 달에 방주가 멈췄다.

◇"아라랏": 후대 앗시리아 시대에 우라르투(Urartu)로 알려진 곳이다(사 37:38, 렘 51:27). 이곳은 거대한 산악 지역으로 이루어졌고, 메소포타미아 북쪽 지역과 터키 동부 지역과 유프라테스의 상류를 이루는 지역과 반 호수(Lake Van)와 우르미야 호수(Lake Urmia) 지역을 포함하고 있다. 현재 지명의 '아라랏' 산은 러시아 경계지역에 있는 터키의 북동쪽에 있다.

5 "물이 점점 줄어들어 열째 달 곧 그달 초하룻날에 산들의 봉우리가 보였더라"

◇"열째 달 곧 그달 초하룻날": 노아의 나이 600세 10월 1일이다.

◇"산들의 봉우리가 보였더라": 방주가 산에 도착했을 때, 노아의 마음은 얼마나 설레고 흥분했을까? 배가 산에 닫는 그 감은 그에게 큰 위안이었을 것이다.

6 "사십 일을 지나서 노아가 그 방주에 낸 창문을 열고"

◇"창문을 열고": 40일이 지나서 노아는 방주의 창을 열었다. 홍수 직전에 "여호와께서 노아를 방주에 닫아 넣으셨다"(7:18). 따라서 노아는 하나님의 말씀이 없이 문을 열고 나올 수 없다.

7 "까마귀를 내놓으매 까마귀가 물이 땅에서 마르기까지 날아 왕래하였더라"

◇"왕래하였더라": 노아는 바깥세상의 물 상태를 알아보기 위하여 까마귀를 내보냈다. 그 까마귀는 땅에서 물이 마르기를 기다리며 이리저리 날

아다니기만 하였다.

8 **"그가 또 비둘기를 내놓아 지면에서 물이 줄어들었는지를 알고자 하매"**

9 **"온 지면에 물이 있으므로 비둘기가 발붙일 곳을 찾지 못하고 방주로 돌아와 그에게로 오는지라 그가 손을 내밀어 방주 안 자기에게로 받아들이고"**

◇"방주로 돌아와": 먹을 것을 찾는 까마귀는 보이는 모든 시체 위에 내려앉는다. 하지만 비둘기는 건조하고 깨끗한 것 위에만 내려앉는다.

10 **"또 칠 일을 기다려 다시 비둘기를 방주에서 내놓으매"**

11 **"저녁때에 비둘기가 그에게로 돌아왔는데 그 입에 감람나무 새 잎사귀가 있는지라 이에 노아가 땅에 물이 줄어든 줄을 알았으며"**

◇"그 입에 감람나무": 그 비둘기는 금방 딴 올리브 잎을 부리에 물고 있었다. 노아는 땅 위에서 물이 빠진 것을 알았다. 땅에 새로운 생명의 움이 돋기 시작했다.

12 **"또 칠 일을 기다려 비둘기를 내놓으매 다시는 그에게로 돌아오지 아니하였더라"**

13 **"육백 일 년 첫째 달 곧 그 달 초하룻날에 땅 위에서 물이 걷힌지라 노아가 방주 뚜껑을 제치고 본즉 지면에서 물이 걷혔더니"**

◇"물이 걷혔더니": 노아가 601세 되는 첫째 달 1일에 땅 위의 물이 다 말랐다. 노아가 방주 뚜껑을 열고 바깥을 내다보니 땅바닥이 말라 있었다. 노아는 정확하게 1년을 방주 안에서 지내며 기다렸다(7:6, 11; 8:13-14). 얼마나 긴장했을까? 홍수가 시작된 지 314일째가 되는 날(노아 601세 1월 1일) 노아가 방주 바깥을 바라보았다. 온 땅 위에 물이 완전히 걷혀 있었다. 노아는 하나님의 명령을 끝까지 기다린다.

14 "둘째 달 스무이렛 날에 땅이 말랐더라"

◇"말랐더라": 다시 57일이 지난 후에 땅은 완전히 말랐다.

홍수 알림(7:4)	600년 2월 10일(주일)
홍수 시작(7:11)	600년 2월 17일(주일)
40일 동안의 비가 멈춤(7:12)	600년 3월 27일(금요일)
150일 간의 물의 범람과 빠짐(8:4)	600년 7월 17일(금요일)
산봉우리가 보이기 시작(8:5)	600년 10월 1일(수요일)
까마귀들을 보냄(8:6)	600년 11월 10일(주일)
비둘기를 보냄(8:10)	600년 11월 24일(주일)
비둘기를 다시 보냄(8:13)	600년 12월 1일(주일)
물이 마름(8:13)	601년 1월 1일(수요일)
방주를 떠남(8:14)	601년 2월 27일(수요일)

유대인의 달력은 1년이 364일로 구성되었다. 어느 날짜는 특정한 요일에 항상 맞아떨어졌다. 1월 1일은 항상 수요일이다. 천지창조는 첫째 날인 일요일에 시작했다. 홍수의 시작도 주일이다. 창조가 끝난 것은 금요일이었다. 홍수도 금요일에 끝났다. 홍수 이야기는 창조 이야기와 밀접한 관계가 있다.

15 "하나님이 노아에게 말씀하여 이르시되"

16 "너는 네 아내와 네 아들들과 네 며느리들과 함께 방주에서 나오고"

◇"방주에서 나오고": 하나님은 1년 동안의 긴 침묵을 깨고 "나오라."라고 말씀하신다.

17 "너와 함께 한 모든 혈육 있는 생물 곧 새와 가축과 땅에 기는 모든 것을 다 이끌어내라 이것들이 땅에서 생육하고 땅에서 번성하리라 하시매"

◇"이끌어내라": 그는 모든 생명을 끌어내야 한다.

◇"생육하고 땅에서 번성하리라": 그것들이 생육하고 번성하도록 해야 한다.

18 "노아가 그 아들들과 그의 아내와 그 며느리들과 함께 나왔고"

19 "땅 위의 동물 곧 모든 짐승과 모든 기는 것과 모든 새도 그 종류대로 방주에서 나왔더라"

여기에서 우리는 무엇을 배울 수 있는가? 하나님의 '명령'과 노아의 '순종' 패턴이다. 노아는 하나님께서 "방주를 만들라."라고 하면 만들었다. "방주 안으로 들어가라."라고 하면 들어갔다. "방주에서 나오라."라고 하면 나왔다. 노아는 순종으로 시작하여 순종으로 마치는 순종의 사람이다.

제9강

무지개

◇본문　창세기 8:20-9:29
◇요절　창세기 9:16
◇찬송　214장, 248장

1. 방주에서 나온 노아가 가장 먼저 한 일은 무엇입니까(8:20)? 여기에는 어떤 뜻이 있을까요? 여호와께서는 그것을 어떻게 받으셨습니까(21a)? 그리고 어떤 결심을 하십니까(21b-22)?

2. 하나님께서 노아와 그 아들에게 어떤 복을 주십니까(9:1)? 아담에게 주셨던 복을 왜 노아에게도 주셨을까요? 왜 살아서 움직이는 모든 것들이 노아를 무서워합니까(2-3)?

3. 고기를 먹을 때는 어떻게 먹어야 하며, 그 이유는 무엇입니까(4)? 이 명령을 지키지 않으면 어떻게 됩니까(5-6a)? 여기에는 어떤 뜻이 있습니까(6b-7)?

4. 하나님께서 누구와 언약을 세우십니까(8-11a)? 언약의 내용은 무엇이며, 그 기간은 언제까지입니까(11b-12)? 언약의 증거는 무엇입니까(13-17)? 이 하나님은 어떤 분이시며, 노아와 그 가족은 어떻게 살아야 합니까?

5. 노아는 어떤 부끄러운 모습을 보였습니까(18-21)? 함의 반응과 다른 두 아들의 반응이 어떻게 다릅니까(22-23)? 그 이유는 무엇일까요?

6. 노아는 작은아들을 어떻게 저주합니까(24-25)? 또 셈을 어떻게 축복합니까(26-27)? 여기서 저주와 축복에 대해서 무엇을 배울 수 있습니까? 노아의 생애는 어떠합니까(28-29)?

제9강

무지개

◇본문 창세기 8:20-9:29
◇요절 창세기 9:16
◇찬송 214장, 248장

1. 방주에서 나온 노아가 가장 먼저 한 일은 무엇입니까(8:20)? 여기에는 어떤 뜻이 있을까요? 여호와께서는 그것을 어떻게 받으셨습니까(21a)? 그리고 어떤 결심을 하십니까(21b-22)?

20 **"노아가 여호와께 제단을 쌓고 모든 정결한 짐승과 모든 정결한 새 중에서 제물을 취하여 번제로 제단에 드렸더니"**

◇"제단을 쌓고": 노아가 방주에서 나와서 여호와께 제단을 쌓는 일을 가장 먼저 하였다. 노아는 365일 동안 배를 타고 홍수 속에서 살았다. 그는 방주 생활을 마치고 지상 생활로 돌아왔다. 노아는 막막했을 것이다. 배에서 내린 감격도 잠깐이고, 너무나 낯선 땅에서의 새 삶을 어떻게 꾸려야 하는지 당황하였을 것이다. 노아는 하나님께 제사 지낼 제단부터 쌓았다. 자신의 집을 짓기 전에 하나님께 예배드릴 장소를 먼저 마련하였다.

◇"드렸더니": 노아는 자신의 가축 중에서 가장 소중한 것을 골라 제물로 드렸다.

여기에는 무슨 뜻이 있을까? 세계적인 대홍수의 파국에서 노아와 그의 모든 식구는 하나님의 구원을 체험했기 때문에 감사 제사로 보답한다. 그는 하나님과의 교제를 삶의 중심에 둔다. 그런 그는 새 역사의 주인공으로 쓰임 받는다. 새로운 역사를 제단에서부터 시작한다. 이후에 노아의 모범을 따라 아브라함(12:7; 13:18), 이삭(26:25), 그리고 야곱(33:20; 35:1) 등은 어디로 가든지 먼저 제단을 쌓는다.

이 사실이 오늘 우리에게 주는 의미는 무엇일까? 보통 사람은 자기 직업, 사업, 학업, 결혼, 그리고 가정 등이 삶 속에서 가장 첫 자리에 있어야 한다고 생각한다. 그러나 믿음의 길을 가는 사람은 하나님과의 교제를 최우선에 두어야 한다. "새날의 모습이 그 윤곽을 드러내기 전에, 새날의 계획을 정하기 전에 노아와 같이 제단을 쌓지 않는 사람, 그의 제단을 쌓지 않고 한 말씀도 읽지 않은 채 슬그머니 하루를 시작하는 사람, 그런 사람은 '사악한' 사업가, '사악한' 아버지, 또는 '사악한' 어머니로서 하루를 시작하는 자들이다"(헬무트 틸리케). 한 주일의 시작도 주일예배로부터 시작해야 한다. 주일은 한 주의 끝이 아니고 시작이다. 하루의 시작도 하나님과 교제로부터 시작해야 한다. 여호와는 그 제사 앞에서 어떻게 반응하는가?

21 "여호와께서 그 향기를 받으시고 그 중심에 이르시되 내가 다시는 사람으로 말미암아 땅을 저주하지 아니하리니 이는 사람의 마음이 계획하는 바가 어려서부터 악함이라 내가 전에 행한 것 같이 모든 생물을 다시 멸하지 아니하리니"

◇"그 향기를 받으시고": 하나님은 노아의 제사를 기쁘게 받으셨다. 하나님께서 그와 교제를 시작한다는 약속의 표현이다.

◇"다시는 사람으로 말미암아 땅을 저주하지 아니하리니": "다시는 사람이 악하다고 하여서 땅을 저주하지는 않겠다." 하나님은 사람의 죄악 때문에 홍수를 보내셨다. 그러나 이제는 사람의 죄 때문에 땅을 멸망시키지

않겠다고 선언하신다. 그 이유가 무엇인가?

◇"어려서부터 악함이라": 홍수조차도 인간의 마음을 바꾸지 못한다. 아무리 무서운 심판이 와도 인간은 변하지 않고, 본성적으로 하나님의 뜻을 거스른다.

22 "땅이 있을 동안에는 심음과 거둠과 추위와 더위와 여름과 겨울과 낮과 밤이 쉬지 아니하리라"

◇"쉬지 아니하리라": '멈추지 않을 것이다(shall not cease).'라는 뜻이다. 하나님은 홍수 때문에 파괴된 자연 질서와 생태계를 원상태로 회복하셨다. 인간의 죄악이 아무리 클지라도 하나님은 세상을 당신의 뜻대로 움직이실 것이다. 새 시대를 열고 종말을 향해 나가실 것이다. 여호와께서 노아와 그 아들들에게 무엇을 하시는가?

2. 하나님께서 노아와 그 아들에게 어떤 복을 주십니까(9:1)? 아담에게 주셨던 복을 왜 노아에게도 주셨을까요? 왜 살아서 움직이는 모든 것들이 노아를 무서워합니까(2-3)?

1 "하나님이 노아와 그 아들들에게 복을 주시며 그들에게 이르시되 생육하고 번성하여 땅에 충만하라"

◇"복을 주시며": 하나님께서 그들에게 복을 주셔서 새로운 역사를 시작하신다.

◇"생육하고 번성하여 땅에 충만하라": 하나님은 창조 때 아담에게 주셨던 그 복을 다시 주신다(1:28). 인간 본래의 사명을 회복하신다.

2 "땅의 모든 짐승과 공중의 모든 새와 땅에 기는 모든 것과 바다의 모든 물고기가 너희를 두려워하며 너희를 무서워하리니 이것들은 너희의 손에 붙였음이니라"

◇"두려워하며", "무서워하리니": 사람과 동물의 관계는 에덴동산에서와 같지 않다.

◇"너희의 손에 붙였음이니라": '손에 맡긴다(Into your hand they are delivered).'라는 뜻이다. 동물이 노아를 두려워하는 이유는 그들을 노아의 손에 맡겼기 때문이다. 구체적으로 무엇을 말하는가?

3 "모든 산 동물은 너희의 먹을 것이 될지라 채소 같이 내가 이것을 다 너희에게 주노라"

◇"먹을 것이": 살아 움직이는 모든 것이 노아의 먹거리가 될 것이다. 동물이 노아를 두려워하는 이유는 동물을 사람의 음식으로 주셨기 때문이다. 하나님은 만물의 질서를 다시 세우셨다. 사람은 생명을 유지하기 위해 하나님이 창조한 동물을 채소같이 먹을 수 있다. 그러나 어떻게 먹어야 하는가?

3. 고기를 먹을 때는 어떻게 먹어야 하며, 그 이유는 무엇입니까(4)? 이 명령을 지키지 않으면 어떻게 됩니까(5-6a)? 여기에는 어떤 뜻이 있습니까(6b-7)?

4 "그러나 고기를 그 생명 되는 피째 먹지 말 것이니라"

◇"생명 되는 피": 피에는 생명이 있다. 생명의 근원인 피를 먹어서는 안 된다(레 17:11). 생명의 존엄성을 무시해서는 안 된다. 하나님은 육식을 허용하셨지만, 생명에 대한 존엄성을 지키도록 하신다. 짐승의 피를 소중히 여길 때 사람의 생명도 소중히 여길 수 있기 때문이다.

신약 시대의 백성은 왜 피까지도 먹는가? 의식법(제사법, 음식법, 의복)은 예수님께서 십자가에서 완성하셨기 때문이다. 그래서 문자적이 아닌 사상적으로만 지킨다. 그러나 윤리법은 여전히 유효한 것으로 보고 문자적으로 지킨다. 이 명령을 지키지 않으면 어떻게 되는가?

5 "내가 반드시 너희의 피 곧 너희의 생명의 피를 찾으리니 짐승이면 그 짐승에게서, 사람이나 사람의 형제면 그에게서 그의 생명을 찾으리라"

◇"생명의 피를 찾으리니": '보복하신다.'라는 뜻이다. 하나님은 생명인 피를 흘리게 하면 앙갚음을 하신다.

◇"짐승이면": 짐승에게도 벌을 내린다. 이 말씀을 짐승에게 문자적으로 적용하기는 쉽지 않다.

6 "다른 사람의 피를 흘리면 그 사람의 피도 흘릴 것이니 이는 하나님이 자기 형상대로 사람을 지으셨음이니라"

◇"하나님이 자기 형상대로 사람을 지으셨음이니라": 왜냐하면 사람은 하나님의 형상으로 창조되었기 때문이다. 짐승에 대한 존엄성은 사람에 대한 존엄성으로 연결된다.

여기서 강조하는 바는 무엇인가? 하나님의 백성은 생명을 존중히 여겨야 한다. 하나님은 죄 없는 생명을 죽이면 심판하신다. 모든 생명의 주인은 하나님이시다. 생명을 함부로 여기는 세상에서 이 말씀은 우리에게 도전을 준다.

7 "너희는 생육하고 번성하며 땅에 가득하여 그중에서 번성하라 하셨더라"

4. 하나님께서 누구와 언약을 세우십니까(8-11a)? 언약의 내용은 무엇이며, 그 기간은 언제까지입니까(11b-12)? 언약의 증거는 무엇입니까(13-17)? 이 하나님은 어떤 분이시며, 노아와 그 가족은 어떻게 살아야 합니까?

8 "하나님이 노아와 그와 함께 한 아들들에게 말씀하여 이르시되"

9 "내가 내 언약을 너희와 너희 후손과"

10 "너희와 함께 한 모든 생물 곧 너희와 함께 한 새와 가축과 땅의 모든 생물에게 세우리니 방주에서 나온 모든 것 곧 땅의 모든 짐승에게니라"

11 "내가 너희와 언약을 세우리니 다시는 모든 생물을 홍수로 멸하지 아니할 것이라 땅을 멸할 홍수가 다시 있지 아니하리라"

◇"언약을 세우리니": 여호와께서 노아와 언약을 세우신다. 그 내용은 무엇인가?

◇"다시는 모든 생물을 홍수로 멸하지 아니할 것이라 땅을 멸할 홍수가 다시 있지 아니하리라": 홍수로 모든 생물을 없애버리지 않을 것이다. 다시는 홍수로 땅을 심판하지 않을 것이다.

앞으로 심판은 없는 것인가? 물 심판이 없어진 것이지 심판 자체가 없어진 것은 아니다. 앞으로도 홍수는 있고 하나님의 심판은 있을 것이다. 앞으로의 심판은 불로 하실 것이다(벧후 3:4-7). 언약의 대상은 누구인가?

12 "하나님이 이르시되 내가 나와 너희와 및 너희와 함께 하는 모든 생물 사이에 대대로 영원히 세우는 언약의 증거는 이것이니라"

◇"너희와 및 너희와 함께 하는 모든 생물": 여호와께서 노아와 그 후손과 함께 있는 숨 쉬는 모든 생물과 언약을 맺으신다. 언약의 대상은 사람뿐만 아니라 생명까지도 포함한다. 언약의 기간은 얼마인가?

◇"대대로 영원히": 언약의 기간은 모든 미래 세대이다(for all future generations). 언약의 표(the sign of the covenant)는 무엇인가?

13 "내가 내 무지개를 구름 속에 두었나니 이것이 나와 세상 사이의 언약의 증거니라"

◇"무지개"(קֶשֶׁת, *qeshet*): '활(bow)'을 뜻한다. 고대 근동에서는 '무지개'를 '신의 활'로, '번개'를 '신의 화살'로 이해하였다.

◇"구름 속에 두었나니": '신이 인간과 전쟁을 끝내면서 활을 벽에 걸었다.'

라는 의미이다.

'활'은 하나님의 홍수 심판의 도구였다. 하나님은 노아 홍수 때에 당신의 화살을 한없이 쏘시며 온 세상을 심판하셨다. 그러나 이제 그 활을 벽에다 걸어 두심으로써 심판을 멈추신다.

14 "내가 구름으로 땅을 덮을 때에 무지개가 구름 속에 나타나면"

15 "내가 나와 너희와 및 육체를 가진 모든 생물 사이의 내 언약을 기억하리니 다시는 물이 모든 육체를 멸하는 홍수가 되지 아니할지라"

◇"기억하리니": 여호와께서는 그 언약을 기억하고 다시는 홍수를 일으켜서 물로 멸하지 않으신다.

16 "무지개가 구름 사이에 있으리니 내가 보고 나 하나님과 모든 육체를 가진 땅의 모든 생물 사이의 영원한 언약을 기억하리라"

◇"기억하리라": 여호와께서 그것을 보시고 영원한 언약을 기억하신다. 하나님은 약속하신 그것을 지키신다. 우리의 하나님은 신실하신 분이시다.

17 "하나님이 노아에게 또 이르시되 내가 나와 땅에 있는 모든 생물 사이에 세운 언약의 증거가 이것이라 하셨더라"

언약을 세우신 하나님은 어떤 분이신가? 첫째로, 약속을 반드시 지키시는 신실하신 분이시다. 하나님은 무지개를 볼 때마다 그 약속을 기억하신다. 그렇다고 하나님이 그 언약을 잊어버린다는 말은 아니다. 하나님은 기분에 따라, 혹은 날씨에 따라 변덕스럽지 않다. 오히려 하나님은 사람이 그 언약을 잊지 않기를 원하신다. 무지개를 볼 때마다 사람이 하나님의 약속을 잊지 않기를 원하신다.

둘째로, 하나님은 참고 기다리는 분이시다. 세상을 보고 있노라면 어떤 때는 우리도 열을 받는데, 하나님은 오죽하실까? 문제를 보실 때마다 심판하시면 세상은 이미 폐허가 되었을 것이다. 이 세상과 죄인이 그나마 숨을 쉬며 사는 것은 하나님께서 참고 기다리시기 때문이다. 무지개는 하나님께서 죄인을 향해서 참고 기다리시는 표시이다.

무지개가 오늘 우리에게는 무엇을 상징할까? 예수님의 십자가와 부활이다. 십자가와 부활은 하나님의 신실하심을 보여준다. 참고 기다리심을 보여준다. 십자가와 부활은 오늘 하나님의 백성에게 주신 언약의 증거이다. 누구든지 이 언약의 증거인 십자가와 부활을 믿고 살면 이 땅에서 생육하고 번성하고 충만한 삶을 누릴 수 있다. 노아가 무지개를 볼 때마다 새 희망과 새 힘을 얻은 것처럼, 오늘 우리도 십자가와 부활을 보면서 새 희망과 새 힘을 얻을 수 있다. 그리고 생명을 번성하는 일에 힘쓸 수 있다. 그런데 노아는 어떤 부끄러운 모습을 보이는가?

5. 노아는 어떤 부끄러운 모습을 보였습니까(18-21)? 함의 반응과 다른 두 아들의 반응이 어떻게 다릅니까(22-23)? 그 이유는 무엇일까요?

18 "방주에서 나온 노아의 아들들은 셈과 함과 야벳이며 함은 가나안의 아버지라"

19 "노아의 이 세 아들로부터 사람들이 온 땅에 퍼지니라"

◇"온 땅에 퍼지니라": 이 세 사람이 노아의 아들인데, 그들에게서 인류가 나와서 온 땅으로 퍼졌다.

20 "노아가 농사를 시작하여 포도나무를 심었더니"

◇"농사": 노아를 '땅의 사람'으로 소개한다. 노아는 첫 농부로서 포도나무를 심었다.

21 "포도주를 마시고 취하여 그 장막 안에서 벌거벗은지라"

◇"취하여": 이상적 사회를 시작하는 기회를 가졌던 노아는 술에 취했다. 홍수 후 노아의 행동은 홍수 이전과 너무 달라 우리는 마치 다른 사람을

보는 것 같다. 사람은 그 누구도 완전하지 않다. 하나님께서 다만 그런 사람을 쓰실 뿐이다. 그래서 은혜이다.

◇"벌거벗은지라": 영적인 거인이었던 노아에게도 이렇게 어두운 구석이 있었을까? 술 취함과 벌거벗음은 해서는 안 될 일이다. 그 일을 본 아들들의 반응은 어떠한가?

22 "가나안의 아버지 함이 그의 아버지의 하체를 보고 밖으로 나가서 그의 두 형제에게 알리매"

◇"하체를 보고": 사람의 벗은 몸을 보는 것을 금지했다(19:25, 출 33:20).

◇"알리매": 그는 아버지의 허물을 덮어주기는커녕 형제들에게 알렸다. 적절하지 못한 행동이다.

23 "셈과 야벳이 옷을 가져다가 자기들의 어깨에 메고 뒷걸음쳐 들어가서 그들의 아버지의 하체를 덮었으며 그들이 얼굴을 돌이키고 그들의 아버지의 하체를 보지 아니하였더라"

◇"덮었으며", "하체를 보지 아니하였더라": 셈과 야벳은 겉옷을 가지고 가서 뒷걸음쳐 들어가서 아버지의 벌거벗은 몸을 덮었다. 그들은 아버지의 벌거벗은 몸을 보지 않으려고 얼굴을 돌렸다. 이것은 아담과 하와의 벌거벗은 것을 보지 않고 가죽옷으로 그들의 수치를 덮으신 하나님의 모범을 따른 것이다(3:21, 25). 그에 대한 노아의 반응은 어떠한가?

6. 노아는 작은아들을 어떻게 저주합니까(24-25)? 또 셈을 어떻게 축복합니까(26-27)? 여기서 저주와 축복에 대해서 무엇을 배울 수 있습니까? 노아의 생애는 어떠합니까(28-29)?

24 "노아가 술이 깨어 그의 작은 아들이 자기에게 행한 일을 알고"

25 "이에 이르되 가나안은 저주를 받아 그의 형제의 종들의 종이 되기를 원하노라 하고"

◇"가나안은 저주를 받아": 노아는 가나안에 저주를 내린다.

◇"종이 되기를 원하노라": 이 저주는 이스라엘이 가나안 사람을 정복하여 종으로 삼았을 때 이루어졌다.

왜 저주를 '함'이 아닌 '가나안'에 하는가? 지금 이 메시지를 듣고 있는 회중은 가나안과 대치하고 있다. 그래서 가나안에 대해서 말하고 있다. 이스라엘 역사 속에서 가나안은 언제나 대적자로 나타난다.

왜 노아는 이렇게 저주할까? 아버지에 대한 방종이 저주의 원인이 되었다. 자기 자신은 물론이고 그 후손에게까지 저주가 이어진다.

26 "또 이르되 셈의 하나님 여호와를 찬송하리로다 가나안은 셈의 종이 되고"

◇"셈의 하나님 여호와를 찬송하리로다": 셈의 하나님을 축복한다.

왜 '셈'이 아닌 '셈의 하나님'을 축복할까? 셈이 아버지에게 그렇게 할 수 있었던 것은 하나님께서 도와주셨기 때문이다. 셈의 행동의 원인을 하나님께 돌리고 있다. 물론 그의 하나님을 축복함으로써 그 사람이 축복을 받는다.

27 "하나님이 야벳을 창대하게 하사 셈의 장막에 거하게 하시고 가나안은 그의 종이 되게 하시기를 원하노라 하였더라"

◇"셈의 장막에 거하게 하시고": 누가 셈의 장막에 거하는가? 첫째로, 야벳으로 본다(may Japheth live in the tents of Shem). 야벳과 셈 사이에는 평화가 공존한다. 셈이 주인이다. 둘째로, 하나님으로 본다. 하나님께서 셈의 장막에 거하신다. 이것은 큰 축복이다.

여기서 중요한 것은 함은 저주를 받고 셈은 축복을 받았다는 점이다. 이 예언은 하나님의 구속계획과 약속을 전달하는 계승자를 좁혀 가는 창구를 말하고 있다. 노아를 통한 하나님의 언약은 이제 노아의 아들 중에서 큰아들 셈으로 이어간다.

28 "홍수 후에 노아가 삼백오십 년을 살았고"

29 "그의 나이가 구백오십 세가 되어 죽었더라"

◇"죽었더라?: 그는 950년을 살고 죽었다. 노아는 1,000년에서 50년이 모자라는 950세로 생을 마감한다. 그가 600세에 홍수를 당했으므로 인생의 2/3는 홍수전의 생활이며, 1/3은 홍수 후의 삶으로 나눌 수 있다. 노아는 태어날 때 "저주받은 땅에서 수고롭게 일하는 인생을 위로하는 자"라는 이름을 얻었다(5:29). 그는 500세 되었을 때 세 아들을 가졌으며(5:32), 세 아들과 함께 홍수를 통과한 후 삶을 마친다. 그리하여 노아는 셋의 족보를 이었으며(5:1-32), 셈을 통해 아브라함의 족보를 열어준다(10:1-32).

제10강

하나 되고 흩어지는 교회

◇본문 창세기 10:1-11:26
◇요절 창세기 11:9
◇찬송 549장, 508장

1. 지금부터는 누구에 관한 이야기입니까(10:1a)? 홍수 후에 노아 후손은 어떻게 됩니까(1b)? 야벳의 아들들은 어떻게 번성합니까(2-5)?

2. 함의 후손 중 니므롯은 어떤 사람입니까(6-14)? 가나안의 후손은 어떻게 됩니까(15-20)? 셈의 후손은 어떻게 번성합니까(21-32)? 언제 세상이 나뉘었습니까(25)? 여기에는 어떤 뜻이 있을까요?

3. 본래 온 땅의 언어와 말은 어떠했습니까(11:1)? 그들은 어디에 정착했습니까(2)? 그들은 서로 무슨 말을 했습니까(3-4a)? 그들은 솜씨가 어느 정도입니까(3b)?

4. 그들이 그 탑 꼭대기를 하늘에 닿게 하려는 목적은 무엇입니까(4b)? '자기 이름을 내는 것', '흩어짐을 면하자.'라는 것이 왜 문제입니까(창 1:28; 9:1)?

5. 여호와께서 와서 보시고 어떤 점을 심각하게 여기십니까(5-6)? 어떤 결단을 내리십니까(7)? 왜 언어를 혼잡하게 하실까요? 여호와께서는 '흩어짐을 면하고자' 했던 그들을 어떻게 하십니까(8-9)? 흩으시는 여호와는 어떤 분이십니까?

6. 셈 족보의 특징은 무엇입니까(10-25)? 누구에게로 그 초점이 맞춰집니까(26)? 여기에는 어떤 뜻이 있을까요?

제10강

하나 되고 흩어지는 교회

◇본문 창세기 10:1-11:26
◇요절 창세기 11:9
◇찬송 549장, 508장

1. 지금부터는 누구에 관한 이야기입니까(10:1a)? 홍수 후에 노아 후손은 어떻게 됩니까(1b)? 야벳의 아들들은 어떻게 번성합니까(2-5)?

1 "노아의 아들 셈과 함과 야벳의 족보는 이러하니라 홍수 후에 그들이 아들들을 낳았으니"

◇"족보": 노아의 아들들의 족보이다. 이제부터 새로운 시대를 시작한다.

◇"아들들을 낳았으니": 그들은 아들들을 낳았다. 고대 근동 아시아의 지도라고 불릴 정도로 인류는 계속해서 번성한다.

2 "야벳의 아들은 고멜과 마곡과 마대와 야완과 두발과 메섹과 디라스요"

3 "고멜의 아들은 아스그나스와 리밧과 도갈마요"

4 "야완의 아들은 엘리사와 달시스와 깃딤과 도다님이라"

5 "이들로부터 여러 나라 백성으로 나뉘어서 각기 언어와 종족과 나라대로 바닷가의 땅에 머물렀더라"

◇"이들로부터": 야벳의 후손을 말한다.
◇"여러 나라 백성으로 나뉘어서": 야벳의 후손으로부터 여러 나라가 나왔다.
◇"각기 언어와 종족과 나라대로: 언어와 종족과 나라가 나뉘었다.
◇"바닷가의 땅에 머물렀더라": 해양 백성, 수산업, 바이킹 조상 등을 말한다.

야벳의 후손은 누구의 후손인가? 노아의 후손이다. 어떤 나라 백성이든지 궁극적으로 노아의 후손이다.

2. 함의 후손 중 니므롯은 어떤 사람입니까(6-14)? 가나안의 후손은 어떻게 됩니까(15-20)? 셈의 후손은 어떻게 번성합니까(21-32)? 언제 세상이 나뉘었습니까(25)? 여기에는 어떤 뜻이 있을까요?

6 "함의 아들은 구스와 미스라임과 붓과 가나안이요"

◇"함의 아들": 함의 후손은 아들 4명과 손자 24명과 증손 2명으로 4대에 걸쳐서 30 족속을 이룬다. 함은 노아의 세 아들 중 가장 많은 나라를 이룬다.
◇"가나안": 함의 후손 중 중심을 이루는 자는 '미스라임(애굽)'이 아니라 '가나안'이다. 가나안의 후손을 모두 10 족속으로 소개하며, 그들의 영토를 상세하게 말한다(19). 왜냐하면 그 땅은 장차 이스라엘의 조상 아브라함에게 주실 땅이기 때문이다. 함의 후손은 하나님에 대한 적대 세력으로 자란다. 모든 문제는 이 족속으로부터 나타난다.

7 "구스의 아들은 스바와 하윌라와 삽다와 라아마와 삽드가요 라아마의 아들은 스바와 드단이며"

8 "구스가 또 니므롯을 낳았으니 그는 세상에 첫 용사라"

◇"첫 용사": 니므롯은 세상에 처음 나타난 장사이다.

9 **"그가 여호와 앞에서 용감한 사냥꾼이 되었으므로 속담에 이르기를 아무는 여호와 앞에 니므롯 같이 용감한 사냥꾼이로다 하더라"**

◇"여호와 앞에": 최상급을 가리킨다. '당대 최고의 사냥꾼이다.'라는 뜻이다. 그러나 여기에는 부정적인 의미가 있다. 그는 '여호와 앞에서 죄를 짓는 일에 뛰어났다.'라는 뜻이다.

◇"용감한 사냥꾼이로다": 그는 사람을 사냥하는 데 용사였으며, 여호와 앞에 죄를 짓는 데 용사였다.

10 **"그의 나라는 시날 땅의 바벨과 에렉과 악갓과 갈레에서 시작되었으며"**

◇"바벨": 니므롯의 나라는 바벨에서 시작했다. 이 지명은 다음 장에서 나타나는 '바벨탑'에 대한 복선이다.

11 **"그가 그 땅에서 앗수르로 나아가 니느웨와 르호보딜과 갈라와"**

12 **"및 니느웨와 갈라 사이의 레센을 건설하였으니 이는 큰 성읍이라"**

13 **"미스라임은 루딤과 아나밈과 르하빔과 납두힘과"**

14 **"바드루심과 가슬루힘과 갑도림을 낳았더라 (가슬루힘에게서 블레셋이 나왔더라)"**

15 **"가나안은 장자 시돈과 헷을 낳고"**

16 **"또 여부스 족속과 아모리 족속과 기르가스 족속과"**

17 **"히위 족속과 알가 족속과 신 족속과"**

18 **"아르왓 족속과 스말 족속과 하맛 족속을 낳았더니 이 후로 가나안 자손의 족속이 흩어져 나아갔더라"**

◇"흩어져 나아갔더라": 가나안 족은 사방으로 퍼져 나갔다.

19 "가나안의 경계는 시돈에서부터 그랄을 지나 가사까지와 소돔과 고모라와 아드마와 스보임을 지나 라사까지였더라"

20 "이들은 함의 자손이라 각기 족속과 언어와 지방과 나라대로였더라"

◇"족속과 언어와 지방과 나라": 씨족과 언어와 지방과 부족을 따라서 갈려 나갔다.

21 "셈은 에벨 온 자손의 조상이요 야벳의 형이라 그에게도 자녀가 출생하였으니"

◇"에벨": '에벨'을 가장 먼저 소개한다. 이것은 이후의 역사에서 '에벨'이 중요한 자리를 차지하기 때문이다.

22 "셈의 아들은 엘람과 앗수르와 아르박삿과 룻과 아람이요"

◇"셈의 아들": 아들 5명, 손자 5명, 증손자 10명과 6대손 욕단에게서 나오는 13명을 포함하여 26명을 소개한다.

23 "아람의 아들은 우스와 훌과 게델과 마스며"

24 "아르박삿은 셀라를 낳고 셀라는 에벨을 낳았으며"

25 "에벨은 두 아들을 낳고 하나의 이름을 벨렉이라 하였으니 그 때에 세상이 나뉘었음이요 벨렉의 아우의 이름은 욕단이며"

◇"에벨"(עֵבֶר, *Eber*): '저쪽 넘어 지역'을 뜻한다. 이 말은 '지나간다.' '건너다'라는 히브리어 'עָבַר(아바르)'에서 유래하였다. 따라서 그를 히브리인의 조상으로 보기도 한다. 셈의 셋째 아들 '아르박삿'의 손자이지만 아브라함으로 이어지는 가장 중요한 계통이다.

◇"벨렉"(פֶּלֶג, *Peleg*): '나눔'을 뜻한다. 그 나눔이 지리적, 사회적, 영적 중 어느 것인지는 정확하지 않다.

셈의 족보를 에벨과 욕단을 거쳐 바벨론을 이루는 족속(10:21-32)과 에벨과 벨렉을 거쳐 아브라함으로 이어지는 두 가문을 대조하고 있다(11:10-26). 셈의 한 계통은 바벨론 성을 짓고, 다른 계통은 아브라함의 가문이 된다. 그런데 셈의 후손이 이렇게 나누어지는 것은 벨렉 때에 "세상이 나뉘었다."라는 것을 통해서 말하고 있다.

여기에는 어떤 뜻이 있을까? 세상은 두 종류로 나뉜다. 하나님의 백성으로 택함을 받은 사람과 그렇지 못한 사람이다. 이 흐름은 지금도 이어지고 있다.

11:10-17로 연결되는데, 벨렉의 후예들이 다르게 나타난다. 즉 아브람의 조상이 되는 쪽과 그렇지 못한 쪽으로 나누어진다. 같은 셈의 후손인데도 벨렉으로부터 다시 두 종류로 나뉜다.

26 "욕단은 알모닷과 셀렙과 하살마웻(하살마웻)과 예라와"

27 "하도람과 우살과 디글라와"

28 "오발과 아비마엘과 스바와"

29 "오빌과 하윌라와 요밥을 낳았으니 이들은 다 욕단의 아들이며"

30 "그들이 거주하는 곳은 메사에서부터 스발로 가는 길의 동쪽 산이었더라"

31 "이들은 셈의 자손이니 그 족속과 언어와 지방과 나라대로였더라"

32 "이들은 그 백성들의 족보에 따르면 노아 자손의 족속들이요 홍수 후에 이들에게서 그 땅의 백성들이 나뉘었더라"

◇"나뉘었더라": 그들이 각 종족의 족보를 따라 갈라져 나간 노아의 자손

이다. 그들로부터 여러 민족이 나와서 세상으로 퍼져 나갔다. 바벨론 이야기에 대한 배경을 제시하고 있다.

나라마다 건국 신화가 있다. 그러나 우리는 노아의 후손이지 단군 후손이 아니다. 많은 나라, 민족, 인종, 언어가 있을지라도 조상은 하나다. 세계의 모든 나라는 셈과 함과 야벳으로부터 나름의 땅에서 다른 언어를 가지고 이어졌다.

3. 본래 온 땅의 언어와 말은 어떠했습니까(11:1)? 그들은 어디에 정착했습니까(2)? 그들은 서로 무슨 말을 했습니까(3-4a)? 그들은 솜씨가 어느 정도입니까(3b)?

1 "온 땅의 언어가 하나요 말이 하나였더라"

◇"언어": '입술', '말'을 뜻한다.

◇"말": '말', '일'을 뜻한다.

문자와 말(글과 발음)이 하나였다(one language and a common speech/same language and the same words). 글자는 같아도 말이 다른 언어들이 많다. 말은 비슷한데 글자가 다른 언어도 많다. 그러나 그때는 오직 하나의 말과 글자만을 사용하였다. 처음에 세상에는 언어가 하나뿐이어서 모두가 같은 말을 썼다. 그들은 어디로 가서 사는가?

2 "이에 그들이 동방으로 옮기다가 시날 평지를 만나 거기 거류하며"

◇"동방으로 옮기다가": '유목민이 천막으로 천천히 이동한다.'라는 뜻이다.

◇"동방": 이전에 아담과 하와가 에덴의 동쪽으로 가서 집을 세웠고, 가인도 에덴의 동쪽에 살았다. 롯도 동쪽으로 갔다. 그러나 동쪽으로 간 사람마다 바벨론과 소돔을 세우는 것처럼 헛된 일을 하고 만다. 생명과 번영을 찾기 위해 동쪽으로 가는 사람마다 하나님의 복을 떠났다.

◇"거기 거류하며": 유목민에서 정착민으로 삶이 바뀐다. 그들은 그곳에서

무엇을 하는가?

3 "서로 말하되 자, 벽돌을 만들어 견고히 굽자 하고 이에 벽돌로 돌을 대신하며 역청으로 진흙을 대신하고"

◇"벽돌을 만들어 견고히 굽자": "벽돌을 빚어서, 단단히 구워내자." 그들은 매우 솜씨가 좋은 사람들이다. 그들에게는 활용할 만한 돌이나 진흙이 없었다. 필요한 재료들을 다른 것으로 변통해서 만들어내야 했다.

◇"역청": 진흙이 없었지만 대신 역청(도로포장 등에서 쓰는 찐득찐득한 시커먼 물질, bitumen)을 사용한다.

4 a "또 말하되 자, 성읍과 탑을 건설하여 그 탑 꼭대기를 하늘에 닿게 하여..."

◇"성읍과 탑": '지구라트(Ziggurat)'라고 부른다. 피라미드(pyramid)처럼 삼각형으로 경사를 이루고, 중앙에 계단을 만들어 꼭대기에 오르게 한다. 그 위에는 조그만 사당을 갖추고 있다. 신들이 이 사당에 내려와 사람을 잠깐 만난다고 생각하였다.

◇"그 탑 꼭대기를 하늘에 닿게 하여": 하나님께 대한 도전과 공격적인 모습이다. 이 탑은 '고대의 대성당(cathedral of antiquity)'이라기보다 인간 교만의 상징이었다. 인간의 제국이 추구하는 자족의 화신이었다. 그들이 그렇게 하는 목적은 무엇인가?

4. 그들이 그 탑 꼭대기를 하늘에 닿게 하려는 목적은 무엇입니까(4b)? '자기 이름을 내는 것', '흩어짐을 면하자.'라는 것이 왜 문제입니까(창 1:28; 9:1)?

4 b "...우리 이름을 내고 온 지면에 흩어짐을 면하자 하였더니"

◇"우리의 이름을 내고": '이름'이 중심 역할을 한다. 그들은 '자기 이름을

내기 위해 하늘에 이르는' 성읍과 탑을 쌓는다. 큰 건축물을 세워 남겨 놓음으로써 후대 사람들 가슴속에 영원히 살아남으려는 의도이다. 그러나 그들은 누구의 이름을 내야 하는가? 하나님의 이름을 내야 하는 존재이다. 그 존재 목적에 문제가 있다.

◇"흩어짐을 면하자": 사람들은 흩어지지 않고, 자기 자신의 동질성을 유지하려고 한다. 사람은 자기만의 성을 쌓고 살려고 한다. 자기중심적으로 살려고 한다. 그러나 이 결정은 하나님께서 원래 주신 사명을 공개적으로 반역하는 일이다. 하나님의 뜻을 거스른 것이다. "생육하고 번성하여 땅에 충만하라"(창 1:28; 9:1). 배은망덕, 곧 하나님께 대한 불순종으로 이어지는 큰 교만이다. 여호와께서는 탑을 쌓는 그들을 어떻게 하시는가?

5. 여호와께서 와서 보시고 어떤 점을 심각하게 여기십니까(5-6)? 어떤 결단을 내리십니까(7)? 왜 언어를 혼잡하게 하실까요? 여호와께서는 '흩어짐을 면하고자' 했던 그들을 어떻게 하십니까(8-9)? 흩으시는 여호와는 어떤 분이십니까?

5 "여호와께서 사람들이 건설하는 그 성읍과 탑을 보려고 내려오셨더라"

◇"내려오셨더라": 여호와께서 사람들이 짓고 있는 도시와 탑을 보려고 내려오셨다.

6 "여호와께서 이르시되 이 무리가 한 족속이요 언어도 하나이므로 이같이 시작하였으니 이 후로는 그 하고자 하는 일을 막을 수 없으리로다"

◇"하나이므로 이같이 시작하였으니": 사람이 같은 말을 쓰는 한 백성으로서 이런 일을 하기 시작했다. 그들은 하고자 하는 것은 무엇이든지 하지 못할 일이 없을 것이다. 여호와께서 심각하게 보신 내용이다. 그들은 앞

으로 무슨 일이든 마음만 먹으면 할 수 있다. 그들이 할 수 있는 일이란 여호와께 불순종하고 대적하는 일이다. 여호와께서는 그런 그들을 어떻게 하시는가?

7 "자, 우리가 내려가서 거기서 그들의 언어를 혼잡하게 하여 그들이 서로 알아듣지 못하게 하자 하시고"

◇"언어를 혼잡하게 하여": 여호와께서 하시는 일은 성읍을 파괴한 것이 아니라, 사람들을 단결시킨 언어를 파괴하신다.

여호와께서는 왜 언어를 혼잡하게 하셨는가? 그들이 여호와께 대적할 수 있는 것은 하나로 뭉쳤기 때문이다. 그들이 하나로 뭉칠 수 있는 것은 말이 같았기 때문이다. 따라서 여호와께서는 그들의 말을 혼잡하게 하신다. 그들이 뭉칠 수 있는 끈을 잘라버리신다.

오늘 우리 시대의 언어의 다양성은 무슨 의미인가? 민족의 경계를 이루고 있는 현존하는 언어의 숫자는 죄에 대한 기념물이다. 우리나라는 영어 공부에 국가적 예산을 소모하고 있고, 가정에서는 엄청난 사교육비를 투자하고 있다. 이것은 죄에 대한 형벌이다.

어떻게 회복할 수 있을까? "그 때에 내가 여러 백성의 입술을 깨끗하게(하나의 언어) 하여 그들이 다 여호와의 이름을 부르며 한 가지로 나를 섬기게 하리니"(스바냐 3:9). "그들이 다 성령의 충만함을 받고 성령이 말하게 하심을 따라 다른 언어들로 말하기를 시작하니라"(행 2:4). 바벨탑으로 흩어진 인간의 언어와 사상이 오순절 때 성령님께서 오셔서 회복하셨다. 성령 하나님의 은총 안에서 죄를 용서받고 새로운 하나님의 백성으로 탄생한다.

언어 회복의 목적은 무엇인가? 다시 뭉쳐서 살리는 것이 아니다. 하나님의 이름을 드러내고, 생육하고 번성하여 충만한 삶을 사는 것이다. 행 1:8을 성취하는 것이다. "오직 성령이 너희에게 임하시면 너희가 권능을 받고 예루살렘과 온 유대와 사마리아와 땅끝까지 이르러 내 증인이 되리라 하시니라." 그리스도의 복음을 가정, 일터, 캠퍼스, 그리고 세계 캠퍼스를 향하여 전파하는 데 그 목적이 있다. 언어를 혼잡하게 하신 후에는 무엇을 하시는가?

8 "여호와께서 거기서 그들을 온 지면에 흩으셨으므로 그들이 그 도시를 건설하기를 그쳤더라"

◇"온 지면에 흩으셨으므로": 그들의 거대한 계획은 무산되고 각 지역으로 흩어졌다. 그 이름을 무엇이라고 부르는가?

9 "그러므로 그 이름을 바벨이라 하니 이는 여호와께서 거기서 온 땅의 언어를 혼잡하게 하셨음이니라 여호와께서 거기서 그들을 온 지면에 흩으셨더라"

◇"바벨"(בָּבֶל, *babel*): '바벨론(Babylon)'을 말한다. '바벨'의 일차적인 뜻은 '신의 문(the gate of god)'이다. 여기서는 '혼잡하게 하다.'라는 뜻이다. 당시 바벨론은 이교 세상에서 아름다운 것을 가리켰다. 그들은 최고의 문화 문명을 자랑했다. 그러나 바벨론은 하나님 없이 사람이 이룬 업적의 원형이다.

◇"언어를 혼잡하게 하셨음이니라": '신의 문'인 '바벨'을 '쓸데없는 허튼 소리하는 동네'로 만드셨다. 비웃음이 담겨 있다. 바벨론 사람은 '바벨'을 영광과 자랑으로 삼았다. 하지만 여호와께서는 '혼란'의 상징으로 만드셨다.

◇"흩으셨더라": 흩으시는 여호와는 누구신가? 그 솜씨와 능력이 어떠하든지 불순종하면 가차 없이 흩으신다. 하나님 없이 우쭐대는 세상은 흩어지고 만다. 찬란한 문화 문명을 자랑했던 바벨론을 흩으셨다. 바벨론은 당대 최고를 자랑했다. 자기의 신이 최고라고 주장했다. 그러나 성경은 전혀 다르게 말한다. 그런 그들은 하나님 앞에서는 아무것도 아니다. 조롱거리일 뿐이다.

오늘 우리에게 주는 의미는 무엇일까? 첫째로, 이 세상에 대한 경고이다. 세상은 과학 문명이 발달하고 있다. 유전자 공학의 발달은 대단하다. 그들은 교만해져서 자기 이름을 내려고 뭉치려 한다. 그런 그들을 하나님께서는 심판하신다.

둘째로, 교회에 대한 경고이다. 교회가 자기의 이름을 내려고 하고, 흩어지기를 싫어하면 '새로운 바벨'이 될 수 있다. 313년 콘스탄티누스 대제가 기독교를 국교화했다. 교회는 자기의 이름을 내기 시작했고, 세상을 향해서 흩어지지 않았다. 그때부터 교회가 세속화되었다는 비판적인 시각도 있다. 교회 공동체는 주님의 이름을 드러내고, 흩어지는 교회, 즉 세상 속으로 파고들어서 생육하고 충만한 교회가 되어야 한다. 고인 물은 생명력이 없다.

여기에는 역설적 진리가 담겨 있다. 흩으심은 징계이면서 동시에 축복으로 임한다. 여호와께서는 사람을 만드시고 축복하신다. "생육하고 번성하여 땅에 충만하라, 땅을 정복하라, 바다의 물고기와 하늘의 새와 땅에 움직이는 모든 생물을 다스리라"(1:28). 홍수 후에도 그 축복은 계속된다. "생육하고 번성하여 땅에 충만하라"(9:1). 그러나 사람이 이 명령에 불순종한다. 자기 이름을 드러내고, 자기 왕국을 구축한다. 여호와께서는 여호와 없는 하나 됨은 흩으신다. 여호와 안에서만 하나가 되어야 한다. 흩으심은 징벌이면서 동시에 축복이다. 흩어져야만 하나님의 뜻을 이룰 수 있다. 그러므로 교회 공동체는 '하나가 되어야 하면서 동시에 흩어져야 하는 공동체'이다.

6. 셈 족보의 특징은 무엇입니까(10-25)? 누구에게로 그 초점이 맞춰집니까(26)? 여기에는 어떤 뜻이 있을까요?

10 "셈의 족보는 이러하니라 셈은 백 세 곧 홍수 후 이 년에 아르박삿을 낳았고"

◇"셈의 족보": 셈의 족보(*toledot*, the generations)는 셈으로 시작하여 아브람으로 마친다(26). 연대기적으로 보면 바벨탑 기사(11:1-9)가 먼저 오고 뒤이어 10장의 열국 명단이 나와야 한다. 흩어진 백성의 목

록이 10장에 나오고, 여기에 노아의 아들들로부터 유래한 70나라의 명단이 나온다. 언약적 관점에서 보면 10장에 기록한 야벳의 후손들(10:2-5), 함의 후손들(10:6-20)과 셈의 일부 후손들(10:21-31)은 택함 받지 못한 자들이다. 11:10-26에 기록된 셈의 계보는 택함을 받은 자들이다. 그들을 아브람과 연결하고 있다(11:26).

◇"셈은 백 세 곧 홍수 후 이 년에 아르박삿을 낳았고": 셈은 홍수가 끝난 지 2년 후, 백 살에 아르박삿을 낳았다.

11 "아르박삿을 낳은 후에 오백 년을 지내며 자녀를 낳았으며"

12 "아르박삿은 삼십오 세에 셀라를 낳았고"

13 "셀라를 낳은 후에 사백삼 년을 지내며 자녀를 낳았으며"

14 "셀라는 삼십 세에 에벨을 낳았고"

15 "에벨을 낳은 후에 사백삼 년을 지내며 자녀를 낳았으며"

16 "에벨은 삼십사 세에 벨렉을 낳았고"

17 "벨렉을 낳은 후에 사백삼십 년을 지내며 자녀를 낳았으며"

18 "벨렉은 삼십 세에 르우를 낳았고"

19 "르우를 낳은 후에 이백구 년을 지내며 자녀를 낳았으며"

20 "르우는 삼십이 세에 스룩을 낳았고"

21 "스룩을 낳은 후에 이백칠 년을 지내며 자녀를 낳았으며"

22 "스룩은 삼십 세에 나홀을 낳았고"

23 "나홀을 낳은 후에 이백 년을 지내며 자녀를 낳았으며"

24 "나홀은 이십구 세에 데라를 낳았고"

25 "데라를 낳은 후에 백십구 년을 지내며 자녀를 낳았으며"

이 족보의 특징은 무엇인가? '죽었다.'라는 말이 나오지 않는다. 대신에 '낳았으며'를 반복한다. 비록 그 수명은 줄어들었지만, 생명 사역을 강조한다. 축복을 소유한 셈의 족보는 하나님의 선한 손길 아래 번성한다.

26 "데라는 칠십 세에 아브람과 나홀과 하란을 낳았더라"

◇"아브람": 새 역사의 주인공이 태어났다.

제11강

축복의 약속

◇본문 창세기 11:27-12:9
◇요절 창세기 12:2
◇찬송 505장, 571장

1. 데라의 족보가 어떠합니까(11:27-29)? 사래에게는 어떤 문제가 있었습니까(30)? 데라의 가족은 어디에 거류하였으며, 그는 언제 죽었습니까(31-32)?

2. 여호와께서 아브람에게 어떤 명령을 내리십니까(12:1)? 그는 무엇으로부터 떠나야 합니까? 왜 떠나야 합니까?

3. 아브람이 여호와의 명령에 순종하면 어떤 복을 받습니까(2)? '복이 된다.'라는 말은 구체적으로 어떤 의미입니까(3)? 이 축복의 약속을 이루실 분은 누구입니까? 이 축복의 약속이 아브람과 이스라엘 공동체에 주는 의미는 무엇일까요?

4. 아브람은 여호와 축복의 약속 앞에서 어떻게 반응합니까(4a)? 그가 여호와의 말씀을 따르고자 할 때 어떤 어려움이 있었을까요(4b-5)? 그 어려움을 어떻게 이기고 순종했을까요?

5. 아브람이 약속의 땅에 도착했을 때 누가 살고 있었습니까(6)? 여호와께서 그의 믿음을 어떻게 견고하게 해 주십니까(7a)? 그는 자신의 믿음을 어떻게 선포합니까(7b-9)? '여호와의 이름을 불렀다.'라는 말은 무슨 뜻입니까?

제11강
축복의 약속

◇본문 창세기 11:27-12:9
◇요절 창세기 12:2
◇찬송 505장, 571장

1. 데라의 족보가 어떠합니까(11:27-29)? 사래에게는 어떤 문제가 있었습니까(30)? 데라의 가족은 어디에 거류하였으며, 그는 언제 죽었습니까(31-32)?

27 "데라의 족보는 이러하니라 데라는 아브람과 나홀과 하란을 낳고 하란은 롯을 낳았으며"

◇"데라의 족보는 이러하니라": 이제부터는 데라의 족보이다.

◇"아브람": 아브람이 태어난 때는 주전 2,166년이다. 족장들이 살던 시기는 주전 3,000년 말에서 2,000년 초반이다. 그때는 정치적으로 매우 힘든 시기였다. 찬란하던 아카디아 제국의 문화가 북쪽에서 침입한 야만족의 발굽 아래에서 종말을 고하고 있었기 때문이다. 그들의 약탈과 파괴 때문에 우르 지역뿐만 아니라, 메소포타미아 전역은 소망을 가질 수 없었다.

28 "하란은 그 아비 데라보다 먼저 고향 갈대아인의 우르에서 죽었더라"

◇"하란": 하란은 그가 태어난 땅 갈대아 우르에서 아버지보다 먼저 죽었다. 아비보다 자식이 먼저 죽은 맨 처음의 언급이다.

◇"갈대아인의 우르": 이라크의 남부 우르 지방이다. 이곳은 주전 3,000년대 초기에 정치적, 종교적 중심지였다. 우르와 하란은 달 숭배의 중심지였다. 데라는 비옥한 초승달 지역 건너편에서 이방신을 섬겼다(수 24:2). 그러나 아브람과 나홀은 아버지 데라와 함께 하나님을 섬겼다(창 31:53). 여호와께 대한 지식이 그 가정에 있었지만, 이방신을 섬기는 일이 더 강했을 것이다. 그때 누가 역사의 중심에 나타나는가?

29 "아브람과 나홀이 장가 들었으니 아브람의 아내의 이름은 사래며 나홀의 아내의 이름은 밀가니 하란의 딸이요 하란은 밀가의 아버지이며 또 이스가의 아버지더라"

◇"아브람과 나홀이 장가 들었으니": 데라는 세 아들을 낳았는데, 하란은 먼저 죽었다. 그리고 아브람과 나홀이 성인이 되어 결혼했다.

◇"사래": 아브람의 아내인데, 그 이름은 '달(moon)' 신과 관계가 있는 '왕녀(princess/ queen)'라는 뜻이다. 사래에게 무슨 문제가 있는가?

30 "사래는 임신하지 못하므로 자식이 없었더라"

◇"임신하지 못하므로": 사래가 아이를 갖지 못하는 이유에 대해서는 아무 말이 없다. 당시 아이를 갖지 못하는 것은 한 사람의 절망 상태를 보여준다. 그녀는 "생육, 번성, 충만하라."라는 축복을 받지 못했다. 그녀에게는 미래를 만들어 낼 힘이 없다. 그녀는 자식 없는 여인의 아픈 현실을 보여준다. 그런 중에 하나님께서는 무슨 일을 하시는가?

31 "데라가 그 아들 아브람과 하란의 아들인 그의 손자 롯과 그의 며느리 아브람의 아내 사래를 데리고 갈대아인의 우르를 떠나 가나안 땅으로 가고자 하더니 하란에 이르러 거기 거류하였으며"

◇"떠나 가나안 땅으로 가고자 하더니": 데라가 가족과 함께 고향을 떠났다. 대단한 결단이다.

◇"하란에 이르러 거기 거류하였으며": 그는 하란에 도착하여 자리를 잡았다.

32 "데라는 나이가 이백오 세가 되어 하란에서 죽었더라"

◇"죽었더라": 데라는 205년을 살다가 하란에서 죽었다.

데라는 왜 우르를 떠나 가나안으로 가려고 했는가? 여호와께서 데라에게 방향을 주셨기 때문인가? 본문은 데라가 그 일에 주도권을 가진 것으로 말한다. 그런데 다른 본문에서는 다르게 표현하고 있다(행 7:2-3; 15:7, 느 9:7). 하나님이 부른 자는 데라가 아닌 아브람이다. 하나님은 아브람에게 고향을 떠나 가나안으로 가도록 말씀하셨으며, 그가 주도하여 가족을 데리고 하나님의 지시한 땅으로 나아갔다. 그러면 28절은 왜 데라가 이 일을 주도한 것으로 기록한 것인가? 그 내용이 데라의 가족 기사이기 때문이다. 따라서 먼저 계보를 말하고 이어서 아브람 기사의 배경을 다루면서 가족의 우두머리인 데라를 앞세운 것이다. 이제 역사의 주인공으로 누가 등장하는가?

2. 여호와께서 아브람에게 어떤 명령을 내리십니까(12:1)? 그는 무엇으로부터 떠나야 합니까? 왜 떠나야 합니까?

1 ~ 3

"떠나라"

"너의 고향으로부터"

"그리고 네 친척으로부터"

"그리고 네 아버지의 집으로부터"

"내가 너에게 보여줄 땅으로"

"가라"

"그리고 내가 너로 큰 민족을 만들겠다"

"그리고 내가 너에게 복을 주겠다"
"그리고 내가 너의 이름을 크게 만들어"
"너는 복이 될 것이며"
"그리고 내가 너를 축복하는 자를 복주고"
"그러나 너를 저주하는 자는 반드시 저주할 것이며"
"그리고 너 안에서 땅의 모든 가족이"
"복을 받을 것이다"

여호와의 말씀은 이중적 명령이다. 그 명령을 두 개의 명령어로 제시한다. 즉 아브람은 자기 고향을 "떠나야 한다." 그러면 "복이 될 것이다." 각각의 명령은 여호와로부터 오는 세 가지 약속이 뒤따른다. "너는 떠나야 한다. 네가 그렇게 하면 내가 너에게 세 가지를 해 주겠다. 그리고 너에게 이 세 가지 일을 해주는 것은 너로 복이 되게 하기 위함이다. 그리고 또한 네가 복이 되면 내가 이 세 가지 일을 해주겠다." 세 가지는 무엇인가? "큰 민족을 이루고," "복을 주겠다." 그리고 "이름을 크게 만드신다."

1 "여호와께서 아브람에게 이르시되 너는 너의 고향과 친척과 아버지의 집을 떠나 내가 네게 보여 줄 땅으로 가라"

◇"여호와께서 아브람에게 이르시되": 앞에서는 데라를 중심으로 기록하였는데, 이제는 아브람이 중심이다. 여호와께서 아브람에게 직접 말씀하신다. 그 내용은 무엇인가?

◇"떠나": 그는 떠나야 한다.

◇"고향과 친척과 아버지의 집": 하란이 아닌 갈대아인의 우르가 아브람의 고향이다(11:28). 고향은 지금까지 그의 삶을 지탱했던 토대이다. 지금까지 그가 살던 세계이다. 그런데 그것은 이교도 세상 가운데서 형성된 것들이다. 그러므로 '떠나라.'라는 말은 가치관, 삶의 스타일, 인생을 통째로 '바꾸라.'라는 말이다. 이것은 단순한 이론의 문제가 아니라 행동

의 문제이다. 그는 떠나서 어디로 가야 하는가?

◇"내가 네게 보여 줄 땅으로 가라": 그는 여호와께서 보여주는 땅으로 가야 한다.

◇"보여줄 땅": 떠나야 할 곳은 구체적이지만 가야 할 곳은 막연하다. 여호와께서는 앞으로 일어날 일에 대해서 자세하게 보여주지 않으신다. 다만 여호와는 순종을 원하신다. 그가 여호와의 말씀에 순종하면 어떻게 되는가?

3. 아브람이 여호와의 명령에 순종하면 어떤 복을 받습니까(2)? '복이 된다.'라는 말은 구체적으로 어떤 의미입니까(3)? 이 축복의 약속을 이루실 분은 누구입니까? 이 축복의 약속이 아브람과 이스라엘 공동체에 주는 의미는 무엇일까요?

2 "내가 너로 큰 민족을 이루고 네게 복을 주어 네 이름을 창대하게 하리니 너는 복이 될지라"

◇"큰 민족을 이루고": 10장에서 말한 '70민족'과 비길만한 큰 민족이다. '큰 민족을 이룬다.'라는 말은 '아들과 땅을 주신다.'라는 뜻이다. 국가의 3대 요소는 영토, 국민, 주권이다. '큰 민족'을 이루려면 자식이 있어야 하고, 땅이 있어야 한다. 아브람과 창세기, 그리고 성경 전체의 중요한 사상인 '자식(seed)'과 '땅(land)'의 축복을 보여준다. 이 땅에 세워질 다윗의 나라, 장차 예수 그리스도를 통해서 이루어지는 나라의 그림자이다.

◇"복을 주어"(בָּרַךְ, *barak*): '무릎을 꿇다(kneel)', '축복하다(bless)'라는 뜻이다. 번영의 선물을 의미한다. 그는 후계자가 없고, 발붙일 땅도 없다. 그런 그에게 복을 주신다. 즉 여호와께서 그에게 "땅과 아들을 주시겠다."라는 뜻이다.

◇"이름을 창대하게": '이름'은 단순히 호칭을 뜻하지 않는다. 사회적 신분이나 지위, 그리고 그 사람의 특성을 대변한다. 바벨탑을 건축한 자들은 자신의 이름을 영원히 보존하려고 하였다(11:4). 그러나 스스로 이름을 떨치려 했던 그들은 좌절을 맛보았다. 이름이 유명해지려면 하나님의 절대적인 도움이 있어야 한다. 사람은 하나님께서 유명하게 하실 때 진짜 유명하다.

◇"너는 복이 될지라": '복의 통로가 된다.'라는 말이다. '복의 근원'은 여호와 하나님이시다. 아브람이 '복의 근원'은 아니다. 그러므로 '복'이라고 표현하는 것이 옳다. 하나님은 '복의 근원'이시고, 아브람은 '복의 통로'이다. 아브람이 여호와의 명령에 순종하여 떠나면 그 중심에 자리한 것은 복이다. '복의 통로'란 무슨 뜻인가?

3 "너를 축복하는 자에게는 내가 복을 내리고 너를 저주하는 자에게는 내가 저주하리니 땅의 모든 족속이 너로 말미암아 복을 얻을 것이라 하신지라"

◇"축복하는 자": 아브람의 여호와를 인정하고, 아브람처럼 사는 것을 인정하는 사람을 말한다.

◇"저주하는 자": '소홀히 여기다.' '깔본다.' '함부로 말한다.'라는 뜻이다. 누구든지 아브람과 그의 믿음을 업신여기고 함부로 대하는 사람은 축복의 자리에서 제거될 것이다. 여호와께서 아브람을 '복의 통로'로 쓰시는 목적은 무엇인가?

◇"땅의 모든 족속이 너로 말미암아 복을 얻을 것이라": 땅에 사는 모든 민족이 그로 말미암아 복을 받도록 하신다. 아브람은 온 세상을 위한 복의 통로(채널)가 된다. 누구든지 아브람과 그의 씨를 통해 주어진 복이 아니면 하나님의 복을 찾을 수 없을 것이다. 여호와는 아브람을 축복하는 사람에게는 복을 베풀고, 그를 저주하는 사람에게는 저주하신다. 아브람이 축복과 저주의 기준이 된다. 이제부터는 누구든지 축복과 저주

는 아브람을 통하여 받는다.

◇"땅의 모든 족속": 이스라엘을 뛰어넘어 온 세상 만민을 말한다. 하나님은 처음부터 유대인을 뛰어넘으셨다. 처음부터 온 세상 만민을 대상으로 하신다. 이제부터 유대인은 물론이고 온 세상은 아브람을 어떻게 대하느냐에 따라서 복과 저주가 임한다.

복은 무엇인가? 여호와께서 이루고자 하시는 '대안 공동체'의 주인공이 되는 것이다. 생육하고 번성하여 땅에 충만한 사역에 동참하는 일이다. 여호와께서 이루어 가시는 구속 사역, 생명 사역에 쓰임 받는 일이다. 그 약속을 이루실 분은 누구인가? 국가의 3대 요소 중에서 '주권'이 있어야 한다. 바로 그 주권이 누구에게 있는가? "내가", 즉 '여호와'가 주체이시다. 여호와의 말씀은 명령이면서 동시에 약속이다. 첫째로, "내가 너로 큰 민족을 이룬다." 둘째로, "내가 네게 복을 준다." 셋째로, "내가 네 이름을 창대하게 한다." 넷째로, "너를 축복하는 자에게는 내가 복을 내린다." 다섯째로, "너를 저주하는 자에게는 내가 저주한다." 이 모든 것들을 '내가/내가/내가/내가/내가', 즉 여호와 하나님께서 주장하신다. 아브람이 받아들여야 할 미래는 그 자신의 성취나 업적에 달려 있지 않다. 그것은 하나님의 선물이다. 약속을 주는 자가 없다면 약속 자체가 불가능하다. 그런데 세상에서는 "네 삶은 너 자신에게 맡겨져 있다."라고 말한다. 그러나 우리의 삶은 나에게 있는 것이 아니라 여호와께 있다.

이 축복의 약속이 이스라엘 공동체에 주는 의미는 무엇일까? 이스라엘 공동체는 이 언약 위에 새롭게 서 있다. "세계가 다 내게 속하였나니 너희가 내 말을 잘 듣고 내 언약을 지키면 너희는 모든 민족 중에서 내 소유가 되겠고, 너희가 내게 대하여 제사장 나라가 되며 거룩한 백성이 되리라"(출 19:5-6). 여호와께서 새로운 대안 공동체를 세우기 위해서 그들을 애굽에서 구원하셨다. 그들이 대안 공동체가 되는 길은 오직 하나, 여호와의 말씀을 잘 듣고 그 언약을 지키는 일이다. 그러면 여호와께서 그들을 대안 공동체인 거룩한 제사장 나라로 만들어 주신다.

이 약속을 오늘 우리에게도 적실하게 적용할 수 있다. 여호와께서는 우리에게 이 시대와 캠퍼스에 필요한 대안 공동체가 되기를 바라신다. 하지만 우리 스스로 대안 공동체가 될 수는 없다. 어쩌면 우리는 아이를 낳지 못하는 사래처럼 양을 잘 낳지 못한다. 이런 현실 때문에 소망이 꺾이고 무기력하게 보낼 때도 있다. 하지만 여호와께서 우리에게 원하시는 것은 우리 스스로 아이를 낳으라는 것이 아니다. 잉태할 수 없는 한계 상황을 스스로 극복하라고 요구하지 않는다. 다만 여호와의 말씀에 순종하기를 원하신다. 그러면 여호와께서 후계자를 주신다. 아브람은 그 약속 앞에서 어떻게 반응하는가?

4. 아브람은 여호와 축복의 약속 앞에서 어떻게 반응합니까(4a)? 그가 여호와의 말씀을 따르고자 할 때 어떤 어려움이 있었을까요(4b-5)? 그 어려움을 어떻게 이기고 순종했을까요?

4 "이에 아브람이 여호와의 말씀을 따라갔고 롯도 그와 함께 갔으며 아브람이 하란을 떠날 때에 칠십오 세였더라"

◇"여호와의 말씀을 따라갔고": 아브람은 여호와께서 말씀하신 대로 길을 떠났다. 그는 여호와 축복의 약속에 순종한다. 그의 순종은 노아의 순종을 떠올리게 한다(6:22; 7:5–6).

그가 여호와의 말씀을 따르고자 할 때 어떤 어려움이 있었을까? 가야 할 곳이 막연하다. 그는 오직 말씀만을 믿고 가야 한다. 그런데도 그는 어떻게 순종할 수 있었을까? 여호와 축복의 약속에 대한 믿음이 있었다. 그는 현실보다도 여호와의 말씀을 믿었다. 그는 자기 생각, 고향 사람의 말, 세상의 가치관보다도 여호와의 말씀을 더 믿었다. 더 믿었기 때문에 따를 수 있었다. 순종은 믿음에서 나온다. 순종이 나무의 열매라면 믿음은 그 나무의 뿌리이다. 그때 누가 함께 갔는가?

◇"롯도 그와 함께 갔으며": 롯도 그와 함께 길을 떠났다. 롯은 죽은 형 하란의 아들로 아브람의 친척이다. 그는 여호와의 말씀대로라면 친척인

롯도 뒤에 두고 떠나야 했다. 그러나 롯도 함께 갔다. 왜 롯도 함께 갔을까? 여기서 롯은 친척이 아닌 가족으로 본다. 곧 '대리 자식(a surrogate son)'으로 여겨 그를 통해 '큰 민족'이 이루어질 것으로 생각하였다. 아브람은 롯을 그의 상속자로 여겼다.

◇ "칠십오 세였더라": 아브람이 하란을 떠날 때 나이는 75세였다. 나이를 언급함으로 그가 힘든 결단을 했음을 시사한다. 그는 고향에서 75년을 살았다. 그런 고향을 떠나는 것은 어려운 일이다.

5 "아브람이 그의 아내 사래와 조카 롯과 하란에서 모은 모든 소유와 얻은 사람들을 이끌고 가나안 땅으로 가려고 떠나서 마침내 가나안 땅에 들어갔더라"

◇ "얻은 사람들": '사람들'은 '영혼', '생명(the souls, the persons, the people)'이라는 뜻이다. 누구를 말할까? '종'은 아니다. 개종한 사람으로 본다. 아브람이 이미 하란에서 여호와에 대한 자신의 믿음을 전하기 시작했다. 아브람이 약속의 땅에 도착했을 때 누가 살고 있는가?

5. 아브람이 약속의 땅에 도착했을 때 누가 살고 있었습니까(6)? 여호와께서 그의 믿음을 어떻게 견고하게 해 주십니까(7a)? 그는 자신의 믿음을 어떻게 선포합니까(7b-9)? '여호와의 이름을 불렀다.'라는 말은 무슨 뜻입니까?

6 "아브람이 그 땅을 지나 세겜 땅 모레 상수리나무에 이르니 그 때에 가나안 사람이 그 땅에 거주하였더라"

◇ "세겜": 아브람의 첫 정착지다. 주전 2,090년 봄에 하란을 출발하여 남쪽으로 유프라테스 강을 따라 남진했다. 다음에는 오아시스가 있는 다마스커스(다메섹)로 갔을 것이다. 이곳에서 아브라함은 '해변의 길'로 해서 가족과 소 떼를 몰고 남쪽으로 행진하여 예루살렘 북쪽 55km 지

점이며 에발 산과 그리심 산 가운데 위치한 세겜에 도착하였다.

◇"상수리나무": 가나안 종교의 제의가 이루어지던 장소이다. 하늘과 땅의 연합이 이루어지는 신의 계시 장소로 여겼다. 하지만 이런 다신론적 배경과는 상관이 없다.

◇"가나안 사람": 그곳에는 이미 사는 사람이 있다. 여호와의 약속을 받았다고 해서 아브람 가족만 사는 것은 아니다. 그는 현지인과 갈등을 감당해야 한다. 여호와께서 그에게 무슨 말씀을 하시는가?

7 "여호와께서 아브람에게 나타나 이르시되 내가 이 땅을 네 자손에게 주리라 하신지라 자기에게 나타나신 여호와께 그가 그곳에서 제단을 쌓고"

◇"여호와께서 아브람에게 나타나": 여호와께서 직접 아브람을 찾아오셔서 말씀하신다. 아브람은 가나안의 현실 앞에서 그 믿음이 흔들릴 수 있다. 여호와께서 나타나셔서 약속을 다시 확증하신다. 그 믿음을 다잡아 주신다. 그 내용은 무엇인가?

◇"내가 이 땅을 네 자손에게 주리라": 여호와께서 그 땅을 아브람에 주시는 것이 아니라, '그 자손에게' 주신다. 땅 '모티프(motif)'와 자식 모티프가 함께 나타난다. '자손'과 '땅'에 대한 약속은 창세기는 물론이고 오경의 중심사상이다. 아브람은 어떻게 반응하는가?

◇"그가 그곳에서 제단을 쌓고": 아브람은 그곳에서 여호와께 제단을 쌓았다. 이것은 여호와의 나타나심에 대한 그의 반응이다. 그는 여호와의 약속을 믿음으로 영접한다.

8 "거기서 벧엘 동쪽 산으로 옮겨 장막을 치니 서쪽은 벧엘이요 동쪽은 아이라 그가 그곳에서 여호와께 제단을 쌓고 여호와의 이름을 부르더니"

◇"옮겨 장막을 치니": 아브람은 '자기에게 주실 땅을 찾아' 계속하여 남쪽으로 나아간다. 여호와의 방문은 그가 가나안 사람의 땅에 계속해서 머

물 힘이었다.

◇ "여호와의 이름을 부르더니": 여호와께 대한 믿음을 공적으로 선포하는 것이다(4:26). 여호와의 언약을 믿은 그는 예배를 통해 자기 믿음을 선포한다. 그는 자기 자신은 물론이고 세상 사람에게 자기 정체성을 드러낸다. 그는 이민자가 아니라 세상에 복을 주는 '복'으로 왔다.

9 "점점 남방으로 옮겨 갔더라"

◇ "옮겨 갔더라": 아브람은 아직 땅을 갖지 못하였다. 그는 순례자요 이방인으로 살아간다(히 11:9-10).

제12강

약속을 믿고 사는 우리

◇본문 창세기 12:10-13:18
◇요절 창세기 13:9
◇찬송 393장, 370장

1. 아브람은 왜 애굽으로 가고자 합니까(12:10)? 그는 무엇을 두려워하며, 이것을 어떻게 해결하고자 합니까(11-13)? 그는 왜 죽음을 면하려고 할까요?

2. 사래는 어떤 위기에 처했습니까(14-15)? 아브람은 사래 때문에 어떤 대접을 받습니까(16)? 그러나 여호와께서는 어떻게 그 일에 개입하십니까(17-20)? 그 일에 개입하신 여호와는 어떤 분입니까?

3. 아브람은 애굽에서 나와 어디로 갔으며, 그곳에서 무엇을 합니까(13:1-4)? 왜 아브람의 목자와 롯의 목자가 서로 다툽니까(5-7)? 그들은 왜 서로 다투어서는 안 됩니까(8)? 이 말이 당시 회중에게 주는 의미는 무엇일까요?

4. 아브람은 그 다툼을 해결하기 위해서 어떤 제안을 합니까(9)? 어떻게 이런 제안을 할 수 있을까요? 롯이 가나안을 선택하면 어떤 문제가 생길까요?

5. 롯은 어디를 택합니까(10-11)? 그러나 그곳은 어떤 곳입니까(12-13)? 그는 왜 이런 곳을 택하였을까요? 이로써 위기에 처한 약속의 땅은 어떻게 됩니까?

6. 여호와께서는 아브람에게 언제, 무엇에 대하여 다시 확신을 줍니까(14-17)? 여기에는 어떤 뜻이 있을까요? 아브람은 어떻게 반응합니까(18)?

제12강

약속을 믿고 사는 우리

◇본문 창세기 12:10-13:18

◇요절 창세기 13:9

◇찬송 393장, 370장

1. 아브람은 왜 애굽으로 가고자 합니까(12:10)? 그는 무엇을 두려워하며, 이것을 어떻게 해결하고자 합니까(11-13)? 그는 왜 죽음을 면하려고 할까요?

두 가지 사건 속에 두 가지 흐름이 있다. 즉 겉으로 드러난 문제와 심층적인 문제이다. 여호와께서 이 문제를 친히 해결하신다.

	아브람이 사래를 누이라고 속임	아브람과 롯의 다툼
표면적 문제	두려움과 인간적인 꾀	다툼을 해결하는 믿음
심층적 문제	약속의 자녀가 위기에 처한다: 사래는 약속의 자녀를 낳아야 하므로 바로의 후궁이 되어서는 안 된다.	약속의 땅이 위기에 처한다: 롯은 약속의 아들이 아니어서 약속의 땅을 차지해서는 안 된다.

10 "그 땅에 기근이 들었으므로 아브람이 애굽에 거류하려고 그리로 내려갔으니 이는 그 땅에 기근이 심하였음이라"

◇"기근": 흉년은 생존의 문제이면서 동시에 여호와의 약속에 대한 위협이기도 하다. 여기서는 약속에 대한 관점이 더 중요하다.

◇"애굽": 가나안은 산지가 많았지만, 애굽은 나일강 유역에서 많은 곡식을 거두었다. 사람들은 식량을 얻고자 애굽으로 갔다. 아브람이 애굽으로 간 것이 약속의 땅을 버린 것은 아니다. 단지 가뭄이 계속되는 동안 잠깐 내려간 것이다. 그런데 아브람에게 어떤 고민이 있는가?

11 "그가 애굽에 가까이 이르렀을 때에 그의 아내 사래에게 말하되 내가 알기에 그대는 아리따운 여인이라"

◇"아리따운 여인이라": 사래가 아름다운 여인이다. 그것이 왜 고민인가?

12 "애굽 사람이 그대를 볼 때에 이르기를 이는 그의 아내라 하여 나는 죽이고 그대는 살리리니"

◇"나는 죽이고": 아내의 아름다움 때문에 목숨이 위태로울 수 있다. 그는 무슨 꾀를 내는가?

13 "원하건대 그대는 나의 누이라 하라 그러면 내가 그대로 말미암아 안전하고 내 목숨이 그대로 말미암아 보존되리라 하니라"

◇"나의 누이": 아브람은 자기 목숨을 지키려고 거짓말을 하려고 한다. 사래의 침묵은 남편의 계획에 동의했음을 보여준다.

아브람은 왜 죽음을 면하려고 할까? 그는 아내를 팔아먹을 정도로 냉혹한 사람인가? 아브람이 죽으면 여호와의 약속도 죽는다. 여호와의 약속을 이루려면 아브람은 살아야 한다. 비록 사래를 잃더라도 자신은 살아야 한다. 아이를 낳지 못하는 사래는 하나님의 약속을 성취하는데 필수적인 요소가 아니기 때문이다. 아브람이 큰 민족을 이루고 그 이름을 위대하게 하려면 죽어서는 안 된다. 사래는 어떤 위기를 맞는가?

2. 사래는 어떤 위기에 처했습니까(14-15)? 아브람은 사래 때문에 어떤 대접을 받습니까(16)? 그러나 여호와께서는 어떻게 그 일에 개입하십니까(17-20)? 그 일에 개입하신 여호와는 어떤 분입니까?

14 "아브람이 애굽에 이르렀을 때에 애굽 사람들이 그 여인이 심히 아리따움을 보았고"

15 "바로의 고관들도 그를 보고 바로 앞에서 칭찬하므로 그 여인을 바로의 궁으로 이끌어들인지라"

◇"바로": 애굽의 중기 왕국 시기 11왕조의 통치자 이뇨테프(Inyotef II, BC 2117-2069)를 말한다.

◇"궁으로 이끌어들인지라": 그는 아리따운 사래를 자신의 궁으로 취하여 들인다. 사래는 미모 때문에 왕의 후궁으로 추대된다. 그녀는 위기에 처했다. 그녀의 위기는 약속의 자녀가 위기에 처한 것을 보여준다.

16 "이에 바로가 그로 말미암아 아브람을 후대하므로 아브람이 양과 소와 노비와 암수 나귀와 낙타를 얻었더라"

◇"얻었더라": 아브람은 사래 때문에 살았다. 큰 재산까지 얻었다. 아브람은 애굽에 나그네로 왔지만, 사래 때문에 'VIP'가 되었다. 그러나 그는 이 모든 것을 얻었지만 결국 아내를 잃었다. 아내를 잃어버리면 그 모든 것들이 무슨 소용이 있겠는가? 여호와께서 어떻게 일하시는가?

17 "여호와께서 아브람의 아내 사래의 일로 바로와 그 집에 큰 재앙을 내리신지라"

◇"재앙을 내리신지라": 여호와께서 사래의 일로 바로와 그 집안에 무서운 재앙을 내리셨다. 바로는 사래 때문에 아브람을 잘해 주었다. 아브람은 사래 때문에 큰 재산까지 얻었다. 그러나 여호와께서는 사래 때문에 전

혀 다르게 반응하셨다.

◇"재앙": 피부병으로 생각한다. 바로는 무엇을 깨닫는가?

18 "바로가 아브람을 불러서 이르되 네가 어찌하여 나에게 이렇게 행하였느냐 네가 어찌하여 그를 네 아내라고 내게 말하지 아니하였느냐"

◇"어찌하여 나에게 이렇게 행하였느냐": 여호와께서 아담과 하와에게 하신 말씀을 기억나게 한다(3:13a). 에덴동산의 불순종과의 연결은 아브람이 잘못했고, 그 잘못에 대한 영향이 있음을 알려준다.

19 "네가 어찌 그를 누이라 하여 내가 그를 데려다가 아내를 삼게 하였느냐 네 아내가 여기 있으니 이제 데려가라 하고"

◇"이제 데려가라": 사래는 여호와의 은총으로 위기에서 벗어났다.

20 "바로가 사람들에게 그의 일을 명하매 그들이 그와 함께 그의 아내와 그의 모든 소유를 보내었더라"

◇"보내었더라": 바로는 여호와께서 아브람과 사래를 보호하고 계심을 인정했기 때문에 보복하지 않았다.

왜 여호와께서는 바로와 그 집에 큰 재앙을 내리셨을까? 사래를 보는 렌즈가 아브람과 여호와가 서로 다름을 알 수 있다. 여호와의 계획은 너무나 중요하기 때문에 그 누구도 그것을 망칠 수 없다. 사래가 위기에 처하는 것은 곧 여호와의 약속이 위기에 처하는 것이다. 사래를 잃으면 여호와께서 아브람에게 주실 약속의 통로가 없어진다. 그래서 여호와께서는 당신의 약속을 이루기 위해서 즉각적으로 개입하신다. 그 결과 아브람은 첫 번째 자식(후계자)의 위기를 잘 넘겼다. 그는 또 어떤 위기를 만나고, 그 위기를 어떻게 해결하는가?

3. 아브람은 애굽에서 나와 어디로 갔으며, 그곳에서 무엇을 합니까(13:1-4)? 왜 아브람의 목자와 롯의 목자가 서로 다툽니까(5-7)? 그들

은 왜 서로 다투어서는 안 됩니까(8)? 이 말이 당시 회중에게 주는 의미는 무엇일까요?

1 "아브람이 애굽에서 그와 그의 아내와 모든 소유와 롯과 함께 네게브로 올라가니"

◇"네게브": '남쪽(south)'이라는 뜻이다. 애굽은 '네게브'에 있다. 반면 약속의 땅 가나안은 '네게브' 위에 있다. 그는 남쪽에서 북쪽으로, 약속의 땅으로 발걸음을 돌린다.

2 "아브람에게 가축과 은과 금이 풍부하였더라"

◇"풍부하였더라": 그는 애굽으로 갔을 때는 가난했는데, 나올 때는 풍부했다.

3 "그가 네게브에서부터 길을 떠나 벧엘에 이르며 벧엘과 아이 사이 곧 전에 장막 쳤던 곳에 이르니"

4 "그가 처음으로 제단을 쌓은 곳이라 그가 거기서 여호와의 이름을 불렀더라"

◇"처음으로 제단을 쌓은 곳이라": "세겜 땅 모레 상수리나무", "내가 이 땅을 네 자손에게 주리라", "그곳에 제단을 쌓고"(12:6-7). 그는 그곳으로 돌아왔다.

◇"여호와의 이름을 불렀더라": 그는 그곳에서 여호와의 이름을 불렀다. 그는 믿음의 첫자리로 돌아왔다. 애굽에서의 실패를 거울삼아 새롭게 시작한다. 그는 여호와 중심으로 생활한다. 그러나 또 어떤 문제를 만나는가?

5 "아브람의 일행 롯도 양과 소와 장막이 있으므로"

6 "그 땅이 그들이 동거하기에 넉넉하지 못하였으니 이는 그들의 소유가 많

아서 동거할 수 없었음이니라"

◇"넉넉하지 못하였으니", "소유가 많아서": 갈등의 원인은 역설적이다. 아브람과 롯에 대한 하나님의 축복이 문제의 원인이다. 한정된 목초지, 물을 공유해야 한다는 심각한 문제가 생겼다. 그들은 하나님의 축복 때문에 함께 할 수 없다. 고생은 같이해도 축복은 함께 할 수 없는가?

7 "그러므로 아브람의 가축의 목자와 롯의 가축의 목자가 서로 다투고 또 가나안 사람과 브리스 사람도 그 땅에 거주하였는지라"

◇"가나안 사람과 브리스 사람도 그 땅에 거주하였는지라": 원주민이 좋은 장소를 차지했을 것이다. 그들과 싸워서 이기려면 아브람과 롯은 힘을 합쳐야 한다. 그러나 다툼이 생겼다.

8 "아브람이 롯에게 이르되 우리는 한 친족이라 나나 너나 내 목자나 네 목자나 서로 다투게 하지 말자"

◇"한 친족이라": '형제(kinsmen)'를 뜻한다. 아브람은 개인적인 번영보다는 가족 간의 평화를 중요하게 여긴다. 가인이 분노하는 가운데 형제에 대한 책임을 저버렸다(4:9). 그러나 아브람은 달랐다. 그는 어떤 제안을 하는가?

4. 아브람은 그 다툼을 해결하기 위해서 어떤 제안을 합니까(9)? 어떻게 이런 제안을 할 수 있을까요? 롯이 가나안을 선택하면 어떤 문제가 생길까요?

9 "네 앞에 온 땅이 있지 아니하냐 나를 떠나가라 네가 좌하면 나는 우하고 네가 우하면 나는 좌하리라"

◇"떠나가라": 평화를 지키기 어려우면 떨어져서 섬기는 것도 좋은 일이다. 싸우지 말고 잘 분립하는 것도 중요하다.

◇"좌하면 나는 우하고": 아브람은 롯에게 선택권을 먼저 주었다. 그는 약속의 땅을 나눠서 가지려고 한다. 그는 자기 중심적이지 않다.

그는 어떻게 이런 제안을 할 수 있을까? 첫째로, 그는 롯을 후계자로 생각했기 때문이다. 후계자에게 양보하는 일은 여유롭다. 아브람은 롯을 후계자로 생각하기 때문에 사래를 대하는 것과는 사뭇 다르다.

둘째로, 그는 여호와의 약속을 믿기 때문이다. "여호와께서 아브람에게 나타나 이르시되 내가 이 땅을 네 자손에게 주리라 하신지라..."(12:7). 그는 '애굽 사건'을 통해서 자기 계획이나 욕심으로 살 수 없음을 알았다. 어떤 상황에서도 여호와를 믿고 사는 것이 최선임을 알았다. 비록 버릴지라도 여호와께서는 그것을 주시는 분이다. 그래서 그는 관대하고 걱정이 없다. 약속의 수혜자는 욕심스럽게 자기 미래의 소유를 지킬 필요가 없다. 오히려 그는 자기를 부인하고 더 좋은 부분을 롯에게 양보할 수 있다.

그러나 만일 롯이 가나안을 선택하게 되면 어떤 문제가 생길까? 롯이 가나안을 택하면 약속의 자녀에게 줄 땅에 문제가 생긴다. 왜냐하면 롯은 약속의 자녀가 아니기 때문이다. 그런 점에서 볼 때, 즉 아브람이 미처 생각하지 못한 상황이지만 땅이 위기에 놓였다. 여호와께서는 그 위기를 여호와께서 어떻게 해결하시는가?

5. 롯은 어디를 택합니까(10-11)? 그러나 그곳은 어떤 곳입니까(12-13)? 그는 왜 이런 곳을 택하였을까요? 이로써 위기에 처한 약속의 땅은 어떻게 됩니까?

10 "이에 롯이 눈을 들어 요단 지역을 바라본즉 소알까지 온 땅에 물이 넉넉하니 여호와께서 소돔과 고모라를 멸하시기 전이었으므로 여호와의 동산 같고 애굽 땅과 같았더라"

◇"요단 지역을 바라본즉": 롯은 요단 지역을 바라보았다.

◇"여호와의 동산 같고 애굽 땅과 같았더라": 요단 온 들판이 소알에 이르

기까지 물이 넉넉한 것이 마치 여호와의 동산과도 같고 애굽 땅과도 같았다. 그곳은 풍요로운 곳인데, 아담과 하와의 죄를 생각나게 한다. '선악을 알게 하는 나무'가 하와의 마음을 사로잡았듯이(3:6), 요단의 비옥한 골짜기가 롯을 사로잡는다.

11 "그러므로 롯이 요단 온 지역을 택하고 동으로 옮기니 그들이 서로 떠난지라"

◇"택하고": 롯은 아브람의 제안 가운데 어느 것도 선택하지 않았다. 아브람은 왼쪽이나 오른쪽을 말했는데, 그는 동편에 있는 요단을 택한다. 요단은 가나안의 동쪽 경계였다. 그는 약속에 대해서는 무관심하고 살기 좋은 곳만을 생각했다. 그는 세속적이다. 그리고 지극히 자기중심적이다.

◇"동으로 옮기니": 롯이 취한 그 방향은 여호와의 심판을 암시한다.

◇"서로 떠난지라": 롯은 아브람에게서 떠났고, 약속의 땅 가나안을 떠났다. 그는 상속자의 위치를 떠났다.

12 "아브람은 가나안 땅에 거주하였고 롯은 그 지역의 도시들에 머무르며 그 장막을 옮겨 소돔까지 이르렀더라"

◇"아브람은 가나안 땅에 거주하였고": 롯이 동쪽을 택함으로써 아브람은 약속의 땅에 남았다.

◇"소돔까지 이르렀더라": 롯은 소돔까지 이르렀다. 소돔은 어떤 곳인가?

13 "소돔 사람은 여호와 앞에 악하며 큰 죄인이었더라"

◇"큰 죄인이었더라": 소돔은 여호와 앞에서 악하였으며, 온갖 죄를 짓고 있었다.

롯은 왜 이런 곳을 택하였을까? 첫째로, 보기에 좋았기 때문이다. 풍요로운 곳이기 때문이다. 그는 눈에 보이는 것을 기초로 선택했다. 그는 실용주의자이다. 그는 낙원에서 살고 있다고 생각하는 순간, 지옥과 같은 구렁텅이로 빠져들게 된다.

둘째로, 자기중심적이기 때문이다. 그는 아브람에 대해서는 아무 생각도 하지 않고, 오직 자기만을 생각하고 선택했다. 믿음으로 행하는 사람과 보이는 것으로 행하는 자의 차이를 보여준다.

이로써 위기에 처한 약속의 땅은 어떻게 되었는가? 롯은 가나안을 택하지 않았다. 그가 가나안을 택하지 않음으로써 약속의 재녀에게 주려는 약속의 땅은 위기를 벗어났다. 여호와의 약속, 즉 "가나안을 주시겠다."라는 그 약속은 안전하게 유지되었다. 여호와께서 아브람에게 무엇을 확신하도록 도우시는가?

6. 여호와께서는 아브람에게 언제, 무엇에 대하여 다시 확신을 줍니까 (14-17)? 여기에는 어떤 뜻이 있을까요? 아브람은 어떻게 반응합니까 (18)?

14 "롯이 아브람을 떠난 후에 여호와께서 아브람에게 이르시되 너는 눈을 들어 너 있는 곳에서 북쪽과 남쪽 그리고 동쪽과 서쪽을 바라보라"

◇"롯이 아브람을 떠난 후에": 두 가지 점에서 생각할 수 있다. 첫째로, 롯의 떠남은 여호와의 약속이 위협받는 일이다. 왜냐하면 아브람은 롯을 후계자로 생각했기 때문이다. 지금까지 상속자로 생각했던 롯이 떠남으로 아브람에게 상속자는 없어졌다. 둘째로, 롯의 떠남은 섭섭함, 마음의 상처가 되었다. 이런 상황에서 여호와께서 나타나신다. 여호와께서 이 두 가지 점을 생각하면서 아브람에게 말씀하신다.

◇"눈을 들어", "바라보라": 재산의 권리를 이양할 때 사용하는 법률적인 표현이다. 언약 관계를 말할 때도 사용한다. 여호와께서는 땅에 대한 약속을 다시 강조하신다.

15 "보이는 땅을 내가 너와 네 자손에게 주리니 영원히 이르리라"

◇"너와 네 자손에게 주리니": 여호와께서 앞에서는 "그 자손에게 주신다."

라고 약속하셨다(12:7). 그러나 이번에는 "아브람 자신과 그 자손에게 주신다."라고 말씀하신다. 아브람의 자식에 대한 마음을 아시고 소망을 주신다. 좀 더 멀리 생각하면 롯이 아닌 진짜 자식을 주시겠다는 의도가 담겨 있다. 하지만 아직은 깨닫지 못한다.

◇"영원히 이르리라": 그 땅은 아브람과 그 자손에게 영원토록 주실 것이다. 그 자손은 어떻게 되는가?

16 "내가 네 자손이 땅의 티끌 같게 하리니 사람이 땅의 티끌을 능히 셀 수 있을진대 네 자손도 세리라"

◇"티끌 같게": 여호와께서 그의 자손을 땅의 먼지처럼 셀 수 없이 많아지게 하신다. 누구든지 땅 위의 티끌을 셀 수 있는 사람이 있다면, 그 사람은 아브람의 자손도 셀 수 있을 것이다. 역설법이다. 자손이 너무 많아서 결국 셀 수 없다. 아브람은 롯을 약속의 자녀로 생각해서 고민했다. 이 점을 여호와께서 해결하신다.

17 "너는 일어나 그 땅을 종과 횡으로 두루 다녀 보라 내가 그것을 네게 주리라"

◇"네게 주리라": 여호와께서는 땅을 강조하신다. 여호와께서는 아브람에게 다시 '자식'과 '땅'을 강조하신다. 아브람이 롯과 헤어짐으로써 이 두 가지 문제가 마음에 남았기 때문이다. 아브람은 롯을 후계자로 생각해서는 안 된다. 여호와께서 친히 후계자를 주실 것이다. 그리고 그는 땅에 대해서도 분명함을 가져야 한다. 여호와께서 땅도 친히 주실 것이다. 그는 여호와의 말씀 앞에서 어떻게 하는가?

18 "이에 아브람이 장막을 옮겨 헤브론에 있는 마므레 상수리 수풀에 이르러 거주하며 거기서 여호와를 위하여 제단을 쌓았더라"

◇ "제단을 쌓았더라": 아브람은 상수리나무들이 있는 곳으로 가서 살았다. 그는 그곳에서 여호와를 위하여 제단을 쌓았다.

여기서 볼 때 아브람과 여호와는 어떤 분이신가? 아브람은 자기 생각을 부인하고 여호와의 말씀을 영접한다. 그는 다시 처음으로 돌아온다. 감사의 예배를 드린다. 그의 삶은 처음부터 끝까지 여호와의 약속을 붙들고, 여호와께 예배드림으로 시작하고 마친다. 여호와 중심으로 산다. 두 사건을 통해서 아브람은 나름의 신앙이 있는데, 그 약점을 드러냈다. 하지만 여호와께서 그 약점을 친히 감당해주신다. 여호와께서 약속을 친히 이루어 가신다.

제13강

누가 승리의 복을 누릴 수 있는가

◇본문 창세기 14:1-24

◇요절 창세기 14:20

◇찬송 429장, 391장

1. 언제, 누가, 어디에서 서로 싸웁니까(1-3)? 그들은 왜 싸웁니까(4)? 그 싸움에서 누가 이깁니까(5-7)?

2. 소돔 왕 일행은 어디에 진을 쳤으며, 그곳은 어떤 곳입니까(8-10a)? 소돔 왕 일행은 그 싸움에서 어떻게 되었습니까(10b-11)? 누구까지 포로로 끌려갔습니까(12)?

3. 누가 이 소식을 아브람에게 알렸으며, 그때 아브람은 어떤 위치에 있었습니까(13)? 그는 롯의 소식을 듣고 어떻게 행동합니까(14)? 그는 왜 롯을 구하려고 할까요? 그 싸움에서 누가 승리합니까(15-16)?

4. 아브람이 전쟁에서 승리하고 돌아올 때 누가 그를 영접했나요(17-18a)? 멜기세덱은 어떤 사람이며, 아브람을 어떻게 축복합니까(18b-20a)? 아브람이 전쟁에서 이기고 승리의 복을 누릴 수 있는 비결은 무엇입니까?

5. 아브람은 멜기세덱의 축복 앞에서 어떻게 반응합니까(20b)? 여기에는 무슨 뜻이 있을까요? 소돔 왕은 아브람에게 무슨 제안을 합니까(21)? 여기에는 어떤 위험이 있나요?

6. 아브람은 소돔 왕의 제안을 얼마나 단호하게 거절합니까(23b)? 왜 그렇게 거절합니까(23a)? 거절할 수 있는 용기는 어디서 옵니까(22)? 이 사실이 오늘 우리에게 주는 의미는 무엇일까요? 그는 다만 무엇만 요구합니까(24)?

제13강

누가 승리의 복을 누릴 수 있는가

◇본문 창세기 14:1-24
◇요절 창세기 14:20
◇찬송 429장, 391장

1. 언제, 누가, 어디에서 서로 싸웁니까(1-3)? 그들은 왜 싸웁니까(4)? 그 싸움에서 누가 이깁니까(5-7)?

1 "당시에 시날 왕 아므라벨과 엘라살 왕 아리옥과 엘람 왕 그돌라오멜과 고임 왕 디달이"

◇"당시에": 시간적 배경을 말한다. 이 사건은 13장과 같은 시대에 일어났다.

◇"시날", "엘라살", "엘람", "고임": 그들은 모두 동방의 왕들이다. 그들의 활동지역은 매우 넓다. 이 지역은 흑해로부터 페르시아만까지 이르는 메소포타미아 지역이다. 그들이 누구와 싸우는가?

2 "소돔 왕 베라와 고모라 왕 비르사와 아드마 왕 시납과 스보임 왕 세메벨과 벨라 곧 소알 왕과 싸우니라"

◇"소돔", "고모라", "아드마", "스보임", "벨라": 서방의 다섯 왕이다.

◇"싸우니라": 네 명의 동방 왕이 다섯 명의 서방 왕과 싸운다. 어떻게 싸우는가?

3 "이들이 다 싯딤 골짜기 곧 지금의 염해에 모였더라"

◇"이들이": 서방의 다섯 왕이다. 그들은 왜 싸우는가?

4 "이들이 십이 년 동안 그돌라오멜을 섬기다가 제십삼 년에 배반한지라"

◇"배반한지라": 서방 왕들이 동방 왕들을 12년간 섬겼다. 그러나 이제 반란을 일으킨 것이다. 그들은 아마도 공물이나 세금 납부를 거절했을 것이다.

5 "제십사 년에 그돌라오멜과 그와 함께 한 왕들이 나와서 아스드롯 가르나임에서 르바 족속을, 함에서 수스 족속을, 사웨 기랴다임에서 엠 족속을 치고"

◇"제십사 년": 14년째 되는 해 그돌라오멜이 자기와 동맹을 맺은 왕들을 데리고 일어났다. 전쟁의 원인은 서방 세력의 배반에 있었다. 하지만 전쟁은 동방 세력으로부터 시작한다. 동방 왕들은 서방 왕들의 반역을 진압하기 위해 요단 골짜기를 침략한다.

◇"르바 족속": 이스라엘 점령 이전의 가나안의 원주민 중 한 족속이다. 옥(Og) 왕은 9 규빗이나 되는 침대를 사용했다. 하지만 이런 족속도 동방의 군대 앞에서는 힘을 쓰지 못한다. 동방의 군대가 그만큼 대단했다.

6 "호리 족속을 그 산 세일에서 쳐서 광야 근방 엘바란까지 이르렀으며"

7 "그들이 돌이켜 엔미스밧 곧 가데스에 이르러 아말렉 족속의 온 땅과 하사손다말에 사는 아모리 족속을 친지라"

◇"아모리 족속을 친지라": 동방의 연합군은 적들을 파죽지세로 공격했다. 소돔은 어떻게 대응하는가?

2. 소돔 왕 일행은 어디에 진을 쳤으며, 그곳은 어떤 곳입니까(8-10a)?

소돔 왕 일행은 그 싸움에서 어떻게 되었습니까(10b-11)? 누구까지 포로로 끌려갔습니까(12)?

8 "소돔 왕과 고모라 왕과 아드마 왕과 스보임 왕과 벨라 곧 소알 왕이 나와서 싯딤 골짜기에서 그들과 전쟁을 하기 위하여 진을 쳤더니"

◇"소돔 왕": 소돔 왕과 고모라 왕과 아드마 왕과 스보임 왕과 벨라 왕 곧 소알 왕이 싯딤 벌판으로 출전하여 그들과 맞서서 싸웠다. 사해 지역의 동맹군들이 싯딤 골짜기에서 적들과 싸운다.

9 "엘람 왕 그돌라오멜과 고임 왕 디달과 시날 왕 아므라벨과 엘라살 왕 아리옥 네 왕이 곧 그 다섯 왕과 맞서니라"

◇"엘람 왕": 이 다섯 왕은 네 왕을 맞아서 싸웠다. 요단 지역의 왕들은 싯딤에 모여서 침략한 왕들과 일전을 벌인다. 그 싸움의 결과는 어떠한가?

10 "싯딤 골짜기에는 역청 구덩이가 많은지라 소돔 왕과 고모라 왕이 달아날 때에 그들이 거기 빠지고 그 나머지는 산으로 도망하매"

◇"도망하매": 사해 지역의 동맹군이 전쟁에서 패했다.

◇"역청 구덩이": 전략적 요충지였다. 따라서 이곳에 배수의 진을 쳤다.

◇"빠지고": 그러나 오히려 그것이 장애물이었다. 일부는 그곳에 빠졌다.

◇"산으로 도망하매": 나머지는 산으로 달아났다.

11 "네 왕이 소돔과 고모라의 모든 재물과 양식을 빼앗아 가고"

◇"빼앗아 가고": 쳐들어온 네 왕은 소돔과 고모라에 있는 모든 재물과 먹거리를 빼앗았다. 그 피해가 누구에게까지 닥쳤는가?

12 "소돔에 거주하는 아브람의 조카 롯도 사로잡고 그 재물까지 노략하여 갔더라"

◇"롯도 사로잡고": 그들은 롯까지 사로잡고, 재산까지 빼앗았다. 아브람

곁을 떠났던 롯은 포로로 끌려갔다. "고래 싸움에 새우 등이 터졌다." 이런 국제정세 속에서 롯이 실제적인 피해를 입었다. 누가 이 소식을 아브람에게 알렸는가?

3. 누가 이 소식을 아브람에게 알렸으며, 그때 아브람은 어떤 위치에 있었습니까(13)? 그는 롯의 소식을 듣고 어떻게 행동합니까(14)? 그는 왜 롯을 구하려고 할까요? 그 싸움에서 누가 승리합니까(15-16)?

13 "도망한 자가 와서 히브리 사람 아브람에게 알리니 그 때에 아브람이 아모리 족속 마므레의 상수리 수풀 근처에 거주하였더라 마므레는 에스골의 형제요 또 아넬의 형제라 이들은 아브람과 동맹한 사람들이더라"

◇"아브람에게 알리니": 그곳에서 도망쳐 나온 사람 하나가 히브리 사람 아브람에게 와서 이 사실을 알렸다. 아브람은 그때 지위가 어떠했는가?

◇"히브리 사람"(עִבְרִי, *이브리*): 이스라엘 사람은 자신을 이렇게 부르지 않았다. 이방 사람이 이스라엘 사람에 대하여 사용한 용어이다. 그 의미는 무엇일까? 첫째로, 지리적인 용어로 '강을 넘어 온 사람'이라는 뜻이다. 둘째로, 사회적 용어로 '땅이 없는 백성'을 말한다. 후에 '아피루(Apiru)', '하비루(the Habiru)'로 불리면서 사회적으로 외국인 노예들, 용병들과 심지어 약탈자들까지 포함했다. 셋째로, 민족적 용어로 족장 '에벨'과 관계가 있다. 에벨은 땅이 나눠지기 전 셈 계열의 마지막 조상이다(10:21–25). 즉 '히브리인'이란 에벨을 통한 합법적인 셈의 후손임을 보여주는 것이다.

◇"상수리 수풀 근처에 거주하였더라": 아브람은 롯이 살던 곳에서 멀리 떨어지지 않는 곳에서 살았다.

◇"동맹한 사람들이더라": 아브람에게는 동맹을 맺은 사람이 있었다. 그는 롯의 소식을 듣고 무엇을 하는가?

14 "아브람이 그의 조카가 사로잡혔음을 듣고 집에서 길리고 훈련된 자 삼백 십팔 명을 거느리고 단까지 쫓아가서"

◇"집에서 길리고 훈련된 자": 집에서 태어난 사람들이나 하인들을 말한다. 돈으로 산 사람이 아니다. 아브람의 가정에 소속된 사람들 사이에서 태어난 자식들을 의미한다. 가장 믿을만한 사람들이다. 전체는 천 명이 넘었을 것이다.

◇"318명": 기드온의 3백 용사를 연상하게 한다(삿 7:6).

아브람의 위상이 어느 정도 커졌는가? 그는 상당한 세력을 갖고 있다. 그는 이미 족장 정도의 위치로 컸다. 그는 네 명의 왕들과 전면전을 할 정도로 힘을 가졌다. '큰 나라'를 이루는 기초를 닦고 있다. 아직 상속자는 없지만, 외형은 커졌다.

◇"단까지 쫓아가서": 그는 사병을 데리고 단까지 쫓아갔다. 아브람은 즉각적으로 롯을 구출하려고 전쟁에 참여한다.

15 "그와 그의 가신들이 나뉘어 밤에 그들을 쳐부수고 다메섹 왼편 호바까지 쫓아가"

◇"쳐부수고": 아브람은 그들을 추격하여 야간 기습으로 승리하였다. 아브람의 군대는 그 막강한 동맹군들을 이길 만큼 강한 군대이다.

아브람은 왜 이렇게 신속하게 전쟁에 참여할까? 첫째로, 약속의 땅이 침략받았기 때문이다. 현실적으로 그 땅이 자기 것은 아니다. 하지만 그 땅은 여호와께서 주실 약속의 땅이다. 그는 약속의 땅을 지켜야 한다. 약속의 땅을 지키기 위해서 전쟁에 참여한다.

둘째로, 아브람은 자기 곁을 떠나 있는 롯을 아직도 약속의 자녀로 생각하기 때문이다. 자기 곁을 떠난 롯을 인간적으로 생각하면, '하나님의 벌을 받았다.'라고 생각하며 소극적으로 반응할 수 있다. 하지만 아브람은 롯을 구하기 위해서 막대한 희생을 감당하면서까지 전쟁에 참여한다. 그는 아직도 롯을 상속자로 보고 있다. 따라서 그가 죽으면 약속도, 자신의 삶도 다 끝나고 만다. 롯을 약속의 자녀로 보기 때문에 희생을 감당하면서까지 구출할 수 있다. 실용주의적 가치로 보면 이런 희생을 할 수 없다. 실용주의보다 구속적 가치가 더 우선할 때 희생을 하면서 사람을 살릴 수 있다.

우리 곁을 떠난 사람이 어려움을 겪을 때 희생하면서까지 도와줄 수 있을까? 그 사람을 보는 눈이 중요하다. 그 사람을 단순히 인간적으로만 보면 도와줄 수 없다. 하나님의 구속 사역 편에서 보면 도와줄 수 있다. 하나님께서 그 사람을 캠퍼스의 후계자로 삼으셨다는 믿음이 있으면 도울 수 있다. 원수가 약속의 땅을 침략한다고 생각하면 도울 수 있다. 그때 우리가 극복해야 할 것은 실용주의이다. 우리가 사람을 돕고자 할 때 실용주의에 갇히면 돕지 못한다. 사람을 돕는 일에는 반드시 희생이 따르기 때문이다. 그 영혼을 최고로 여기고, 하나님의 구속 사역을 최고의 가치로 여길 때만이 희생을 감당할 수 있다.

"라이언 일병 구하기"라는 영화는 실용주의 사회에서 실용주의를 극복하고 '미국적 가치'를 높인 영화이다. 우리가 양을 세상으로부터 구하기 위해서 돈, 시간을 희생한다. 하나님의 눈으로 그 사람을 보기 때문이다. 이것을 우리는 '목자의 마음'이라고 부른다. 목자의 마음은 '구속적 가치'를 높일 때만이 가질 수 있다.

16 "모든 빼앗겼던 재물과 자기의 조카 롯과 그의 재물과 또 부녀와 친척을 다 찾아왔더라"

이브람이 전쟁에서 이긴 사실을 통해서 무엇을 알 수 있는가? 첫 번째 전쟁에서 그돌라오멜 연합군은 소돔 왕의 연합군을 대파했다. 두 번째 전쟁에서 그돌라오멜은 가나안의 주민과 사해의 왕을 대파했다. 그들이 이렇게 두 번씩이나 이겼다는 것은 그들이 막강 군대임을 보여준다. 그러나 세 번째 전쟁에서 그들은 아브람에게 지고 만다. 아브람은 최후의 승리자가 되었다. 아브람이 승리하고 돌아올 때 누가 그를 어떻게 영접하는가?

4. 아브람이 전쟁에서 승리하고 돌아올 때 누가 그를 영접했나요(17-18a)? 멜기세덱은 어떤 사람이며, 아브람을 어떻게 축복합니까(18b-20a)? 아브람이 전쟁에서 이기고 승리의 복을 누릴 수 있는 비결은 무엇입니까?

17 **"아브람이 그돌라오멜과 그와 함께 한 왕들을 쳐부수고 돌아올 때에 소돔 왕이 사웨 골짜기 곧 왕의 골짜기로 나와 그를 영접하였고"**

18 **"살렘 왕 멜기세덱이 떡과 포도주를 가지고 나왔으니 그는 지극히 높으신 하나님의 제사장이었더라"**

◇"살렘": '평화로운'이라는 뜻인데, 예루살렘을 말한다.

◇"멜기세덱": '왕'을 의미하는 '멜렉'과 '의로운'을 의미하는 '체데크'의 합성어이다. '의로운 왕'을 뜻한다. 메시아의 예표 내지는 선구자를 뜻한다.

◇"떡과 포도주": 그 시대 보통의 음식과 음료수였다. 그는 아브람을 위해서 신선한 음식을 가져왔다. 그는 아브람에게 와서 무엇을 하는가?

19 **"그가 아브람에게 축복하여 이르되 천지의 주재이시요 지극히 높으신 하나님이여 아브람에게 복을 주옵소서"**

◇"아브람에게 축복하여": 멜기세덱은 아브람에게 떡과 포도주를 준 후에 축복하였다.

◇"천지의 주재이시오": 하늘과 땅을 지으신 하나님, 창조주 하나님이시다.

◇"지극히 높으신 하나님이여": 가장 높으신 하나님, 세상의 그 어떤 신들보다 가장 뛰어나신 하나님이시다.

◇"복을 주옵소서": 아브람을 인하여 땅의 모든 족속이 복을 얻는다는 것을 알았다(12:3).

20 **a** **"너희 대적을 네 손에 붙이신 지극히 높으신 하나님을 찬송할지로다**

하매..."

◇"대적을 네 손에 붙이신": 아브람의 승리의 원천은 막강한 군대가 아니었다. 지극히 높으신 하나님이셨다. 하나님께서는 아브람에게 약속의 땅을 노략질한 대적을 무찌르는 승리를 주셨다. 아브람은 하나님의 축복으로 약속의 땅을 침략한 대적을 물리쳤다. 멜기세덱의 축복을 받은 아브람은 어떻게 반응하는가?

5. 아브람은 멜기세덱의 축복 앞에서 어떻게 반응합니까(20b)? 여기에는 무슨 뜻이 있을까요? 소돔 왕은 아브람에게 무슨 제안을 합니까(21)? 여기에는 어떤 위험이 있나요?

20 b "...아브람이 그 얻은 것에서 십 분의 일을 멜기세덱에게 주었더라"

◇"십 분의 일": 아브람은 가지고 있는 모든 것에서 열의 하나를 멜기세덱에게 주었다. 이 사실은 무엇을 뜻하는가? 그것은 자신의 승리가 하나님께서부터 왔음을 인정하는 행위이다. 그것은 일종의 신앙고백이다.

오늘 우리에게 주는 의미는 무엇일까? 우리의 삶 속에서 일어난 승리와 축복이 우리로 인한 것이 아니고 여호와로 인한 것임을 인정하고 고백하는 것이 중요하다. 그리고 그 고백은 구체적인 드림으로 나타난다. 그것이 십일조일 수 있다.

십일조 헌금의 의미는 무엇인가? 이것은 우리에게 복을 주신 분이 하나님이심을 믿고 고백하는 행위이다. 승리의 복을 주신 하나님을 잊지 않고 감사하고 기억하는 행위이다. 우리는 어려운 경제 상황에서도 물질을 주신 하나님께 감사하고 드린다. 소돔 왕은 아브람에게 무슨 제안을 하는가?

21 "소돔 왕이 아브람에게 이르되 사람은 내게 보내고 물품은 네가 가지라"

◇"네가 가지라": 소돔 왕은 멜기세덱과 대조된다. 아브람이 되찾아온 모든 전리품 중에서 사람만 자신에게 보내고 물건은 아브람이 취하도록

제안한다. 보통 전리품은 정복자에게 권리가 있었다. 그런데도 그는 이런 제안을 한다. 자기가 왕이기 때문에 이런 제안을 한 것이다.

여기에는 어떤 위험이 있는가? 그것은 세상적 이익과 하나님의 축복을 섞어버릴 수 있다. 사람을 다 보내고 물품만 챙기면 아브람의 재산은 점점 더 많아진다. 그러면 소돔 왕 때문에 부자가 된 것으로 오해받을 수 있다. 그러면 성공의 정점에서 하나님께 돌아갈 영광을 사람에게 줄 수 있다. 아브람은 이 위기를 어떻게 극복하는가?

6. 아브람은 소돔 왕의 제안을 얼마나 단호하게 거절합니까(23b)? 왜 그렇게 거절합니까(23a)? 거절할 수 있는 용기는 어디서 옵니까(22)? 이 사실이 오늘 우리에게 주는 의미는 무엇일까요? 그는 다만 무엇만 요구합니까(24)?

22 "아브람이 소돔 왕에게 이르되 천지의 주재이시요 지극히 높으신 하나님 여호와께 내가 손을 들어 맹세하노니"

◇"맹세하노니": 아브람은 멜기세덱이 강조했던 그 하나님을 믿었다. 세상을 창조하시고, 전쟁에서 승리를 주신 하나님, 복을 주신 하나님을 믿었다. 이 하나님께 대한 믿음이 소돔 왕의 제안을 분별할 수 있는 분별력을 낳게 한다. 그리고 단호하게 거절할 힘을 주었다.

23 "네 말이 내가 아브람으로 치부하게 하였다 할까 하여 네게 속한 것은 실 한 오라기나 들메끈 한 가닥도 내가 가지지 아니하리라"

◇"가지지 아니하리라": 아브람은 그의 제안을 단호하게 거절한다. 그는 하나님께로부터 오는 것은 받지만 소돔으로부터는 한 톨도 받지 않고자 한다. 그는 왜 거절할까?

◇"내가 아브람으로 치부하게 하였다": 아브람이 소돔 왕의 제안을 거절한

이유이다. 아브람은 소돔 왕이 자신을 부자 되게 했다는 말을 들을까 염려했다. 아브람은 승리의 복이 하나님께로부터 왔으며, 소돔 왕의 제의를 통해 어떤 식으로든 이 사실을 놓치지 않아야 함을 알았다. 그가 이렇게 거절할 수 있는 용기는 어디서 왔는가?

24 "오직 젊은이들이 먹은 것과 나와 동행한 아넬과 에스골과 마므레의 분깃을 제할지니 그들이 그 분깃을 가질 것이니라"

◇"가질 것이니라": 아브람은 최소한의 것만 취한다. 그는 자기와 함께 한 사람들과 그 복을 나눈다.

이 사실이 오늘 우리에게 주는 의미는 무엇일까? 믿음의 사람은 오직 하나님의 축복만을 사모해야 한다. 좀 더 갖고자 하는 욕심, 쉽게 얻으려는 욕심을 부리지 않아야 한다. 하나님의 축복에 감사하고 만족해야 한다.

제14강

아브람의 믿음, 나의 믿음

◇본문 창세기 15:1-21
◇요절 창세기 15:6
◇찬송 545장, 546장

1. 여호와께서는 아브람에게 언제, 어떻게 찾아오셨습니까(1)? 그에게는 어떤 두려움이 있을까요? '방패'와 '상급'이란 무슨 뜻일까요? 아브람은 '지극히 큰 상급'을 무엇으로 생각했습니까(2)? 그의 불평은 어디에서 비롯되었을까요?

2. 여호와께서는 그런 그에게 어떤 확신을 심습니까(4-5)? '자손이 뭇별과 같다.'라는 말은 약속의 어떤 점을 강조할까요?

3. 이에 대한 아브람의 반응이 어떠합니까(6a)? '믿었다'라는 말은 무슨 뜻입니까? 여호와께서는 그런 그를 어떻게 여기십니까(6b)? '의'란 무엇입니까? 이 사실이 오늘 우리에게 주는 의미는 무엇입니까?

4. 여호와는 어떤 분이십니까(7)? 여호와의 말씀 앞에서 아브람은 또 어떤 고민에 빠집니까(8)? 여호와께서는 그런 그를 어떻게 도우십니까(9-11)?

5. 약속의 성취 앞에서 어떤 일들이 일어나게 됩니까(12-16)? 여호와께서는 그 약속이 실현될 것임을 어떻게 보여주십니까(17-21)? 여호와의 약속은 반드시 이루어지지만, 그에 앞서 고통이 있다는 사실이 오늘 우리에게 주는 의미는 무엇일까요?

제14강

아브람의 믿음, 나의 믿음

◇본문 창세기 15:1-21
◇요절 창세기 15:6
◇찬송 545장, 546장

1. 여호와께서는 아브람에게 언제, 어떻게 찾아오셨습니까(1)? 그에게는 어떤 두려움이 있을까요? '방패'와 '상급'이란 무슨 뜻일까요? 아브람은 '지극히 큰 상급'을 무엇으로 생각했습니까(2)? 그의 불평은 어디에서 비롯되었을까요?

1 **"이 후에 여호와의 말씀이 환상 중에 아브람에게 임하여 이르시되 아브람아 두려워하지 말라 나는 네 방패요 너의 지극히 큰 상급이니라"**

◇"이 후에": 아브람은 자기 조카 롯이 사로잡혀 갔다는 말을 듣고 사병을 데리고 가서 그를 구했다. 그리고 모든 재물도 되찾았다. 하지만 그는 실오라기 하나나 신발 끈 하나라도 가지지 않았다(창 14:14-24). 이런 일이 있는 후에 여호와께서 아브람에게 어떻게 나타나시는가?

◇"여호와의 말씀이 환상 중에 아브람에게 임하여": 이제까지 하나님과 아브람 사이에 직접적인 대화가 없었다. 이제 처음으로 하나님께서 직접 말씀하신다.

◇"환상": '바라보다'는 말에서 유래했다. 의식 속에서 하나님과 대화를 나

누는 것을 말한다. '꿈', '직접적인 대화'와 함께 구약에서의 세 가지 주요한 신적 계시의 수단이었다. 여호와께서 그에게 무슨 말씀을 하시는가?

◇ "아브람아 두려워하지 말라": 그에게 어떤 두려움이 있을까? 첫째로, 그는 신변에 대한 두려움을 느꼈다. 그는 롯을 구하기 위해서 싸웠기 때문에 주변 나라들로부터 노림의 대상이 되었다. 둘째로, 그는 장래에 대한 두려움이 있다. 그는 후계자가 아직 없기 때문이다. 하나님의 약속이 이루어지지 않고 계속 지연되기 때문이다. 약속과 현실 사이의 갈등 때문에 두려워하고 있다. 그 두려움을 어떻게 이길 수 있는가?

◇ "방패": '구원', '보호'라는 뜻이다. "너희 대적을 네 손에 '붙이셨다.'"(14:20)와 같은 뜻이다. 하나님께서 원수를 아브람의 손에 붙이셔서 구원하신 것처럼 구원하신다. 그리고 보호하신다.

◇ "지극히 큰 상급": '너의 상급이 클 것이다(your reward will be very great).'라는 뜻이다. '내가 네 상급이 될 것이다.'라는 말보다는 '네 상급이 클 것이다.'라는 의미이다. '상급'은 '공급'이라는 뜻이다. 여호와께서 '공급'하심을 약속하신다. '상급'은 여호와 자신보다는 '후손'을 말한다. '여호와를 상급으로 바라보고 살라.'는 말보다는 '후손을 기대하라.'라는 말로 이해한다. 그러나 아브람은 상급에 대한 약속을 어떻게 생각하는가?

2 "아브람이 이르되 주 여호와여 무엇을 내게 주시려 하나이까 나는 자식이 없사오니 나의 상속자는 이 다메섹 사람 엘리에셀이니이다"

◇ "주"(אֲדֹנָי, *adonai*): '나의 주님(my Lord)'이라는 뜻이다. 그는 하나님에 대해서 새로운 이름을 사용한다. 그는 여호와를 주권자(Sovereign Lord)로 인정한다.

◇ "여호와": 이스라엘의 하나님을 말한다. 약속을 주시고 성취하시는 그 하나님을 말할 때 여호와라는 표현을 쓴다. 그러나 그는 무엇을 불평하

는가?

◇"무엇을 내게 주시려나이까": 여호와께서 '네 상급이 클 것이다.'라고 말씀하시자 아브람은 '무엇을 주실 것이냐(what will You give me)?'라고 묻는다. 그는 '상급', 즉 '공급'을 '아들'로 생각했다. 자식은 여호와께서 주신 기업이며, 태의 열매는 그분의 '상급'이다(시 127:3). 아브람은 하나님으로부터 "자손을 낳을 것이다."(12:2, 7; 13:16)라는 약속을 받았다. 그러나 현실은 어떠한가?

◇"나는 자식이 없사오니": 아브람의 현재 상황은 "생육하고 번성하지" 못하였다. 하나님은 '상급이 매우 클 것이다.' 즉 '후손들을 크게 공급할 것이다.'라고 약속하셨다. 그러나 실제로는 한 명의 아들도 없다. 이 말씀은 현실과 거리감이 너무 크다. 아브람은 약속만 받는 데 지쳤다. 그런 그는 어떤 계획을 하는가?

◇"나의 상속자는 이 다메섹 사람 엘리에셀이니이다": 그는 엘리에셀을 입양하려고 한다. 당시 관습에 의하면 자식이 없이 죽으면 그의 집안일을 하던 하인 가운데 하나를 상속자로 삼았다. 그는 왜 이런 계획을 하는가?

3 "아브람이 또 이르되 주께서 내게 씨를 주지 아니하셨으니 내 집에서 길린 자가 내 상속자가 될 것이니이다"

◇"주께서 내게 씨를 주지 아니하셨으니": 주님께서 약속하신 아들을 주지 않으셨기 때문이다. 주님께서 말씀만 하시고 약속을 지키지 않기 때문에 그는 임의로 상속자를 입양하려고 한다. 그는 기다림에 지쳤다. 그는 누구를 상속자로 내정했는가?

◇"내 집에서 길린 자": '내 집의 아들'이라는 뜻이다. 아브람의 종들을 말하는 "집에서 길리고"(14:14)와는 다른 개념이다. '집에서 태어난 자(one born in my house)', '집에서 태어난 종(a servant in my household)'으로 번역했다. 즉 아브람 집안에 속한 어떤 개인을 지칭한

다. 애굽에서 데려온 하인이 아니다. 어디서 데려온 자도 아니다. 그는 집안 식구다. 그는 누구일까? 아브람이 롯을 포기하고 또 다른 인물을 상속자로 생각했을까? 아니면 롯에 대한 다른 이름일까? 여기서는 정확하게 알 수 없다. 여호와께서 그런 그에게 어떤 확신을 심는가?

2. 여호와께서는 그런 그에게 어떤 확신을 심습니까(4-5)? '자손이 뭇별과 같다.'라는 말은 약속의 어떤 점을 강조할까요?

4 "여호와의 말씀이 그에게 임하여 이르시되 그 사람이 네 상속자가 아니라 네 몸에서 날 자가 네 상속자가 되리라 하시고"

◇"여호와의 말씀이 그에게 임하여": 여호와께서는 후계자에 대해서 그에게 두 가지를 말씀하신다. 첫째로, 후계자는 아브람의 몸에서 난다(4). 후계자는 입양하는 아들이 아니라 친아들이다. 둘째로, 후손은 하늘의 별처럼 많다(5). 아브람은 한 사람을 생각하고 있다. 그러나 여호와께서는 하늘의 별처럼 많은 큰 자손을 주신다.

◇"그 사람이 네 상속자가 아니라 네 몸에서 날 자가 네 상속자가 되리라": 아브람의 불평에 대한 하나님의 확언이다. '네 집에서 길리운 자'는 상속자가 아니다. '네 몸에서 날 자'가 상속자이다. 따라서 아브람은 반드시 아들을 낳을 것이다. 그는 엘리에셀을 의지해서는 안 된다.

5 "그를 이끌고 밖으로 나가 이르시되 하늘을 우러러 뭇별을 셀 수 있나 보라 또 그에게 이르시되 네 자손이 이와 같으리라"

◇"하늘을 우러러 뭇 별을 셀 수 있나 보라": "하늘을 바라보아라. 셀 수 있으면 저 별들을 세어 보아라." 여호와께서는 아브람에게 약속에 대한 확신을 시각적으로 보여주신다.

◇"네 자손이 이와 같으리라": 그의 후손은 하늘의 별처럼 많을 것이다. 여

호와께서는 셀 수 없이 많은 자손을 약속하신다. 이 약속은 단지 놀라운 약속(an amazing promise)이 아니다. 이 약속은 '네 상급이 클 것이다.'에 대한 구체적인 내용이다. 여호와께서 주려는 것은 '적은 자손'이 아니라, '큰 자손', '매우 많은(very great)' 자손이다. 아브람의 반응이 어떠한가?

3. 이에 대한 아브람의 반응이 어떠합니까(6a)? '믿었다'라는 말은 무슨 뜻입니까? 여호와께서는 그런 그를 어떻게 여기십니까(6b)? '의'란 무엇입니까? 이 사실이 오늘 우리에게 주는 의미는 무엇입니까?

6 "아브람이 여호와를 믿으니 여호와께서 이를 그의 의로 여기시고"

◇"믿는다": '확실하게 하다.' '신실하다(be faithful).'라는 뜻이다. 아브람은 여호와께서 그에게 하신 "후계자는 네 몸에서 태어나고", "후손은 별처럼 많을 것이다."라는 그 말씀을 믿었다. 아브람은 자신을 여호와의 말씀 안에 확고하게 세웠다.

아브람은 이제까지 무엇을 믿었을까? 하나님께서 상속자를 주실 것을 믿었다. 그러나 자기 자신의 몸에서 날 것은 믿지 못하였다. 처음에는 믿었으나 세월이 가도 그 약속이 이루어지지 않자 믿음이 사라져 버렸다. 그런데 하나님께서 다시 약속하시니까 이제 그 약속을 믿는다. 그는 자기를 주장하다가도 여호와께서 말씀하시면 금방 자기를 부인하고 받아들인다. 여호와께서 그를 어떻게 여기시는가?

◇"여기시고": '생각한다,' '판단을 내리다(make a judgment).'라는 뜻이다. '무엇이 그렇지 못함에도 불구하고 그렇다고 간주한다.'라는 뜻이다. 아브람이 하나님을 신뢰한 것을 하나님께서 간주해주셨다.

◇"의": 도덕적 깨끗함이나 법적 완전함을 말하기보다는 하나님과의 관계성이 올바르다는 말이다. 즉 하나님 앞에서의 올바른 행동과 태도를 말한다. 언약 관계 안에서 요구되는 책임을 잘 이행한다는 말이다. 아브람

은 여호와의 말씀을 믿을만하며 참된 것으로 받아들였다. 그리고 그것에 맞게 행동하였다. 여호와께서는 그런 아브람을 의롭다고 선언하시고, 그를 받아들이신다.

오늘 우리에게 주는 의미는 무엇일까? 첫째로, 오늘도 사람은 믿음으로 말미암아 하나님의 백성이 된다. 그 믿음은 하나님 앞에 의를 가져온다(롬 4:3, 갈 3:6). 둘째로, 우리에게도 하나님께서는 위대한 약속을 주셨다(히 9:15). 그리고 그 약속의 성취를 보증하신다. 하나님께서 우리에게는 복음 사역을 섬기는 일에 약속을 주셨다. 후계자를 별처럼 많게 하신다는 약속을 주셨다. 하지만 삶의 현장에서 우리는 갈등한다. '약속이 과연 이루어질 것인가?' 현실과 약속 사이에 긴장이 있기 때문이다. 약속을 기다리는 데에는 믿음이 필요하다. 우리가 그 약속을 믿으면 여호와께서는 그 믿음을 보시고 우리를 의롭다고 인정하신다. 여호와께서는 또 그에게 어떤 믿음을 가르치시는가?

4. 여호와는 어떤 분이십니까(7)? 여호와의 말씀 앞에서 아브람은 또 어떤 고민에 빠집니까(8)? 여호와께서는 그런 그를 어떻게 도우십니까(9-11)?

7 "또 그에게 이르시되 나는 이 땅을 네게 주어 소유를 삼게 하려고 너를 갈대아인의 우르에서 이끌어 낸 여호와니라"

◇"이 땅을 네게 주어": 여호와께서는 '아들'에 이어서 '땅'에 대한 약속을 말씀하신다. '아들'과 '땅'은 언제나 함께한다. 아브람은 아들과 함께 땅도 주실 여호와를 믿어야 한다.

◇"우르에서 이끌어 낸 여호와니라": 이 표현은 언약을 체결하는 당사자들이 누구인가를 밝히는 내용이다. 즉 'A'와 'B'를 정의한다. 'A'는 하나님, 'B'는 아브람이다. 'A' 하나님은 'B' 아브람을 구원하신 분이시다. 'B'는 땅을 차지할 자격이 없었는데, 'A'의 은혜로 언약 당사자가 되었다. 이

것은 후에 이스라엘이 시내 산에서 언약을 맺을 때 했던 것과 같다. "나는 너를 애굽 땅 종 되었던 집에서 인도하여 낸 너의 하나님 여호와로라"(출 20:2). 아브람의 반응은 무엇인가?

8 **"그가 이르되 주 여호와여 내가 이 땅을 소유로 받을 것을 무엇으로 알리이까"**

◇"무엇으로 알리이까": '땅에 대한 약속' 앞에서 그는 고민에 빠진다. 그는 그 약속에 대한 확증(guarantee)을 원한다. 여호와께서 그에게 무엇을 하도록 하시는가?

9 **"여호와께서 그에게 이르시되 나를 위하여 삼 년 된 암소와 삼 년 된 암염소와 삼 년 된 숫양과 산비둘기와 집비둘기 새끼를 가져올지니라"**

◇"나를 위하여": '나에게(bring me)'라는 말이다.

10 **"아브람이 그 모든 것을 가져다가 그 중간을 쪼개고 그 쪼갠 것을 마주 대하여 놓고 그 새는 쪼개지 아니하였으며"**

11 **"솔개가 그 사체 위에 내릴 때에는 아브람이 쫓았더라"**

제물들을 배열한 것은 언약 체결을 위한 준비 작업이다. 그 후에 무슨 일이 일어나는가!?

5. 약속의 성취 앞에서 어떤 일들이 일어나게 됩니까(12-16)? 여호와께서는 그 약속이 실현될 것임을 어떻게 보여주십니까(17-21)? 여호와의 약속은 반드시 이루어지지만, 그에 앞서 고통이 있다는 사실이 오늘 우리에게 주는 의미는 무엇일까요?

12 **"해 질 때에 아브람에게 깊은 잠이 임하고 큰 흑암과 두려움이 그에게 임하였더니"**

13 "여호와께서 아브람에게 이르시되 너는 반드시 알라 네 자손이 이방에서 객이 되어 그들을 섬기겠고 그들은 사백 년 동안 네 자손을 괴롭히리니"

◇"너는 반드시 알라": 아브람이 알아야 할 일이 있다.

◇"네 자손이 이방에서 객이 되어 그들을 섬기겠고 그들은 사백 년 동안 네 자손을 괴롭히리니": 여호와께서는 아브람에게 이스라엘이 애굽에서 종살이를 하게 되고, 그 후에 애굽에서 해방될 일에 대해서 말씀하신다. 아브람의 후손은 애굽에서 400년간 종살이를 해야 한다(출 12:40-41, 갈 3:17). 그 후에 그들은 어떻게 되는가?

14 "그들이 섬기는 나라를 내가 징벌할지며 그 후에 네 자손이 큰 재물을 이끌고 나오리라"

◇"징벌할지며": 여호와께서는 그 나라, 즉 애굽을 징벌하신다. 그리고 그의 자손이 재물을 많이 가지고 나올 것이다.

15 "너는 장수하다가 평안히 조상에게로 돌아가 장사될 것이요"

16 "네 자손은 사대 만에 이 땅으로 돌아오리니 이는 아모리 족속의 죄악이 아직 가득 차지 아니함이니라 하시더니"

◇"사대 만에 이 땅으로 돌아오리니": 그 자손은 사 대째가 되어서야 이 땅으로 돌아올 것이다. 하나님은 그의 후손이 민족으로 성장하여 이 땅을 소유하게 될 것이라고 약속한다. 먼 미래의 역사에 대해서 가르치신다.

◇"아모리 족속": 가나안에서 사는 모든 족속을 대표한다.

◇"죄악이 아직 가득 차지 아니함이니라": 왜냐하면 아모리 사람의 죄가 아직 벌을 받을 만큼 이르지는 않았기 때문이다. 하나님은 그들이 심판을 받을 정도로 악해질 때까지 기다리신다.

여호와의 약속은 반드시 이루어지지만, 그에 앞서 고통이 있다는 사실이 오늘 우리에게 주는 의미는 무엇일까? 하나님은 우리에게는 하나님의 백성으로서의 약속과 이 땅에서 감당해야 하는 사명의 약속이 있다. 그러나 그 약속은 고난과 죽음이라는 표면 아래서 오랫동안 지연되기도 한다(벧후 3:9). 여기에는 고통이 따른다. 아픔이 따른다. 그러나 죽음이나 압제가 그분의 약속을 깨트리지 못한다(히 7:20-25, 롬 8:31-39). 그러므로 약속이 성취될 그 날까지 끝까지, 어려움을 참고 믿음으로 살아야 한다.

17 "해가 져서 어두울 때에 연기 나는 화로가 보이며 타는 횃불이 쪼갠 고기 사이로 지나더라"

◇"연기 나는 화로", "타는 횃불": 여호와께서 함께하심을 상징한다.

◇"쪼갠 고기 사이로 지나더라": 언약의 확증을 상징한다. 하나님은 아브람에게 후손과 땅을 주실 것을 약속하시고, 그 약속을 확인하는 방법으로 그가 바친 제물 사이로 '연기 나는 화로'와 '타는 횃불'의 모습으로 직접 지나가셨다.

이것은 무엇을 상징하는가? 만약 하나님도 언약을 어긴다면 동물들처럼 잘려질 것이다. 당시 언약을 맺을 때 합의서를 지키지 못하면 동물의 운명을 자신에게 덮어씌우게 될 것이라고 맹세하였다. 이처럼 언약은 삶과 죽음의 약정으로 깨트릴 수 없는 것이다. 여기에서 주도적으로 그 일을 행하는 분은 아브람이 아니고 여호와 자신이시다. 여호와께서 땅에 대해서는 어느 정도 구체적으로 약속하시는가?

18 "그 날에 여호와께서 아브람과 더불어 언약을 세워 이르시되 내가 이 땅을 애굽 강에서부터 그 큰 강 유브라데까지 네 자손에게 주노니"

◇"네 자손에게 주노니": 그 땅을 소유할 자는 아브람이 아니고 그 자손이다. 그 자손도 그 땅을 적어도 400년 동안 소유할 수 없다. 여호와의 약속은 지금이 아닌 미래에 그 자손을 통해 성취된다. 그 후손이 받을 땅은 어떤 곳인가?

19 "곧 겐 족속과 그니스 족속과 갓몬 족속과"

20 "헷 족속과 브리스 족속과 르바 족속과"

21 "아모리 족속과 가나안 족속과 기르가스 족속과 여부스 족속의 땅이니라 하셨더라"

여호와께서는 그 후손에게 아무도 살지 않는 땅을 주시지 않는다. 다른 사람이 이미 사는 땅을 주신다. 여기에는 무슨 뜻이 있는가? 아브람과 그 후손은 땅을 정복해서 차지해야 한다. "생육하고 번성하여 땅에 충만하라, 땅을 정복하라, 바다의 물고기와 하늘의 새와 땅에 움직이는 모든 생물을 다스리라"(1:28). 이 말씀을 삶 속에서 실천해야 한다.

제15강

고통을 들으시는 여호와

◇본문 창세기 16:1-16
◇요절 창세기 16:11
◇찬송 370장, 365장

1. 사래에게 무슨 문제가 있습니까(1)? 그녀는 그 문제를 어떻게 생각하고 있습니까(2a)? 그 문제 대한 그녀의 해법은 무엇입니까(2b-3)? 그녀는 왜 그런 방법을 택할까요?

2. 하갈은 자기가 임신한 것을 알고는 여주인을 어떻게 대합니까(4)? 사래는 그 책임을 누구에게 돌립니까(5)? 하갈은 어떻게 됩니까(6)? 사래의 방법은 어떤 결과를 낳습니까?

3. 여호와의 사자는 하갈에게 나타나 무슨 말을 합니까(7-8)? 이 말은 무슨 뜻일까요? 사자는 그녀에게 어떤 방향을 줍니까(9)? 여호와께서는 하갈이 그 방향에 순종하면 어떤 복을 주십니까(10)?

4. 사자는 하갈에게 어떤 메시지를 전합니까(11)? '이스마엘'이란 무슨 뜻이며, 왜 그 이름을 주십니까? 이스마엘은 어떤 사람이 됩니까(12)? 이 사건을 통해서 하갈은 어떤 하나님을 체험합니까(13-14)?

5. 아브람은 하갈이 낳은 아들의 이름을 어떻게 짓습니까(15)? 그의 나이는 몇 세입니까(16)? 아브람은 '하갈 사건'을 통하여 어떤 하나님을 체험했습니까? 이 하나님이 오늘 우리에게는 어떤 분입니까?

제15강

고통을 들으시는 여호와

◇본문 창세기 16:1-16
◇요절 창세기 16:11
◇찬송 370장, 365장

1. 사래에게 무슨 문제가 있습니까(1)? 그녀는 그 문제를 어떻게 생각하고 있습니까(2a)? 그 문제 대한 그녀의 해법은 무엇입니까(2b-3)? 그녀는 왜 그런 방법을 택할까요?

1 "아브람의 아내 사래는 출산하지 못하였고 그에게 한 여종이 있으니 애굽 사람이요 이름은 하갈이라"

◇"출산하지 못하였고": 여호와께서는 아브람에게 "네 몸에서 후사가 태어난다."(15:4)라고 약속하셨다. 그러나 그 일을 이루는데 방해물이 있다. 사래가 출산하지 못하기 때문이다. 사래는 이 문제를 어떻게 해결하려고 하는가?

◇"여종": 아브람과 사래가 애굽으로 내려갔을 때 얻은 종일 것이다.

2 "사래가 아브람에게 이르되 여호와께서 내 출산을 허락하지 아니하셨으니 원하건대 내 여종에게 들어가라 내가 혹 그로 말미암아 자녀를 얻을까 하노라 하매 아브람이 사래의 말을 들으니라"

◇"여호와께서 내 출산을 허락하지 아니하셨으니": 사래는 아이를 낳지 못

하는 문제를 여호와의 탓으로 돌린다. 여호와께서 자신의 아픔을 몰라주신다고 생각한다. 더는 약속을 믿지 못하고 포기한다. 후계자에 대한 하나님의 약속과 그녀 사이의 긴장이 강화된다.

◇"여종에게 들어가라": 사래는 여종을 대안으로 제시한다. 이것은 일종의 '대리모' 제도이다. 아브람은 어떻게 하는가?

◇"사래의 말을 들으니라": 아브람은 사래의 말을 따랐다. 에덴동산에서 아담이 그 아내의 말을 따른 것과 같은 표현이다.

3 "아브람의 아내 사래가 그 여종 애굽 사람 하갈을 데려다가 그 남편 아브람에게 첩으로 준 때는 아브람이 가나안 땅에 거주한 지 십 년 후였더라"

◇"사래가": 사래가 하갈을 남편에게 주었다. 사래가 주도권을 쥐고 있다. 지금까지 수동적인 자세였던 사래가 갑자기 주도적인 인물로 등장한다. 대리 자식을 얻어 어미로서 역할을 하려고 한다.

◇"십 년 후였더라": '10년'이라는 세월은 사래의 근심을 명백하게 설명하고 있다. 세월이 가면 언약에 대한 회의가 생긴다.

그녀는 왜 이런 방법을 택할까? 자기 계산으로는 약속의 후손이 자신의 몸에서는 나올 수 없기 때문이다. 자기가 아이를 낳지 못한다는 생각 때문에 자의식이 있다. 그래서 어떻게든 자기가 그 문제를 해결하고자 한다. 다른 한편으로는 이런 결단을 하는 데는 한 여인으로서, 한 아내로서 큰 상처요, 희생이 따른다. 오직 하나님의 뜻을 이루기 위해서 자기를 부인해야 했다. 사명을 위해서 개인을 희생한 것이다. 그러나 그 희생 뒤에 전혀 예상하지 못한 문제가 생긴다. 왜냐하면 하나님의 뜻과 맞지 않기 때문이다.

우리가 목자로 살기 위해 혹은 하나님의 구속 사역을 이루기 위해 어떤 때는 개인을 희생할 때가 있다. 왜냐하면 그렇게 해서라도 하나님의 뜻을 이루려고 하기 때문이다. 어떻게 생각하면 참 좋은 일인데 하나님 편에서 보면 약속을 기다리지 못한 일일 수 있다. 그래서 일이 더 꼬일 수 있다. 하갈은 사래를 어떻게 대하는가?

2. 하갈은 자기가 임신한 것을 알고는 여주인을 어떻게 대합니까(4)? 사래는 그 책임을 누구에게 돌립니까(5)? 하갈은 어떻게 됩니까(6)? 사래의 방법은 어떤 결과를 낳습니까?

4 **"아브람이 하갈과 동침하였더니 하갈이 임신하매 그가 자기의 임신함을 알고 그의 여주인을 멸시한지라"**

◇"여주인을 멸시한지라": 사래의 조급한 해결책은 하갈이 여주인을 '멸시한' 결과를 가져왔다.

◇"멸시하다": '깔보다.' '소홀히 여긴다.'라는 뜻이다. 하갈이 사래를 저주했거나 그녀를 모욕적으로 대했다. 사래의 계획이 성공할 것이라는 기대를 품었지만, 극심한 질투를 일으키고 만다. 이것은 앞날에 풍파가 몰아칠 것을 예고한다. 사래는 어떻게 하는가?

5 **"사래가 아브람에게 이르되 내가 받는 모욕은 당신이 받아야 옳도다 내가 나의 여종을 당신의 품에 두었거늘 그가 자기의 임신함을 알고 나를 멸시하니 당신과 나 사이에 여호와께서 판단하시기를 원하노라"**

◇"모욕은 당신이 받아야 옳도다": 사래는 책임을 아브람에게 돌린다. 사래는 나름대로 희생했는데, 결과가 자기 생각하고 다르다 보니 피해 의식에 빠진다. 사람은 자기가 별로 희생도 하지 않으면 피해 의식도 없다. 그러나 사래의 경우는 '완전 희생'이기 때문에 '완전 피해 의식'에 빠진다.

◇"나를 멸시하니": 그녀는 아브람이 이 문제를 해결하도록 압력을 넣는다. 아브람은 무엇을 하는가?

6 **"아브람이 사래에게 이르되 당신의 여종은 당신의 수중에 있으니 당신의 눈에 좋을 대로 그에게 행하라 하매 사래가 하갈을 학대하였더니 하갈이 사래 앞에서 도망하였더라"**

◇ "당신의 눈에 좋을 대로 그에게 행하라": 아브람은 사래의 권위를 인정한다. 하갈은 사래와 동등한 존재가 될 수 없다.

◇ "사래가 하갈을 학대하였더니": 사래는 하갈을 거칠게 다룬다. 사래는 자신이 하갈의 여주인임을 일깨워준다. 하갈은 고통을 견디지 못하고 도망친다.

사래의 인간적인 해결책이 낳은 결과가 어떠한가? 사래는 나름대로 희생했지만, 일만 꼬였다. 이것은 문제의 해결이 아니라 또 다른 문제의 시작을 낳았다. 온 가족이 총체적으로 파국을 맞았다. 사래는 사래대로 여인으로서 깊은 상처를 받았고, 자기 종인 하갈을 잃어버린다. 하갈도 나름대로 희생하며 주인에게 순종했는데, 집에서 쫓겨난다. 아브람은 아브람대로 어려움에 부닥친다.

왜 이렇게 되는가? 하나님의 개입 없는 계획은 '완전 고난' '완전 위기'를 초래할 수 있다. 하나님의 방법이 가장 확실하고 가장 좋고 가장 빠른 길이다. 그러므로 우리는 삶 속에서 하나님의 방법이 좀 더딜지라도 믿고 기다려야 한다. 내 생각을 접어둬야 한다. 여호와께서 그 일에 어떻게 개입하시는가?

3. 여호와의 사자는 하갈에게 나타나 무슨 말을 합니까(7-8)? 이 말은 무슨 뜻일까요? 사자는 그녀에게 어떤 방향을 줍니까(9)? 여호와께서는 하갈이 그 방향에 순종하면 어떤 복을 주십니까(10)?

7 "여호와의 사자가 광야의 샘물 곁 곧 술 길 샘 곁에서 그를 만나"

8 "이르되 사래의 여종 하갈아 네가 어디서 왔으며 어디로 가느냐 그가 이르되 나는 내 여주인 사래를 피하여 도망하나이다"

◇ "어디서 왔으며 어디로 가느냐": 천사는 하갈의 신분과 위치를 분명하게 밝힌다. 여호와께서 에덴동산에서 타락 후 아담과 하와를 찾으신 것처럼(3:9) 하갈을 만나서 같은 질문을 하신다. 여호와께서는 하갈로 하여

금 자신을 돌아보며, 자신의 잘못을 알도록 도우신다.

◇"여주인 사래를 피하여 도망하나이다": 그는 자신의 존재를 깨달았다. 그는 종이고 사래는 주인이다. 그러므로 그녀는 어떻게 해야 하는가?

9 "여호와의 사자가 그에게 이르되 네 여주인에게로 돌아가서 그 수하에 복종하라"

◇"복종하라": 하갈은 사래의 학대 때문에 도망쳤지만, 그 학대 밑으로 되돌아가야 한다. 여주인의 권위뿐만 아니라, 그녀 밑에서 당하는 고통에도 순응해야 한다. 그렇게 하면 그녀에게 어떤 은혜가 임하는가?

10 "여호와의 사자가 또 그에게 이르되 내가 네 씨를 크게 번성하여 그 수가 많아 셀 수 없게 하리라"

◇"네 씨를 크게 번성하여": 하갈이 사래에게 돌아가서 복종하면, 하나님께서 하갈을 축복하신다. 그녀가 사래에게 순종하는 것은 아브람에게 순종하는 것을 말한다. 아브람에게 순종하면 복을 받지만 순종하지 않으면 저주를 받는다(12:3). 그녀는 아들의 이름을 무엇이라고 지어야 하는가?

4. 사자는 하갈에게 어떤 메시지를 전합니까(11)? '이스마엘'이란 무슨 뜻이며, 왜 그 이름을 주십니까? 이스마엘은 어떤 사람이 됩니까(12)? 이 사건을 통해서 하갈은 어떤 하나님을 체험합니까(13-14)?

11 "여호와의 사자가 또 그에게 이르되 네가 임신하였은즉 아들을 낳으리니 그 이름을 이스마엘이라 하라 이는 여호와께서 네 고통을 들으셨음이니라"

◇"그 이름": 이름은 그 사건과 그 사건이 갖는 의미를 기억하는 데 도움을 준다.

◇"이스마엘"(יִשְׁמָעֵאל, *Ishmael*): '하나님께서 들으신다.'라는 뜻이다.

◇"네 고통을 들으셨음이니라": 하갈의 고통에 대한 여호와의 은혜로운 응답이다. '이스마엘'이라는 이름은 여호와께서 광야에서 하갈의 부르짖음에 어떻게 응답하셨는지를 영원히 생각나게 해 줄 것이다.

하갈에게 가장 고통스러웠던 점은 무엇일까? 자기의 아픔을 그 누구도 몰라주는 것이 아닐까? 과거에는 주인마님인 사래와 수다를 떨며 마음을 털어놓았다. 그런데 이제는 그 주인과 '불통의 관계'가 되었다. 답답하고 억울한 마음을 달랠 길이 없다. 쫓겨난 것도 고통이지만 그런 자신의 사연을 들어줄 상대가 없다는 것이 더 큰 고통이다. 그런데 여호와의 사자가 찾아와서 자신의 고통을 들으신다. 여호와께서 이미 다 듣고 계신다. 이 얼마나 놀라운 은혜인가? 이 은혜는 '이스마엘'이라는 이름을 통해서 주신다. '이스마엘'은 고통 중에 있는 사람에게 여호와께서 듣고 계신다는 사실을 깨우쳐 주는 이름이다. 그 아들은 어떻게 되는가?

12 "그가 사람 중에 들나귀 같이 되리니 그의 손이 모든 사람을 치겠고 모든 사람의 손이 그를 칠지며 그가 모든 형제와 대항해서 살리라 하니라"

◇"들나귀 같이 되리니": '야생 당나귀'를 말한다. 사회적 관습에 속박을 받지 않는 개성이 강한 스타일을 가진 인물을 상징한다. 그는 자유롭게 돌아다니는 존재가 될 것이다. 그는 약속의 자녀가 아니다. 아브람의 상속자가 될 수 없다.

◇"대항해서 살리라": 그는 약속의 자녀와 갈등과 긴장의 관계를 맺는다.

13 "하갈이 자기에게 이르신 여호와의 이름을 나를 살피시는 하나님이라 하였으니 이는 내가 어떻게 여기서 나를 살피시는 하나님을 뵈었는고 함이라"

◇"나를 살피시는 하나님이라": 하갈은 자신을 살펴주시는 하나님(You are the God who sees me)을 체험한다. 하나님은 하갈과 삶의 현장에서 함께하신다. 그녀의 고통을 들으신다. 그녀가 정말 도움이 필요할 때에 하나님은 찾아오셔서 도와주신다.

14 **"이러므로 그 샘을 브엘라해로이라 불렀으며 그것은 가데스와 베렛 사이에 있더라"**

◇"브엘라해로이"(בְּאֵר לַחַי רֹאִי, *be'er lachay ro'i*): '브엘(우물)' '라해(살아 있는)' '로이(선견자)'이다. '나를 살피시는 살아계신 분의 우물'(well of the living one who sees me)이라는 뜻이다. 하갈은 가장 큰 곤경에 처해 있는 순간에 자신에 대한 하나님의 돌보심을 발견한다. 이 하나님을 영원토록 간직하고자 한다.

왜 영원토록 간직하는 것이 중요할까? 체험은 한순간이지만, 고통은 계속된다. 삶의 여정에서 고통은 사라지지 않는다. 그때 고통에 체험이 묻혀버리기 쉽다. 그러면 인생이 망가진다. 절벽에서 떨어진다. 그러나 그 순간 고통을 들으시는 여호와, 우리를 살피시는 하나님을 기억하면 희망이 생긴다. 고통은 사라지고 소망이 생긴다. 고통이 문제가 아니다. 고통을 들으시는 여호와, 아니 우리가 삶 속에서 이미 체험한 하나님을 기억하느냐, 못하느냐가 문제다. 이 여호와를 기억만 한다면 고통을 이길 수 있다. 고통 중에도 희망의 새 역사를 이룰 수 있다. 아브람은 그 아들의 이름을 무엇이라고 짓는가?

5. 아브람은 하갈이 낳은 아들의 이름을 어떻게 짓습니까(15)? 그의 나이는 몇 세입니까(16)? 아브람은 '하갈 사건'을 통하여 어떤 하나님을 체험했습니까? 이 하나님이 오늘 우리에게는 어떤 분입니까?

15 **"하갈이 아브람의 아들을 낳으매 아브람이 하갈이 낳은 그 아들을 이름하여 이스마엘이라 하였더라"**

◇"이스마엘": 아브람은 아들의 이름을 이스마엘이라고 지었다.

16 **"하갈이 아브람에게 이스마엘을 낳았을 때에 아브람이 팔십육 세였더라"**

아브람이 그 아들의 이름을 '이스마엘'이라고 지은 데는 어떤 뜻이 있을까?

아브람 자신도 고통을 들으시는 하나님, 보살피시는 하나님을 체험한 것이다. 하나님은 하갈의 고통뿐만 아니라, 아브람과 사래의 고통도 들으신다. 그들을 보살피신다. 아브람과 사래는 이 사실을 알아야 했다. 그들이 이 하나님을 알았다면 하갈을 통해서 자기 문제를 해결하려고 하지 않았을 것이다.

대신에 그들은 어떻게 해야 했을까? 그들은 약속을 믿고 기다려야 했다. 기다리는 것은 아무것도 하지 않고 가만히 있는 것인가? 기도하는 것이다. "이삭이 그의 아내가 임신하지 못하므로 그를 위하여 여호와께 간구하매 여호와께서 그의 간구를 들으셨으므로 그의 아내 리브가가 임신하였더니"(25:21). 한나가 그랬듯이(삼상 1:5, 10) 여호와께 부르짖어야 했다.

오늘 우리에게 주는 의미는 무엇인가? 우리도 고통을 겪는다. 약속이 이루어지지 않을 때 고통을 겪는다. 그때 우리는 나름대로 방법을 동원한다. 어찌하든지 약속을 빨리 이루려는 마음으로 이것도 해 보고 저것도 해 본다. 그리고 그 일들을 위해서 상당한 희생도 치른다. 그런데도 그것이 여호와께서 원하시는 방법은 아닐 수 있다. 여기에 우리의 딜레마가 있다. 그러나 그분은 고통을 들어주시고, 필요를 보시며, 약속을 성취하신다. 그러므로 우리는 고통의 순간에 이 하나님을 믿고 기도해야 한다.

제16강

하나님의 소원, 내 소원

◇본문　창세기 17:1-27
◇요절　창세기 17:5
◇찬송　542장, 549장

1. 때는 언제입니까(1a)? 여호와께서 아브람에게 무슨 말씀을 하십니까(1b-2)? 왜 여호와께서는 '나는 전능한 하나님이다.'라고 말씀하실까요? 그는 이 하나님 앞에서 어떻게 살아야 합니까?

2. 여호와께서는 아브람과 어떤 언약을 세우셨으며(3-4), 그 언약에 대한 보증은 무엇입니까(5)? '여러 민족의 아버지가 된다.'라는 말은 무슨 뜻입니까(6)? 이름을 바꾸신 데는 무슨 뜻이 있을까요? 아브람에게 두신 여호와의 소원이 오늘 우리에게 주는 의미는 무엇입니까?

3. 이 언약은 누구에게까지 이어집니까(7)? 언약을 맺으신 목적은 무엇입니까(8)? 하나님께서 세우시는 또 다른 언약은 무엇입니까(9-10)? 언약의 표징은 무엇이며, 그 대상은 누구입니까(11-13)? 할례를 받지 않으면 어떻게 됩니까(14)?

4. 하나님은 왜 사래의 이름을 '사라'로 바꾸십니까(15-16)? 아브라함은 어떤 반응을 보입니까(17)? 그가 제시하는 대안은 무엇입니까(18)? 아브라함의 문제는 무엇일까요?

5. 하나님은 언약을 어떻게 성취하십니까(19)? 이스마엘에게는 어떤 복을 내리십니까(20)? 하나님은 누구와 언약을 세우십니까(21)? 아브라함은 하나님의 말씀에 어떻게 순종합니까(22-27)?

제16강
하나님의 소원, 내 소원

◇본문 창세기 17:1-27
◇요절 창세기 17:5
◇찬송 542장, 549장

1. 때는 언제입니까(1a)? 여호와께서 아브람에게 무슨 말씀을 하십니까(1b-2)? 왜 여호와께서는 '나는 전능한 하나님이다.'라고 말씀하실까요? 그는 이 하나님 앞에서 어떻게 살아야 합니까?

1 "아브람이 구십구 세 때에 여호와께서 아브람에게 나타나서 그에게 이르시되 나는 전능한 하나님이라 너는 내 앞에서 행하여 완전하라"

◇"구십구 세 때": 이스마엘이 태어난 지 13년이 지났다. 그동안 사래는 여전히 아이를 갖지 못했다. 아브람은 나이 들어가는데, 약속이 이루어질 기미가 보이지 않는다. 약속의 자녀에 대한 희망은 이스마엘에게로 쏠린다. 아브람은 이스마엘과 함께 잘살고 있다. 그때 여호와께서 무엇을 말씀하시는가?

◇"전능한 하나님이라"(אֵל שַׁדַּי, *El Shadday*): '전능한(omnipotent/Almighty)', '산의 하나님(El of the mountain)'이라는 뜻이 있다. 아브람을 갈대아에서 부르시고, 지금까지 인도하시고, 보호하신 여호와는 전능한 하나님이시다. 전능한 하나님은 아무것도 없는 데서 생명을 창

조하고, 그 생명을 번성하게 하는 능력이 있으시다. 이 하나님은 천지를 말씀으로 창조하신 창조주 하나님이십니다. 전능한 여호와는 약속하면 반드시 지키는 분이다. 그러므로 아브람은 어떻게 살아야 하는가?

◇"너는 내 앞에서 행하여 완전하라": '내 말에 복종하며 올바르게 살라(walk before me and be blameless).'는 뜻이다. '네가 완전하도록 내 앞에서 행하라.' '내 앞에서 흠 없는 사람으로 살라.'라는 말이다.

'하나님 앞에서 행한다.'라는 말은 무슨 뜻인가? 하나님의 약속을 믿고, 끝까지 믿음으로 사는 것을 말한다. 삶의 현장에서 어려움이 생기면 하나님께 도움을 청하고, 인도하심을 따르는 것을 말한다. 에녹과 노아가 하나님과 동행한 것(walk with God)과 같다(5:22, 24; 6:9). 아브람이 이렇게 살면 여호와께서는 그를 어떻게 축복하시는가?

2 "내가 내 언약을 나와 너 사이에 두어 너를 크게 번성하게 하리라 하시니"

◇"언약을 나와 너 사이에 두어": 여호와께서는 언약을 다시 확증하신다. 언약의 내용은 무엇인가?

◇"너를 크게 번성하게 하리라": 아브람은 크게 번성한다. 하나님께서 그에게 하신 약속을 다시 확인시킨다. 여호와는 전능하신 분이다. 그러므로 그분 앞에서 행하라. 그러면 그를 번성하게 하신다. 이에 대한 아브람의 반응은 어떠한가?

2. 여호와께서는 아브람과 어떤 언약을 세우셨으며(3-4), 그 언약에 대한 보증은 무엇입니까(5)? '여러 민족의 아버지가 된다.'라는 말은 무슨 뜻입니까(6)? 이름을 바꾸신 데는 무슨 뜻이 있을까요? 아브람에게 두신 여호와의 소원이 오늘 우리에게 주는 의미는 무엇입니까?

3 "아브람이 엎드렸더니 하나님이 또 그에게 말씀하여 이르시되"

◇"아브람이 엎드렸더니": 그는 언약을 영접하였다.

◇"하나님이 또 그에게 말씀하여": 하나님은 그에게 또 말씀하셨다. 그 내용은 무엇인가?

4 "보라 내 언약이 너와 함께 있으니 너는 여러 민족의 아버지가 될지라"

◇"여러 민족의 아버지가 될지라": '일반적인 아버지(a father)'가 아니라 '그 아버지(the father)'를 말한다. 아브람한테서 여러 나라가 생긴다. 아브람은 많은 나라의 시조, 태조가 된다. 여호와께서 그 언약을 다시 강조하신다. 그 언약의 보증은 무엇인가?

5 "이제 후로는 네 이름을 아브람이라 하지 아니하고 아브라함이라 하리니 이는 내가 너를 여러 민족의 아버지가 되게 함이니라"

◇"이제 후로는": 이 시점에서 구체적인 전환이 일어난다. 그리고 언약의 징표(증거)로 두 가지를 주신다. 이름을 바꾸는 것과 할례를 행하는 것이다.

◇"이름": 이름은 대부분 부모가 짓는다. 그 가문의 정통성과 주도권을 부여한다. 그런데 그 이름을 하나님께서 바꿔주신다. 하나님의 정통성과 주도권을 강조하신다. 그는 더는 데라 가문의 정통성을 갖지 않고 새롭게 하나님 가문의 정통성을 갖게 된다. 하나님은 그의 삶과 목적을 변화시킨다. 그는 어떻게 변화되어야 하는가?

◇"아브람"(אַבְרָם, *Abram*): '고귀한 아버지'라는 뜻이다. '아브(ab)'는 '아버지'이고, '람(ram)'은 '높임을 받는다.'라는 뜻이다. 따라서 '높임을 받는 아버지(exalted father)'라는 뜻이다.

◇"아브라함"(אַבְרָהָם, *Abraham*): '많은 무리의 아버지(father of a multitude)'라는 뜻이다. '아브(ab)'는 '아버지'이고, '라함(rhaman)'은 '많은 사람'을 뜻한다. 하나님은 아브람을 아브라함으로 바꾸신다. 왜

그 이름을 바꾸시는가?

◇"여러 민족의 아버지가 되게 함이니라": 새로운 이름은 여러 민족의 아버지가 될 것이라는 약속을 일깨워준다. 이제 시선은 고귀한 가문으로부터 후손에 대한 기대로 옮아간다.

이름을 바꾸는 사역을 어디에서 찾을 수 있는가? 예수님도 교회를 세우고자 하실 때 베드로의 이름을 바꾸셨다. "너는 '베드로(*petros*)'라 내가 이 '반석(*petra*)' 위에 내 교회를 세울 것이다"(마 16:18). 교회에 대한 약속과 함께 시몬의 이름을 바꾸셨다. 예수님께서 그의 이름을 바꾸심으로써 약속을 이루실 것을 보증하신다. '여러 민족의 아버지가 된다'는 말은 구체적으로 무엇을 뜻하는가?

6 "내가 너로 심히 번성하게 하리니 내가 네게서 민족들이 나게 하며 왕들이 네게로부터 나오리라"

◇"심히 번성하게 하리니": 그는 지금 아들이 없을지라도 장차 수많은 아들을 낳게 될 것이다.

◇"민족들이 나게 하며 왕들이 네게로부터 나오리라": 아브라함은 나라의 조상이 되고, 왕의 조상이 된다. 아브라함의 후손 중에서 많은 나라와 왕이 탄생했다. 예수님도 아브라함의 후손이다(마 1:1).

◇"내가 너로": 여호와께서 친히 그렇게 만들어 가신다.

아브람에게 두신 여호와의 소원이 오늘 우리에게 주는 의미는 무엇인가? 믿음으로 산다는 것은 내 소원이 아닌 하나님의 소원을 붙들고 사는 것을 말한다. 하나님께서 우리에게 주신 약속을 붙들고 사는 것을 말한다. 따라서 우리가 믿음으로 사는 것은 한 가정의 구성원으로 만족하지 않고 구속 사역의 구성원으로까지 삶의 규모를 넓히며 사는 것을 뜻한다. '여러 나라의 아버지'의 삶은 전능하신 하나님을 믿는 믿음에서 나온다. 아브라함과 맺은 언약은 누구에게로 이어지는가?

3. 이 언약은 누구에게까지 이어집니까(7)? 언약을 맺으신 목적은 무엇입

니까(8)? 하나님께서 세우시는 또 다른 언약은 무엇입니까(9-10)? 언약의 표징은 무엇이며, 그 대상은 누구입니까(11-13)? 할례를 받지 않으면 어떻게 됩니까(14)?

7 "내가 내 언약을 나와 너 및 네 대대 후손 사이에 세워서 영원한 언약을 삼고 너와 네 후손의 하나님이 되리라"

◇"후손 사이에 세워서": 언약은 아브라함 당대로 끝나지 않는다. 후손에게까지 이어진다. 그렇게 하신 목적이 무엇인가?

◇"네 후손의 하나님이 되리라": 여호와는 아브라함의 하나님만으로 만족하지 않으신다. 후손의 하나님이 되고자 하신다. 온 세상의 하나님이 되기를 원하신다. 그래서 오늘 우리와도 언약을 맺고자 하신다. 여호와는 오늘 우리의 하나님도 되고자 하신다. 여호와께서 땅에 대해서는 어떻게 약속하시는가?

8 "내가 너와 네 후손에게 네가 거류하는 이 땅 곧 가나안 온 땅을 주어 영원한 기업이 되게 하고 나는 그들의 하나님이 되리라"

◇"땅을 주어": 여호와께서는 땅에 대한 약속도 다시 확증하신다.

◇"나는 그들의 하나님이 되리라": 언약의 핵심을 뚜렷하게 밝히신다. 창조주요 구원자인 전능한 하나님께서 언약을 맺으신 목적은 그들의 하나님이 되기 위함이다. 하나님은 오늘도 우리에게 언약을 세우신다. 그 목적은 우리의 하나님이 되는 데 있다. 하나님께서 어떤 언약을 또 세우시는가?

9 "하나님이 또 아브라함에게 이르시되 그런즉 너는 내 언약을 지키고 네 후손도 대대로 지키라"

◇"네 후손도 대대로 지키라": 언약은 당대만이 아니라 후손에게까지 이어진다. 언약은 영원하다. 언약의 내용은 무엇인가?

10 "너희 중 남자는 다 할례를 받으라 이것이 나와 너희와 너희 후손 사이에 지킬 내 언약이니라"

◇"할례를 받으라": 언약의 표징은 할례이다.

◇"후손 사이에 지킬 내 언약이니라": 할례는 아브라함뿐만 아니라 그 후손도 언약에 참여한다는 표시이다. 할례란 무엇인가?

11 "너희는 포피를 베어라 이것이 나와 너희 사이의 언약의 표징이니라"

◇"포피를 베어라": 남자 성기의 포피 윗부분을 제거하는 것이다. 중동 지역에 널리 퍼진 일종의 성년의식이었다. 여기서는 언약 공동체의 구성원임을 나타낸다.

◇"언약의 표징이니라": 이것은 마치 신랑 신부가 결혼식에서 반지를 교환하는 것에 비유할 수 있다. 할례의 대상은 누구인가?

12 "너희의 대대로 모든 남자는 집에서 난 자나 또는 너희 자손이 아니라 이방 사람에게서 돈으로 산 자를 막론하고 난 지 팔 일 만에 할례를 받을 것이라"

◇"팔 일 만에": 남자는 모두 난 지 여드레 만에 할례를 받아야 한다.

13 "너희 집에서 난 자든지 너희 돈으로 산 자든지 할례를 받아야 하리니 이에 내 언약이 너희 살에 있어 영원한 언약이 되려니와"

◇"너희 살에 있어 영원한 언약이 되려니와": 할례는 언약을 살에 새기는 행위이다. 영원토록 기억하는 데 그 목적이 있다. 할례를 받지 않으면 어떻게 되는가?

14 "할례를 받지 아니한 남자 곧 그 포피를 베지 아니한 자는 백성 중에서 끊어지리니 그가 내 언약을 배반하였음이니라"

◇"백성 중에서 끊어지리니": 할례를 받지 않으면 언약을 깨트리는 행위이

다. 따라서 심판을 받는다. 하나님과의 관계에서 끊어진다. 그 이유가 무엇인가?

◇"내 언약을 배반하였음이니라": 할례를 받지 않는 것은 언약을, 하나님을 배반하는 것이다. 그런 자는 심판을 받을 수밖에 없다.

그러면 아브라함은 할례를 받음으로 하나님의 백성이 된 것인가? 아니면 하나님의 백성이기 때문에 할례를 받은 것인가? 얼핏 보면 할례를 받음으로 하나님의 백성이 된 것처럼 보인다. 하지만 할례 자체가 하나님의 백성이 되는 효력이 있는 것은 아니다. 할례는 하나님의 백성이 되었다는 표시일 뿐이다. 하나님께서 사래의 이름을 어떻게 바꾸시는가?

4. 하나님은 왜 사래의 이름을 '사라'로 바꾸십니까(15-16)? 아브라함은 어떤 반응을 보입니까(17)? 그가 제시하는 대안은 무엇입니까(18)? 아브라함의 문제는 무엇일까요?

15 "하나님이 또 아브라함에게 이르시되 네 아내 사래는 이름을 사래라 하지 말고 사라라 하라"

◇"사래"(שָׂרַי, *사라이*): '왕비', '여 지배자'를 의미한다.

◇"사라"(שָׂרָה): '왕비(후)', '귀부인'을 의미한다. 두 이름은 모두 '공주(왕비)'라는 의미가 있다. 두 이름은 원칙적으로 그 의미가 같다. 왜 이름을 바꿔야 하는가?

16 "내가 그에게 복을 주어 그가 네게 아들을 낳아 주게 하며 내가 그에게 복을 주어 그를 여러 민족의 어머니가 되게 하리니 민족의 여러 왕이 그에게서 나리라"

◇"그가 네게 아들을 낳아 주게 하며": 사라는 자기 몸으로 아들을 직접 낳는다.

◇"그를 여러 민족의 어머니가 되게 하리니": 그녀는 민족의 어머니가 된다.

◇ "민족의 여러 왕이 그에게서 나리라": 사라가 직접 낳은 아들을 통하여 여러 민족과 여러 왕이 나온다.

아브라함이 여러 나라의 아버지가 되려면 사라가 어떻게 되어야 하는가? 사라가 여러 나라의 어머니가 되어야 한다. 그 자식의 정통성은 아버지에게 있기보다는 어머니에게 있다. 어머니가 누구냐에 따라서 그 자식의 정통성이 결정된다. 그러므로 '사래'는 '사라'가 되어야 한다. 사래가 사라로 이름이 바뀔 때 '아브람'이 '아브라함'으로서 이름이 바뀐 의미가 완성된다. 이에 대해서 아브라함은 어떻게 반응하는가?

17 "아브라함이 엎드려 웃으며 마음속으로 이르되 백 세 된 사람이 어찌 자식을 낳을까 사라는 구십 세니 어찌 출산하리요 하고"

◇ "웃으며 마음속으로 이르되": 아브라함은 얼굴을 땅에 대고 엎드려 웃으면서 혼잣말을 하였다. 하나님의 약속에 대한 아브라함의 반응은 예상 밖이다. 아니면 당연한 반응인가? 그는 왜 이렇게 반응하는가?

◇ "백 세 된 사람이 어찌 자식을 낳을까 사라는 구십 세니 어찌 출산하리요": "나이 100세 된 남자가 아들을 낳는다고? 90세나 되는 사라가 아이를 낳을 수 있을까?" 아브라함은 자신과 사라의 인간 조건을 알아서 하나님이 약속을 이룰 수 없다고 생각하여 웃었다. 그러나 그것은 하나님을 믿지 못한 반응이다.

18 "아브라함이 이에 하나님께 아뢰되 이스마엘이나 하나님 앞에 살기를 원하나이다"

◇ "이스마엘이나 하나님 앞에 살기를 원하나이다": 아브라함은 하나님께 속내를 밝힌다. 이제 더는 약속에 끌려다니지 않겠다는 의도이다. 아브라함은 모든 약속이 롯이 아닌 자신의 몸에서 태어난 이스마엘에게서 성취할 것으로 이해하는 듯하다. 이스마엘의 출생으로 롯의 상속 후보

자의 자격도 끝났다. 그는 이스마엘을 언약 후손으로 받아들이고 있다. 왜냐하면 사라가 아이를 낳는 일이 불가능하기 때문이다. 그는 하나님의 약속이 성취되려면 최소한의 인간적 방법이 필요하다고 생각했다. 그러나 하나님은 무엇이라고 말씀하시는가?

5. 하나님은 언약을 어떻게 성취하십니까(19)? 이스마엘에게는 어떤 복을 내리십니까(20)? 하나님은 누구와 언약을 세우십니까(21)? 아브라함은 하나님의 말씀에 어떻게 순종합니까(22-27)?

19 "하나님이 이르시되 아니라 네 아내 사라가 네게 아들을 낳으리니 너는 그 이름을 이삭이라 하라 내가 그와 내 언약을 세우리니 그의 후손에게 영원한 언약이 되리라"

◇"아니라": 여호와께서는 아브라함의 생각을 강하게 부정하신다.

◇"이삭": '웃음'을 뜻한다. 그 아이의 이름을 '이삭'이라고 지은 것은 아브라함의 웃음을 기억하게 하기 위함이다. 하나님은 그들의 웃음을 통해서 이삭을 예언하신다.

◇"내 언약을 세우리니 그의 후손에게 영원한 언약이 되리라": 아브라함은 하나님의 약속에 대하여 웃음으로 응답하였지만, 그의 웃음은 그 약속이 이삭 안에서 궁극적으로 이루어질 것을 보여주는 언어적 표시이다. 이삭의 출생을 둘러싼 나머지 서술 부분을 통하여 각 부분에서 중요한 단어는 '웃음'이다. 인간의 가장 모호한 행위인 웃음 속에는 하나님의 능력과 인간의 믿음의 한계가 포함되어 있다. 여호와께서는 이스마엘을 어떻게 하시는가?

20 "이스마엘에 대하여는 내가 네 말을 들었나니 내가 그에게 복을 주어 그를 매우 크게 생육하고 번성하게 할지라 그가 열두 두령을 낳으리니 내가 그를 큰 나라가 되게 하려니와"

◇"내가 네 말을 들었나니": "네가 이스마엘에 대해 한 말은 내가 다 들었다." 하나님은 아브라함이 이스마엘에 대해서 애착을 보이는 것을 아신다.

◇"내가 그에게 복을 주어": 여호와께서 이스마엘을 축복하신다.

◇"매우 크게 생육하고 번성하게 할지라": 하나님께서 이스마엘도 크게 번성하도록 하신다.

◇"그가 열두 두령을 낳으리니 내가 그를 큰 나라가 되게 하려니와": "큰 지도자 열두 명의 아버지가 되고, 큰 나라를 이룰 것이다." 그는 왕이 아닌 큰 지도자를 낳을 것이다. 이삭이 후에 열두 조상을 낳는 것처럼 이스마엘도 열두 지도자를 낳는다. 하나님은 이스마엘을 아브라함과의 언약에서 제외하셨지만, 그와 그 자손은 여전히 하나님의 축복 아래 살 것이다. 아브라함으로 인해 온 천하 만민이 복을 얻기 때문이다.

21 "내 언약은 내가 내년 이 시기에 사라가 네게 낳을 이삭과 세우리라"

◇"내년 이 시기에": 하나님은 이번에는 구체적인 시기를 정하신다. 언약의 확신을 더 강하게 하신다.

◇"사라가 네게 낳을 이삭과 세우리라": 여호와께서는 이스마엘에게 복을 주신다. 하지만 언약은 이삭과 세우신다. 이 점이 이스마엘과 이삭의 차이점이다. 이스마엘과 이삭 사이에 어떤 본질적 차이가 있는가? 이스마엘도 아브라함 언약 축복의 수혜자가 된다. 그러나 언약의 상속자는 되지 못하였다. 이삭은 이스마엘을 능가하게 된다. 영원한 언약을 세울 자는 이삭이다. 이에 대한 아브라함의 반응은 어떠한가?

22 "하나님이 아브라함과 말씀을 마치시고 그를 떠나 올라가셨더라"

23 "이에 아브라함이 하나님이 자기에게 말씀하신 대로 이 날에 그 아들 이스마엘과 집에서 태어난 모든 자와 돈으로 산 모든 자 곧 아브라함의 집 사람 중 모든 남자를 데려다가 그 포피를 베었으니"

◇"이 날에": 아브라함은 그날 바로 즉시 순종한다.

◇"포피를 베었으니": 아브라함은 지금까지 모든 희망을 걸었던 이스마엘로 시작하여 자신을 포함한 모든 남자에게 할례를 행했다. 사라의 임신 가능성에 대한 그의 의심도 하나님의 명령에 대한 그의 순종을 막지 못했다. 그의 순종은 그날을 구원역사에서 가장 위대한 날 중의 하루가 되게 했다. 할례는 하나님께 대한 믿음과 순종을 보여준다.

오늘 우리에게 있어서 할례는 무엇인가? 할례는 '마음의 할례'로 바뀌면서(롬 2:29), 예수 그리스도를 믿는 믿음으로 승화된다. 우리는 '마음의 할례'에 대한 외적 표시로 세례를 받는다. 세례를 받았기 때문에 구원을 받는 것이 아니라 구원을 받았기 때문에 세례를 받는다. 아브라함이 할례를 행할 때의 나이는 몇 살이었는가?

24 "아브라함이 그의 포피를 벤 때는 구십구 세였고"

25 "그의 아들 이스마엘이 그의 포피를 벤 때는 십삼 세였더라"

26 "그 날에 아브라함과 그 아들 이스마엘이 할례를 받았고"

27 "그 집의 모든 남자 곧 집에서 태어난 자와 돈으로 이방 사람에게서 사온 자가 다 그와 함께 할례를 받았더라"

◇"할례를 받았더라": 집에서 태어난 종, 외국인에게서 돈 주고 산 종, 아브라함 집안의 모든 남자가 아브라함과 함께 할례를 받았다.

제17강

여호와가 할 수 없는 일이 있느냐

◇본문 창세기 18:1-15
◇요절 창세기 18:14
◇찬송 64장, 543장

1. 여호와께서 아브라함에게 어떤 모습으로 찾아오십니까(1-2a)? 그는 어떻게 맞이합니까(2b-5a)? '세 사람'은 어떻게 응합니까(5b)?

2. 아브라함은 그들을 어떻게 섬깁니까(6-8)? 당시 식사가 갖는 의미는 무엇일까요? 오늘 '우리가 여호와와 함께 식사한다.'라는 것은 무엇을 뜻할까요(요 6:53-58, 마 26:26-30)?

3. 여호와께서는 아브라함에게 무슨 약속을 하십니까(9-10)? 그 약속은 예전에 비해서 어떤 점에서 구체적입니까?

4. 아브라함과 사라의 인간 조건이 어떠합니까(11)? 여호와의 약속에 대한 사라의 반응은 무엇입니까(12)? 그녀의 웃음은 어떤 의미일까요?

5. 여호와께서 아브라함을 왜 책망하십니까(13)? 이 여호와는 어떤 분이십니까(14)? '능하다.'라는 말은 무슨 뜻입니까? 사라는 어떻게 변명합니까(15)? 이 사건이 오늘 나에게 주는 의미는 무엇입니까?

제17강

여호와가 할 수 없는 일이 있느냐

◇본문 창세기 18:1-15
◇요절 창세기 18:14
◇찬송 64장, 543장

1. 여호와께서 아브라함에게 어떤 모습으로 찾아오십니까(1-2a)? 그는 어떻게 맞이합니까(2b-5a)? '세 사람'은 어떻게 응합니까(5b)?

1 "여호와께서 마므레의 상수리나무들이 있는 곳에서 아브라함에게 나타나시니라 날이 뜨거울 때에 그가 장막 문에 앉아 있다가"

◇"아브라함에게 나타나시니라": 여호와께서 아브라함을 직접 찾아오셨다.

◇"뜨거울 때": 더운 대낮에 아브라함은 장막 어귀에 앉아 있었다. 어떤 모습으로 오셨는가?

2 "눈을 들어 본즉 사람 셋이 맞은편에 서 있는지라 그가 그들을 보자 곧 장막 문에서 달려나가 영접하며 몸을 땅에 굽혀"

◇"사람 셋": 사람 셋이 서 있었다. 그 세 사람은 누구인가? 첫째는, '여호와의 천사'와 롯을 방문한 '두 천사들(the Lord and two angeles, 18:1, 10; 19:1)'이다. 둘째는, 여호와께서 성부 성자 성령의 모습으로 나타나셨다. 삼위 여호와께서 사람의 모습으로 아브라함에게 찾아오셨다. 아

브라함은 어떻게 맞이하는가?

◇“달려 나가 영접하며 몸을 땅에 굽혀”: 그는 그들을 보자 달려 나가서 맞이하며 절을 했다. 그는 적극적으로 맞이한다. 그는 세 사람이 누구인지 물어보지 않는다. 그들의 정체를 전혀 몰랐는가? 아니면 짐작했는가?

3 “이르되 내 주여 내가 주께 은혜를 입었사오면 원하건대 종을 떠나 지나가지 마시옵고”

◇“내 주여”(אֲדֹנָי, *아도나이*): ‘나의 주님(my Lord)’이라는 뜻이다. 첫째는, 일반적으로 다른 사람을 부를 때 사용하였다. 둘째는, 여호와 하나님을 부를 때 사용하였다. 그는 일반적으로 불렀을 수도 있고, 처음부터 여호와로 알고 불렀을 수도 있다.

◇“은혜를 입었사오면”: ‘나를 좋게 보시면(if now I have found favor in thy sight)’이라는 뜻이다.

◇“떠나 지나가지 마옵시고”: 매우 공손한 모습이다. 그는 그들을 지극한 정성과 깊은 존경심으로 맞이한다.

4 “물을 조금 가져오게 하사 당신들의 발을 씻으시고 나무 아래에서 쉬소서”

◇“쉬소서”: 더위로 지쳐 있는 사람에게 가장 필요한 물을 가져와 발을 씻게 한다. 나무 아래서 쉬게 한다.

5 “내가 떡을 조금 가져오리니 당신들의 마음을 상쾌하게 하신 후에 지나가소서”

◇“종에게 오셨음이니이다”: 아브라함은 종의 자세로 손님을 주인으로 인정하며 섬긴다. 그의 따뜻한 환대(hospitality)가 잘 나타난다. 손님들은 어떻게 응답하는가?

◇“네 말대로 그리하라”: 그들은 아브라함의 환대를 사양하지 않는다. 그들은 아브라함을 좋게 여긴다. ‘은혜를 받아들인다.’

아브라함은 왜 그들을 적극적으로 맞이하는가? 그가 그들이 누구인지 몰랐다면, 그들을 잘 대접하여 좋은 관계성을 맺으려는 의도이다. 아브라함은 하나님의 종으로서 좋은 영향력을 끼치려는 것이다. 그러나 그가 그들을 인식하고 맞았을 수도 있다. 아브라함은 그들을 어떻게 섬기는가?

2. 아브라함은 그들을 어떻게 섬깁니까(6-8)? 당시 식사가 갖는 의미는 무엇일까요? 오늘 '우리가 여호와와 함께 식사한다.'라는 것은 무엇을 뜻할까요(요 6:53-58, 마 26:26-30)?

6 "아브라함이 급히 장막으로 가서 사라에게 이르되 속히 고운 가루 세 스아를 가져다가 반죽하여 떡을 만들라 하고"

7 "아브라함이 또 가축 떼 있는 곳으로 달려가서 기름지고 좋은 송아지를 잡아 하인에게 주니 그가 급히 요리한지라"

◇"급히 요리한지라": 아브라함은 빨리 요리하였다.

8 "아브라함이 엉긴 젖과 우유와 하인이 요리한 송아지를 가져다가 그들 앞에 차려 놓고 나무 아래에 모셔 서매 그들이 먹으니라"

◇"차려 놓고", "먹으니라": 아브라함이 요리를 그들 앞에 차려 놓았다. 그는 서서 시중을 들었다. 그들은 아브라함으로부터 섬김을 잘 받는다.

아브라함으로부터 우리는 무엇을 배워야 하는가? "아브라함이 단순히 마음이 넓고 좋아서 손님을 잘 대접했다. 그러므로 우리도 지나가는 사람 잘 대접하자." 우리는 이런 윤리적인 측면을 뛰어넘어야 한다. 우리는 영적인 의미를 배워야 한다. 우리는 아브라함의 섬김을 받아주시고, 약속을 주시는 여호와 하나님께로 초점을 맞춰야 한다.

당시 식사가 갖는 의미는 무엇일까? 고대 세계에서 언약을 식사하면서 체결했다(26:28-30). 함께 식사하는 것은 하나 됨의 의미를 나타낸다. 깊은 인격적 관계성을 확인하는 일이다. 이런 일반적인 '식탁 공동체'의 의미가 여호와와 그 백성의 관계성으로 연결된다. 시내 산에서 언약을 체결할 때, 언약 백성은 여호와 앞에서 평안히 먹고 마셨다(출 24:11).

이 사상을 예수님 시대와 연결할 수 있는가? 예수님은 어떤 사람의 집에 머무는 모습을 사용하여 그와의 교제를 드러내셨다. "예수께서 그곳에 이르사 쳐다보시고 이르시되 삭개오야 속히 내려오라 내가 오늘 네 집에 유하여야 하겠다 하시니"(눅 19:5). 이 모습을 오늘 우리에게는 어떻게 적용할 수 있는가? 예수님께서는 오늘 우리에게도 찾아오신다. 삶의 현장에서 성경 선생으로 찾아오실 수 있다. 목자를 통하여 찾아오실 수 있다. 그때 우리는 그분을 영접하고 섬겨야 한다. 아브라함처럼 맛있는 것으로 대접하는 것도 중요하지만, 더욱 중요한 것은 마음을 열고 영접하는 것이다. 사도 요한은 말씀한다. "볼지어다 내가 문 밖에 서서 두드리노니 누구든지 내 음성을 듣고 문을 열면 내가 그에게로 들어가 그와 더불어 먹고 그는 나와 더불어 먹으리라"(계 3:20). 물론 처음부터 주님을 알고 영접하는 경우는 많지 않다. 다만 마음을 여는 것이 중요하다. 그러면 나중에 주님인 줄 아는 경우가 많다.

오늘 우리에게 섬기는 것은 무엇일까? 음식으로 섬기는 것인가? 오늘 우리는 성만찬에 참여하는 것을 말한다(마 26:26-30). 우리가 빵과 포도주를 먹고 마시는 것은 예수님께서 나의 죄를 위해서 십자가에서 죽으시고 사흘 만에 다시 살아나셨음을 믿는 신앙고백이다. 이를 통해서 예수님과 우리는 아주 특별한 관계를 맺는다. 이런 우리에게 어떤 축복을 주시는가?

3. 여호와께서는 아브라함에게 무슨 약속을 하십니까(9-10)? 그 약속은 예전에 비해서 어떤 점에서 구체적입니까?

9 "그들이 아브라함에게 이르되 네 아내 사라가 어디 있느냐 대답하되 장막에 있나이다"

◇"그들이": 남성 복수형이다.

◇"사라가 어디 있느냐": 그들은 사라가 장막 뒤에 있는 것을 이미 알고 있다. 따라서 지금부터 하는 말은 사라도 들으라는 뜻이다.

10 "그가 이르시되 내년 이맘때 내가 반드시 네게로 돌아오리니 네 아내 사라에게 아들이 있으리라 하시니"

◇"그가": 남성 단수형이다.

◇"내년 이맘때": 구체적인 기한을 다시 강조한다(17:21).

◇"사라에게 아들이 있으리라": 여호와와 사라와의 관계를 다시 강조한다. 사라가 아들을 직접 낳게 될 것을 다시 선언하신다. 지금까지 아브라함의 언약에 있어서 사라의 존재는 별로 나타나지 않았다. 그러나 사라의 존재를 강조한다. 17장 후반부부터 사라를 통하여 주실 아들에 대하여 분명하게 약속하신다. 사라 문제가 해결되지 않고서는 약속의 성취를 이룰 수 없기 때문이다.

◇"사라가 그 뒤 장막 문에서 들었더라": 사라는 그 말을 들었다. '그'의 예상대로 사라는 뒤에서 들었다. 그러나 아브라함과 사라의 인간 조건은 어떠한가?

4. 아브라함과 사라의 인간 조건이 어떠합니까(11)? 여호와의 약속에 대한 사라의 반응은 무엇입니까(12)? 그녀의 웃음은 어떤 의미일까요?

11 "아브라함과 사라는 나이가 많아 늙었고 사라에게는 여성의 생리가 끊어졌는지라"

◇"생리가 끊어졌는지라": 사라는 생물학적으로는 아이를 낳을 수 없다. 아브라함은 늙었지만 그렇다고 아이를 낳기에 불가능한 상황은 아니다. 사라가 죽은 후에 후처들을 취하여 6명의 자녀를 더 낳았다(25장). 문

제는 사라에게 있다. 약속을 이루려고 할 때 문제는 사라의 인간 조건이다. 그녀는 젊었을 때도 잉태하지 못하였다. 사라는 어떻게 반응하는가?

12 "사라가 속으로 웃고 이르되 내가 노쇠하였고 내 주인도 늙었으니 내게 무슨 즐거움이 있으리요"

◇"속으로 웃고": 그녀의 웃음은 거만함의 웃음이 아니다. 오랜 실망 때문에 지푸라기조차도 잡을 수 없기 때문이다. 희망의 상실이 그녀의 마음 깊은 곳에 깔려 있다. 그녀는 의심을 이런 식으로 표현한 것이다. 그녀는 불신을 최대한 절제하고 있다.

◇"노쇠하였고": '다 헤어진'이라는 뜻이다.

◇"무슨 즐거움이 있으리요": '즐거움'은 '부부생활'을 말한다. 두 사람 다 너무 늙었기 때문에 정상적인 부부생활을 할 수 없다. 그들은 젊은 부부처럼 즐거움을 기대할 수 없다. 여호와의 약속은 불가능해 보인다. 그러나 여호와께서는 무엇을 말씀하시는가?

5. 여호와께서 아브라함을 왜 책망하십니까(13)? 이 여호와는 어떤 분이십니까(14)? '능하다.'라는 말은 무슨 뜻입니까? 사라는 어떻게 변명합니까(15)? 이 사건이 오늘 나에게 주는 의미는 무엇입니까?

13 "여호와께서 아브라함에게 이르시되 사라가 왜 웃으며 이르기를 내가 늙었거늘 어떻게 아들을 낳으리요 하느냐"

◇"왜 웃으며": 여호와는 아브람을 꾸짖으신다. 사라가 "어떻게 아들을 낳으리요?"라고 말했기 때문이다.

이 말씀에서 사라와 여호와가 어떻게 대조되는가? 사라는 자신을 '늙었다.' 라고 말한다. 그러나 여호와께서는 사라가 '늙었다.' 라고 말씀하지 않으신다. 사라는 '생리가 끊겼다.' 라고 말한다. 그녀는 인간적으로 '불가능하다.' 라고 말한다.

그러나 여호와께서는 그런 말을 하지 말라고 하신다. 여호와께는 '생리가 끊어졌다.' '늙었다.' 라는 말들이 아무 의미가 없기 때문이다. 여호와께서는 인간의 한계를 주장하지 말라고 하신다. 이렇게 말씀하시는 여호와는 어떤 분이신가?

14 "여호와께 능하지 못한 일이 있겠느냐 기한이 이를 때에 내가 네게로 돌아오리니 사라에게 아들이 있으리라"

◇"여호와께 능하지 못한 일이 있겠느냐": "나 여호와가 하지 못할 일이 어디에 있느냐(Is anything too hard for the Jehovah)?"

◇"능하다": '놀랍다', '특별하다.'라는 뜻이다. 여호와의 특별한 지식, 전지하심(시 139:6), 놀라운 모사(사 9:6) 등을 말한다. 여호와께는 특별한 일이 없다. 그분은 불가능한 것, 놀라운 것, 심지어 엄청난 것을 행하는 것을 기뻐하신다. 여호와께는 하실 수 없는 어려운 일이 없다. 모든 일이 다 평범한 일이다. 여호와는 전능하신 하나님이시다(17:1).

◇"기한이 이를 때", "아들이 있으리라": 내년 이맘때에 여호와께서 다시 찾아오신다. 그때 사라에게 아들이 있을 것이다. 여호와께서는 약속을 다시 확인시킨다. 여호와의 약속은 육체적인 한계를 넘어선다. 아들의 출생은 여호와의 약속이기 때문에 예정된 시간 속에서 반드시 이루어진다.

여호와께서는 왜 '하지 못할 일이 없다.' 라는 사실을 강조하시는가? 여호와가 누구신가를 알면, 그 약속도 의심하지 않고 믿을 수 있기 때문이다. 약속에 대한 믿음은 어디에서 나오는가? 여호와께로부터 온다. 여호와를 어떤 분으로 믿느냐에 따라서 그 약속을 믿느냐 믿지 못하느냐를 결정한다. 여호와를 전능하신 하나님으로 믿으면 그 약속도 당연히 믿는다. 그러나 여호와를 믿지 못하면 그 약속도 믿지 못한다. 아이가 아빠를 믿으면 아빠의 약속도 믿는다.

그러면 우리는 여호와를 어떤 분으로 믿는가? 여호와는 무슨 일이든지 하실 수 있는 분인데, 사람에 따라서 그분을 받아들이는 정도가 다르다. 어떤 사람은 성경에서 가르치는 하나님을 그대로 받아들인다. 반면 자기 분량대로 받아들이는 사람이 있다. 내 그릇에 따라서 여호와가 무엇이든지 하실 수도 있고, 하지 못할 수도 있다. 사라는 자기 분량대로만 하나님을 받아들였다. '생리가 끊겨 버리면 하나님도 어떻게 해 볼 수 없다.' 이것이 사라의 믿음이다. 사라가 믿는 하나님이다. 그러나 하나님께서 가르치시는 하나님은 생리를 뛰어넘어서 일하시는 분이다. 인간의 한계 상황을 뛰어넘어서 일하시는 분이다. 우주를 창조하시고, 홍수로 그것을 멸하시며, 바벨에서 언어를 혼잡하게 하신 여호와께서 사라의 태에서 아이를 낳게 하는 것은 불가능한 일이 아니다. 여호와께 불가능이란 없기 때문이다. 신약에서 마리아도 예수님께서 태어나실 것이라는 메시지를 받고 사라와 같은 반응을 보였다. 이해할 수 없었기 때문이다. 어쩌면 사라의 경우보다 더 어려웠다. 그러나 그 어려운 상황을 하나님께서는 이루셨다. 사라는 어떻게 반응하는가?

15 "사라가 두려워서 부인하여 이르되 내가 웃지 아니하였나이다 이르시되 아니라 네가 웃었느니라"

◇"두려워서": 사라는 주님의 능력을 알고 나서 주님께 대한 두려움이 들었다. 웃음을 취소하고 싶었다. 그녀는 주님의 약속 앞에서 자신이 성급했음을 깨달았다.

◇"아니라 네가 웃었느니라": 하나님은 사라의 취소를 받아주지 않으신다. 사라는 이삭이 태어날 때까지 그 약속에 어떻게 반응했는지를 기억해야 한다. 웃음을 기억하는 것은 여호와의 전능하심을 오해한 것에 대한 하나님의 꾸짖음을 유지하는 것이다.

이 사실이 오늘 우리에게는 주는 메시지는 무엇인가? 여호와께서는 오늘 우리가 생각할 때에 불가능해 보이는 것을 약속하시고, 친히 이루신다. 그 일은 무엇인가? 첫째로, 누구든지 예수님을 그리스도로 믿으면 죄를 용서받고 하나님의 아들딸이 된다. 이것은 하나님께서 우리에게 주신 약속이며, 그 약속은 실제로 이루어진다. 우리가 "예수님을 믿는다."라고 고백했을 때, 가장 기본적인 사상이 바로 이것이다. 즉 내가 예수님을 그리스도로 믿으면 죄를 용서받고 하나님 나라에서 영원토록 산다. 이것을 인간적으로만 생각하면 도저히 받아들일 수 없다. 그래서 많은 사람이 웃는다. 하지만 주님 앞에서 두려움을 느끼고 그 웃음을 부인하고 약속을 영접하면 삶이 달라진다.

둘째로, 우리의 인생 문제도 해결받을 수 있다. 사람은 나름의 개인 문제가 있고, 그 문제해결을 위해서 몸부림친다. 하지만 잘 안 되기 때문에 울고불고 야단법석을 떤다. 그러나 주님께 들고 나가면 해결 받을 수 있다. 왜냐하면 우리 주님은 할 수 없는 일이 없기 때문이다. 우리 주님은 전능하신 하나님이시기 때문이다. 문제는 우리가 내 문제를 들고 나가지 않는 데 있다. 들고 나가더라도 한계를 짓는 데 있다. 주님은 한계가 없다. 그러므로 들고 나가야 하고, 한계적인 생각을 해서는 안 된다.

셋째로, 복음 사역도 주님께서 친히 이루어 주신다. 주님께서 우리를 캠퍼스의 목자요 성경 선생으로 세우셨다. 이것은 우리가 원했다기보다는 주님께서 원하신 것이다. 그러므로 주님께서 우리를 이 일에 반드시 쓰신다. 양을 보내주실 것이다.

이 약속들 앞에서 우리는 어떻게 반응해야 할까? 인간적인 측면에서 그것을 바라보고 웃어넘겨서는 안 된다. 여호와께서는 우리가 의심이 아니라 믿음으로 응답하기를 기대하신다. 그분의 말씀은 그분의 성품에 근거한 것이기 때문이다. 하나님과의 언약의 교제를 누리는 우리가 그분이 행하시겠다고 말씀하신 것을 온전히 믿는다면, 우리의 삶이 달라질 것이다. 우리의 세상이 달라질 것이다.

제18강

내 기도의 힘

◇본문　창세기 18:16-19:38
◇요절　창세기 19:29
◇찬송　368장, 523장

1. 여호와께서는 왜 아브라함에게 '하려는 것'을 숨기지 않으십니까(18:16-18)? 여호와께서 그를 택하신 목적은 무엇입니까(19)? 여호와께서 왜 소돔과 고모라로 가고자 하십니까(20-21)?

2. 그때 아브라함은 무엇을 물으며(22-24), 그 근거는 무엇입니까(25)? '의인'과 '악인'의 기준은 무엇일까요(15:6)? 여호와의 대답은 무엇입니까(26)?

3. 아브라함은 어떻게 기도하며, 그 기도에 여호와께서는 어떻게 응답하십니까(27-33)? 그는 왜 이렇게까지 기도하며, 그 기도에 응답하시는 여호와는 어떤 분입니까?

4. 두 천사에 대한 롯과 소돔 사람의 자세가 얼마나 다릅니까(19:1-9)? 천사는 롯을 어떻게 보호합니까(10-13)? 롯의 사위들은 심판의 메시지를 어떻게 여깁니까(14)? 롯은 왜 지체하며, 그런 그가 어떻게 성 밖으로 나옵니까(15-16)?

5. 롯은 무엇을 위해 기도합니까(17-20)? 그 기도가 어떻게 응답받습니까(21-22)? 여호와께서 소돔과 고모라를 어떻게 심판하십니까(23-25)? 롯의 아내는 왜 뒤를 돌아보았으며, 그 결과는 어떠합니까(26)?

6. 소돔과 고모라는 어떻게 되었습니까(27-28)? 여호와께서는 롯의 목숨을 왜 살려주십니까(29)? 이 사실이 오늘 우리에게 주는 의미는 무엇일까요? 롯의 두 딸은 후손을 얻기 위해서 무슨 일을 합니까(30-38)?

제18강
내 기도의 힘

◇본문 창세기 18:16-19:38
◇요절 창세기 19:29
◇찬송 368장, 523장

1. 여호와께서는 왜 아브라함에게 '하려는 것'을 숨기지 않으십니까(18:16-18)? 여호와께서 그를 택하신 목적은 무엇입니까(19)? 여호와께서 왜 소돔과 고모라로 가고자 하십니까(20-21)?

16 "그 사람들이 거기서 일어나서 소돔으로 향하고 아브라함은 그들을 전송하러 함께 나가니라"

17 "여호와께서 이르시되 내가 하려는 것을 아브라함에게 숨기겠느냐"

◇"숨기겠느냐": 하나님은 아브라함에게 하려는 일을 숨기지 않으신다. 비밀에 참여하는 동역자로 인정하신다. '내가 하려는 것'은 무엇인가?

18 "아브라함은 강대한 나라가 되고 천하 만민은 그로 말미암아 복을 받게 될 것이 아니냐"

◇"복을 받게 될 것이": 아브라함은 크고 강한 나라를 이룰 것이며, 모든 나라는 그로 말미암아 복을 받을 것이다. 그것이 하나님께서 하려는 일이다. 이렇게 하신 목적은 무엇인가?

19 "내가 그로 그 자식과 권속에게 명하여 여호와의 도를 지켜 의와 공도를 행하게 하려고 그를 택하였나니 이는 나 여호와가 아브라함에게 대하여 말한 일을 이루려 함이니라"

◇"자식과 권속에게 명하여": 아브라함은 그 후손에게 여호와의 말씀을 가르쳐야 한다. 그리하여 그들이 말씀에 순종하도록 해야 한다. 아브라함은 후손을 잘 가르쳐서 그들이 여호와를 경외하고 바른길을 가도록 해야 한다. 여호와께서는 아브라함이 후손을 잘 가르쳐서 그런 공동체가 되기를 원하신다.

◇"이루려 함이니라": 그의 자손이 아브라함에게 배운 대로 하면, 여호와께서는 아브라함에게 하신 약속을 이루신다. 하나님은 아브라함으로부터 시작한 믿음 사역을 그 후손에게 물려주려고 하신다. 이를 위해서 아브라함은 그 후손에게 말씀을 가르쳐야 한다. 믿음의 계승 사역은 가르침을 통하여 이루어진다.

오늘 우리가 양에게 말씀을 가르치는 목적은 무엇인가? 오늘 우리가 아들딸에게 말씀을 가르치는 목적은 무엇인가? 나의 하나님이 후손의 하나님이 되시는 데 있다. 우리의 공동체가 후손의 공동체로 이어지기를 바라는 데 있다. 우리는 우리의 영적 유산이 후손에게 이어지기를 원한다. 그 일을 위해서 오늘 우리는 말씀을 가르쳐야 한다. 여호와께서 아브라함에게 또 무엇을 알려주시는가?

20 "여호와께서 또 이르시되 소돔과 고모라에 대한 부르짖음이 크고 그 죄악이 심히 무거우니"

◇"부르짖음": '악'을 말한다.

21 "내가 이제 내려가서 그 모든 행한 것이 과연 내게 들린 부르짖음과 같은지 그렇지 않은지 내가 보고 알려 하노라"

◇"보고 알려 하노라": 여호와께서는 그곳에서 벌어지는 모든 악한 일이 울부짖음과 같은 것인지를 알아보려고 하신다. 여호와께서는 진상 조사

를 하고자 하신다. 왜 조사하고자 하는가? 여호와의 심판은 완전하고 정확한 정보에 근거하고 있다.

2. 그때 아브라함은 무엇을 물으며(22-24), 그 근거는 무엇입니까(25)? '의인'과 '악인'의 기준은 무엇일까요(15:6)? 여호와의 대답은 무엇입니까(26)?

22 "그 사람들이 거기서 떠나 소돔으로 향하여 가고 아브라함은 여호와 앞에 그대로 섰더니"

23 "아브라함이 가까이 나아가 이르되 주께서 의인을 악인과 함께 멸하려 하시나이까"

◇"의인을 악인과 함께 멸하려 하시나이까": 의인과 악인을 함께 멸하면 여호와의 공의가 서지 않는다. 아브라함은 이것을 근거로 의인이 악인과 함께 심판 가운데 망하지 않도록 여호와께 간청한다. 그는 여호와가 어떤 분이신가를 잘 알기 때문이다. 여호와는 공의로우신 분이시다. 동시에 의인을 아주 귀하게 여기시는 분이시다.

24 "그 성 중에 의인 오십 명이 있을지라도 주께서 그 곳을 멸하시고 그 오십 의인을 위하여 용서하지 아니하시리이까"

◇"오십 명": 그는 50명의 의인을 생각했다.

25 "주께서 이같이 하사 의인을 악인과 함께 죽이심은 부당하오며 의인과 악인을 같이 하심도 부당하니이다 세상을 심판하시는 이가 정의를 행하실 것이 아니니이까"

◇"부당하오며": '그것이 멀리 떨어져 있다(Far be it from me).' '하나님께서 그것을 금하신다(God forbid that).'라는 뜻이다. 하나님께서 의인을 악인과 함께 죽이시는 것은 하나님과는 멀리 떨어져 있는 일이다. 하

나님은 악인을 심판할 권리가 있으시다. 그렇다고 해서 의인을 그들과 함께 멸망시키면 그분은 공의로우신 분이 아니다. 의인은 악인과 같은 운명이 아니다.

의인과 악인의 기준은 무엇인가? "여호와의 도를 지켜 의와 공도를 행하는 사람"이 '의인'이다(19). 믿음으로 살고, 말씀에 순종해서 사는 사람이다. 여호와께 순종하는 것에 관심을 품지 않은 사람은 '악인'이다. 여호와께서는 아브라함의 기도에 어떻게 응답하시는가?

26 **"여호와께서 이르시되 내가 만일 소돔 성읍 가운데에서 의인 오십 명을 찾으면 그들을 위하여 온 지역을 용서하리라"**

◇"용서하리라": 하나님은 아브라함의 기도에 응답하신다. 그의 주장을 인정하신다. 그러나 아브라함은 무엇이라고 계속해서 기도하는가?

3. 아브라함은 어떻게 기도하며, 그 기도에 여호와께서는 어떻게 응답하십니까(27-33)? 그는 왜 이렇게까지 기도하며, 그 기도에 응답하시는 여호와는 어떤 분입니까?

27 **"아브라함이 대답하여 이르되 나는 티끌이나 재와 같사오나 감히 주께 아뢰나이다"**

28 **"오십 의인 중에 오 명이 부족하다면 그 오 명이 부족함으로 말미암아 온 성읍을 멸하시리이까 이르시되 내가 거기서 사십오 명을 찾으면 멸하지 아니하리라"**

29 **"아브라함이 또 아뢰어 이르되 거기서 사십 명을 찾으시면 어찌 하려 하시나이까 이르시되 사십 명으로 말미암아 멸하지 아니하리라"**

30 **"아브라함이 이르되 내 주여 노하지 마시옵고 말씀하게 하옵소서 거기서**

삼십 명을 찾으시면 어찌 하려 하시나이까 이르시되 내가 거기서 삼십 명을 찾으면 그리하지 아니하리라"

31 **"아브라함이 또 이르되 내가 감히 내 주께 아뢰나이다 거기서 이십 명을 찾으시면 어찌 하려 하시나이까 이르시되 내가 이십 명으로 말미암아 그리하지 아니하리라"**

32 **"아브라함이 또 이르되 주는 노하지 마옵소서 내가 이번만 더 아뢰리이다 거기서 십 명을 찾으시면 어찌 하려 하시나이까 이르시되 내가 십 명으로 말미암아 멸하지 아니하리라"**

◇"이번만 더 아뢰리이다": 아브라함은 소돔 안에 의인이 있다고 확신했기 때문에 하나님의 공의에 근거해서 기도한다.

◇"십 명을 찾으시면": 그러나 그는 열 명에서 멈추었다. 그는 왜 10명에서 끝마쳤을까? 롯과 그 가족을 생각했을 것이다. 최소한 롯의 가족은 의인으로 살고 있을 것으로 기대한다. 단순히 10명이라는 숫자가 중요한 것은 아닐 것이다. 그는 "하나님, 의인에게는 그 수의 많고 적음에 상관없이 은혜를 주소서."라고 말한다. 그의 관심은 오직 불의한 자 가운데서의 의인의 구원에 있다.

◇"멸하지 아니하리라": 여호와께서도 아브라함의 마음을 아신다. 심판 자체가 목적이 아니다.

33 **"여호와께서 아브라함과 말씀을 마치시고 가시니 아브라함도 자기 곳으로 돌아갔더라"**

이 여호와는 어떤 분이신가? 아브라함의 여섯 번의 기도를 여호와께서는 매번 받아주셨다. 보통 세 번으로 끝난다. 아브라함의 간청과 여호와의 사랑을 보여준다. 의인이 있기만 하면 여호와께서는 심판하지 않으신다. 의인을 아끼시는 분이시다. 그런데 결과적으로는 세 명만 구원을 받았다.

우리의 현장을 볼 때 우리는 어떻게 기도해야 하는가? 우리가 과연 이 세상을 보면서 아브라함과 같은 기도를 하고 싶은가? 우리는 그 영혼을 심판의 구렁텅이에서 건지고 싶은 사람이 있는가? 아니면 우리는 세상의 겉모습만 보고 포기하지는 않는가? 우리의 삶의 현장에도 의인은 있지 않을까? 중요한 사실은 여호와께서는 우리가 아무리 적은 수를 놓고 기도할지라도, 아무리 여러 번 기도할지라도 무시하지 않으신다는 점이다. 그 기도를, 그 마음을 받아주신다. 그러므로 우리는 기도할 수 있다. 아니 기도해야 한다.

4. 두 천사에 대한 롯과 소돔 사람의 자세가 얼마나 다릅니까(19:1-9)? 천사는 롯을 어떻게 보호합니까(10-13)? 롯의 사위들은 심판의 메시지를 어떻게 여깁니까(14)? 롯은 왜 지체하며, 그런 그가 어떻게 성 밖으로 나옵니까(15-16)?

1 "저녁때에 그 두 천사가 소돔에 이르니 마침 롯이 소돔 성문에 앉아 있다가 그들을 보고 일어나 영접하고 땅에 엎드려 절하며"

◇"성문에 앉았다가": 성문은 노인들이 앉아 있거나, 공공 집회가 열리거나, 법적 논쟁을 판결하는 공공 광장이었다(신 21:9, 수 20:4).

◇"롯이 소돔 성문에 앉아 있다가": 롯이 이곳에 있다는 것은 그 사회에서 존경받는 일원이었음을 보여준다.

◇"영접하고 땅에 엎드려 절하며": 롯은 손님을 적극적으로 환영한다.

2 "이르되 내 주여 돌이켜 종의 집으로 들어와 발을 씻고 주무시고 일찍이 일어나 갈 길을 가소서 그들이 이르되 아니라 우리가 거리에서 밤을 새우리라"

◇"주무시고": 관습상 밤에 방문한 사람에게 잠자리를 제공하는 것은 자연스러운 일이다. 그들도 거절할 이유가 없다. 그러나 그들의 반응은 어떠한가?

◇"거리에서 밤을 새우리라": 그들은 롯의 호의를 거절한다.

3 "롯이 간청하매 그제서야 돌이켜 그 집으로 들어오는지라 롯이 그들을 위하여 식탁을 베풀고 무교병을 구우니 그들이 먹으니라"

◇"집으로 들어오는지라": 천사들은 롯이 간청하자 들어왔다.

◇"무교병을 구우니": 그의 대접은 아브라함과 비슷하다. 소돔 사람은 아무도 천사를 환영하지 않는다. 롯은 분명 소돔 사람과 같은 부류는 아니다. 그때 무슨 일이 일어났는가?

4 "그들이 눕기 전에 그 성 사람 곧 소돔 백성들이 노소를 막론하고 원근에서 다 모여 그 집을 에워싸고"

◇"다 모여": 이 사건에 연루된 자들은 소돔의 남자 전원이다. 젊은이나 늙은이 모두 가담했다. 아브라함이 의인을 찾는 것이 어려웠던 이유를 알 수 있다. 그들은 무엇을 요구하는가?

5 "롯을 부르고 그에게 이르되 오늘 밤에 네게 온 사람들이 어디 있느냐 이끌어 내라 우리가 그들을 상관하리라"

◇"상관하리라"(יָדַע, *yada'*): '알다(know)', '이해하다(understand).'라는 뜻이다. 이렇게도 번역하였다. "욕보여야겠다." "재미를 봐야하겠다." "성관계를 맺는다(we can have sex with them)." "알 수 있다(we may know them)." 이 표현은 성적 의미를 담고 있는 동성애를 암시한다. 이것은 개인적인 행동이나 어떤 특수한 행위보다는 '집단 겁탈'을 말한다. 이것은 단순히 윤리적인 문제보다는 하나님께 저항하는 사회의 일반적인 무질서를 말한다. 롯은 어떻게 저항하는가?

6 "롯이 문밖의 무리에게로 나가서 뒤로 문을 닫고"

7 "이르되 청하노니 내 형제들아 이런 악을 행하지 말라"

◇"악": '상관'(5)을 '악'으로 말한다. 그 점에서 '상관'을 동성애로 이해할 수 있다. 여기에서 '남색(Sodomy)'이라는 말이 유래했다. 소돔의 성적 문란에서 파생한 단어로서 하나님의 창조 질서와 인간 본성에 어긋나는 행위이기에 율법은 이를 단죄하고 있다(레 20:13).

8 "내게 남자를 가까이하지 아니한 두 딸이 있노라 청하건대 내가 그들을 너희에게로 이끌어 내리니 너희 눈에 좋을 대로 그들에게 행하고 이 사람들은 내 집에 들어왔은즉 이 사람들에게는 아무 일도 저지르지 말라"

◇"두 딸이 있노라": 소돔 사람의 요구는 동성애적 폭력에 해당한다. 롯은 이런 폭력적 행위로부터 손님을 보호하려고 한다. 그는 손님에 대한 의무를 자녀들에 대한 의무보다 더 중요하게 여긴다. 이해하기 어려운 상황이다. 그들의 반응은 어떠한가?

9 "그들이 이르되 너는 물러나라 또 이르되 이 자가 들어와서 거류하면서 우리의 법관이 되려 하는도다 이제 우리가 그들보다 너를 더 해하리라 하고 롯을 밀치며 가까이 가서 그 문을 부수려고 하는지라"

◇"너는 물러나라": 그들은 롯의 제안을 거부한다. 그들의 언어적인 공격은 육체적인 공격으로 변한다. 롯의 노력에도 불구하고 그들은 더 폭력적이다. 그들의 죄악의 깊이와 넓이를 알려준다. 그 위기의 순간에 천사는 롯을 어떻게 보호하는가?

10 "그 사람들이 손을 내밀어 롯을 집으로 끌어들이고 문을 닫고"

11 "문밖의 무리를 대소를 막론하고 그 눈을 어둡게 하니 그들이 문을 찾느라고 헤매었더라"

◇"눈을 어둡게 하니": 천사는 남자들의 눈을 어둡게 했다. 그들의 실체를 드러내고 있다. 그들은 눈이 먼 사람들이다. 롯에게 어떤 방향을 주는가?

12 **"그 사람들이 롯에게 이르되 이 외에 네게 속한 자가 또 있느냐 네 사위나 자녀나 성 중에 네게 속한 자들을 다 성 밖으로 이끌어 내라"**

◇"이끌어 내라": 가족을 모두 성 밖으로 데리고 나가라.

13 **"그들에 대한 부르짖음이 여호와 앞에 크므로 여호와께서 이 곳을 멸하시려고 우리를 보내셨나니 우리가 멸하리라"**

◇"우리가 멸하리라": 홍수 심판 때에 언급하였던 단어이다. 소돔은 하나님의 심판을 받는다. 롯은 심판 앞에서 무엇을 하는가?

14 **"롯이 나가서 그 딸들과 결혼할 사위들에게 말하여 이르기를 여호와께서 이 성을 멸하실 터이니 너희는 일어나 이 곳에서 떠나라 하되 그의 사위들은 농담으로 여겼더라"**

◇"그의 사위들은 농담으로 여겼더라": 그러나 그 사위들은 농담으로 여겼다. 그들은 구원의 길을 제시했지만 거절한다.

15 **"동틀 때에 천사가 롯을 재촉하여 이르되 일어나 여기 있는 네 아내와 두 딸을 이끌어 내라 이 성의 죄악 중에 함께 멸망할까 하노라"**

16 **"그러나 롯이 지체하매 그 사람들이 롯의 손과 그 아내의 손과 두 딸의 손을 잡아 인도하여 성 밖에 두니 여호와께서 그에게 자비를 더하심이었더라"**

◇"롯이 지체하매": 그는 망설이고 주저한다. 미련이 있다. 심판의 긴박성이 마음에 와닿지 않았다. 농담으로 여긴 사위에 대한 미련 때문일까?

◇"손을 잡아 인도하여 성 밖에 두니": 롯의 자발성보다는 하나님 사자들의 행위를 강조한다. 구원에 하나님의 개입을 강조한다. 구원은 스스로 받기가 쉽지 않다. 누군가가 손을 잡고 끌어줘야 한다. 교회에 스스로 가는 사람이 있는가? 대부분 누군가의 손에 끌려서 간다.

◇"자비를 더하심이었더라": 사람은 심판 앞에서도 머뭇거린다. 하나님의

자비하심이 없으면 심판을 피하기 어렵다. 구원은 하나님의 자비하심에 근거한다. 공의의 하나님은 동시에 자비(merciful)의 하나님이시다. 그 때 롯은 무엇을 하는가?

5. 롯은 무엇을 위해 기도합니까(17-20)? 그 기도가 어떻게 응답받습니까(21-22)? 여호와께서 소돔과 고모라를 어떻게 심판하십니까(23-25)? 롯의 아내는 왜 뒤를 돌아보았으며, 그 결과는 어떠합니까(26)?

17 "그 사람들이 그들을 밖으로 이끌어 낸 후에 이르되 도망하여 생명을 보존하라 돌아보거나 들에 머물지 말고 산으로 도망하여 멸망함을 면하라"

18 "롯이 그들에게 이르되 내 주여 그리 마옵소서"

◇"그리 마옵소서": 천사가 제시한 방향 대신 다른 길을 말해주라는 뜻이다. 그는 왜 이런 요청을 하는가?

19 "주의 종이 주께 은혜를 입었고 주께서 큰 인자를 내게 베푸사 내 생명을 구원하시오나 내가 도망하여 산에까지 갈 수 없나이다 두렵건대 재앙을 만나 죽을까 하나이다"

◇"산에까지 갈 수 없나이다": 롯은 천사의 도움으로 소돔 성을 빠져나와 도망하고 있다. 하지만 하나님의 구원에 대해서 염려한다. 산까지 도망치는 일이 벅차다. 그래서 다른 길을 말해달라는 것이다.

20 "보소서 저 성읍은 도망하기에 가깝고 작기도 하오니 나를 그곳으로 도망하게 하소서 이는 작은 성읍이 아니니이까 내 생명이 보존되리이다"

◇"작은 성읍": 그는 작은 성읍으로 가려고 한다. 가까운 작은 성으로 도망할 수 있도록 요청한 롯을 통해서 무엇을 생각할 수 있는가? 이전에 아

브라함은 소돔을 위해 중보기도 했는데, 롯은 자신을 위해 기도한다. 아브라함은 이타적이었지만 롯은 이기적이다. 아브라함은 하나님의 정의를 간청했지만 롯은 자신의 약함과 편의를 간청한다.

21 **"그가 그에게 이르되 내가 이 일에도 네 소원을 들었은즉 네가 말하는 그 성읍을 멸하지 아니하리니"**

22 **"그리로 속히 도망하라 네가 거기 이르기까지는 내가 아무 일도 행할 수 없노라 하였더라 그러므로 그 성읍 이름을 소알이라 불렀더라"**

◇"내가 아무 일도 행할 수 없노라": 하나님은 롯을 위하여 작은 성을 구원하셨다. 심판의 목적이 선과 악을 함께 멸하는 데 있지 않고 악한 것을 멸함으로써 선한 것을 구원하는 데 있다.

23 **"롯이 소알에 들어갈 때에 해가 돋았더라"**

◇"해가 돋았더라": 롯의 구원은 새벽에 이루어졌다.

24 **"여호와께서 하늘 곧 여호와께로부터 유황과 불을 소돔과 고모라에 비같이 내리사"**

◇"비같이 내리사": 홍수 심판과 비슷하다. 그런데 하나님의 심판은 롯이 소알 성에 들어갈 때 바로 일어났다. 롯이 소알로 들어감과 해가 돋는 것, 그리고 하늘에서 불이 내리는 것이 동시적으로 일어났다. 이것은 구원과 심판이 동시적임을 보여준다.

25 **"그 성들과 온 들과 성에 거주하는 모든 백성과 땅에 난 것을 다 엎어 멸하셨더라"**

26 **"롯의 아내는 뒤를 돌아보았으므로 소금 기둥이 되었더라"**

◇"뒤를": 롯의 아내는 단순히 돌아본 것이 아니었다. 들을 바라보기 위하

여 머물렀다. 그녀는 하나님의 말씀에 불순종한 것이다. 하나님은 "돌아보거나 머물지 말라."고 말씀하셨다(17). 그런 그녀는 악한 자들과 함께 멸망 받았다. 그녀는 무엇을 할 것인가를 알았지만 그것을 하는 데서는 실패했다. 그녀는 불순종함으로 하나님이 주시는 구원을 잃어버렸다. 그때 아브라함은 무엇을 하고 있는가?

6. 소돔과 고모라는 어떻게 되었습니까(27-28)? 여호와께서는 롯의 목숨을 왜 살려주십니까(29)? 이 사실이 오늘 우리에게 주는 의미는 무엇일까요? 롯의 두 딸은 후손을 얻기 위해서 무슨 일을 합니까(30-38)?

27 "아브라함이 그 아침에 일찍이 일어나 여호와 앞에 서 있던 곳에 이르러"

28 "소돔과 고모라와 그 온 지역을 향하여 눈을 들어 연기가 옹기 가마의 연기같이 치솟음을 보았더라"

◇"눈을 들어": 소돔에서 솟아오르는 연기가 마치 옹기 가마에서 나는 연기와 같았다. 롯이 소돔에서 얻은 것들은 모두 나무와 그루터기와 같이 불타버렸다(고전 3:10-15).

29 "하나님이 그 지역의 성을 멸하실 때 곧 롯이 거주하는 성을 엎으실 때에 하나님이 아브라함을 생각하사 롯을 그 엎으시는 중에서 내보내셨더라"

◇"하나님이 아브라함을 생각하사": 하나님은 롯을 생각한 것이 아니라 아브라함을 생각하셨다. 즉 아브라함의 기도를 기억하셨다. 그로 인해 어떤 일이 일어났는가?

◇"롯을 그 엎으시는 중에서 내보내셨더라": 롯은 그 자신 때문이 아니라 아브라함의 중보를 통해서 구원받았다. 그가 살아남은 것은 전적으로 아브라함의 기도 덕분이다.

롯이 심판으로부터 구원받은 사실을 통해서 무엇을 배울 수 있는가? 첫째는,

여호와의 자비이다. "여호와께서 그에게 자비를 더하심이었더라"(16). 하나님은 소돔과 고모라 성을 잿더미로 만들어 후세에 경건하지 않은 자들에게 본보기로 삼으셨다. 그러나 무법한 자들의 방탕한 행동 때문에 괴로움을 겪던 의로운 사람 롯은 구하여 내셨다(벧후 2:6-7).

둘째는, 중보기도의 힘이다. "하나님이 아브라함을 생각하사"(29). 롯이 의인으로 알려진 것은(벧후 2:6) 그의 행위에 기초한 것이 아니고, 아브라함의 기도로 구원을 받은 결과에 기초한 것이다. 이처럼 남을 위한 기도를 '중보(仲保, intercessory prayer)'라고 부른다. 이런 '중보'를 어디에서 찾아볼 수 있는가? 이스라엘은 애굽에서 400년 동안 고통당하고 있었다. 그들의 고통이 주님께 들렸다. 그때 하나님께서는 아브라함과 이삭과 야곱에게 하신 약속을 기억하신다. 그리고 그들을 구원하신다(출 2:24-25). 이스라엘이 광야에서 생활할 때 목자 모세가 산에서 내려오는 것이 늦어지자 그들은 해서는 안 될 짓을 한다. 즉 금송아지 우상을 만들고 여호와 하나님과 혼합시킨다. 이를 본 여호와께서 몹시 화를 내신다. 그리고 그들을 모두 멸망시키고자 하신다. 그때 모세는 기도한다. "주님, 어찌하여 그 큰 권능과 강한 손으로 애굽 땅에서 인도하여 내신 주의 백성에게 진노하십니까? 주의 종 아브라함과 이삭과 이스라엘을 기억하소서!" 그러자 여호와께서 마음을 돌리신다(출 32:1-14).

예수님께서 우리를 위해서 중보하신다. 십자가에서 강도를 위해서 기도하신다. 그는 구원받는다(눅 23:42-43). "이로 말미암아 그는 새 언약의 중보자시니 이는 첫 언약 때에 범한 죄에서 속량하려고 죽으사 부르심을 입은 자로 하여금 영원한 기업의 약속을 얻게 하려 하심이라"(히브리서 9:15). 오늘 내가 구원받은 것도 실은 누군가의 중보를 통해서다.

그러면 우리는 어떻게 살아야 하는가? 예수님을 본받아 중보해야 한다. 성경은 중보의 중요성을 강조한다. "이로써 우리도 듣던 날부터 너희를 위하여 기도하기를 그치지 아니하고 구하노니 너희로 하여금 모든 신령한 지혜와 총명에 하나님의 뜻을 아는 것으로 채우게 하시고"(골 1:9). "그러므로 너희 죄를 서로 고백하며 병이 낫기를 위하여 서로 기도하라 의인의 간구는 역사하는 힘이 큼이니라"(약 5:16). "임금들과 높은 지위에 있는 모든 사람을 위하여 하라 이는 우리가 모든 경건과 단정함으로 고요하고 평안한 생활을 하려 함이라"(딤전 2:2). 오늘 나 한 사람 기도의 힘을 믿을 수 있는가? 내 기도의 힘은 다른 한 사람을 구원할 수 있는 근거이다. 우리에게 있어서 가장 시급한 기도는 바로 구원을 위한 기도이다. 가족의 구원을 위해서, 이웃의 구원을 위해서, 질병과 가난과 죄 가운데서 허덕이는 사람들이 구원을 얻도록 기도해야 한다. 기도는 구원을 위해서 사용하시는 가장 강력한 도구이다. 여호와께서 오늘 나의 기도를 들으시고, 결정적인 순간에 기억하신다. 그리고 그 사람을 구원하신다. 우리의 기도는 다른 사람을 구원할 수 있게 하는 힘이다("I am your energy"). 롯은 어디에서 생활하는가?

30 "롯이 소알에 거주하기를 두려워하여 두 딸과 함께 소알에서 나와 산에 올라가 거주하되 그 두 딸과 함께 굴에 거주하였더니"

◇"굴에 거주하였더니": 롯은 소알에 사는 것이 두려워서 두 딸을 데리고 산으로 들어가서 숨어서 살았다. 그런데 딸들은 무엇을 하는가?

31 "큰딸이 작은딸에게 이르되 우리 아버지는 늙으셨고 온 세상의 도리를 따라 우리의 배필 될 사람이 이 땅에는 없으니"

◇"배필 될 사람이": 큰딸은 대가 끊기는 모습을 보았다.

32 "우리가 우리 아버지에게 술을 마시게 하고 동침하여 우리 아버지로 말미암아 후손을 이어가자 하고"

◇"손을 이어가자": 딸들은 소돔 사람의 삶에 동화되어 있다. 소돔은 망했지만, 그 후유증은 남아 있다.

33 "그 밤에 그들이 아버지에게 술을 마시게 하고 큰딸이 들어가서 그 아버

지와 동침하니라 그러나 그 아버지는 그 딸이 눕고 일어나는 것을 깨닫지 못하였더라"

34 "이튿날 큰딸이 작은딸에게 이르되 어제 밤에는 내가 우리 아버지와 동침하였으니 오늘 밤에도 우리가 아버지에게 술을 마시게 하고 네가 들어가 동침하고"

◇"후손을 이어가자": 그들이 이렇게 한 것은 아버지로부터 후손을 이어가려는 것이다.

35 "그 밤에도 그들이 아버지에게 술을 마시게 하고 작은딸이 일어나 아버지와 동침하니라 그러나 아버지는 그 딸이 눕고 일어나는 것을 깨닫지 못하였더라"

◇"동침하니라": 두 딸은 부적절한 방법으로 후손을 잇고자 한다. 목표는 좋을지 모르나 그 수단과 방법은 받아들이기 어렵다.

◇"깨닫지 못하였더라": 아버지는 딸에게 속으면서도 그 사실을 알지 못한다. 속는 것도 문제인데, 그 사실을 알지 못하는 것은 더 큰 비극이다.

36 "롯의 두 딸이 아버지로 말미암아 임신하고"

37 "큰딸은 아들을 낳아 이름을 모압이라 하였으니 오늘날 모압의 조상이요"

◇"모압": '아버지로 말미암아', '아버지의 소생'이라는 뜻이다.

38 "작은딸도 아들을 낳아 이름을 벤암미라 하였으니 오늘날 암몬 자손의 조상이었더라"

◇"벤암미": '내 백성의 아들'이라는 뜻이다. '벤'은 '아들'이고, '암미'는 '백성'을 뜻한다.

◇"암몬": '나와 함께(with me)'라는 강조적 용법을 나타낸다. 이 명칭은 친척 관계 이상의 것을 말한다. '내 아버지로 말미암은 아들'이라는 뜻

이다.

이렇게 이름을 짓는 데는 무슨 뜻이 있는가? 근친상간을 나타내는 조상의 수치를 후세에 전하고 있다. 롯은 가장 사랑한 딸들에 의해 가장 고통스러운 치욕을 당하고 말았다. 딸들의 계획은 부정하였다. 그런데도 그들의 계획은 성공하였다. "롯은 소돔에서 그의 딸들을 데려갈 수 있었다. 그러나 그는 딸들에게서 소돔을 데려갈 수는 없었다." 안타까운 현실을 본다. 우리가 그 뜻을 다 이해할 수는 없다.

우리는 오늘 본문을 통해서 무엇을 배울 수 있는가? 첫째로, 우리는 세상을 사랑해서는 안 된다. 세상과 그 안의 탐욕은 갑작스럽고 신속한 하나님의 심판을 불러온다. 둘째로, 우리는 이런 세상을 향해서 기도해야 한다. 우리의 기도를 통해서 우리의 양, 우리의 캠퍼스, 그리고 세상이 구원을 받는다.

제19강

약속의 성취

◇본문　창세기 20:1-21:21
◇요절　창세기 21:2
◇찬송　393장, 543장

1. 아브라함은 자기 아내 사라를 누구라고 말합니까(20:1-2a)? 그로 인해서 어떤 위기가 찾아옵니까(2b)? 하나님께서 그 위기를 어떻게 해결하십니까(3-7)? 아비멜렉은 하나님의 방향에 어떻게 순종합니까(8-9)?

2. 아브라함은 무슨 뜻으로 이렇게 했습니까(10-13)? 아비멜렉은 왜 아브라함과 사라에게 재물을 줍니까(14-16)? 아브라함은 누구를 위해 기도합니까(17-18)? 문제를 해결하시고, 기도에 응답하시는 하나님이 오늘 우리에게는 어떤 분이십니까?

3. 여호와께서는 사라를 어떻게 돌보십니까(21:1)? 사라는 언제 아들을 낳았습니까(2)? 약속을 성취하신 여호와께서 오늘 우리에게는 어떤 분입니까?

4. 아브라함은 그 아들에게 무엇을 합니까(3-4)? 아들이 태어난 때는 언제입니까(5)? 약속의 성취를 체험한 사라의 기쁨이 어떠합니까(6-7)?

5. 하갈의 아들은 이삭을 왜 놀렸을까요(8-9)? 사라는 왜 '하갈과 그 아들을 내쫓으라.'라고 합니까(10)? 하나님께서는 이 문제를 어떻게 해결하십니까(11-13)?

6. 아브라함은 어떻게 결단합니까(14a)? 하나님은 하갈과 그 아들을 어떻게 도와주십니까(14b-21)? 이 하나님은 누구십니까?

제19강

약속의 성취

◇본문 창세기 20:1-21:21

◇요절 창세기 21:2

◇찬송 393장, 543장

1. 아브라함은 자기 아내 사라를 누구라고 말합니까(20:1-2a)? 그로 인해서 어떤 위기가 찾아옵니까(2b)? 하나님께서 그 위기를 어떻게 해결하십니까(3-7)? 아비멜렉은 하나님의 방향에 어떻게 순종합니까(8-9)?

1 "아브라함이 거기서 네게브 땅으로 옮겨가 가데스와 술 사이 그랄에 거류하며"

◇"네게브": '남쪽'이라는 뜻이다. 애굽 쪽을 말한다.

◇"그랄": 블레셋의 성읍이다. 아비멜렉이 통치하였다. 그는 소와 양을 위해 풀을 찾아서 가나안을 떠나서 이곳까지 왔을 것이다. 아브라함은 약속의 땅에서 살면서도 나그네로 살고 있다. 이런 삶의 일상성 속에 위기가 찾아온다. 그는 그곳에서 또 어떤 일을 하였는가?

2 "그의 아내 사라를 자기 누이라 하였으므로 그랄 왕 아비멜렉이 사람을 보내어 사라를 데려갔더니"

◇"사라를 자기 누이라 하였으므로": 그는 다시 아내 사라를 누이라고 소

개하였다(12:13).

그는 왜 이런 말을 했을까? 그는 아직도 사라를 약속의 씨를 낳을 자로 생각하고 있지 않았기 때문이다. 그는 삶 속에서 여호와의 말씀에 대한 믿음이 또 식었다. 그래서 두려움을 이기기 위해서 거짓말을 한 것이다.

◇"사라를 데려갔더니": 그랄 왕은 사라를 데려갔다. 사라는 다시 위기를 맞았다. 아브라함의 잘못된 행동으로 하나님의 계획이 위태롭게 되었다. 하나님 백성의 어리석은 행동은 하나님의 계획을 위태롭게 할 수 있다. 하나님께서는 그 위기를 어떻게 해결하시는가?

3 "그 밤에 하나님이 아비멜렉에게 현몽하시고 그에게 이르시되 네가 데려간 이 여인으로 말미암아 네가 죽으리니 그는 남편이 있는 여자임이라"

◇"현몽하시고": 여호와께서 아비멜렉에게 직접 말씀하신다.

◇"남편이 있는 여자임이라": 아비멜렉은 죽음의 위기에 처했다. 왜냐하면 다른 남자의 아내를 취했기 때문이다. 여호와께서는 사라의 순결을 보존하고 그 약속을 안전하게 지키신다. 아비멜렉은 어떻게 반응하는가?

4 "아비멜렉이 그 여인을 가까이 하지 아니하였으므로 그가 대답하되 주여 주께서 의로운 백성도 멸하시나이까"

◇"의로운 백성도 멸하시나이까": 죄가 없는 그는 자신의 정직함을 증언한다. 그는 하나님의 공의에 호소한다.

5 "그가 나에게 이는 내 누이라고 하지 아니하였나이까 그 여인도 그는 내 오라비라 하였사오니 나는 온전한 마음과 깨끗한 손으로 이렇게 하였나이다"

◇"그 여인도 그는 내 오라비라 하였사오니": 이번에는 사라도 아브라함의 제안에 적극적으로 동조했다. 사라도 자기가 약속의 씨를 낳을 사람으로 믿지 못하고 있다. 그녀는 약속을 받았음에도 불구하고 세월이 지나

자 확신이 식고 말았다.

◇"온전한 마음과 깨끗한 손으로": 아비멜렉은 자신의 무죄를 주장한다. 실제 행동에서도 그는 잘못이 없다. 하나님은 그에게 무엇이라고 말씀하시는가?

6 "하나님이 꿈에 또 그에게 이르시되 네가 온전한 마음으로 이렇게 한 줄을 나도 알았으므로 너를 막아 내게 범죄하지 아니하게 하였나니 여인에게 가까이 하지 못하게 함이 이 때문이니라"

◇"내게 범죄하지 아니하게 하였나니": 하나님께서 그가 죄를 짓지 않도록 도우셨다. 그러므로 그는 어떻게 해야 하는가?

7 "이제 그 사람의 아내를 돌려보내라 그는 선지자라 그가 너를 위하여 기도하리니 네가 살려니와 네가 돌려보내지 아니하면 너와 네게 속한 자가 다 반드시 죽을 줄 알지니라"

◇"그는 선지자라": '선지자'는 '기도하는 자'이다. 하나님의 사람으로 구별된 사람이다.

◇"네가 살려니와": 아비멜렉이 사라를 돌려보내면 살 것이다. 하지만 그렇게 하지 않으면 죽을 것이다. 삶과 죽음이 하나님의 말씀에 대한 순종에 달려 있다. 그는 어떻게 하는가?

8 "아비멜렉이 그 날 아침에 일찍이 일어나 모든 종들을 불러 그 모든 일을 말하여 들려주니 그들이 심히 두려워하였더라"

◇"심히 두려워하였더라": 그들은 하나님의 살아 계심을 느끼고 두려워한다. 아비멜렉은 아브라함을 불러서 어떻게 꾸짖는가?

9 "아비멜렉이 아브라함을 불러서 그에게 이르되 네가 어찌하여 우리에게 이렇게 하느냐 내가 무슨 죄를 네게 범하였기에 네가 나와 내 나라가 큰 죄에 빠질 뻔하게 하였느냐 네가 합당하지 아니한 일을 내게 행하였도다 하고"

◇"합당하지 아니한 일을": 잘못은 아브라함이 했는데, 아비멜렉과 그의 백성까지도 벌을 받을 수 있었다. 아비멜렉은 비록 자신이 고의로 죄를 지은 것은 아닐지라도 자신이 어떤 죄를 지을 수 있고, 그것 때문에 어떤 위험에 처했는지를 알았다. 아브라함은 해서는 안 될 일을 했다. 아브라함은 왜 그렇게 하였는가?

2. 아브라함은 무슨 뜻으로 이렇게 했습니까(10-13)? 아비멜렉은 왜 아브라함과 사라에게 재물을 줍니까(14-16)? 아브라함은 누구를 위해 기도합니까(17-18)? 문제를 해결하시고, 기도에 응답하시는 하나님이 오늘 우리에게는 어떤 분이십니까?

10 "아비멜렉이 또 아브라함에게 이르되 네가 무슨 뜻으로 이렇게 하였느냐"

11 "아브라함이 이르되 이곳에서는 하나님을 두려워함이 없으니 내 아내로 말미암아 사람들이 나를 죽일까 생각하였음이요"

◇"하나님을 두려워함이 없으니": 아브라함은 이곳 사람은 하나님을 두려워하지 않는다고 생각했다. 그런데 그의 생각은 잘못이다. 아비멜렉과 그 부하들은 하나님을 두려워한다. 누가 오히려 하나님을 두려워하지 않는가? 아브라함 자신이다. 믿음이 없어 보이는 이방인보다 믿음이 있어야 할 아브라함이 오히려 믿음이 없다. 믿음이 없으면 두렵다. 두려움과 믿음은 서로 반대이다.

12 "또 그는 정말로 나의 이복 누이로서 내 아내가 되었음이니라"

13 "하나님이 나를 내 아버지의 집을 떠나 두루 다니게 하실 때에 내가 아내에게 말하기를 이 후로 우리의 가는 곳마다 그대는 나를 그대의 오라비라 하라 이것이 그대가 내게 베풀 은혜라 하였었노라"

◇"그대의 오라비라": 아브라함은 자신의 안전 때문에 그렇게 행동했다. 하나님의 반복적인 약속조차도 아브라함의 마음에서 잠재적인 위험에 대한 두려움을 쫓아내지는 못했다. 아비멜렉은 어떻게 하는가?

14 "아비멜렉이 양과 소와 종들을 이끌어 아브라함에게 주고 그의 아내 사라도 그에게 돌려보내고"

◇"돌려보내고": 아비멜렉은 사라를 아무 탈 없이 남편에게 돌려보낸다. 그는 자신이 정직했음을 입증하고 있다. 그는 또 무슨 제안을 하는가?

15 "아브라함에게 이르되 내 땅이 네 앞에 있으니 네가 보기에 좋은 대로 거주하라 하고"

◇"거주하라": 아비멜렉은 죽음의 위기에서 벗어난 것에 대해 보상한다. 정직한 사람은 자신의 행동으로 그것을 증명한다. 그는 사라에게는 어떤 대접을 하는가?

16 "사라에게 이르되 내가 은 천 개를 네 오라비에게 주어서 그것으로 너와 함께 한 여러 사람 앞에서 네 수치를 가리게 하였노니 네 일이 다 해결되었느니라"

◇"은 천 개": 아비벨렉의 관대함이 나타난다. 일종의 위로금이다. 사라의 위신을 정당화시켜 주고 있다. 아브라함은 아비멜렉을 위해서 무엇을 하는가?

17 "아브라함이 하나님께 기도하매 하나님이 아비멜렉과 그의 아내와 여종을 치료하사 출산하게 하셨으니"

◇"아브라함이 하나님께 기도하매": 아브라함은 아비멜렉으로부터 선물을 받았다. 그는 그런 그를 위해서 기도하였다.

◇"치료하사 출산하게 하셨으니": 여호와께서 아비멜렉을 징계하셨다(18). 그러나 아브라함의 기도를 듣고 치료의 은총을 베푸신다. 여호와

께서는 아브라함을 이방 세계에 선지자로 세우신다. 아브라함은 실수했는데도 여호와께서는 그를 높이셨다. 그는 부자만 된 것이 아니라 영적인 권위도 높였다.

18 "여호와께서 이왕에 아브라함의 아내 사라의 일로 아비멜렉의 집의 모든 태를 닫으셨음이더라"

◇"닫으셨음이더라": 아비멜렉이 아브라함의 아내 사라를 데려간 일로 여호와께서 아비멜렉 집안의 모든 여자의 태를 닫으셨다.

여기서 우리는 무엇을 배울 수 있는가? 하나님께 대하여 신실하지 못한 아브라함과 그를 끝까지 사랑하는 하나님의 신실하심을 배운다. 하나님께서는 한 번 한 약속을 친히 이루신다. 그러므로 우리는 이 하나님을 믿고 끝까지 약속을 붙들고 살아야 한다. 하지만 우리는 연약하여 자주 실수한다. 마음이 힘들고 아프다. 그런데도 약속을 끝까지 붙드는 힘은 어디에 있을까? 우리의 연약함을 감싸주시는 하나님의 은총에 있다. 자격이 없음에도 불구하고 하나님의 생명과 복을 전해 줄 하나님의 선택된 자로 쓰시는 하나님의 신실하심에 있다.

3. 여호와께서는 사라를 어떻게 돌보십니까(21:1)? 사라는 언제 아들을 낳았습니까(2)? 약속을 성취하신 여호와께서 오늘 우리에게는 어떤 분입니까?

1 "여호와께서 말씀하신 대로 사라를 돌보셨고 여호와께서 말씀하신 대로 사라에게 행하셨으므로"

◇"여호와께서": '여호와'를 강조하고 있다. 앞으로 일어난 모든 일은 '여호와'께서 친히 행하셨음을 강조한다.

◇"말씀하신 대로": 여호와께서 '말씀하신 대로' 이루셨다. 여호와께서는 사라에게 말씀하셨다. "내년 이맘때 내가 반드시 네게로 돌아오리니 네

아내 사라에게 아들이 있으리라 하시니"(18:10). 그러나 그 약속을 들었을 때 사라는 웃었다. 그때 여호와께서는 더 강하게 말씀하신다. "여호와께 능하지 못한 일이 있겠느냐 기한이 이를 때에 내가 네게로 돌아오리니 사라에게 아들이 있으리라"(18:14). 여호와께서는 '그 말씀하신 대로' 사라를 찾아오셨다. 여호와께서는 '그 말씀하신 그대로' 행하셨다. 여호와께서는 말씀하시면 반드시 이루신다. 여호와의 약속은 반드시 이루어진다. 여호와의 말씀은 그만큼 믿을 수 있다. 여호와께서는 말씀하신 대로 무엇을 하셨는가?

◇"돌보셨고": '방문하다.'라는 뜻이다. 하나님께서 한 사람의 운명을 바꾸거나 그 사람의 삶에 개입하시는 것을 말한다. 하나님은 사라를 축복하기 위해서 찾아오셨다.

◇"행하셨으므로": 약속을 이루셨다. 그 결과 사라에게 무슨 일이 일어났는가?

2 "사라가 임신하고 하나님이 말씀하신 시기가 되어 노년의 아브라함에게 아들을 낳으니"

◇"임신하고": 여호와께서 말씀하신 대로 사라를 '돌보셨고'(방문), 임신하게 하셨다.

◇"아들을 낳으니": 아들의 출생은 약속된 것이다. 하나님의 약속은 마침내 이루어졌다.

이 사실을 통해서 무엇을 강조하고 있는가? 여기에서는 '아들을 낳았다.' 라는 사실보다도 '말씀하신 대로 이루어졌다.' 라는 사실을 강조한다. 즉 여호와의 약속이 성취되었음을 강조한다. 아브라함과 사라는 지금까지 아들을 바라보며 25년을 달려왔다. 그리고 그들은 마침내 아들을 낳았다. 그런데 그 일에 대해서는 어쩐지 좀 싱겁다는 느낌이 든다. 단지 강조하는 것은 "말씀대로 약속이 이루어졌다." 즉 '약속의 성취' 에 있다. 아들의 탄생보다도 아들의 탄생에 대한 '약속의 성취' 에 더 많은 주의를 기울인다. 그것은 하나님의 신실하심, 말씀의 신실을 강조하는 것이다. 그들의 의심에도 불구하고 약속은 계획대로 정확히 성취되었다.

오늘 우리에게 주는 의미는 무엇일까? 기독교는 약속의 종교이다. 즉 약속을 믿는 종교이다. 하나님께서는 우리에게 약속을 주셨다. 우리는 그 약속을 믿는다. 그런데 상황에 따라서는 그 약속이 우리에게 걸림이 되기도 한다. 왜냐하면 그 약속이 삶의 현장에서 성취되지 않는 것처럼 보이기 때문이다. 우리의 기대와 생각과는 멀어 보이기 때문이다. 그래서 우리가 보기에 적절하다고 여겨지는 것들만 믿는다. 아니면 약속만 믿지 않고 거기에 다른 것도 더하여 믿기도 한다. 약속만 믿으려고 할 때 의존할만한 다른 자원이 없으니 절망하기도 한다. 그러나 하나님의 약속은 반드시 성취된다. 믿음이 필요하다. 우리가 "믿음으로 산다."라는 말은 바로 "약속이 성취될 것을 믿고 산다."라는 말이다.

우리에게 주신 약속은 무엇인가? 첫째로, 구원에 대한 약속이다. 누구든지 우리 주 예수 그리스도를 믿으면 심판에서 생명으로 옮겨진다. 하나님의 자녀가 되고, 영원한 생명을 얻는다. 이 삶은 지금 이곳에서부터 시작되어 하나님 나라로 이어진다.

둘째로, 사명에 대한 약속이다. 하나님께서는 우리를 캠퍼스의 성경 선생이요 목자로 쓰신다는 약속을 주셨다고 믿는다. 비록 우리가 연약하여 이 사명을 제대로 감당하지 못할지라도 우리를 통하여 이 약속은 성취될 것이다. 우리를 통하여 캠퍼스에 믿음의 계승자들을 세우실 것이다.

셋째로, 재림에 대한 약속이다. 우리의 삶이 영원하지 않듯이 이 세상도 영원하지 않다. 주님께서 다시 오신다. 그리고 세상은 구원과 심판을 경험하게 된다. 역사적으로 예수님의 죽음과 부활은 약속과 성취로 나타났다. 이제 재림만 남았다. 재림에 대한 약속도 반드시 성취될 것이다.

이 약속을 성취하시는 주님을 믿으면 우리의 삶 속에서 어떤 변화가 일어나는가? 약속을 잘 지킨다. 시간을 잘 지킨다. 시간을 잘 지키는 것은 신앙적인 삶의 모습이다. 돈을 꾸면 잘 갚아야 한다. 자기 말에 책임을 져야 한다. 사기 치는 사람이 가장 나쁘다. 약속을 지키는 사람은 하나님의 약속도 성취될 소망으로 살 수 있다. 아브라함은 그 아들에게 무엇을 행하는가?

4. 아브라함은 그 아들에게 무엇을 합니까(3-4)? 아들이 태어난 때는 언제입니까(5)? 약속의 성취를 체험한 사라의 기쁨이 어떠합니까(6-7)?

3 "아브라함이 그에게 태어난 아들 곧 사라가 자기에게 낳은 아들을 이름하여 이삭이라 하였고"

◇ "이삭"(יִצְחָק, *yitschaq*): '이삭(Isaac)', 그 뜻은 '그가 웃었다.'이다. 하나님의 약속은 정확하게 이루어졌다. 아브라함은 하나님의 방향에 따라 순종했다(17:9). 또 그는 무엇을 하는가?

4 "그 아들 이삭이 난 지 팔 일 만에 그가 하나님이 명령하신 대로 할례를 행하였더라"

◇ "하나님이 명령하신 대로": 여호와께서 말씀하신 대로 아들을 주신 것처럼, 아브라함은 그분이 명령하신 대로 그 아이에게 할례를 행하였다.

5 "아브라함이 그의 아들 이삭이 그에게 태어날 때에 백 세라"

◇ "백 세라": 아브라함이 하갈을 통하여 이스마엘을 낳은 지 13년 만의 일이다. 그가 하나님으로부터 부르심을 받은 지 25년 만의 일이다. 하나님의 약속은 오랜 시간을 통해서 이루어졌다. 하나님의 약속은 '죽은 자와 방불한'(히 11:11-12) 그를 통해서 이루어졌다. 하나님은 약속하시고 그 약속을 반드시 이루신다. 이것을 우리는 '언약 신학'이라고 부른다. 사라는 무엇을 고백하는가?

6 "사라가 이르되 하나님이 나를 웃게 하시니 듣는 자가 다 나와 함께 웃으

리로다"

◇"나와 함께 웃으리로다": 여호와께서 약속을 이루셨음을 들으면 모두 웃는다. 기쁨과 감사의 웃음이다. 이삭은 그 부모는 물론이고 주위 사람에게 웃음을 주었다. 사라는 과거에 하나님의 약속을 믿지 못하여 웃었다. 하지만 이제는 믿음으로 웃는다. '불신의 웃음'이 '기쁨의 웃음'으로 변했다. 한 사람의 웃음이 많은 사람을 웃게 한다.

7 "또 이르되 사라가 자식들을 젖먹이겠다고 누가 아브라함에게 말하였으리요마는 아브라함의 노경에 내가 아들을 낳았도다 하니라"

◇"누가 아브라함에게 말하였으리요마는": 하나님 외에는 그 누구도 이런 일을 생각하지 못하였다.

◇"내가 아들을 낳았도다": 결국 하나님께서 그 놀라운 일을 행하셨다. 그런데 그 기쁨 뒤에 무슨 일이 일어나고 있는가?

5. 하갈의 아들은 이삭을 왜 놀렸을까요(8-9)? 사라는 왜 '하갈과 그 아들을 내쫓으라.'라고 합니까(10)? 하나님께서는 이 문제를 어떻게 해결하십니까(11-13)?

8 "아이가 자라매 젖을 떼고 이삭이 젖을 떼는 날에 아브라함이 큰 잔치를 베풀었더라"

◇"젖을 떼고": 젖은 보통 두세 살에 뗀다.

◇"잔치": '이제야 사람이 되었다.'라는 상징이었다. 그 기쁜 날 무슨 일이 일어났는가?

9 "사라가 본즉 아브라함의 아들 애굽 여인 하갈의 아들이 이삭을 놀리는지라"

◇"놀리는지라": '비웃다(mocking).' '놀리다(to laugh malevolently).'라는 뜻이다. 이 말에는 언어유희가 있다. 하갈의 아들이 '웃음(이삭)'이

를 '비웃고 있다.'

그는 왜 이삭을 놀리는 것인가? 이삭의 기쁨이 다른 사람에게는 슬픔을 주기 때문이다. 사라의 기쁨은 하갈에게는 질투로 다가왔기 때문이다. 사라와 하갈 사이에 갈등이 있었던 것처럼 이삭과 이스마엘 사이에도 갈등이 생겼다. 왜냐하면 이스마엘 편에서는 적자 이삭의 탄생으로 상속권을 잃을 위기가 생겼기 때문이다. 이스마엘은 상속자 이삭에게 잠재적인 경쟁자이다. 이스마엘은 이삭을 고의로 괴롭힐 수밖에 없다. 사라는 그것을 보고 무엇을 하는가?

10 "그가 아브라함에게 이르되 이 여종과 그 아들을 내쫓으라 이 종의 아들은 내 아들 이삭과 함께 기업을 얻지 못하리라 하므로"

◇"내쫓으라": '이혼하라.'라는 뜻이다. 법적인 절차를 밟아서 확실하게 정리하라는 말이다. 사라는 왜 이렇게 단호하게 요구하는 것인가?

◇"함께 기업을 얻지 못하리라": 이삭은 이스마엘과 함께 기업을 얻지 못한다. 첩의 아들은 어머니의 상속자이지만, 아버지의 상속자는 아니었다(삿 9:1-3). 사라는 이삭의 상속권을 이스마엘과 나누기를 원하지 않는다. 나눌 수도 없다. 사라는 "그 사람은 너의 후사가 아니라 네 몸에서 날 자가 네 후사가 되리라."(창 15:4)라는 하나님의 약속을 붙든다. 그녀는 가혹한 자신의 요구에 신앙적 정당성을 부여한다. 사라의 요구 앞에서 아브라함의 마음이 어떠한가?

11 "아브라함이 그의 아들로 말미암아 그 일이 매우 근심이 되었더니"

◇"근심이": 그는 그 일 때문에 마음이 몹시 괴로웠다. 그는 이삭만큼이나 이스마엘도 사랑하기 때문이다. 하나님께서 그런 아브라함을 어떻게 도와주시는가?

12 "하나님이 아브라함에게 이르시되 네 아이나 네 여종으로 말미암아 근심하지 말고 사라가 네게 이른 말을 다 들으라 이삭에게서 나는 자라야 네

씨라 부를 것임이니라"

◇"다 들으라": 하나님은 사라의 요구를 지지하신다. 이삭과 이스마엘은 모두 아브라함의 후손이다. 하지만 이삭에게서 난 자만이 아브라함의 씨이다. 이스마엘은 어떻게 되는가?

13 "그러나 여종의 아들도 네 씨니 내가 그로 한 민족을 이루게 하리라 하신지라"

◇"한 민족을 이루게 하리라": 이스마엘은 쉽게 사라지지 않는다. 하나님께서 그에게도 합당한 은혜를 베푸신다. 아브라함은 어떻게 순종하는가?

6. 아브라함은 어떻게 결단합니까(14a)? 하나님은 하갈과 그 아들을 어떻게 도와주십니까(14b-21)? 이 하나님은 누구십니까?

14 "아브라함이 아침에 일찍이 일어나 떡과 물 한 가죽부대를 가져다가 하갈의 어깨에 메워 주고 그 아이를 데리고 가게 하니 하갈이 나가서 브엘세바 광야에서 방황하더니"

◇"그 아이를 데리고 가게 하니": 아브라함은 결단한다. 인정보다도 말씀에 순종한다. 이삭의 출생은 아브라함에게 훨씬 더 강한 믿음을 주었다.

◇"방황하더니": 그러나 하갈은 브엘세바에서 정처 없이 헤매고 다녔다.

15 "가죽부대의 물이 떨어진지라 그 자식을 관목덤불 아래에 두고"

16 "이르되 아이가 죽는 것을 차마 보지 못하겠다 하고 화살 한 바탕 거리 떨어져 마주 앉아 바라보며 소리 내어 우니"

◇"소리 내어 우니": 그녀는 소리를 내어 울었다.

17 "하나님이 그 어린 아이의 소리를 들으셨으므로 하나님의 사자가 하늘에서부터 하갈을 불러 이르시되 하갈아 무슨 일이냐 두려워하지 말라 하나

님이 저기 있는 아이의 소리를 들으셨나니"

◇"소리를 들으셨나니": 하나님은 하갈의 아픔을 들으신다. 그 눈물을 들으신다. 그리고 도와주신다.

18 "일어나 아이를 일으켜 네 손으로 붙들라 그가 큰 민족을 이루게 하리라 하시니라"

◇"큰 민족을 이루게 하리라": 여호와께서 그에게도 은총을 주신다. 그를 큰 민족이 되게 하신다. 하나님은 이스마엘을 버리지 않으셨다.

19 "하나님이 하갈의 눈을 밝히셨으므로 샘물을 보고 가서 가죽부대에 물을 채워다가 그 아이에게 마시게 하였더라"

◇"눈을 밝히셨으므로": 하나님께서 하갈에게 소망을 주신다. 하나님께서 그녀에게 새 힘을 주신다. 그녀는 절망에서 일어선다.

20 "하나님이 그 아이와 함께 계시매 그가 장성하여 광야에서 거주하며 활 쏘는 자가 되었더니"

◇"하나님이 그 아이와 함께 계시매": 하나님은 쫓겨난 자에게도 관심을 가지신다. 하나님은 그가 성장할 때까지 함께하신다.

21 "그가 바란 광야에 거주할 때에 그의 어머니가 그를 위하여 애굽 땅에서 아내를 얻어 주었더라"

◇"애굽 땅에서 아내를 얻어 주었더라": 이스마엘은 어머니의 고국인 애굽에서 아내를 취한다. 그의 아들들에게서 아랍 국가들이 나오고, 그들은 그 이후로 이스라엘의 대적자가 된다.

우리에게 있어서 이스마엘은 무엇을 말할까? 하나님의 방법이 아닌 우리의 방법으로 가진 것을 말한다. 하나님께서 나에게 주신 약속을 지키는 데 방해하는 것을 말한다. 우리는 이것을 일반적으로 '세속주의적인 가치관'이라고 말한다. 세속주의는 순수한 믿음을 비웃는다. 예수님만이 그리스도라는 구원의 절대성을 비웃는다. 주님의 재림을 비웃는다. 그것이 내 마음속에 있다면 쫓아내야 한다. 함께 살 수 없다. 이런 것들은 우리의 신앙이 자라지 못하게 방해하기 때문이다. 믿음으로 그것을 쫓아낼 때 약속의 성취를 체험할 수 있다.

제20강

시험하시고 공급하시는 하나님

◇본문　창세기 21:22-22:24
◇요절　창세기 22:14
◇찬송　215장, 217장

1. 아브라함과 아비멜렉은 어떤 언약을 세웁니까(21:22-31)? 아브라함은 어떤 하나님을 체험합니까(32-34)? 하나님께서 아브라함을 왜 부르셨습니까(22:1)? 시험은 무엇입니까(2)? 이 시험의 어려운 점은 무엇입니까?

2. 아브라함은 시험 앞에서 어떻게 합니까(3-6)? 이삭은 아버지에게 무엇을 묻습니까(7)? 아버지의 대답은 무엇입니까(8)? 아브라함은 어떤 마음으로 그런 대답을 했을까요?

3. 아브라함은 구체적으로 무엇을 합니까(9-10)? 하나님은 그를 어떻게 막으십니까(11-12)? 왜 이렇게 막으십니까? '하나님을 경외하는 것'은 어떻게 하는 겁니까?

4. 아브라함은 이삭 대신 무엇으로 번제를 드립니까(13)? 그가 체험한 하나님은 어떤 분이십니까(14)? 시험하시고 공급하시는 하나님이 오늘 우리에게는 어떤 분이십니까?

5. 여호와께서 시험을 통과한 아브라함을 어떻게 축복하십니까(15-18a)? 그는 왜 이런 축복을 받습니까(18b-19)? 리브가는 어떻게 태어납니까(20-24)?

제20강

시험하시고 공급하시는 하나님

◇본문 창세기 21:22-22:24
◇요절 창세기 22:14
◇찬송 215장, 217장

1. 아브라함과 아비멜렉은 어떤 언약을 세웁니까(21:22-31)? 아브라함은 어떤 하나님을 체험합니까(32-34)? 하나님께서 아브라함을 왜 부르셨습니까(22:1)? 시험은 무엇입니까(2)? 이 시험의 어려운 점은 무엇입니까?

22 "그 때에 아비멜렉과 그 군대 장관 비골이 아브라함에게 말하여 이르되 네가 무슨 일을 하든지 하나님이 너와 함께 계시도다"

◇"그때": 아브라함이 블레셋 사람과 함께 살고 있을 때다.

◇"하나님이 너와 함께 계시도다": 아비멜렉은 아브라함을 도우시는 하나님(20:3-7)을 체험했다. 아브라함은 약속의 땅에서 살지만 그렇다고 주인처럼 살지는 못한다. 그러나 그는 하나님의 보호하심 속에 있고, 세상 사람으로부터 인정받고 있다. 아비멜렉은 아브라함에게 무엇을 요구하는가?

23 "그런즉 너는 나와 내 아들과 내 손자에게 거짓되이 행하지 아니하기를

이제 여기서 하나님을 가리켜 내게 맹세하라 내가 네게 후대한 대로 너도 나와 네가 머무는 이 땅에 행할 것이니라"

◇"하나님을 가리켜 내게 맹세하라": 아비멜렉은 아브라함에게 맹세를 요구한다. '맹세'는 거짓으로 행하지 않기 때문이다.

◇"이 땅에 행할 것이니라": 아비멜렉이 아브라함에게 우정을 베푼 것처럼 아브라함도 아비멜렉과 이 땅에 은혜를 베풀어라.

24 "아브라함이 이르되 내가 맹세하리라 하고"

25 "아비멜렉의 종들이 아브라함의 우물을 빼앗은 일에 관하여 아브라함이 아비멜렉을 책망하매"

26 "아비멜렉이 이르되 누가 그리하였는지 내가 알지 못하노라 너도 내게 알리지 아니하였고 나도 듣지 못하였더니 오늘에야 들었노라"

27 "아브라함이 양과 소를 가져다가 아비멜렉에게 주고 두 사람이 서로 언약을 세우니라"

◇"서로 언약을 세우니라": 두 사람은 서로 언약을 세웠다.

28 "아브라함이 일곱 암양 새끼를 따로 놓으니"

29 "아비멜렉이 아브라함에게 이르되 이 일곱 암양 새끼를 따로 놓음은 어찜이냐"

30 "아브라함이 이르되 너는 내 손에서 이 암양 새끼 일곱을 받아 내가 이 우물 판 증거를 삼으라 하고"

◇"증거를 삼으라": 아브라함은 아비멜렉에게 양들을 줌으로써 우물에 대한 소유권을 인정하도록 한다.

31 "두 사람이 거기서 서로 맹세하였으므로 그 곳을 브엘세바라 이름하였더라"

◇"맹세하였으므로": 아비멜렉은 평화조약을 얻었고, 아브라함은 우물에 대한 영구 사용권을 얻었다. 아브라함에 대한 약속의 성취는 점점 더 분명해진다. 가나안 땅에서 자신의 것이라고 부를 수 있는 우물을 가졌기 때문이다.

◇"브엘세바": '맹세의 우물'이란 뜻이다.

32 "그들이 브엘세바에서 언약을 세우매 아비멜렉과 그 군대 장관 비골은 떠나 블레셋 사람의 땅으로 돌아갔고"

33 "아브라함은 브엘세바에 에셀 나무를 심고 거기서 영원하신 여호와의 이름을 불렀으며"

◇"에셀 나무": 장수하는 상록수이다. 그 나무는 영생하시는 하나님, 신실하신 하나님의 은혜를 상징한다. 그는 자신의 미래와 필요를 채워주시는 하나님의 신실하심을 확신한다.

34 "그가 블레셋 사람의 땅에서 여러 날을 지냈더라"

◇"여러 날을 지냈더라": 그는 그곳에 오랫동안 머물렀다. 아브라함은 사회적으로나 영적으로나 지위가 생겼다. 그는 평화로운 삶을 살고 있다. 그러나 이것은 폭풍이 일기 전의 잠잠함이었다. 그에게 무슨 일이 기다리는가?

1 "그 일 후에 하나님이 아브라함을 시험하시려고 그를 부르시되 아브라함아 하시니 그가 이르되 내가 여기 있나이다"

◇"시험": 어떤 사람의 객관적인 모습을 알아보려는 것이다. 시험의 결과가 그 사람의 모든 것을 정확하게 말하는 것은 아니지만 객관성은 있다. 시험은 무엇인가?

2 "여호와께서 이르시되 네 아들 네 사랑하는 독자 이삭을 데리고 모리아 땅으로 가서 내가 네게 일러 준 한 산 거기서 그를 번제로 드리라"

◇"네 아들 네 사랑하는 독자 이삭": 하나님은 아브라함에게 이삭을 '독자' '사랑하는 아들(your only son, Isaac, whom you love)'이라고 말씀하신다. 아브라함과 이삭의 관계가 어떤지를 아신다. 하나님도 시험 문제가 어렵다는 사실을 인정하신 것이다.

◇"그를 번제로 드리라": 동물을 통째로 베어서 불태우는 것을 말한다. 제사의 가장 일반적인 형태이다. 여기에는 제물을 바치는 자가 자기 자신을 하나님께 완전히 드린다는 것과 동물의 죽음은 제물을 바치는 자의 죄를 대속한다는 의미가 있다. 그런데 정통적인 신앙은 자식을 바치는 것을 금했다. '몰렉' 신이 사람을 제물로 바쳤다. 그러면 왜 여호와께서는 아브라함에게 이런 일을 하도록 하시는 것일까? 아브라함이 가장 소중한 것을 하나님께 바치는 일에서 이교도와 비교하려는 것이다.

◇"모리아 땅": '여호와께서 준비하시리라.' '여호와께서 나타나시리라.'라는 뜻이다. 그러나 그가 명령을 받았을 때는 이런 의미를 아직 몰랐다. 이곳은 아브라함이 사는 브엘세바(21:32-34)에서 사흘 길 걸리는 곳이다. 이곳은 예루살렘 주위이며, 솔로몬 성전이 있는 곳이다(대하 3:1). 후에 예수님께서 돌아가신 골고다 언덕이다.

이 시험의 가장 큰 어려움은 무엇인가? 첫째로, 가장 소중한 것을 드려야 한다. 아브라함에게 이삭은 아들 이상이다. 자기 자신이다. 그런 아들을 바치라는 것은 자기를 완전히 희생하라는 말이다.

둘째로, 하나님의 요구가 불합리하다. 왜냐하면 이삭은 하나님께서 당신의 약속을 성취하기 위해서 주신 아들이기 때문이다. 즉 믿음의 사역을 이어갈 약속의 씨이다. 아브라함은 다른 아들인 이스마엘을 쫓아냈었다(창 21:10, 14). 아브라함이 순종할 수 있었던 것은 하나님의 명령이 합리적이기 때문이다. 즉 이스마엘이 아닌 이삭을 약속의 씨로 알았기 때문이다. 그런데 그런 이삭을 바쳐버리면 아브라함 30년의 신앙생활이 원점으로 돌아간다. 다시 말하면 여호와의 구속 사역이 물거품이 된다. 아브라함은 신학적 고민에 빠질 수밖에 없다. 그러나 그는 무엇을 하는가?

2. 아브라함은 시험 앞에서 어떻게 합니까(3-6)? 이삭은 아버지에게 무엇을 묻습니까(7)? 아버지의 대답은 무엇입니까(8)? 아브라함은 어떤 마음으로 그런 대답을 했을까요?

3 "아브라함이 아침에 일찍이 일어나 나귀에 안장을 지우고 두 종과 그의 아들 이삭을 데리고 번제에 쓸 나무를 쪼개어 가지고 떠나 하나님이 자기에게 일러 주신 곳으로 가더니"

◇"아침에 일찍이 일어나": 아브라함의 심정에 대해서는 말하지 않는다. 그의 즉각적인 순종만을 그린다. 그는 하나님과 논쟁하거나 반발하지 않는다.

◇"하나님이 자기에게 일러 주신 곳으로 가더니": 그는 하나님께서 말씀하신 그곳으로 간다. 이런 아브라함의 행동은 무정하고 고지식한 아버지처럼 보인다. 그러나 그는 하나님의 말씀에 순종하고 있다.

4 "제 삼 일에 아브라함이 눈을 들어 그곳을 멀리 바라본지라"

5 "이에 아브라함이 종들에게 이르되 너희는 나귀와 함께 여기서 기다리라 내가 아이와 함께 저기 가서 예배하고 우리가 너희에게로 돌아오리라 하고"

◇"아이와 함께 저기 가서 예배하고": 아브라함은 이삭을 '아들'이 아닌 '아이(the boy/ young man)', '번제(a burnt offering)' 대신에 '예배(worship)'라고 부른다. 무슨 뜻이 있을까? 아브라함은 마음으로는 이미 이삭을 하나님께 드렸으며, 어떤 의미에서 이삭은 더는 그의 아들이

아니다.

◇"돌아오리라": "아브라함은 아들과 함께 돌아온다."라고 말한다. 무슨 뜻인가? 그는 이삭이 살아날 것을 믿은 것인가? 히브리서는 이렇게 말씀하고 있다. "아브라함은 시험을 받을 때에 믿음으로 이삭을 드렸으니 그는 약속들을 받은 자로되 그 외아들을 드렸느니라, 그에게 이미 말씀하시기를 네 자손이라 칭할 자는 이삭으로 말미암으리라 하셨으니, 그가 하나님이 능히 이삭을 죽은 자 가운데서 다시 살리실 줄로 생각한지라 비유컨대 그를 죽은 자 가운데서 도로 받은 것이니라"(히 11:17-19). 그는 약속의 씨인 이삭이 죽을지라도 하나님께서 다시 살리셔서 약속의 씨로 삼을 줄 믿었다. 그는 이삭과 함께 무엇을 하는가?

6 "아브라함이 이에 번제 나무를 가져다가 그의 아들 이삭에게 지우고 자기는 불과 칼을 손에 들고 두 사람이 동행하더니"

◇"번제 나무를 취하여 그 아들 이삭에게 지우고": 나무를 진 이삭의 모습은 십자가를 지신 예수님의 모습을 생각나게 한다.

7 "이삭이 그 아버지 아브라함에게 말하여 이르되 내 아버지여 하니 그가 이르되 내 아들아 내가 여기 있노라 이삭이 이르되 불과 나무는 있거니와 번제할 어린 양은 어디 있나이까"

◇"내 아버지여":"아버지! 불과 장작은 여기에 있습니다마는 번제로 바칠 어린 양은 어디에 있습니까?" 아이의 꾸밈없는 호기심이 나타난다. 아버지의 대답은 무엇인가?

8 "아브라함이 이르되 내 아들아 번제할 어린양은 하나님이 자기를 위하여 친히 준비하시리라 하고 두 사람이 함께 나아가서"

◇"준비하시리라": '하나님께서 예비하셔서 준다(provide & give).'라는 뜻이다. 이런 의미에서 '공급하신다.'라로 번역한다. 번제로 바칠 어린

양은 하나님이 손수 마련하여 주실 것이다.

◇"하나님께서 자기를 위하여 친히 준비하시리라"(God will provide himself): 이 말은 아브라함의 침묵에 대하여 새로운 빛을 던져준다. 그는 하나님께 대하여 온전한 신뢰와 확신을 표현하고 있다. 그는 자신의 길을 하나님께 맡겼다. "너의 길을 여호와께 맡기라. 저를 의지하면 저가 이루시고"(시 37:5). 아브라함은 준비하시는 하나님으로부터 자신의 유일한 피난처를 찾았다.

사람은 모순 속에서 자기 생각, 자기 방식대로 하기 쉽다. 그러나 아브라함은 완전히 하나님의 방식에 순종한다. 그는 자기 방식으로부터 하나님의 방식으로 방향을 전환한다. 하나님의 방식으로의 전환은 믿음에서 나온다. 믿음은 하나님의 기이한 모순에 기꺼이 순종하게 한다. 그는 구체적으로 무엇을 하는가?

3. 아브라함은 구체적으로 무엇을 합니까(9-10)? 하나님은 그를 어떻게 막으십니까(11-12)? 왜 이렇게 막으십니까? '하나님을 경외하는 것'은 어떻게 하는 겁니까?

9 "하나님이 그에게 일러 주신 곳에 이른지라 이에 아브라함이 그곳에 제단을 쌓고 나무를 벌여 놓고 그의 아들 이삭을 결박하여 제단 나무 위에 놓고"

◇"이삭을 결박하여": 아브라함은 하나님이 말씀하신 그곳에 제단을 쌓고, 아들을 묶어서 제단 장작 위에 올려놓았다. 그는 왜 이삭을 묶었을까? 나이 많은 노인이 혈기 왕성한 십 대 소년의 손과 발을 강하게 묶을 수 있었다는 것은 이삭의 동의가 있었음을 시사한다. 그의 아버지가 최대한도로 하나님께 순종할 의지를 보였던 것과 같이 이삭도 그 아빠에게 어떤 대가를 치르더라도 희생할 준비가 되어 있었던 제물로서의 흠 없는 대상이었다. 이삭도 제물로 바쳐지지 않으려 했다면 도망칠 수 있다. 그러나 그도 기꺼이 순종했다. 아브라함의 믿음만이 아니라 이삭의 믿

음도 나타난다. 이삭의 행동은 십자가에 돌아가시는 예수 그리스도를 상징한다. 예수님은 도살장으로 끌려가는 어린양처럼 잠잠하셨다(사 53:7).

10 "손을 내밀어 칼을 잡고 그 아들을 잡으려 하니"

◇"잡으려 하니": 아버지는 손에 칼을 들고서 아들을 잡으려고 하였다. 상상도 할 수 없는 일이 실제로 일어난다. 그때 누가 그 일에 개입하시는가?

11 "여호와의 사자가 하늘에서부터 그를 불러 이르시되 아브라함아 아브라함아 하시는지라 아브라함이 이르되 내가 여기 있나이다 하매"

◇"아브라함아 아브라함아": 여호와의 사자가 다급하게 외친다. 너무 늦지나 않을까 하는 천사의 염려처럼 들린다.

12 "사자가 이르시되 그 아이에게 네 손을 대지 말라 그에게 아무 일도 하지 말라 네가 네 아들 네 독자까지도 내게 아끼지 아니하였으니 내가 이제야 네가 하나님을 경외하는 줄을 아노라"

◇"아무 일도 하지 말라": 아브라함은 그 아이에게 아무 일도 해서는 안 된다. 아들의 생명을 취하려고 칼을 든 것은 여호와의 계획을 위협하는 일이기 때문이다.

◇"네 아들 네 독자까지도": 아브라함에게 이삭이 사라진다면 되돌아갈 자식이 없다. 적어도 아브라함이 마음속으로 생각할 수 있는 자식이 없다. 이런 점에서 이삭은 아브라함에게 가장 소중한 아들이다. 그 자신의 존재 자체라고 할 수 있다. 그러나 그는 그 아들조차도 하나님께 아끼지 않았다.

◇"경외": '두려워하다(fear)', '존경한다(revere).'라는 뜻이다.

◇"하나님을 경외하는 줄을 아노라": 아브라함의 희생적인 순종은 여호와를 경외함에서 왔다. 아브라함이 가장 소중한 이삭을 드리는 그 행위를

경외로 받으신다. 여호와께서는 그의 행함, 그의 순종을 경외로 인정하신다. "우리 조상 아브라함이 그 아들 이삭을 제단에 바칠 때에 행함으로 의롭다 하심을 받은 것이 아니냐, 네가 보거니와 믿음이 그의 행함과 함께 일하고 행함으로 믿음이 온전하게 되었느니라, 이에 성경에 이른바 아브라함이 하나님을 믿으니 이것을 의로 여기셨다는 말씀이 이루어졌고 그는 하나님의 벗이라 칭함을 받았나니, 이로 보건대 사람이 행함으로 의롭다 하심을 받고 믿음으로만은 아니니라"(약 2:21-24).

아브라함을 인정하신 여호와를 통해서 무엇을 배울 수 있는가? 하나님은 우리에게 가장 소중한 것을 바치기를 원하신다. 그렇게 함으로써 경외하는 것을 보여주기를 원하신다. 하나님께서는 우리에게 소중히 여기지 않는 것, 더는 좋아하지 않거나 필요하지 않은 것을 드리라고 하지 않는다. 우리가 소중하게 여기는 그것을 드리라고 요구한다.

오늘 우리의 교회가 소중한 것을 드리기보다는 자꾸 받기만 하려고 한다. 신앙의 본질을 훼손한다. 신앙의 본질을 회복하려면 어떻게 해야 하는가? 하나님께서 나에게 주신 가장 소중한 것을 다시 드릴 수 있어야 한다. 이것은 '자기 부인' '자기 십자가'와 연결된다. 진정한 제자의 삶이다. 이런 점에서 하나님을 경외하는 일에는 일시적인 희생이 따른다.

오늘 우리에게 있어서 '독자' '사랑하는 아들', 즉 가장 소중한 것은 무엇일까? 신앙생활을 통해서 주님께서 나에게 주신 선물이다. 내가 믿음으로 살아가고, 이 시대의 성경 선생으로 사는 데 있어서 힘이 되는 그 무엇이다. 힘들고 피곤한 목자의 길에서도 이것만 생각하면 소망이 생기는 그것이다. 그것은 하나님 안에서 새롭게 영근 나의 꿈이다. 양일 수 있고, 아들딸일 수 있다. 부모님일 수 있고, 사랑하는 동역자일 수도 있다. 하나님께서 축복하여 주신 돈이기도 하고, 사회적인 지위이기도 하다. 그런데 주님은 내 마음을 쏙 빼 가는 그 무엇을 바치라고 하신다. 내가 하나님을 경외하는 줄 알아보기 위해서이다. 그런데 그 소중한 것을 하나님께 드리면 하나님은 어떻게 하시는가?

4. 아브라함은 이삭 대신 무엇으로 번제를 드립니까(13)? 그가 체험한 하나님은 어떤 분이십니까(14)? 시험하시고 공급하시는 하나님이 오늘 우리에게는 어떤 분이십니까?

13 "아브라함이 눈을 들어 살펴본즉 한 숫양이 뒤에 있는데 뿔이 수풀에 걸려 있는지라 아브라함이 가서 그 숫양을 가져다가 아들을 대신하여 번제로 드렸더라"

◇"한 숫양이 뒤에 있는데": 아브라함의 순종이 증명되자 곧바로 대속물로 옮겨간다. 수풀에 뿔이 걸린 숫양이다. 아브라함이 숫양이 걸려 있는 것을 알아차린 것은 천사의 말과 거의 동시에 이루어졌다. 아브라함이 아들을 풀어 준 즉시 아들을 대신하여 제물을 바쳤다. "그가 하나님이 능히 죽은 자 가운데서 다시 살리실 줄로 생각한지라 비유컨대 죽은 자 가운데서 도로 받은 것이니라"(히 11:19). 그의 믿음대로 아들이 도로 살아났다. 이삭은 죽지 않았으나 죽었고, 죽었으나 다시 살아났다. 아브라함은 그 땅을 이름을 무엇이라고 부르는가?

14 "아브라함이 그 땅 이름을 여호와 이레라 하였으므로 오늘날까지 사람들이 이르기를 여호와의 산에서 준비되리라 하더라"

◇"여호와 이레"(יְהוָה יִרְאֶה, *예호와 이르에, Jehovahjireh*): '여호와께서 준비하신다.' '여호와께서 보시리라.'를 뜻한다. '어떤 것을 본다.'라는 말은 '그것을 준비한다.'를 의미한다. '그것을 준비한다.'라는 말은 '그것을 공급한다(provide).'라는 의미와 같다.

아브라함이 이곳을 '여호와 이레'라고 부른 데는 무슨 뜻이 있는가? 그는 아들을 극적으로 다시 얻었다. 그는 아들이 죽음에서 살아난 것을 기념하는 것이 아니라, 하나님께서 하신 일을 기념하고 있다. 그런 의미에서 그곳을 '여호와 이레'라고 부른다. 그는 '여호와께서 보일 것이다(공급하실 것이다).' 라고 고백하고 있다. 여호와께서는 자신의 거룩한 산에서 자기를 예배하러 오는 자들(출 23:17)에게 부족한 것들을 보시고 공급하신다.

이 하나님은 어떤 분이신가? 여호와는 '시험하시는 분(tester)' 에서 '공급(준비)하시는 분(provider)' 으로 나타난다. 아브라함의 삶은 하나님의 시험과 준비하심의 대립 속에 놓여 있다. 명령과 약속 사이의 대립이다. 빼앗아 가는 죽음의 말씀과 베푸는 생명의 말씀 사이의 대립이다. 대부분 사람은 시험하시는 하나님보다는 공급하시는 하나님을 원한다. 그런데 '공급하시는 분(provider)' 을 체험하려면 '시험하시는 분(tester)' 을 먼저 만나야 한다. 그분은 믿음으로만 만날 수 있다.

이것은 예수님의 돌아가심과 부활에서 절정을 이룬다. 하나님은 친히 당신의 독생자를 준비하셔서 인류의 죄를 대속하신다. 예수님은 하나님께서 친히 공급하시는 어린양이시다(요 1:29). 이 하나님께서 오늘 우리에게 무엇인들 주지(공급하지) 않으시겠는가? "자기 아들을 아끼지 아니하시고 우리 모든 사람을 위하여 내주신 이가 어찌 그 아들과 함께 모든 것을 우리에게 주시지 아니하겠느냐"(롬 8:32)? 하나님께 소중한 것을 드리지 않고서는 받지 못한다. 드릴 때 받을 수 있다. 시험을 통과한 아브라함은 어떤 복을 받는가?

5. 여호와께서 시험을 통과한 아브라함을 어떻게 축복하십니까(15-18a)? 그는 왜 이런 축복을 받습니까(18b-19)? 리브가는 어떻게 태어납니까(20-24)?

15 "여호와의 사자가 하늘에서부터 두 번째 아브라함을 불러"

16 "이르시되 여호와께서 이르시기를 내가 나를 가리켜 맹세하노니 네가 이같이 행하여 네 아들 네 독자도 아끼지 아니하였은즉"

17 "내가 네게 큰 복을 주고 네 씨가 크게 번성하여 하늘의 별과 같고 바닷가의 모래와 같게 하리니 네 씨가 그 대적의 성문을 차지하리라"

◇"네 씨가 크게 번성하여": 여호와께서 아브라함의 후손을 크게 축복하신다. 그 후손이 원수를 정복할 것이다. 여기에는 하나님의 역설적 성격이 나타난다. 여호와께서 아브라함에게 약속을 주실 때 현재의 땅을 버리라고 하셨다(12:1–3). 그러면서 다른 땅을 보여주셨다. 그는 현재의 친척을 버림으로써 큰 나라의 아버지가 되었다. 하나밖에 남지 않은 아들마저도 포기하자 하늘의 별과 같은 자손을 얻게 된다.

◇"네 씨가 그 대적의 성문을 차지하리라": 아브라함의 자손은 원수의 성을 차지할 것이다. 이 말씀은 장차 예수 그리스도의 탄생을 예고한다. 예수님께서 사탄의 성을 정복할 것이다. 사탄의 나라에서 사람을 구원하여 천국으로 인도하신다.

18 "또 네 씨로 말미암아 천하 만민이 복을 받으리니 이는 네가 나의 말을 준행하였음이니라 하셨다 하니라"

◇"네 씨": 이삭과 야곱 등을 말한다. 더 나아가 예수 그리스도를 말한다. 예수님을 통해서 온 세상은 복을 받는다. 왜 이런 복을 주시는가?

◇"나의 말을 준행하였음이니라": 그의 순종이 축복의 근원이다. 아들에 대한 사랑과 하나님에 대한 헌신 사이에서 그의 신실한 순종은 모든 기대를 뛰어넘는 상을 받게 한다. 믿음의 위대한 선배들의 열매는 순종에서부터 왔다.

19 "이에 아브라함이 그의 종들에게로 돌아가서 함께 떠나 브엘세바에 이르러 거기 거주하였더라"

◇"종들에게로 돌아가서": 아브라함이 그의 종들에게로 돌아왔다. 그는 종들에게 약속한 대로 이삭과 함께 다시 돌아왔다. 리브가는 어떻게 태어

났는가?

20 "이 일 후에 어떤 사람이 아브라함에게 알리어 이르기를 밀가가 당신의 형제 나홀에게 자녀를 낳았다 하였더라"

◇"밀가": 하란의 딸이며, 아브라함의 남동생 나홀의 아내이다(11:29). 리브가의 할머니이다.

21 "그의 맏아들은 우스요 우스의 형제는 부스와 아람의 아버지 그므엘과"

22 "게셋과 하소와 빌다스와 이들랍과 브두엘이라"

23 "이 여덟 사람은 아브라함의 형제 나홀의 아내 밀가의 소생이며 브두엘은 리브가를 낳았고"

◇"브두엘": 리브가의 아버지이다. 이 여덟 형제는 아브라함의 동생 나홀과 그 아내 밀가 사이에서 태어났다. 아브라함의 친척들, 즉 이삭의 아내인 리브가의 뿌리를 소개한다. 리브가는 12명의 남자 중에서 나홀의 유일한 여자 후손이다.

◇"리브가": '암소', '축복', '새끼로 양이나 암소를 묶는다.' '부드러운'과 연관이 있다.

24 "나홀의 첩 르우마라 하는 자도 데바와 가함과 다하스와 마아가를 낳았더라"

제21강

후계자를 위한 아내

◇본문 창세기 23:1-24:67
◇요절 창세기 24:7
◇찬송 384장, 375장

1. 사라는 언제 어디서 죽었으며, 아브라함의 슬픔이 어느 정도입니까(23:1-2)? 그는 헷 족속에게 어떤 청을 합니까(3-4)? 헷 족속은 어떻게 반응합니까(5-6)?

2. 아브라함은 매장지를 왜 그토록 돈을 주고 사고자 할까요(7-18)? 사라는 마침내 어디에 묻힙니까(19-20)? 여기에는 어떤 뜻이 있습니까?

3. 이제 아브라함은 어떤 상태에 있습니까(24:1)? 그는 종에게 무슨 사명을 맡깁니까(2-4)? 그는 이삭의 아내를 왜 이런 식으로 택하고자 할까요?

4. 종의 고민은 무엇이며, 그에 대한 아브라함의 믿음은 어떠합니까(5-8)? 종은 그 사명을 감당하기 위해서 구체적으로 무엇을 합니까(9-14)? 그의 기도는 얼마나 즉시 응답받습니까(15a)?

5. 리브가는 어떤 여인입니까(15b-25)? 종은 왜 여호와께 경배하고 찬양합니까(26-27)? 종이 리브가의 가족에게 강조하는 바가 무엇입니까(28-48)? 종은 라반과 브두엘에게 어떤 결단을 촉구합니까(49-51)?

6. 종은 왜 일찍 돌아가고자 합니까(52-56)? 리브가의 결단이 어떠합니까(57-58)? 가족은 리브가를 어떻게 축복합니까(59-60)? 이삭은 리브가를 어떻게 맞이하며, 여기에는 어떤 뜻이 있습니까(61-67)?

제21강

후계자를 위한 아내

◇본문　창세기 23:1－24:67

◇요절　창세기 24:7

◇찬송　384장, 375장

1. 사라는 언제 어디서 죽었으며, 아브라함의 슬픔이 어느 정도입니까(23:1-2)? 그는 헷 족속에게 어떤 청을 합니까(3-4)? 헷 족속은 어떻게 반응합니까(5-6)?

1 "사라가 백이십칠 세를 살았으니 이것이 곧 사라가 누린 햇수라"

◇"백이십칠 세": 믿음의 여인 중에서 나이를 정확하게 기록한 사람은 사라뿐이다. 그녀는 영적인 어머니였기 때문이다.

2 "사라가 가나안 땅 헤브론 곧 기럇아르바에서 죽으매 아브라함이 들어가서 사라를 위하여 슬퍼하며 애통하다가"

◇"슬퍼하며 애통하다가": 그는 사라를 생각하면서 울었다.

3 "그 시신 앞에서 일어나 나가서 헷 족속에게 말하여 이르되"

4 "나는 당신들 중에 나그네요 거류하는 자이니 당신들 중에서 내게 매장할 소유지를 주어 내가 나의 죽은 자를 내 앞에서 내어다가 장사하게 하시오"

◇"나그네요 거류하는 자": '나그네'는 고향이나 고국을 떠나 사는 사람이다. '거류하는 자'는 낯설고 정이 들지 않는 곳에서 사는 사람이다. 아브라함은 이곳에서 오랫동안 살았지만, 실상은 정착하지 못했다.

◇"매장할 소유지": 본문은 사라의 죽음보다도 매장지를 사는 과정에 초점을 맞춘다. 왜냐하면 땅에 대한 소유권이 중요하기 때문이다. 헷 족속은 무엇이라고 대답하는가?

5 "헷 족속이 아브라함에게 대답하여 이르되"

6 "내 주여 들으소서 당신은 우리 가운데 있는 하나님이 세우신 지도자이시니 우리 묘실 중에서 좋은 것을 택하여 당신의 죽은 자를 장사하소서 우리 중에서 자기 묘실에 당신의 죽은 자 장사함을 금할 자가 없으리이다"

◇"하나님이 세우신 지도자이시니": 그들은 아브라함을 나그네로 보지 않는다. 오히려 하나님께서 세우신 지도자로 받아들이고 있다. 아브라함이 자신을 소개하는 것과 그곳 사람이 아브라함을 보는 것이 다르다. 그러나 아브라함은 어떻게 하는가?

2. 아브라함은 매장지를 왜 그토록 돈을 주고 사고자 할까요(7-18)? 사라는 마침내 어디에 묻힙니까(19-20)? 여기에는 어떤 뜻이 있습니까?

7 "아브라함이 일어나 그 땅 주민 헷 족속을 향하여 몸을 굽히고"

8 "그들에게 말하여 이르되 나로 나의 죽은 자를 내 앞에서 내어다가 장사하게 하는 일이 당신들의 뜻일진대 내 말을 듣고 나를 위하여 소할의 아들 에브론에게 구하여"

◇"에브론에게 구하여": "에브론에게 말을 전해 주시오."

◇"구하여": '간청하다(entreat for).'라는 뜻이다. 그 내용은 무엇인가?

9 "그가 그의 밭머리에 있는 그의 막벨라 굴을 내게 주도록 하되 충분한 대가를 받고 그 굴을 내게 주어 당신들 중에서 매장할 소유지가 되게 하기를 원하노라 하매"

◇"막벨라 굴을 내게 주도록", "소유지가 되게 하기를": 아브라함은 막벨라 굴을 돈 주고 사서 자기 소유지로 삼고자 한다. 그 내용을 간청해 달라고 부탁한다.

10 "에브론이 헷 족속 중에 앉아 있더니 그가 헷 족속 곧 성문에 들어온 모든 자가 듣는 데서 아브라함에게 대답하여 이르되"

◇"에브론": 그는 성에서 지도급에 속한 사람이다.

11 "내 주여 그리 마시고 내 말을 들으소서 내가 그 밭을 당신에게 드리고 그 속의 굴도 내가 당신에게 드리되 내가 내 동족 앞에서 당신에게 드리오니 당신의 죽은 자를 장사하소서"

◇"드리되": 그는 아브라함에게 땅을 그냥 주려고 한다.

12 아브라함이 이에 그 땅의 백성 앞에서 몸을 굽히고"

13 "그 땅의 백성이 듣는 데서 에브론에게 말하여 이르되 당신이 합당히 여기면 청하건대 내 말을 들으시오 내가 그 밭 값을 당신에게 주리니 당신은 내게서 받으시오 내가 나의 죽은 자를 거기 장사하겠노라"

◇"그 밭 값을 당신에게 주리니": 아브라함은 땅 값을 지급하려고 한다.

14 "에브론이 아브라함에게 대답하여 이르되"

15 "내 주여 내 말을 들으소서 땅값은 은 사백 세겔이나 그것이 나와 당신 사이에 무슨 문제가 되리이까 당신의 죽은 자를 장사하소서"

◇"나와 당신 사이에 무슨 문제가 되리이까": "나와 당신 사이에 그것이 무엇인가(what is that between you and me)?" 서로 거래할 수 없다는

뜻이다. 그러나 아브라함은 어떻게 하는가?

16 "아브라함이 에브론의 말을 따라 에브론이 헷 족속이 듣는 데서 말한 대로 상인이 통용하는 은 사백 세겔을 달아 에브론에게 주었더니"

◇"은 사백 세겔을 달아": 아브라함은 은 사백 세겔을 달아서 주었다.

17 "마므레 앞 막벨라에 있는 에브론의 밭 곧 그 밭과 거기에 속한 굴과 그 밭과 그 주위에 둘린 모든 나무가"

18 "성 문에 들어온 모든 헷 족속이 보는 데서 아브라함의 소유로 확정된지라"

◇"확정된지라": 이렇게 매매를 끝냈다(was made over). 거래에 대한 세부사항을 정확하게 기록하였다.

19 "그 후에 아브라함이 그 아내 사라를 가나안 땅 마므레 앞 막벨라 밭 굴에 장사하였더라(마므레는 곧 헤브론이라)"

20 "이와 같이 그 밭과 거기에 속한 굴이 헷 족속으로부터 아브라함이 매장할 소유지로 확정되었더라"

아브라함은 왜 그토록 소유권을 확보하고자 했는가? 그는 왜 그 땅을 공짜로 받으면 왜 안 될까? 첫째로, 하나님의 영광이 드러나지 않고 땅을 준 사람의 '광'이 드러나기 때문이다. 그는 하나님의 사람으로서 하나님의 영광을 드러내야 한다. 둘째로, 약속의 땅에 대한 거점을 확보해야 하기 때문이다. 그는 그 작은 땅을 근거로 하여 장차 전체를 약속의 땅으로 얻으려는 소망을 품고 있다. 그 땅은 가나안에 대한 '종자(seed)'이다. 세월이 흘러 아브라함은 어떤 상태에 있는가?

3. 이제 아브라함은 어떤 상태에 있습니까(24:1)? 그는 종에게 무슨 사명을 맡깁니까(2-4)? 그는 이삭의 아내를 왜 이런 식으로 택하고자 할까요?

1 "아브라함이 나이가 많아 늙었고 여호와께서 그에게 범사에 복을 주셨더라"

◇"그에게 범사에 복을 주셨더라": 아브라함은 홀로 살고 있으나 여호와께서 복을 주셔서 모든 일을 잘 감당하고 있다. 그가 마지막으로 감당해야 할 일은 무엇인가?

2 "아브라함이 자기 집 모든 소유를 맡은 늙은 종에게 이르되 청하건대 내 허벅지 밑에 네 손을 넣으라"

◇"허벅지 밑에 네 손을 넣으라": '인간의 기초와 생의 원천'을 상징한다. 이곳에 손을 대는 것은 강력하고 엄숙한 서약임을 확증한다. 서약한 내용을 실천하지 않으면 저주를 받는다. 아브라함은 그 종에게 아주 중요한 일을 맡기려고 한다. 그 일은 무엇인가?

3 "내가 너에게 하늘의 하나님, 땅의 하나님이신 여호와를 가리켜 맹세하게 하노니 너는 내가 거주하는 이 지방 가나안 족속의 딸 중에서 내 아들을 위하여 아내를 택하지 말고"

◇"하늘의 하나님, 땅의 하나님이신 여호와": 아브라함은 그 종에게 창조주 하나님 앞에서 맹세하도록 한다.

◇"가나안 족속의 딸 중에서 내 아들을 위하여 아내를 택하지 말고": 아브라함의 종이 감당해야 할 일은 이삭의 결혼이다. 즉 이삭의 아내를 선택하는 일이다. 그런데 가나안의 딸 중에서 선택해서는 안 된다. 왜냐하면 가나안 사람은 여호와 하나님을 섬기지 않기 때문이다. 어떤 며느리를 선택해야 하는가?

4 "내 고향 내 족속에게로 가서 내 아들 이삭을 위하여 아내를 택하라"

◇"내 고향 내 족속": 문자적으로는 갈대아 우르를 말한다. 그곳도 여호와 하나님을 섬기지 않았다. 다만 아브라함의 아버지 데라는 여호와 하나님을 섬겼다(창 31:53). 그러면 '아브라함의 족속'은 '같은 혈통'을 말하

는가? 아니면 '같은 신앙'을 말하는가? 여호와 하나님을 섬기는 같은 신앙을 가진 사람을 말한다.

왜 아브라함은 며느리를 같은 신앙을 가진 사람으로 삼으려고 하는가? 믿음의 정통성을 계승해야 하기 때문이다. 이삭은 약속의 아들이다. 이삭은 아브라함이 시작한 그 믿음을 계승해야 한다. 그 일을 이삭 혼자서 하지 않고 아내와 함께해야 한다. 따라서 남편과 아내가 같은 신앙을 가져야 한다. 신앙은 그 사람의 가치관과 삶의 스타일을 결정한다. 신앙은 남편과 아내, 그리고 자손에게까지 영향을 끼친다. 따라서 신앙이 같아야 구속 사역을 함께 계승하며 섬길 수 있다. 믿음의 역사성과 정통성을 함께 이어갈 수 있다.

오늘 우리의 교회는 이 점에 있어서 어떠한가? 믿음이 있는 사람이 믿음이 없는 사람과 결혼하기도 한다. 그렇게 하여 믿음 없는 사람을 구원하기도 한다. 하지만 믿음을 잃어버리기도 한다. 따라서 우리는 같은 믿음을 가진 사람끼리 결혼하는 일의 중요성을 깨달아야 한다. 세상에는 명문가들이 있다. 법조인, 의사인, 재벌가... 우리는 '신앙의 명문가'를 만들어야 한다. 명문가는 하루아침에 생기지 않는다. 신앙의 명문가는 조상으로부터 시작한 믿음을 그 후손이 계승하여 만들어 간다. 그 점에서 같은 신앙인의 결혼은 중요하다. 그런데 그 일을 감당해야 하는 종의 고민은 무엇인가?

4. 종의 고민은 무엇이며, 그에 대한 아브라함의 믿음은 어떠합니까(5-8)? 종은 그 사명을 감당하기 위해서 구체적으로 무엇을 합니까(9-14)? 그의 기도는 얼마나 즉시 응답받습니까(15a)?

5 "종이 이르되 여자가 나를 따라 이 땅으로 오려고 하지 아니하거든 내가 주인의 아들을 주인이 나오신 땅으로 인도하여 돌아가리이까"

◇"오려고 하지 아니하거든": 신붓감이 종을 따라오지 않으면 어떻게 해야 하는가? 신랑감을 데리고 가야 하는가? 현장에서 뛰어야 하는 종으로서

첫 번째 고민을 제기한다.

6 "아브라함이 그에게 이르되 내 아들을 그리로 데리고 돌아가지 아니하도록 하라"

7 "하늘의 하나님 여호와께서 나를 내 아버지의 집과 내 고향 땅에서 떠나게 하시고 내게 말씀하시며 내게 맹세하여 이르시기를 이 땅을 네 씨에게 주리라 하셨으니 그가 그 사자를 너보다 앞서 보내실지라 네가 거기서 내 아들을 위하여 아내를 택할지니라"

◇"이 땅을 네 씨에게 주리라", "그 사자를 너보다 앞서 보내실지라": 아브라함에게 약속하신 그 하나님께서 친히 일하신다. 아브라함은 하나님을 믿는다.

8 "만일 여자가 너를 따라 오려고 하지 아니하면 나의 이 맹세가 너와 상관이 없나니 오직 내 아들을 데리고 그리로 가지 말지니라"

이 아브라함으로부터 무엇을 배울 수 있는가? 아브라함에게는 하나님께 대한 절대적인 믿음이 있다. 그는 아들을 하나님께서 친히 결혼시킬 것을 믿는다. 그 믿음은 어디서 생겼는가? 자신을 우르에서 인도하신 여호와, 그리고 약속의 씨를 주신 여호와, 특히 '시험하고 공급하시는 여호와'를 통해서 며느리도 공급하실 것을 믿는다. 약속의 씨가 약속의 땅을 떠나서는 안 된다. 그는 자신의 생애 속에서 경험한 하나님을 잊지 않는다. 그의 믿음은 삶 속에서 '단막극'으로 끝나지 않고 '연속극'으로 이어졌다. "하나님이 이삭을 살리셨으니 며느리도 주실 것이다." "하나님이 나를 여기까지 인도하셨고, 목자로 삼으셨으니, 아들의 결혼도 시키고 믿음의 계승 사역도 이루실 것이다." 그 종은 무엇을 하는가?

9 "그 종이 이에 그의 주인 아브라함의 허벅지 아래에 손을 넣고 이 일에 대하여 그에게 맹세하였더라"

◇"맹세하였더라": 그 종은 아브라함의 믿음을 영접하였다. 종은 주인의

믿음을 따라 사명을 감당하고자 한다.

10 "이에 종이 그 주인의 낙타 중 열 필을 끌고 떠났는데 곧 그의 주인의 모든 좋은 것을 가지고 떠나 메소보다미아로 가서 나홀의 성에 이르러"

11 "그 낙타를 성 밖 우물 곁에 꿇렸으니 저녁 때라 여인들이 물을 길으러 나올 때였더라"

12 "그가 이르되 우리 주인 아브라함의 하나님 여호와여 원하건대 오늘 나에게 순조롭게 만나게 하사 내 주인 아브라함에게 은혜를 베푸시옵소서"

◇"주인 아브라함의 하나님 여호와여": 종은 주인의 하나님께 기도한다. 종은 기도로 시작한다. 그는 무엇이라고 기도하는가?

13 "성 중 사람의 딸들이 물 길으러 나오겠사오니 내가 우물 곁에 서 있다가"

14 "한 소녀에게 이르기를 청하건대 너는 물동이를 기울여 나로 마시게 하라 하리니 그의 대답이 마시라 내가 당신의 낙타에게도 마시게 하리라 하면 그는 주께서 주의 종 이삭을 위하여 정하신 자라 이로 말미암아 주께서 내 주인에게 은혜 베푸심을 내가 알겠나이다"

◇"낙타": 낙타는 많은 물을 마신다. 여행자뿐만 아니라 낙타에게도 물을 마시게 하려면 우선 친절해야 한다. 배려하는 마음이 있어야 한다. 물을 길어야 해서 건강해야 한다.

◇"내가 알겠나이다": 종은 이삭의 아내감을 나름대로 설정한다.

15 a "말을 마치기도 전에 리브가가 물동이를 어깨에 메고 나오니..."

◇"말을 마치기도 전에": 기도를 미처 마치기도 전에 소녀가 등장한다. 여호와께서 종의 기도에 응답하신다. "그들이 부르기 전에 내가 응답하겠고 그들이 말을 마치기 전에 내가 들을 것이며"(사 65:24). 그녀는 어떤

여인인가?

5. 리브가는 어떤 여인입니까(15b-25)? 종은 왜 여호와께 경배하고 찬양합니까(26-27)? 종이 리브가의 가족에게 강조하는 바가 무엇입니까(28-48)? 종은 라반과 브두엘에게 어떤 결단을 촉구합니까(49-51)?

15 b "... 그는 아브라함의 동생 나홀의 아내 밀가의 아들 브두엘의 소생이라"

◇"아브라함의 동생": 리브가는 혈통적으로 아브라함 가문이다.

16 "그 소녀는 보기에 심히 아리땁고 지금까지 남자가 가까이하지 아니한 처녀더라 그가 우물로 내려가서 물을 그 물동이에 채워가지고 올라오는지라"

17 "종이 마주 달려가서 이르되 청하건대 네 물동이의 물을 내게 조금 마시게 하라"

18 "그가 이르되 내 주여 마시소서 하며 급히 그 물동이를 손에 내려 마시게 하고"

◇"마시소서": 그녀는 급히 물동이를 내려 마시게 하였다. 그녀는 종이 기도한 것보다 더 친절하게 도와준다.

19 "마시게 하기를 다하고 이르되 당신의 낙타를 위하여서도 물을 길어 그것들도 배불리 마시게 하리이다 하고"

◇"낙타": 소녀는 먼저 낙타에게도 물을 길어 마시게 한다. 종의 기도가 현실로 나타난다.

20 "급히 물동이의 물을 구유에 붓고 다시 길으려고 우물로 달려가서 모든 낙타를 위하여 긷는지라"

21 "그 사람이 그를 묵묵히 주목하며 여호와께서 과연 평탄한 길을 주신 여

부를 알고자 하더니"

◇"알고자 하더니": 종은 여호와의 인도하심을 살핀다.

22 "낙타가 마시기를 다하매 그가 반 세겔 무게의 금 코걸이 한 개와 열 세겔 무게의 금 손목 고리 한 쌍을 그에게 주며"

◇"주며": 종은 그녀에게 감사를 표했다. 그녀와 관계성을 맺는 표시로 삼고자 한다.

23 "이르되 네가 누구의 딸이냐 청하건대 내게 말하라 네 아버지의 집에 우리가 유숙할 곳이 있느냐"

24 "그 여자가 그에게 이르되 나는 밀가가 나홀에게서 낳은 아들 브두엘의 딸이니이다"

25 "또 이르되 우리에게 짚과 사료가 족하며 유숙할 곳도 있나이다"

26 "이에 그 사람이 머리를 숙여 여호와께 경배하고"

◇"여호와께 경배하고": 종은 여호와의 인도하심으로 믿는다.

27 "이르되 나의 주인 아브라함의 하나님 여호와를 찬송하나이다 나의 주인에게 주의 사랑과 성실을 그치지 아니하셨사오며 여호와께서 길에서 나를 인도하사 내 주인의 동생 집에 이르게 하셨나이다 하니라"

◇"이르게 하셨나이다": 우물가에서 종이 처음 한 행동은 기도였고, 또한 마지막 행동도 기도였다. 종은 여호와께 자신의 주인에게 은혜를 베풀어 달라고 간구했고(12), 지금은 여호와께서 주인에게 인자와 성실을 베푸셨음을 고백한다. 아브라함의 믿음이 그 종에게 그대로 이어졌다.

28 "소녀가 달려가서 이 일을 어머니 집에 알렸더니"

29 "리브가에게 오라버니가 있어 그의 이름은 라반이라 그가 우물로 달려가 그 사람에게 이르러"

30 "그의 누이의 코걸이와 그 손의 손목 고리를 보고 또 그의 누이 리브가가 그 사람이 자기에게 이같이 말하더라 함을 듣고 그 사람에게로 나아감이라 그 때에 그가 우물가 낙타 곁에 서 있더라"

31 "라반이 이르되 여호와께 복을 받은 자여 들어오소서 어찌 밖에 서 있나이까 내가 방과 낙타의 처소를 준비하였나이다"

32 "그 사람이 그 집으로 들어가매 라반이 낙타의 짐을 부리고 짚과 사료를 낙타에게 주고 그 사람의 발과 그의 동행자들의 발 씻을 물을 주고"

33 "그 앞에 음식을 베푸니 그 사람이 이르되 내가 내 일을 진술하기 전에는 먹지 아니하겠나이다 라반이 이르되 말하소서"

◇"그 앞에 음식을 베푸니": 종에게 밥상을 차려주었다.

◇"진술하기 전에는 먹지 아니하겠나이다": 종의 헌신적 자세를 보여준다. 그는 오랜 여행 후에도 자기 일을 먼저 하고자 한다.

34 "그가 이르되 나는 아브라함의 종이니이다"

◇"종이니이다": 그는 자기 정체성을 분명하게 밝힌다. 그는 자신의 사명이 무엇인지를 밝힌다.

35 "여호와께서 나의 주인에게 크게 복을 주시어 창성하게 하시되 소와 양과 은금과 종들과 낙타와 나귀를 그에게 주셨고"

36 "나의 주인의 아내 사라가 노년에 나의 주인에게 아들을 낳으매 주인이 그의 모든 소유를 그 아들에게 주었나이다"

◇"아들에게 주었나이다": 주인은 계승 사역을 하였다.

37 "나의 주인이 나에게 맹세하게 하여 이르되 너는 내 아들을 위하여 내가 사는 땅 가나안 족속의 딸들 중에서 아내를 택하지 말고"

◇"아내를 택하지 말고": 종은 왜 자기가 여기에 왔는 지를 설명한다.

38 "내 아버지의 집, 내 족속에게로 가서 내 아들을 위하여 아내를 택하라 하시기로"

39 "내가 내 주인에게 여쭈되 혹 여자가 나를 따르지 아니하면 어찌하리이까 한즉"

40 "주인이 내게 이르되 내가 섬기는 여호와께서 그의 사자를 너와 함께 보내어 네게 평탄한 길을 주시리니 너는 내 족속 중 내 아버지 집에서 내 아들을 위하여 아내를 택할 것이니라"

◇"섬기는 여호와께서": 종은 주인 아브라함의 믿음을 증언한다.

41 "네가 내 족속에게 이를 때에는 네가 내 맹세와 상관이 없으리라 만일 그들이 네게 주지 아니할지라도 네가 내 맹세와 상관이 없으리라 하시기로"

42 "내가 오늘 우물에 이르러 말하기를 내 주인 아브라함의 하나님 여호와여 만일 내가 행하는 길에 형통함을 주실진대"

◇"형통함을 주실진대": 종은 자신이 어떻게 기도했는가에 대해서 증언한다.

43 "내가 이 우물 곁에 서 있다가 젊은 여자가 물을 길으러 오거든 내가 그에게 청하기를 너는 물동이의 물을 내게 조금 마시게 하라 하여"

44 "그의 대답이 당신은 마시라 내가 또 당신의 낙타를 위하여도 길으리라 하면 그 여자는 여호와께서 내 주인의 아들을 위하여 정하여 주신 자가 되리이다 하며"

45 "내가 마음속으로 말하기를 마치기도 전에 리브가가 물동이를 어깨에 메

고 나와서 우물로 내려와 긷기로 내가 그에게 이르기를 청하건대 내게 마시게 하라 한즉"

46 "그가 급히 물동이를 어깨에서 내리며 이르되 마시라 내가 당신의 낙타에게도 마시게 하리라 하기로 내가 마시매 그가 또 낙타에게도 마시게 한지라"

◇"마시게 한지라": 여호와께서 자기의 기도를 들어주셨음을 증언한다.

47 "내가 그에게 묻기를 네가 뉘 딸이냐 한즉 이르되 밀가가 나홀에게서 낳은 브두엘의 딸이라 하기로 내가 코걸이를 그 코에 꿰고 손목 고리를 그 손에 끼우고"

48 "내 주인 아브라함의 하나님 여호와께서 나를 바른길로 인도하사 나의 주인의 동생의 딸을 그의 아들을 위하여 택하게 하셨으므로 내가 머리를 숙여 그에게 경배하고 찬송하였나이다"

◇"여호와께서": 그 모든 일은 주인의 하나님께서 인도하셨다.

이상에서 볼 때 종은 무엇을 강조하고 있는가? 종은 아브라함과 자신과의 대화, 그리고 지금까지 일어났던 일에 대해서 증언하였다. 겉으로만 보면 반복적인 내용처럼 보인다. 그러나 이것은 단순한 반복이 아니다. 종은 자신이 리브가를 어떻게 만났고, 그녀가 이삭의 신부임을 어떻게 확신하게 되었는지를 보여준다. 즉 하나님께서 아브라함과 자신의 기도를 들어주셨음을 강조한다. 종은 이제 무엇을 하는가?

49 "이제 당신들이 인자함과 진실함으로 내 주인을 대접하려거든 내게 알게 해 주시고 그렇지 아니할지라도 내게 알게 해 주셔서 내가 우로든지 좌로든지 행하게 하소서"

◇"알게 해 주시고": 종은 그들의 결단을 기다린다. 그들은 어떻게 결단하는가?

50 "라반과 브두엘이 대답하여 이르되 이 일이 여호와께로 말미암았으니 우리는 가부를 말할 수 없노라"

◇"여호와께로 말미암았으니": 그들도 그 일을 여호와께서 인도하셨음을 믿는다. 그들은 종의 간증을 통해서 여호와의 손길을 깨달았다.

51 "리브가가 당신 앞에 있으니 데리고 가서 여호와의 명령대로 그를 당신의 주인의 아들의 아내가 되게 하라"

◇"여호와의 명령대로": 그들은 하나님의 명령에 순종하고자 한다. 그들은 믿음의 사람이다. 그들은 아브라함과 혈통만 같은 것이 아니라 신앙도 같다. 종은 무엇을 하는가?

6. 종은 왜 일찍 돌아가고자 합니까(52-56)? 리브가의 결단이 어떠합니까(57-58)? 가족은 리브가를 어떻게 축복합니까(59-60)? 이삭은 리브가를 어떻게 맞이하며, 여기에는 어떤 뜻이 있습니까(61-67)?

52 "아브라함의 종이 그들의 말을 듣고 땅에 엎드려 여호와께 절하고"

◇"여호와께 절하고": 종은 그들의 말을 듣고서 여호와께 감사하였다. 그 모든 일을 여호와께서 인도하심을 믿기 때문이다.

53 "은금 패물과 의복을 꺼내어 리브가에게 주고 그의 오라버니와 어머니에게도 보물을 주니라"

54 "이에 그들 곧 종과 동행자들이 먹고 마시고 유숙하고 아침에 일어나서 그가 이르되 나를 보내어 내 주인에게로 돌아가게 하소서"

55 "리브가의 오라버니와 그의 어머니가 이르되 이 아이로 하여금 며칠 또는 열흘을 우리와 함께 머물게 하라 그 후에 그가 갈 것이니라"

56 "그 사람이 그들에게 이르되 나를 만류하지 마소서 여호와께서 내게 형통한 길을 주셨으니 나를 보내어 내 주인에게로 돌아가게 하소서"

◇"돌아가게 하소서": 종은 할 수 있는 한 빨리 돌아가려고 한다. 하나님의 인도하심의 열매를 맺으려고 한다. 그는 자기 사명에 충성한다.

57 "그들이 이르되 우리가 소녀를 불러 그에게 물으리라 하고"

58 "리브가를 불러 그에게 이르되 네가 이 사람과 함께 가려느냐 그가 대답하되 가겠나이다"

◇"가겠나이다": 리브가는 분명하다. 그녀는 믿음의 여인이다. 그녀의 분명함은 아브라함이 갈대아 우르를 떠날 때와 같다. 그녀의 단순한 응답은 아브라함의 하나님께 대한 그녀의 믿음의 본질을 보여준다. "하늘의 아버지여, 우리를 인도하소서. 인도하소서. 세상의 거센 바다 물결을 넘게 하소서. 우리를 인도하소서. 인도하소서. 지키시고 먹이소서. 당신밖에는 도움이 없나이다(Lead Us, Heavenly Father, Lead Us; James Edmeston, 1821)."

59 "그들이 그 누이 리브가와 그의 유모와 아브라함의 종과 그 동행자들을 보내며"

60 "리브가에게 축복하여 이르되 우리 누이여 너는 천만인의 어머니가 될지어다 네 씨로 그 원수의 성문을 얻게 할지어다"

◇"천만인의 어머니가 될지어다": "수천만 명이 되라(may you become thousands of ten thousands)." 세상 만민의 어머니가 된다.

◇"네 씨로 그 원수의 성문을 얻게 할지어다": "당신의 후손은 그를 미워하는 사람의 문을 차지하라(may your offspring possess the gate of those who hate him)." 메시아를 낳는다. 그리고 그 메시아는 사탄의

문을 부수고 승리한다.

이 축복은 여호와께서 아브라함에게 주신 것과 같다(22:17). 하나님의 계획안에서 같은 축복이 이삭과 그 아내에게 계승된다. 그들은 딸의 역사적 위치, 구속사 속에서의 위치를 알았다. 이 축복은 후에 마리아에게로 연결된다(눅 1:42).

61 **"리브가가 일어나 여자 종들과 함께 낙타를 타고 그 사람을 따라가니 그 종이 리브가를 데리고 가니라"**

◇"일어나", "타고": 리브가는 일어났고, 출발한다. 그때 이삭은 무엇을 하고 있었는가?

62 **"그 때에 이삭이 브엘라해로이에서 왔으니 그가 네게브 지역에 거주하였음이라"**

◇"브엘라해로이"(Beer-lahai-roi): '나를 아시는 살아계시는 하나님의 우물'이라는 뜻이다.

63 **"이삭이 저물 때에 들에 나가 묵상하다가 눈을 들어 보매 낙타들이 오는지라"**

64 **"리브가가 눈을 들어 이삭을 바라보고 낙타에서 내려"**

65 **"종에게 말하되 들에서 배회하다가 우리에게로 마주 오는 자가 누구냐 종이 이르되 이는 내 주인이니이다 리브가가 너울을 가지고 자기의 얼굴을 가리더라"**

◇"갈더라": 리브가는 너울을 꺼내서 얼굴을 가렸다.

66 **"종이 그 행한 일을 다 이삭에게 아뢰매"**

67 **"이삭이 리브가를 인도하여 그의 어머니 사라의 장막으로 들이고 그를 맞이하여 아내로 삼고 사랑하였으니 이삭이 그의 어머니를 장례한 후에 위**

로를 얻었더라"

◇"사라의 장막으로": 리브가가 사라의 자리를 차지했다. 결혼을 통해서 아브라함과 사라의 시대가 이삭과 리브가의 시대로 넘어간다. 역사 계승이 하나님의 섭리 가운데서 이루어지고 있다. 이삭은 아브라함 가족의 우두머리가 되고, 리브가는 사라를 대신하여 족장의 여자 지도자가 된다.

◇"그를 맞이하여 아내로 삼고": 이삭은 결혼하였다. 이로써 아브라함의 바람은 이루어졌다. 그는 계승 사역을 잘 감당하였다. 종도 그 사명을 완수하였다. 하나님의 언약은 한 단계 더 나아가 이루어지고 있다.

◇"위로를 얻었더라": 이삭이 태어날 때 어머니 사라의 나이는 90세였다. 사라가 죽을 때에 이삭의 나이는 37세였다. 그가 결혼할 때는 40세이다. 어머니가 돌아가신 지 약 3년의 세월이 흘렀다. 그 어머니의 죽음 이후에 아내 리브가를 통해서 위로를 얻었다.

이렇게 하여 아브라함으로부터 시작된 믿음 사역은 이삭과 리브가에게로 잘 계승되었다. 여기에는 아브라함의 믿음, 종의 충성심, 리브가의 결단, 그리고 이삭의 믿음이 쓰임을 받았다.

제22강

팥죽과 장자의 명분

◇본문 창세기 25:1-34
◇요절 창세기 25:31
◇찬송 323장, 516장

1. 아브라함은 다른 아내들에게서 얻은 아들들도 어떻게 보살핍니까(1-6)? 그는 어디에 묻힙니까(7-10)? 하나님은 아브라함이 죽은 후에 누구에게 복을 주십니까(11)? 이스마엘의 자손들은 어떻게 됩니까(12-18)?

2. 이삭의 족보는 어떻게 시작합니까(19-20)? 이삭은 아이가 없는 문제를 어떻게 해결하고자 합니까(21a)? 여호와께서는 어떻게 응답하십니까(21b)? 리브가는 어떤 어려움을 겪으며, 그 문제를 어떻게 해결하고자 합니까(22)?

3. 여호와께서는 그녀의 기도에 어떻게 응답하십니까(23)? '큰 자가 어린 자를 섬긴다.'라는 말에는 어떤 뜻이 있습니까? 쌍둥이가 태어날 때 그 특징이 각각 어떠합니까(24-26)?

4. 그들은 자라면서 어떤 다른 특성을 드러냅니까(27)? 이삭과 리브가는 각각 누구를 사랑합니까(28)? 그들은 왜 이렇게 서로 다르게 사랑할까요?

5. 에서는 야곱에게 어떤 도움을 청합니까(29-30)? 그는 왜 이런 도움을 청합니까? 그러나 야곱은 어떻게 대답합니까(31)? '장자의 명분'이란 무엇을 말합니까? 그는 왜 이것을 가지려고 할까요?

6. 에서는 야곱의 제안에 어떻게 반응합니까(32-34b)? 에서의 문제가 무엇입니까(34b)? '팥죽'과 '장자의 명분'이 갖는 '같음'과 '다름'은 무엇입니까? 여기에는 야곱과 에서의 가치관이 어떻게 나타납니까?

제22강

팥죽과 장자의 명분

◇본문 창세기 25:1-34
◇요절 창세기 25:31
◇찬송 323장, 516장

1. 아브라함은 다른 아내들에게서 얻은 아들들도 어떻게 보살핍니까(1-6)? 그는 어디에 묻힙니까(7-10)? 하나님은 아브라함이 죽은 후에 누구에게 복을 주십니까(11)? 이스마엘의 자손들은 어떻게 됩니까(12-18)?

1 "아브라함이 후처를 맞이하였으니 그의 이름은 그두라라"

◇"후처": 아브라함은 사라가 살아 있을 때 후처(another wife)를 취했을 것이다.

2 "그가 시므란과 욕산과 므단과 미디안과 이스박과 수아를 낳고"

3 "욕산은 스바와 드단을 낳았으며 드단의 자손은 앗수르 족속과 르두시 족속과 르움미 족속이며"

◇"드단의 자손은 앗수르 족속": 드단의 자손으로부터 앗수르 사람이 나왔다.

4 "미디안의 아들은 에바와 에벨과 하녹과 아비다와 엘다아이니 다 그두라

의 자손이었더라"

◇"미디안": 여기서는 미디안에 대한 소개가 중요하다. 미디안은 아브라함의 후처 그두라가 낳은 자손이다. 그런데 아브라함은 누구에게 소유를 물려주는가?

5 "아브라함이 이삭에게 자기의 모든 소유를 주었고"

◇"이삭": 아브라함은 재산은 물론이고 후계자로서 권리도 이삭에게 모두 물려주었다. 아브라함은 다른 아들에게는 어떻게 하는가?

6 "자기 서자들에게도 재산을 주어 자기 생전에 그들로 하여금 자기 아들 이삭을 떠나 동방 곧 동쪽 땅으로 가게 하였더라"

◇"서자들": 아브라함은 다른 아들들에게도 재산을 준다.

◇"이삭을 떠나": 그러나 그들은 이삭 곁을 떠나야 한다. 그들은 이삭의 경쟁자는 될 수 없다. 하나님께서 약속하신 그 축복에는 참여하지 못한다.

7 "아브라함의 향년이 일백칠십오 세라"

8 "그의 나이가 높고 늙어서 기운이 다하여 죽어 자기 열조에게로 돌아가매"

◇"높고"(טוֹב, *tob*): '좋은(good)', '즐거운'이라는 뜻이다.

◇"기운이 다하여": '숨을 거두다.'라는 뜻이다. 아브라함은 자기가 받은 목숨대로 다 살다가 조상이 간 길로 갔다. 그는 이 땅에서 하나님의 은총 속에서 여한이 없이 풍성한 삶을 살다가 갔다. "너는 장수하다가 평안히 조상에게로 돌아가 장사 될 것이요."(15:15)라는 그 말씀대로 되었다.

9 "그의 아들들인 이삭과 이스마엘이 그를 마므레 앞 헷 족속 소할의 아들 에브론의 밭에 있는 막벨라 굴에 장사하였으니"

◇"막벨라 굴": 그의 마지막 안식처는 그가 합법적으로 소유한 약속의 땅이다.

10 "이것은 아브라함이 헷 족속에게서 산 밭이라 아브라함과 그의 아내 사라가 거기 장사되니라"

◇"산 밭이라": 그 밭은 아브라함이 헷 사람에게서 산 것이다. 바로 그곳에 아브라함은 그의 아내 사라와 합장했다. 아브라함이 죽은 후에 하나님은 누구를 통해 일하시는가?

11 "아브라함이 죽은 후에 하나님이 그의 아들 이삭에게 복을 주셨고 이삭은 브엘라해로이 근처에 거주하였더라"

◇"이삭에게 복을 주셨고": 하나님은 아브라함의 후계자 이삭에게 복을 주신다. 하나님은 계승 사역을 축복하신다. 그리고 계승자를 통해서 일하신다. 이스마엘은 어떻게 되는가?

12 "사라의 여종 애굽인 하갈이 아브라함에게 낳은 아들 이스마엘의 족보는 이러하고"

13 "이스마엘의 아들들의 이름은 그 이름과 그 세대대로 이와 같으니라 이스마엘의 장자는 느바욧이요 그 다음은 게달과 앗브엘과 밉삼과"

◇"장자는 느바욧": 이스마엘의 아들들의 이름을 태어난 순서를 따라서 적으면 다음과 같다. 맏아들은 느바욧이다.

14 "미스마와 두마와 맛사와"

15 "하닷과 데마와 여둘과 나비스와 게드마니"

16 "이들은 이스마엘의 아들들이요 그 촌과 부락대로 된 이름이며 그 족속대로는 열두 지도자들이었더라"

◇"열두 지도자들이었더라": 이 열둘은 이스마엘이 낳은 아들의 이름이면서 동시에 마을의 이름이다. 또 그들이 세운 열두 지파 통치자들의 이름이기도 하다. 그들은 언약의 후손은 아니다. 하지만 아브라함의 후손인 그들에게도 여호와께서는 복을 주신다.

17 "이스마엘은 향년이 백삼십칠 세에 기운이 다하여 죽어 자기 백성에게로 돌아갔고"

18 "그 자손들은 하윌라에서부터 앗수르로 통하는 애굽 앞 술까지 이르러 그 모든 형제의 맞은편에 거주하였더라"

◇"거주하였더라": 그의 자손은 하윌라로부터 수르 지방에 이르는 그 일대에 흩어져서 살았다. 그들은 역사적으로 이스라엘과 아주 친밀한 관계를 보이기도 하면서 다른 한편으로는 긴장 관계를 이룬다. 이삭의 족보는 어떠한가?

2. 이삭의 족보는 어떻게 시작합니까(19-20)? 이삭은 아이가 없는 문제를 어떻게 해결하고자 합니까(21a)? 여호와께서는 어떻게 응답하십니까(21b)? 리브가는 어떤 어려움을 겪으며, 그 문제를 어떻게 해결하고자 합니까(22)?

19 "아브라함의 아들 이삭의 족보는 이러하니라 아브라함이 이삭을 낳았고"

◇"아브라함의 아들": 이스마엘은 '하갈이 낳은 아들'이라고 불렀다. 하지만 이삭은 '아브라함의 아들'이라고 부른다. 이삭이 아브라함 언약의 계승권을 이어받았음을 강조한다. 즉 이삭의 정통성을 말한다.

◇"족보": 야곱과 에서의 출생에 관한 이야기로 시작한다. 이삭의 생애에 대한 배경이다. 아브라함이 이삭을 낳았다. 그러면 이삭의 정통성은 누구에게로 이어지는가?

20 **"이삭은 사십 세에 리브가를 맞이하여 아내를 삼았으니 리브가는 밧단 아람의 아람 족속 중 브두엘의 딸이요 아람 족속 중 라반의 누이였더라"**

◇"리브가를 맞이하여": 이삭은 40세에 리브가와 결혼하였다. 그 가정에는 무슨 문제가 있었으며, 그 문제를 어떻게 해결하는가?

21 **"이삭이 그의 아내가 임신하지 못하므로 그를 위하여 여호와께 간구하매 여호와께서 그의 간구를 들으셨으므로 그의 아내 리브가가 임신하였더니"**

◇"임신하지 못하므로": 사라와 같이 리브가도 잉태하지 못하였다. 약 20년 동안 임신하지 못한다(26b). 이삭과 리브가는 그 문제를 어떻게 해결하는가?

◇"여호와께 간구하매 여호와께서 그의 간구를 들으셨으므로": 그들은 그 문제를 위해서 여호와께 기도하였다. 여호와께서 기도를 들어 주시니, 리브가가 임신하였다. 옛적에 아브라함은 사라가 잉태하지 못했을 때 자기 생각을 앞세웠다. 그런데 이삭은 기도로 그 문제를 해결한다. 그는 자기 생각보다는 하나님의 방법과 뜻을 더 구하였다.

◇"리브가가 임신하였더니": 아브라함은 25년 만에 아들을 낳았고, 이삭은 20년 만에 아들을 낳는다. 그 아이는 자기들이 낳았다기보다는 여호와께서 주신 선물이다.

이 사실을 통해서 우리는 무엇을 배울 수 있는가? 우리는 내 문제를 내가 해결하려고 하기보다는 여호와께 기도해야 한다. 그리고 그 기도가 빨리 응답받지 못할 때가 있다. 그럴지라도 믿고 꾸준하게 기도해야 한다. 기도하면 하나님께서 들으신다. 우리가 기도할 때에 가장 답답한 점은 무엇인가? 하나님께서 과연 '내 기도를 들으시는지'를 알지 못할 때다. 그래서 기도를 포기할 때가 많다. 하지만 여호와께서는 우리의 기도를 들으신다. 비록 그 방법과 시기가 우리와는 다를 수 있다. 그런데도 분명한 사실은 여호와께서는 오늘도 우리의 기도를 듣고 계신다는 점이다. 하나님은 당신의 방법대로 당신의 일을 이루신다. 당장 내 방법대로 되지 않을지라도 주님의 인도하심을 구하며 살아야 한다. 리브가는 어떤 아이들을 임신하였는가?

22 **"그 아들들이 그의 태 속에서 서로 싸우는지라 그가 이르되 이럴 경우에는 내가 어찌할꼬 하고 가서 여호와께 묻자온대"**

◇"그 아들들": 이삭과 리브가가 원하는 것보다 더 큰 것, 곧 쌍둥이를 주셨다. 그런데 그 복이 또 다른 문제를 만들었다.

◇"싸운다": '눌러서 뭉갠다.' '압박하다(struggled together/ fighting together/ jostled each other).'라는 뜻이다. 두개골이 부서지거나, 갈대 지팡이가 부러지는 것을 말한다. 그들은 엄마 뱃속에서 서로 얽혀서 싸우고 있다. 그 싸움 때문에 리브가는 고통을 겪는다.

◇"내가 어찌할꼬": 임신은 행복한 일이다. 하지만 육체적으로는 매우 고통스러운 일이다. 거기다가 매우 격렬한 쌍둥이 때문에 그 고통은 더욱 커진다. 육체적인 고통과 함께 정신적인 고통을 겪는다. 그녀는 그 문제를 어떻게 해결하고자 하는가?

◇"여호와께 묻자온대": 그녀는 여호와께 도움을 청한다. 문제를 스스로 해결하지 않고 기도로 해결한다. 기도야말로 가장 좋은 문제 해결의 방법이다. 본문에는 기도와 응답이 반복되고 있다. 여호와께서는 어떻게 응답하시는가?

3. 여호와께서는 그녀의 기도에 어떻게 응답하십니까(23)? '큰 자가 어린 자를 섬긴다.'라는 말에는 어떤 뜻이 있습니까? 쌍둥이가 태어날 때 그 특징이 각각 어떠합니까(24-26)?

23 **"여호와께서 그에게 이르시되 두 국민이 네 태중에 있구나 두 민족이 네 복중에서부터 나누이리라 이 족속이 저 족속보다 강하겠고 큰 자가 어린 자를 섬기리라 하셨더라"**

◇“두 민족이 네 복중에서부터 나누이리라”: 기도에 대한 응답은 예언적 메시지로 나타난다. 두 아들이 각 나라의 조상이 된다.

◇“큰 자가 어린 자를 섬기리라”: 이것은 당시 관습에 정면으로 도전하는 일이다. 당시 관습은 어린 자가 큰 자를 섬기는 것이기 때문이다.

왜 하나님은 이렇게 하시는가? 하나님의 주권적인 선택을 강조한다. “그 자식들이 아직 나지도 아니하고 무슨 선이나 악을 행하지 아니한 때에 택하심을 따라 되는 하나님의 뜻이 행위로 말미암지 않고 오직 부르시는 이로 말미암아 서게 하려 하사.” “기록된 바 내가 야곱은 사랑하고 에서는 미워하였다 하심과 같으니라”(롬 9:11, 13). 야곱은 자연적인 질서나 인간적인 의지에 의해서가 아닌 하나님의 택하심에 따라서 언약의 상속권을 가진다.

우리에게 주는 뜻은 무엇일까? 오늘도 하나님께서 이런 방식으로 일하기도 하신다. 관례와 전통, 즉 나이나 사회적 지위, 혹은 영적 서열 등을 뛰어넘어 사람을 택하여 쓰신다. 교회 공동체에서나 구속 사역 속에서 ‘파격적 인사’를 단행하신다. 그럴 때 우리는 어떻게 해야 하는가? 주권을 인정하고, 순종해야 한다. ‘회사에서는 이렇게 하는데 교회는 왜 저렇게 하는가?’라며 불평해서는 안 된다. 세상이 교회의 기준은 아니기 때문이다. 하나님은 당신의 방법으로 당신의 사역을 이루시기 때문이다. 우리는 삶 속에서 하나님께서 세상 관습이 아닌 다른 방법으로 일하시는 것 때문에 갈등을 겪는다. 그러나 우리는 하나님의 선하심을 믿고 순종해야 한다. 두 아들은 어떤 모습으로 세상에 나오는가?

24 “그 해산 기한이 찬즉 태에 쌍둥이가 있었는데”

25 “먼저 나온 자는 붉고 전신이 털옷 같아서 이름을 에서라 하였고”

◇“에서”: ‘털 많은’, ‘거친’을 의미한다. 에서는 털이 많아 털옷 같아서 그렇게 불렀다.

◇“붉고 전신이 털옷”: ‘에돔’에 대한 언어유희인데, 털이 많거나 붉은 털

을 가진 사람을 말한다. 인디언의 이름 짓기와 비슷하다.

26 "후에 나온 아우는 손으로 에서의 발꿈치를 잡았으므로 그 이름을 야곱이라 하였으며 리브가가 그들을 낳을 때에 이삭이 육십 세였더라"

◇"발꿈치를 잡았으므로": 두 번째 아기는 첫 번째 아기를 필사적으로 붙잡았다. 태 안에서의 싸움은 밖에서도 계속된다.

◇"발꿈치"(עָקֵב, *'aqeb*): '야곱(יַעֲקֹב, *ya'aqob*)'과 언어유희를 이룬다.

◇"야곱": '발꿈치를 잡은 자', '속이는 자'를 의미한다.

4. 그들은 자라면서 어떤 다른 특성을 드러냅니까(27)? 이삭과 리브가는 각각 누구를 사랑합니까(28)? 그들은 왜 이렇게 서로 다르게 사랑할까요?

27 "그 아이들이 장성하매 에서는 익숙한 사냥꾼이었으므로 들 사람이 되고 야곱은 조용한 사람이었으므로 장막에 거주하니"

◇"들 사람이 되고": 에서는 열린 공간을 누비는 활동적인 사람이 된다.

◇"장막에 거주하니": 야곱은 집에서 지내는 조용한 사람이 된다.

◇"조용한": 본래는 도덕적으로 '완전함'을 의미하는데, 여기서는 '말이 없고 고립된 성격이 가득 찬', '조용한 사람(quiet man)', '사려 깊은 사람', 또는 '부엌데기'를 말한다. 두 아들에 대해서 엄마 아빠는 어떻게 하는가?

28 "이삭은 에서가 사냥한 고기를 좋아하므로 그를 사랑하고 리브가는 야곱을 사랑하였더라"

◇"에서가 사냥한 고기를 좋아하므로 그를 사랑하고": 이삭은 에서가 사냥해 온 고기에 맛 들여 에서를 사랑하였다. 이삭은 수동적이고 평온한 기도의 사람이면서 음식을 좋아하는 미식가이다. 이 순간의 이삭은 부정적인 평가를 받는다. 그는 음식을 좋아하여 영적인 분별력을 잃은 사람으로 평가받는다. 선조 중에 음식 때문에 문제에 빠진 경우가 있었다.

아담은 선악을 알게 하는 나무 열매를 먹고 타락했다. 노아는 포도주를 마시고 취했다. 그러나 리브가는 어떠한가?

◇“리브가는 야곱을 사랑하였더라”: 리브가는 하나님의 약속에 기초해서 야곱을 사랑한다. 경쟁하는 두 아들 사이에 그런 아들을 편애하는 아빠 엄마가 등장한다. 이 집안이 어떻게 될까?

5. 에서는 야곱에게 어떤 도움을 청합니까(29-30)? 그는 왜 이런 도움을 청합니까? 그러나 야곱은 어떻게 대답합니까(31)? ‘장자의 명분’이란 무엇을 말합니까? 그는 왜 이것을 가지려고 할까요?

29 “야곱이 죽을 쑤었더니 에서가 들에서 돌아와서 심히 피곤하여”

30 “야곱에게 이르되 내가 피곤하니 그 붉은 것을 내가 먹게 하라 한지라 그러므로 에서의 별명은 에돔이더라”

◇“붉은 것”(אָדֹם, *'adom*): ‘붉은 것(red stew)’의 별명을 가진 에서가 ‘붉은 것’에 침을 삼킨다. 유혹을 받는다.

◇“먹게 하라”: ‘삼킨다.’라는 의미로 음식을 ‘꿀꺽 삼키는 것’을 말한다. 에서는 배가 고파 야곱이 끓인 팥죽을 ‘꿀꺽 삼키기’를 원한다. 이것은 음식 앞에 꼼짝 못 하고 헐떡거리는 거친 짐승을 연상하게 한다.

◇“에돔”: 에서가 ‘붉은’ 죽을 먹고 싶다고 해서, 에서를 ‘에돔’이라고도 부른다. 에돔은 충동적이고 세속적임을 암시한다. 그때 야곱은 어떻게 반응하는가?

31 “야곱이 이르되 형의 장자의 명분을 오늘 내게 팔라”

◇“오늘 내게 팔라”: 에서는 군침 돌게 하는 죽을 보고 침을 흘리며 재잘거린다. 반면, 야곱의 대답은 음흉하다. ‘오늘’, ‘내게’를 강조한다. 그는 그

날을 오랫동안 준비한 것으로 보인다. 그는 형의 약점이 드러나는 순간을 가차 없이 이용한다. 형제의 우애로 본다면, 야곱은 대가 없이 에서의 필요를 채워주었어야 한다. 그의 가치는 옳지만, 그것을 얻고자 하는 방법은 옳지 않다(His value is right, but his method is wrong). 사냥꾼 에서는 자신보다 월등한 사냥꾼의 덫에 걸리고 만다.

◇"장자의 명분": 장자는 유산을 받을 때 다른 형제에 비해서 두 배를 받는다. 아버지로부터 가문의 전통을 이어받고, 그 가문을 대표한다. 즉 후계자가 된다. 여기서는 단순히 가문의 대표가 아닌 하나님의 구속 사역의 대표가 된다. 하나님의 축복을 이어받는 자가 된다. 그러므로 '장자의 명분'은 곧 '축복의 조건'이라고 할 수 있다. '장자의 명분(בְּכוֹרָה, *bekora*, birthright)'은 '축복(בָּרַךְ, barak)'과 언어유희를 이룬다.

야곱은 왜 '장자의 명분'을 가지려고 할까? 그는 그 가치의 소중함을 알았기 때문이다. 그는 그런 축복을 받고 싶었기 때문이다. 비록 어린 자이지만 장차 큰 자로 살고 싶기 때문이다. 에서는 어떻게 하는가?

6. 에서는 야곱의 제안에 어떻게 반응합니까(32-34b)? 에서의 문제가 무엇입니까(34b)? '팥죽'과 '장자의 명분'이 갖는 '같음'과 '다름'은 무엇입니까? 여기에는 야곱과 에서의 가치관이 어떻게 나타납니까?

32 "에서가 이르되 내가 죽게 되었으니 이 장자의 명분이 내게 무엇이 유익하리요"

◇"무엇이 유익하리요": 야곱의 제안도 황당하지만, 그에 대해 에서의 반응도 황당하다. 아무리 배가 고파도 그렇지, 죽을 지경까지야 아닐 것이다. 어쨌든 그는 이 순간 장자의 명분보다는 팥죽을 더 중요하게 여겼다. 그는 현실적 유익을 먼저 생각했다. 큰 자가 이미 어린 자를 섬기고 있다.

33 "야곱이 이르되 오늘 내게 맹세하라 에서가 맹세하고 장자의 명분을 야곱에게 판지라"

◇"맹세하라": 야곱은 거래를 확실하게 하려고 도장을 찍고 서명까지 한다. 야곱은 그만큼 꼼꼼하다.

◇"장자의 명분을 야곱에게 판지라": 에서는 야곱에게 장자의 명분을 팔았다. 단지 팥죽 한 그릇과 소중한 유산권의 엉뚱한 거래가 이루어졌다. 야곱의 영리함에 감탄하고 에서의 어리석음에 안타까움이 든다. 야곱은 지혜로우나 양심이 없는 반면, 에서는 머리가 없고 다만 배만 있는 것처럼 보인다.

34 "야곱이 떡과 팥죽을 에서에게 주매 에서가 먹으며 마시고 일어나 갔으니"

◇"장자의 명분을 가볍게 여김이었더라": 에서는 장자의 명분을 가볍게 여겼다. 그는 마치 굶주린 짐승이 배를 채우고 나가는 것처럼 나갔다.

에서의 문제는 무엇인가? 그가 장자의 명분을 팥죽과 바꾼 것은 배고픔의 문제가 아니라 가치관의 문제이다. 무엇을 더 소중하게 여기는가의 문제이다. 그는 장자의 명분을 팥죽 한 그릇보다 더 가볍게 여겼다. 팥죽, 즉 실리가 명분보다 더 소중했다. "음행하는 자와 혹 한 그릇 음식을 위하여 장자의 명분을 판 에서와 같이 망령된 자가 없도록 살피라"(히 12:16).

'장자의 명분'과 '팥죽'의 공통점과 차이점은 무엇일까? 첫째로, 공통점은 실제 삶 속에서 필요한 것들이다. 삶의 안정, 번영, 풍요에 필요한 것들이다. 팥죽도 삶의 현장에서 필요하고, 장자의 명분도 필요하다.

둘째로, 차이점은 무엇인가? 팥죽이 현재적이라면 장자의 명분은 미래적이다. 팥죽은 당장 필요하지만, 장자의 명분은 미래에 이루어질 것이다. 장차 하나님의 구속 사역에 쓰임 받는 축복의 조건이다. 그러므로 어떤 것을 더 소중하게 여기는가의 문제는 가치관으로 이어진다. 에서는 하나님의 구속 사역에 관한 관심보다도 먹고 사는 현실을 더 가치 있게 여겼다. 그는 믿음이 부족하고, 순간을 위해서 사는 것처럼 보인다. 그는 배고픔을 견디지 못한다. 반면 야곱은 현실보다는 미래를 가치 있게 생각한다. 아마 야곱도 배가 고팠을 것이다. 그러나 그는 참고 기다릴 수 있었다. 그는 하나님의 축복에 관심을 품었기 때문이다. 물론 그 축복이 아직은 자기중심적이다.

오늘 우리에게 주는 의미는 무엇인가? 오늘 우리에게 있어서 장자의 명분은 무엇일까? 하나님 백성으로서의 신분을 말한다. 동시에 세상을 향하여 전도하고 성경을 가르치는 성경 선생으로서의 정체성을 말한다. 이것은 하나님께서 오늘 우리에게 주신 영적인 축복이다. 우리는 실용주의의 거대 담론 속에서 살고 있다. 실용주의는 '지금' '당장' '현실적 유익'을 최고의 가치로 삼는다. 이런 시대 풍조가 교회에까지 파고들고 있다. 우리는 삶의 현장에서 '하나님의 사람으로서 명분을 택할 것이냐', 아니면 '세상 사람처럼 현실적 유익을 좇을 것인가'의 갈림길에 설 때가 많다. 즉 '무엇이 진정한 유익인가'를 선택해야 한다. 우리는 무엇을 가장 가치 있게 여기고 있는가?

제23강

순종과 복

◇본문　창세기 26:1-33
◇요절　창세기 26:12
◇찬송　450장, 449장

1. 이삭은 왜 그랄로 갑니까(1)? 그때 여호와께서 그에게 어떤 방향을 주십니까(2)? 그가 이 말씀에 순종하려고 할 때 가장 어려운 점은 무엇입니까? 그런데도 그는 왜 애굽으로 가면 안 됩니까?

2. 이삭이 순종하면 어떤 복을 받습니까(3-4)? 그가 복을 받는 근거는 무엇입니까(5)? 그는 어떻게 순종합니까(6)? 이 사실이 오늘 우리에게 주는 의미는 무엇입니까?

3. 이삭은 또 어떤 문제를 만납니까(7)? 그러나 하나님께서 어떻게 도와 주십니까(8-11)? 여기서 볼 때 믿음을 지키려면 무엇과 맞서서 싸워야 합니까?

4. 이삭은 먹는 문제를 어떻게 해결합니까(12a)? 여호와께서는 그를 어떻게 돌보십니까(12b)? 복의 내용은 무엇입니까(13-14)? 오늘 우리가 삶의 현장에서 복을 받을 수 있는 그릇은 무엇입니까?

5. 시기심은 무엇으로 이어집니까(15-16)? 블레셋 사람은 이삭을 어떻게 괴롭히며, 이삭은 그 괴롭힘을 어떻게 감당합니까(17-23)? 이삭은 어떻게 이렇게 할 수 있을까요? 여호와께서는 그를 어떻게 위로합니까(24-25)?

6. 아비멜렉은 왜 이삭과 평화조약을 맺고자 합니까(26-29)? 이삭은 그들을 어떻게 대합니까(30-31)? 하나님은 그런 그를 어떻게 축복하십니까(32-33)? 오늘 우리는 어떻게 약속의 땅을 지킬 수 있습니까?

제23강
순종과 복

◇본문　창세기 26:1-33
◇요절　창세기 26:12
◇찬송　450장, 449장

1. 이삭은 왜 그랄로 갑니까(1)? 그때 여호와께서 그에게 어떤 방향을 주십니까(2)? 그가 이 말씀에 순종하려고 할 때 가장 어려운 점은 무엇입니까? 그런데도 그는 왜 애굽으로 가면 안 됩니까?

1 "아브라함 때에 첫 흉년이 들었더니 그 땅에 또 흉년이 들매 이삭이 그랄로 가서 블레셋 왕 아비멜렉에게 이르렀더니"

◇"또 흉년이 들매": 일찍이 아브라함 때 그 땅에 흉년이 든 적이 있는데, 이삭 때에도 그 땅에 흉년이 들었다. 이삭은 첫 시련을 만났다. 그것은 경제 문제, 즉 배고픔의 문제이다. 그는 위기를 어떻게 해결하려고 하는가?

◇"그랄로 가서": 블레셋의 성읍(창 10:19; 20:1)을 말한다. 아브라함이 이곳으로 내려갔으며 거기서 아비멜렉에게 사라를 누이라고 거짓말을 했었다(20:1). 이삭은 약속의 땅을 떠나 애굽으로 가려고 한다. 그는 왜 여호와께 도움을 청하지 않았을까? 먹는 문제는 스스로 해결해야 한다고 생각했을까? 그때 여호와께서 그를 어떻게 도와주시는가?

2 "여호와께서 이삭에게 나타나 이르시되 애굽으로 내려가지 말고 내가 네게 지시하는 땅에 거주하라"

◇"애굽으로 내려가지 말고": 애굽으로 내려가는 것은 약속의 땅을 벗어나는 일이다. 따라서 약속의 씨인 이삭은 어떤 상황에서도 약속의 땅을 떠나서는 안 된다. 그가 약속의 땅을 벗어나면 약속의 땅은 위기를 만날 것이다.

◇"땅에 거주하라": 그는 약속의 땅을 지켜야 한다.

이삭이 이 말씀에 순종하려고 할 때 가장 어려운 점은 무엇인가? 당장 끼니를 걱정해야 한다. 배고픔은 이상만으로 해결할 수 없다. 먹을 것이 없어서 굶는 것처럼 심각한 일이 있을까? 그런데 그는 지금 떠나지 않으면 생활이 어렵고, 떠나면 믿음의 유산이 사라진다. 먹고 살아야 사명도 감당할 수 있지 않을까? 이삭은 갈림길에 섰다. 그런 그에게 여호와께서는 무슨 약속을 하시는가?

2. 이삭이 순종하면 어떤 복을 받습니까(3-4)? 그가 복을 받는 근거는 무엇입니까(5)? 그는 어떻게 순종합니까(6)? 이 사실이 오늘 우리에게 주는 의미는 무엇입니까?

3 "이 땅에 거류하면 내가 너와 함께 있어 네게 복을 주고 내가 이 모든 땅을 너와 네 자손에게 주리라 내가 네 아버지 아브라함에게 맹세한 것을 이루어"

◇"이 땅에 거류하면": 여호와께서 이삭에게 원하시는 바이다. 이삭은 현실의 어려움이 있을지라도 여호와의 말씀에 순종해야 한다. 지금 이삭이 말씀에 순종하는 일은 모순처럼 보인다. 하지만 그 순종을 통해서 모순을 이기고 놀라운 경험을 하게 된다. 순종을 통해서 하나님의 약속을 체험하게 된다.

◇"이 모든 땅을 너와 네 자손에게 주리라": 여호와께서는 이삭이 순종하

면 약속하신 땅을 주신다. 그뿐만 아니라 무엇도 주시는가?

4 "네 자손을 하늘의 별과 같이 번성하게 하며 이 모든 땅을 네 자손에게 주리니 네 자손으로 말미암아 천하 만민이 복을 받으리라"

◇"네 자손을": 여호와께서는 이삭이 순종하면, 그의 자손을 하늘의 별처럼 많게 하실 것이다. 그리고 그 자손에게 그 땅을 주신다. 여호와께서는 이삭이 순종하면 땅도 주시고 자손도 주신다. 왜 여호와께서는 이런 복을 주고자 하시는가?

5 "이는 아브라함이 내 말을 순종하고 내 명령과 내 계명과 내 율례와 내 법도를 지켰음이라 하시니라"

◇"아브라함이": 여호와께서 이삭을 축복하시는 근거는 그의 아버지 아브라함 때문이다. 아브라함이 여호와의 말씀에 순종했기 때문이다. 하나님은 이삭에게도 순종을 원하신다. 아브라함의 순종과 이삭의 순종이 어우러질 때 하나님의 복을 받을 수 있다. 하나님께서 아브라함을 쓰신 것처럼 이삭도 쓰실 수 있다.

◇"명령", "계명", "율례", "법도": 하나님의 백성이 지켜야 하는 하나님의 말씀의 다양한 측면을 묘사하는 법적 용어이다.

여호와께서 이삭에게 이 약속을 하신 뜻은 무엇인가? 이 약속은 이미 아브라함에게 하셨던 것들이다. 이삭에게 다시 반복한다. 그 이유가 무엇일까? 이삭의 정체성을 다시 확인시키신다. 이삭은 아브라함의 믿음을 계승한 계승자이다. 그러므로 오직 하나님을 믿고 약속의 땅을 지켜야 한다. 그리하여 아브라함으로부터 시작된 그 축복을 이어가야 한다. 이삭은 어떻게 하는가?

6 "이삭이 그랄에 거주하였더니"

◇"거주하였더니": 이삭은 여호와의 말씀에 아버지 아브라함처럼 순종한다. 그는 먹는 문제를 주님께 맡긴다. 순종은 믿음에서 나온다. 현실에

서 나오지 않는다. 그는 현실보다도 약속을 더 소중히 여겼고, 당장보다 미래를 보았다. 이것이 믿음이다. 믿음은 현실의 어려움을 이기고 미래를 바라보게 하는 힘이다.

이삭의 순종이 오늘 우리에게 주는 의미는 무엇일까? 우리 약속의 땅은 어디인가? 내가 지금 섬기고 있는 사역지, '목장'이다. 직장일 수 있고, 캠퍼스일 수 있다. 그런데 우리 사역 현장에 '흉년'이 올 수 있다. 사역 현장에서 먹고사는 일이 만만하지 않을 때가 있다. 그래서 우리는 '물 좋은 곳'을 찾기 위해서 두리번거리고 그런 곳으로 가기도 한다. 옛말에 "등 굽고 못생긴 소나무가 산을 지킨다"는 말이 있다. 나름 똑똑하고 능력 있는 사람은 자기 살길을 따라서 떠난다는 말이다. 한 곳에 뿌리를 내리고 지키는 일이 만만하지 않다는 뜻이다. 하지만 우리는 어떤 어려움이 있어도 우리의 사역 현장을 지켜야 한다. 그러면 주님께서 함께하셔서 사역 현장도 지켜주시고 후손도 세워주실 것이다. 무엇보다도 우리의 현실 문제, 먹을거리의 문제를 해결할 수 있다. 그런데 이삭은 또 무슨 문제를 만나는가?

3. 이삭은 또 어떤 문제를 만납니까(7)? 그러나 하나님께서 어떻게 도와주십니까(8-11)? 여기서 볼 때 믿음을 지키려면 무엇과 맞서서 싸워야 합니까?

7 **"그 곳 사람들이 그의 아내에 대하여 물으매 그가 말하기를 그는 내 누이라 하였으니 리브가는 보기에 아리따우므로 그 곳 백성이 리브가로 말미암아 자기를 죽일까 하여 그는 내 아내라 하기를 두려워함이었더라"**

◇"두려워함이었더라": 그는 하나님의 함께하심을 들었음에도 두려웠다. 그는 사람들이 리브가를 빼앗으려고 자기를 죽일지도 모른다고 생각하였기 때문이다.

그의 두려움은 어떤 문제를 가져왔는가? 약속의 씨가 사라질 위기를 맞는다. 아브라함은 사라가 약속의 자녀를 낳을 수 없다고 생각했기 때문에 포기할 수 있었다. 그러나 이삭은 리브가가 약속의 자녀를 낳는 어머니인데도 포기하였다. 단순히 자신의 안전만을 생각한 것인가? 약속의 씨에 대해서는 생각하지 못한 것인가? 이 점이 아브라함 때보다 더욱 심각하다. 하나님께서 어떻게 해결해 주시는가?

8 "이삭이 거기 오래 거주하였더니 이삭이 그 아내 리브가를 껴안은 것을 블레셋 왕 아비멜렉이 창으로 내다본지라"

◇"오래 거주하였더니": 이삭과 리브가는 그곳에서 오랫동안 방해받지 않고 살았다. 그 점에서 볼 때 이삭이 두려워한 것은 지레 그렇게 한 것으로 보인다.

9 "이에 아비멜렉이 이삭을 불러 이르되 그가 분명히 네 아내거늘 어찌 네 누이라 하였느냐 이삭이 그에게 대답하되 내 생각에 그로 말미암아 내가 죽게 될까 두려워하였음이로라"

10 "아비멜렉이 이르되 네가 어찌 우리에게 이렇게 행하였느냐 백성 중 하나가 네 아내와 동침할 뻔하였도다 네가 죄를 우리에게 입혔으리라"

◇"죄를 우리에게 입혔으리라": 누군가가 이삭의 아내를 건드려 죄인이 될 수 있었다.

11 "아비멜렉이 이에 모든 백성에게 명하여 이르되 이 사람이나 그의 아내를 범하는 자는 죽이리라 하였더라"

◇"아비멜렉": 그는 의롭고 경건하기까지 하다. 이방인일지라도 악할 때는 심판을 받아 마땅하지만, 의로울 때는 선택된 씨와 함께 언약에 들어갈 수 있음을 보여준다.

여기서 볼 때 믿음을 지키려면 무엇과 맞서서 싸워야 하는가? 두려움과 맞서서 싸워야 한다. 두려움에 지면 축복이 위협을 받는다. 사람에게 조롱거리가 된다. 무엇보다도 하나님의 영광이 땅에 떨어지고 만다. 어떻게 두려움과 맞서 싸울 수 있는가? 하나님을 믿는 믿음이 있어야 한다. 그런데 하나님께서 우리의 믿음을 지켜주신다. 우리를 세상에서 보호해 주신다. 그래서 우리는 믿음을 지킬 수 있고, 두려움과 싸워서 이길 수 있다. 그런 점에서 우리는 하나님의 은혜가 없이는, 함께하심이 없이는 믿음을 지킬 수 없다. 하나님께서는 이삭의 먹는 문제를 어떻게 해결하시는가?

4. 이삭은 먹는 문제를 어떻게 해결합니까(12a)? 여호와께서는 그를 어떻게 돌보십니까(12b)? 복의 내용은 무엇입니까(13-14)? 오늘 우리가 삶의 현장에서 복을 받을 수 있는 그릇은 무엇입니까?

12 "이삭이 그 땅에서 농사하여 그해에 백 배나 얻었고 여호와께서 복을 주시므로"

◇ "그 땅에서 농사하여": 이삭은 본래 목동이었다. 그런 그가 이제 농사를 짓는다. 하나님의 뜻에 순종하는 것은 가만히 있는 것이 아니다. 구체적으로 몸을 움직여서 해야 할 일을 하는 것이기도 하다. 그런 그를 여호와께서는 어떻게 돌보시는가?

◇ "백 배나 얻었고 여호와께서 복을 주시므로 ": 그는 그 해에 백 배의 수확을 거두어들였다. 백 배의 수확은 누구와도 견줄 수 없음을 말한다. 이삭은 믿음에서 잠깐 벗어났음에도 불구하고 복을 받는다. 여호와께서 복을 주신다. 하나님의 은혜가 크다. 여호와께서 그에게 복을 주셨기 때문이다. 여호와께서는 구체적으로 그를 어떻게 축복하시는가?

13 "그 사람이 창대하고 왕성하여 마침내 거부가 되어"

◇ "거부가 되어": 그는 부자가 되었다. 점점 더 큰 부자가 되었습니다. 그 사람은 '크게' 되었다. 그리고 그가 매우 부자가 될 때까지 계속 '크게' 되었다.

14 "양과 소가 떼를 이루고 종이 심히 많으므로 블레셋 사람이 그를 시기하여"

◇"시기하여": 세상은 그를 시기한다. 그는 시기를 받을 정도로 복을 받았다. 하나님은 사람들이 시기할 정도로 축복하신다.

이 하나님은 어떤 분이신가? 하나님은 이삭의 실수에도 불구하고 넘치도록 복을 주셨다. 왜냐하면 그가 순종했기 때문이다. 보통 사람은 순종보다도 실수만 물고 늘어진다. 그러나 우리의 하나님은 실수보다도 순종을 더 귀하게 여긴다. 하나님은 순종하는 자를 축복하신다. 순종은 여호와의 복을 받는 그릇이다.

오늘 우리가 삶의 현장에서 복을 받을 수 있는 그릇은 무엇인가? 순종이다. 우리가 이론상으로는 1년에 한 사람을 제자로 세우는 것이 가능할 것 같다. 하지만 현실은 그렇지 못하다. 우리는 이 시대에 믿음의 사람으로서 영향력을 끼치는 소금과 빛이 되기에 충분할 것 같다. '대안 공동체'로 서기에 부족함이 없는 것처럼 보인다. 하지만 삶의 현장에서 그렇지 못하다. 어떻게 해야 하는가? 말씀에 순종해야 한다. 그러면 하나님께서 우리의 순종을 통하여 복을 주신다. 물질적으로 어려움이 있지만 순종하면 복을 주신다. 중심을 지키고, 사명을 지키면 복을 주신다. 우리가 계속해서 순종하면 여호와께서 복을 주실 것이고, 우리를 성경 선생으로 키우셔서 쓰실 것이다. 사람들의 시기심이 어떻게 나타나는가?

5. 시기심은 무엇으로 이어집니까(15-16)? 블레셋 사람은 이삭을 어떻게 괴롭히며, 이삭은 그 괴롭힘을 어떻게 감당합니까(17-23)? 이삭은 어떻게 이렇게 할 수 있을까요? 여호와께서는 그를 어떻게 위로합니까(24-25)?

15 "그 아버지 아브라함 때에 그 아버지의 종들이 판 모든 우물을 막고 흙으로 메웠더라"

◇"우물을 막고": 이것은 생명줄을 막는 행위이다. 그들은 이삭이 이 지역에서 더는 번성하지 못하도록 한다. 이것은 아브라함과 아비멜렉 사이

에 맺었던 약속을 깨는 행위이다.

16 "아비멜렉이 이삭에게 이르되 네가 우리보다 크게 강성한즉 우리를 떠나라"

◇"우리를 떠나라": 시기는 분쟁으로 이어진다. 대개 힘이 없고 가진 것이 없어서 쫓겨난다. 하지만 이삭은 강성하여 쫓겨난다. 역설이다.

17 "이삭이 그곳을 떠나 그랄 골짜기에 장막을 치고 거기 거류하며"

18 "그 아버지 아브라함 때에 팠던 우물들을 다시 팠으니 이는 아브라함이 죽은 후에 블레셋 사람이 그 우물들을 메웠음이라 이삭이 그 우물들의 이름을 그의 아버지가 부르던 이름으로 불렀더라"

◇"우물들을 다시 팠으니": 이삭은 아버지 아브라함 때에 팠던 우물들을 다시 팠다. 이 우물들은 블레셋 사람들이 메워 버린 것들이다. 이삭은 그 우물들을 아버지 아브라함이 부르던 이름 그대로 불렀다.

19 "이삭의 종들이 골짜기를 파서 샘 근원을 얻었더니"

20 "그랄 목자들이 이삭의 목자와 다투어 이르되 이 물은 우리의 것이라 하매 이삭이 그 다툼으로 말미암아 그 우물 이름을 에섹이라 하였으며"

◇"에섹": 이삭은 우물을 두고서 다투었다고 해서 '에섹'이라고 불렀다.

21 "또 다른 우물을 팠더니 그들이 또 다투므로 그 이름을 싯나라 하였으며"

◇"싯나": 이삭의 종들이 또 다른 우물을 팠는데 그랄 목자들이 또 시비를 걸었다. 그래서 이삭은 그 우물 이름을 '싯나'라고 하였다.

22 "이삭이 거기서 옮겨 다른 우물을 팠더니 그들이 다투지 아니하였으므로 그 이름을 르호봇이라 하여 이르되 이제는 여호와께서 우리를 위하여 넓게 하셨으니 이 땅에서 우리가 번성하리로다 하였더라"

◇"르호봇": 이삭이 또 다른 우물을 팠는데, 그때는 아무도 시비를 걸지 않

았다. 그는 "여호와께서 우리가 살 곳을 넓히셨으니, 여기에서 우리가 번성하게 되었다."라고 하면서, 그 우물 이름을 '르호봇'이라고 하였다.

이삭이 옮겨 다니면서 우물을 판 사건을 통해서 무엇을 배울 수 있는가? 첫째로, 믿음의 중심을 지키는 일이 쉽지 않다는 점을 배운다. 약속의 땅을 지키는 일이 마음대로 안 된다. 한 번 순종했다고 해서 끝나는 것이 아니다. 삶의 현장에서 끊임없는 몸부림이 요구된다. 왜냐하면 시비를 걸고 괴롭히는 사람이 있기 때문이다. 우리가 삶의 현장에서 이런 일을 잘 감당해야 약속의 땅을 지킬 수 있다.

둘째로, 여호와의 인도하심을 믿는 믿음이 있어야 함을 배운다. 이삭은 블레셋의 괴롭힘에 대항하지 않았다. 그는 오히려 양보했다. 어떻게 그렇게 할 수 있을까? 그는 여호와를 믿었기 때문이다. 물질을 풍요롭게 하신 여호와께서 우물도 주실 줄 믿었다. 그는 믿음이 있어서 사람과 다투지 않고 여호와께 도움을 청했다.

23 "이삭이 거기서부터 브엘세바로 올라갔더니"

◇"브엘세바": 이삭은 브엘세바로 갔다. 그는 약속의 땅을 떠나지 않는다. 여호와께서 그를 어떻게 도와주시는가?

24 "그 밤에 여호와께서 그에게 나타나 이르시되 나는 네 아버지 아브라함의 하나님이니 두려워하지 말라 내 종 아브라함을 위하여 내가 너와 함께 있어 네게 복을 주어 네 자손이 번성하게 하리라 하신지라"

◇"두려워하지 말라": 여호와께서는 두려움에 빠질 수 있는 이삭을 위로하신다. 그는 계속 양보만 하다 보니 피해 의식에 빠질 수 있다. 그러나 하나님께서 함께하신다. 그러므로 그는 힘을 내서 계속해서 믿음으로 살 수 있다.

25 "이삭이 그 곳에 제단을 쌓고, 여호와의 이름을 부르며 거기 장막을 쳤더니 이삭의 종들이 거기서도 우물을 팠더라"

◇"여호와의 이름을 부르며": 그는 여호와를 예배했다. 이삭의 종들도 여

호와를 믿고 우물을 계속해서 팠다.

6. 아비멜렉은 왜 이삭과 평화조약을 맺고자 합니까(26-29)? 이삭은 그들을 어떻게 대합니까(30-31)? 하나님은 그런 그를 어떻게 축복하십니까(32-33)? 오늘 우리는 어떻게 약속의 땅을 지킬 수 있습니까?

26 "아비멜렉이 그 친구 아훗삿과 군대 장관 비골과 더불어 그랄에서부터 이삭에게로 온지라"

27 "이삭이 그들에게 이르되 너희가 나를 미워하여 나에게 너희를 떠나게 하였거늘 어찌하여 내게 왔느냐"

28 "그들이 이르되 여호와께서 너와 함께 계심을 우리가 분명히 보았으므로 우리의 사이 곧 우리와 너 사이에 맹세하여 너와 계약을 맺으리라 말하였노라"

◇"우리가 분명히 보았으므로": 그들은 여호와께서 이삭과 함께하심을 똑똑히 보았다. 이삭이 받은 모든 축복은 하나님의 함께 하심의 증거다. 동시에 이삭의 삶의 모습도 하나님의 함께 하심의 표현이다. 그는 삶으로 살아 계신 하나님을 증언하였다.

◇"계약을 맺으리라": 그들은 이삭과 평화조약을 맺고자 한다.

29 "너는 우리를 해하지 말라 이는 우리가 너를 범하지 아니하고 선한 일만 네게 행하여 네가 평안히 가게 하였음이니라 이제 너는 여호와께 복을 받은 자니라"

◇"너는 여호와께 복을 받은 자니라": 그들은 이삭과 그 여호와를 인정한다. 하나님께 복을 받은 사람, 하나님의 사람으로 인정한다. 이삭의 양보는 헛되지 않았다. 믿음의 삶이 마침내 인정을 받은 것이다. 우리도 삶의 현장에서 세상 사람과 싸워서 이기고 싶을 때가 있다. 하지만 양보

하는 길이 이기는 길이다. 하나님이 함께하시기 때문이다.

30 "이삭이 그들을 위하여 잔치를 베풀매 그들이 먹고 마시고"

◇"먹고 마시고": 이삭은 그들과 함께 먹고 마셨다. 그들을 한 가족으로 영접했다.

31 "아침에 일찍이 일어나 서로 맹세한 후에 이삭이 그들을 보내매 그들이 평안히 갔더라"

◇"평안히 갔더라": 이삭은 몇 년간의 불화를 평화로 끝냈다.

32 "그날에 이삭의 종들이 자기들이 판 우물에 대하여 이삭에게 와서 알리어 이르되 우리가 물을 얻었나이다 하매"

◇"우리가 물을 얻었나이다": 하나님께서 우물을 주셨음을 뜻한다. 광야에서 우물을 파는 일은 쉽지 않다. 샘물을 찾는 일은 그냥 되는 것이 아니다. 여호와께서 물길을 주셔야 한다. 그들은 하나님의 살아계심을 체험했다.

33 "그가 그 이름을 세바라 한지라 그러므로 그 성읍 이름이 오늘까지 브엘세바더라"

◇"브엘세바": '일곱 우물', '언약의 우물'이라는 뜻이다.

이삭의 순종을 통해서 무엇을 배울 수 있는가? 이삭은 흉년 때문에 약속의 땅을 떠나려고 했다. 하지만 순종했다. 하나님은 순종을 보시고 복을 주신다. 사람들은 그런 그를 시기하고 쫓아낸다. 하지만 이삭은 계속해서 믿음으로 약속의 땅을 지킨다. 그런 그를 하나님께서 복을 주신다. 그 복 때문에 사람들로부터 인정을 받는다. 그는 마침내 약속의 땅을 지켰다. "그러나 온유한 자들은 땅을 차지하며 풍성한 화평으로 즐거워하리로다"(시 37:11). "온유한 자는 복이 있나니 그들이 땅을 기업으로 받을 것임이요"(마 5:5).

오늘 우리도 약속의 땅, 사명의 땅을 어떻게 지킬 수 있겠는가? 순종함으로 지킬 수 있다. 온유함으로 지킬 수 있다. 온유함은 믿음에서 나온다. 믿음은 곧 순종으로 표현된다. 순종하는 자가 약속의 땅을 지킨다. 여호와께서는 순종하는 자에게 복을 주신다.

제24강

복과 속임수

◇본문 창세기 26:34-28:9
◇요절 창세기 27:27
◇찬송 549장, 469장

1. 에서의 결혼은 왜 부모에게 큰 근심거리가 되었을까요(26:34-35)? 이삭은 현재 어떤 상태에 있으며, 누구를 축복하고자 합니까(27:1-5)? 그런 이삭은 어떤 점을 잘못하고 있나요?

2. 이삭의 계획을 들은 리브가는 어떤 속임수를 쓰고자 합니까(6-10)? 야곱에게는 어떤 두려움이 있습니까(11-12)? 리브가는 그를 얼마나 적극적으로 돕습니까(13-17)? 그녀는 왜 이렇게까지 하면서 야곱이 축복받기를 원할까요? 그러나 그녀의 문제는 무엇입니까?

3. 야곱은 이삭을 어떻게 속입니까(18-24)? 이삭은 야곱을 어떤 마음으로 축복합니까(25-26)? 축복의 내용은 무엇입니까(27-29)? 에서는 언제 돌아옵니까(30)?

4. 야곱에게 속은 줄 알게 된 이삭과 에서의 충격이 어떠합니까(31-33, 34-36)? 이삭은 왜 에서에게 아무것도 할 수 없습니까(37)? 에서는 어떤 삶을 살게 됩니까(38-40)? 왜 야곱과 에서는 그토록 복을 받고자 합니까?

5. 야곱에 대한 에서의 분노가 어느 정도입니까(41)? 이 사실을 안 리브가는 무엇을 합니까(42-45)? 이삭에게는 어떻게 말합니까(46)?

6. 이삭은 야곱에게 어떤 복을 빌어줍니까(28:1-4)? 여기에는 어떤 뜻이 있나요? 복을 받았는데도 집을 떠나야 하는 야곱에게는 어떤 뜻이 있습니까(5)? 에서는 왜 이스마엘의 딸을 아내로 취합니까(6-9)?

제24강

복과 속임수

◇본문 창세기 26:34-28:9
◇요절 창세기 27:27
◇찬송 549장, 469장

1. 에서의 결혼은 왜 부모에게 큰 근심거리가 되었을까요(26:34-35)? 이삭은 현재 어떤 상태에 있으며, 누구를 축복하고자 합니까(27:1-5)? 그런 이삭은 어떤 점을 잘못하고 있나요?

34 "에서가 사십 세에 헷 족속 브에리의 딸 유딧과 헷 족속 엘론의 딸 바스맛을 아내로 맞이하였더니"

◇"아내로 맞이하였더니": 에서는 두 여자를 아내를 맞았다. 그는 아버지가 결혼할 때 할아버지가 얼마나 심혈을 기울였는가를 알고 있는데도 이방 여인을 아내로 맞았다. 이것은 영적 유산을 잇는 일에 무관심을 나타낸 것이다.

35 "그들이 이삭과 리브가의 마음에 근심이 되었더라"

◇"마음에 근심": '심령의 쓰라림', '영혼의 괴로움'을 말한다. 에서의 잘못된 결혼은 부모와 그 집안에 어두운 그림자를 드리운다. 이삭의 상태는 어떠한가?

1 이삭이 나이가 많아 눈이 어두워 잘 보지 못하더니 맏아들 에서를 불러 이르되 내 아들아 하매 그가 이르되 내가 여기 있나이다 하니"

◇"눈이 어두어": 이삭은 늙었다. 두 아들을 구별할 수 없을 정도였다.

◇"맏아들 에서를 불러": 이삭은 큰아들을 부른다. 그에게 유산을 물려주려는 뜻이다.

2 "이삭이 이르되 내가 이제 늙어 어느 날 죽을는지 알지 못하니"

3 "그런즉 네 기구 곧 화살통과 활을 가지고 들에 가서 나를 위하여 사냥하여"

4 "내가 즐기는 별미를 만들어 내게로 가져와서 먹게 하여 내가 죽기 전에 내 마음껏 네게 축복하게 하라"

◇"별미를 만들어": 이삭은 자기 중심적으로 에서를 축복하려고 한다. 그는 축복의 조건으로 별미를 요구한다. 이것은 에서가 한 그릇 팥죽을 위하여 장자의 명분을 팔아버린 것과 비슷하다. 이삭과 에서는 원칙보다는 먹는 것을 앞세운다.

◇"마음껏 네게 축복하게 하라": 죽음을 앞둔 사람은 모든 남자 친척을 불러서 공개적으로 축복하였다. 그런데 이삭은 에서에게만 축복하려고 한다.

이삭이 에서를 축복하려고 하는 데는 어떤 문제가 있는가? 이삭은 하나님의 뜻을 바꾸려고 한다. 하나님은 맏아들이 아닌 둘째 아들을 계승자로 삼는다고 분명하게 선언하셨다(25:23). 그런데도 이삭은 에서를 축복하려고 한다. 그뿐만 아니라, 에서는 이방 여인과 결혼하였다. 그는 하나님 구속 사역의 계승자로서 정통성을 잃어버렸다. 그런데도 이삭은 에서에게 별미를 조건으로 축복하려고 하였다. 이삭은 하나님의 뜻을 바꾸려는 고의성이 있어 보인다. 하지만 인간의 계획은 하나님의 계획을 바꾸지 못한다. 이삭의 말을 누가 들었는가?

5 "이삭이 그의 아들 에서에게 말할 때에 리브가가 들었더니 에서가 사냥하여 오려고 들로 나가매"

◇"리브가": 이삭이 에서에게 말하는 것을 리브가가 엿들었다. 그때 그녀의 마음은 어떠했을까? 섭섭하고 화가 났을까? 그녀는 어떻게 대응하는가?

2. 이삭의 계획을 들은 리브가는 어떤 속임수를 쓰고자 합니까(6-10)? 야곱에게는 어떤 두려움이 있습니까(11-12)? 리브가는 그를 얼마나 적극적으로 돕습니까(13-17)? 그녀는 왜 이렇게까지 하면서 야곱이 축복받기를 원할까요? 그러나 그녀의 문제는 무엇입니까?

6 "리브가가 그의 아들 야곱에게 말하여 이르되 네 아버지가 네 형 에서에게 말씀하시는 것을 내가 들으니 이르시기를"

◇"그의 아들", "네 아버지", "네 형": 리브가는 야곱을 '아들', 이삭을 '네 아버지', 에서를 '네 형'으로 부른다. '내 남편' '내 아들'이라고 부르지 않는다.

7 "나를 위하여 사냥하여 가져다가 별미를 만들어 내가 먹게 하여 죽기 전에 여호와 앞에서 네게 축복하게 하라 하셨으니"

◇"별미를 만들어": 리브가는 이삭의 약점을 강조한다.

8 "그런즉 내 아들아 내 말을 따라 내가 네게 명하는 대로"

◇"내 말을 따라": 리브가는 모든 일을 주도적으로 꾸미고 야곱은 다만 순종하기를 원한다. 리브가는 어떤 계획을 꾸몄는가?

9 "염소 떼에 가서 거기서 좋은 염소 새끼 두 마리를 내게로 가져오면 내가 그것으로 네 아버지를 위하여 그가 즐기시는 별미를 만들리니"

10 "네가 그것을 네 아버지께 가져다 드려서 그가 죽기 전에 네게 축복하기

위하여 잡수시게 하라"

◇"잡수시게 하라": 엄마가 만든 별미를 야곱이 이삭에게 갖다주고 축복을 받도록 한다. 리브가는 급박한 상황에서 절묘한 대안을 생각해 냈다. 야곱의 고민은 무엇인가?

11 "야곱이 그 어머니 리브가에게 이르되 내 형 에서는 털이 많은 사람이요 나는 매끈매끈한 사람인즉"

12 "아버지께서 나를 만지실진대 내가 아버지의 눈에 속이는 자로 보일지라 복은 고사하고 저주를 받을까 하나이다"

◇"속이는 자로": 야곱은 아버지를 속인 죄로 축복은커녕 저주를 받을 것에 대해 두려워한다. 그는 도덕적인 두려움이 아니라 일을 제대로 하지 못할 것에 대한 두려움이다. 어머니는 무엇이라고 대답하는가?

13 "어머니가 그에게 이르되 내 아들아 너의 저주는 내게로 돌리리니 내 말만 따르고 가서 가져오라"

◇"내 말만 따르라": 리브가는 자기 계획에 대해 확신이 있다.

14 "그가 가서 끌어다가 어머니에게로 가져왔더니 그의 어머니가 그의 아버지가 즐기는 별미를 만들었더라"

15 "리브가가 집 안 자기에게 있는 그의 맏아들 에서의 좋은 의복을 가져다가 그의 작은 아들 야곱에게 입히고"

16 "또 염소 새끼의 가죽을 그의 손과 목의 매끈매끈한 곳에 입히고"

17 "자기가 만든 별미와 떡을 자기 아들 야곱의 손에 주니"

리브가의 이런 행동을 어떻게 평가해야 할까? 그녀는 왜 이렇게까지 하면서 야곱이 축복받기를 원할까? 그녀는 하나님의 뜻에 순종하려고 한 것이다. 이삭의 뜻대로 에서를 축복하면 하나님의 구속 사역에 대한 약속을 지키지 못하기 때문이다. 리브가는 수단과 방법을 가리지 않고 하나님의 뜻을 이루려는 집념을 보여준다. 리브가의 계획은 매우 훌륭하게 보인다.

그러나 그녀의 문제는 무엇인가? 그녀의 영적인 가치는 건전하지만, 그 방법은 세속적이다. 목적이 선하다고 해서 그 방법까지 무조건 선한 것은 아니다. 목적이 선하면 그 방법도 선해야 한다. 그런데 그녀는 하나님의 뜻을 자신의 눈높이에서 조작하려는 의도가 엿보인다. 아브라함과 사라가 하갈을 통하여 후계자를 낳으려는 방법과 같다. 하나님은 인간의 조작을 뛰어넘어 당신의 계획을 이루신다. 하나님이 친히 당신의 뜻을 이루실 터인데 사람이 자기 방법으로 이루려는 데는 문제가 있다.

그러면 리브가는 그냥 모른 척하고 내버려 둬야 하는가? 예상하는 모범답안은 부부가 서로 의논해서 하나님의 인도하심을 구하는 것이다. 하지만 그들은 그렇게 하지 못했다. 이삭이 리브가의 말을 안 들었을까? 아니면 리브가가 너무 일방적으로 일을 처리하기 때문에 이삭이 마음을 닫아버린 걸까?

오늘 우리에게 주는 의미는 무엇인가? 현실에서 보면 이삭처럼 사는 사람이 많다. 믿음으로 산다고 하면서도 자기중심적으로 사는 사람을 말한다. 하나님의 구속 사역을 말하지만 실제로는 자기 입맛에 따라 사는 사람이 참 많다. 이런 점에서 볼 때 리브가는 훌륭하다. 하나님의 역사를 섬기기 위해서 몸부림을 쳤다. 사실 리브가적인 삶을 사는 사람이 필요하기도 하다. 그런데도 리브가처럼 살아서는 안 된다. 좀 더 성숙한 모습을 가져야 한다. 이삭에 비해서는 훌륭하지만 그렇다고 하나님께서 기뻐하시는 방법은 아니다. 이렇게 살면 세상에 영향력을 끼칠 수 없다. 일하고도 욕을 먹는다. 그래서 세상에 교회에 대한 '안티(anti)'가 생긴다. 목적이 선한 만큼 그 방법도 선해야 한다. 야곱은 이삭을 어떻게 속였는가?

3. 야곱은 이삭을 어떻게 속입니까(18-24)? 이삭은 야곱을 어떤 마음으로 축복합니까(25-26)? 축복의 내용은 무엇입니까(27-29)? 에서는 언제 돌아옵니까(30)?

18 "야곱이 아버지에게 나아가서 내 아버지여 하고 부르니 이르되 내가 여기 있노라 내 아들아 네가 누구냐"

19 "야곱이 아버지에게 대답하되 나는 아버지의 맏아들 에서로소이다 아버지께서 내게 명하신 대로 내가 하였사오니 원하건대 일어나 앉아서 내가 사냥한 고기를 잡수시고 아버지 마음껏 내게 축복하소서"

◇"에서로소이다": 야곱은 자기 정체성을 속인다.

20 "이삭이 그의 아들에게 이르되 내 아들아 네가 어떻게 이같이 속히 잡았느냐 그가 이르되 아버지의 하나님 여호와께서 나로 순조롭게 만나게 하셨음이니이다"

◇"아버지의 하나님 여호와께서": 야곱은 여호와까지 들고나와서 거짓말을 하고 있다. 이것은 어떤 점에서는 하나님께 대한 모독이다.

21 "이삭이 야곱에게 이르되 내 아들아 가까이 오라 네가 과연 내 아들 에서인지 아닌지 내가 너를 만져보려 하노라"

◇"만져보려 하노라": 이삭은 야곱이 정말 에서인지 느끼기를 원한다.

22 "야곱이 그 아버지 이삭에게 가까이 가니 이삭이 만지며 이르되 음성은 야곱의 음성이나 손은 에서의 손이로다 하며"

◇"음성은": 야곱의 개인기가 부족하여 들킬 뻔했다.

23 "그의 손이 형 에서의 손과 같이 털이 있으므로 분별하지 못하고 축복하였더라"

◇"분별하지 못하고 축복하였더라": 이삭은 분별하지 못했다. 그는 야곱을

큰아들로 알고 축복하였다. 리브가와 야곱의 계획은 성공했다.

24 "이삭이 이르되 네가 참 내 아들 에서냐 그가 대답하되 그러하니이다"

25 "이삭이 이르되 내게로 가져오라 내 아들이 사냥한 고기를 먹고 내 마음껏 네게 축복하리라 야곱이 그에게로 가져가매 그가 먹고 또 포도주를 가져가매 그가 마시고"

◇"마음껏 네게 축복하리라": "내 영혼이 너를 축복할 것이다(my soul may bless you)." '내 영혼(my soul)'이 '축복하다'의 주어이다. 이삭은 자신의 전력을 다해, 자신이 받은 모든 축복과 모든 소원과 기력을 다해 축복하기를 원한다. 그의 평생에 걸친 복을 전해 준다.

야곱과 이삭의 대화 속에는 팽팽한 긴장감이 감돈다. 처음에 이삭은 '야곱이 누구인지', '왜 그렇게 빨리 음식을 가져왔는지' 끈질기게 묻는다. 그의 시력은 떨어졌을지 몰라도 다른 능력은 괜찮다. 야곱은 발각될 수 있는 시점까지 이르렀다. 그러나 이삭은 야곱을 에서로 받아들이고 만다. 그리고 마침내 축복한다.

26 "그의 아버지 이삭이 그에게 이르되 내 아들아 가까이 와서 내게 입맞추라"

27 "그가 가까이 가서 그에게 입맞추니 아버지가 그의 옷의 향취를 맡고 그에게 축복하여 이르되 내 아들의 향취는 여호와께서 복 주신 밭의 향취로다"

◇"축복하여": 축복의 말은 시로 시작한다. 이것은 에서를 위해 의도된 것이었지만 야곱에게 선포되었다. 이삭은 야곱에게 세 가지를 축복한다: "풍부한 양식"(27b-28), "정치 군사적 우월성"(29a), "하나님의 보호"(29b).

◇"내 아들의 향취는 여호와께서 복 주신 밭의 향취로다": "내 아들에게서 나는 향취는 여호와께서 복 주신 밭의 향취이다." 이것은 이삭이 야곱에게 축복한 첫 번째이다(27b-28).

◇"밭": 개간하지 않은 열린 평원을 말한다. 짐승의 떼를 방목할 수 있고, 에서와 같은 사람이 사냥할 수 있다.

28 "하나님은 하늘의 이슬과 땅의 기름짐이며 풍성한 곡식과 포도주를 네게 주시기를 원하노라"

◇"하늘의 이슬과 땅의 기름짐": 비와 땅의 기름짐은 풍성한 수확의 기초이다.

◇"이슬": 부유함이나 생동감에 대한 은유적 표현이다. 하나님의 선물을 상징한다.

◇"풍성한 곡식과 포도주": 이것은 유목 활동을 하는 사냥꾼이 아닌 정착 농민과 관계가 있다. 약속하신 땅에 정착할 것을 고대하는 것으로 에서보다는 야곱에게 훨씬 더 적합하다.

29 "만민이 너를 섬기고 열국이 네게 굴복하리니 네가 형제들의 주가 되고 네 어머니의 아들들이 네게 굴복하며 너를 저주하는 자는 저주를 받고 너를 축복하는 자는 복을 받기를 원하노라"

◇"만민이 너를 섬기고 열국이 네게 굴복하리니": 두 번째 축복이다. 야곱은 그 형제들과 모든 민족을 지배할 것이다. 큰 자가 되는 것을 말한다.

◇"너를 저주하는 자는 저주를 받고 너를 축복하는 자는 복을 받기를 원하노라": 세 번째 축복이다. 그 축복은 아브라함에게 하신 그 약속이다. 하나님은 야곱을 아브라함과 이삭처럼 복의 통로로 삼으신다.

30 "이삭이 야곱에게 축복하기를 마치매 야곱이 그의 아버지 이삭 앞에서 나가자 곧 그의 형 에서가 사냥하여 돌아온지라"

◇"축복하기를 마치매": 이삭은 이렇게 야곱에게 축복하였다. 야곱에게 복 주시려는 하나님의 뜻이 우여곡절 끝에 이루어졌다. 구원 사역은 하나님의 은총으로 이루어진다. 야곱이 아버지 앞에서 막 물러 나왔다.

◇"돌아온지라": 사냥하러 나갔던 그의 형 에서가 돌아왔다.

야곱, 즉 '거짓말쟁이'는 자기가 얻으려고 계획한 것을 얻는 데 성공했다. 하나님께서는 이 사건을 통해서 합당한 아들에게 축복을 전하셨다. 축복의 계승 사역을 이루셨다. 하지만 그 일 자체를 용납하신 것은 아니다. 가족 구성원 속에서 분노가 생긴다. 어떤 문제가 일어나는가?

4. 야곱에게 속은 줄 알게 된 이삭과 에서의 충격이 어떠합니까(31-33, 34-36)? 이삭은 왜 에서에게 아무것도 할 수 없습니까(37)? 에서는 어떤 삶을 살게 됩니까(38-40)? 왜 야곱과 에서는 그토록 복을 받고자 합니까?

31 "그가 별미를 만들어 아버지에게로 가지고 가서 이르되 아버지여 일어나서 아들이 사냥한 고기를 잡수시고 마음껏 내게 축복하소서"

32 "그의 아버지 이삭이 그에게 이르되 너는 누구냐 그가 대답하되 나는 아버지의 아들 곧 아버지의 맏아들 에서로소이다"

33 "이삭이 심히 크게 떨며 이르되 그러면 사냥한 고기를 내게 가져온 자가 누구냐 네가 오기 전에 내가 다 먹고 그를 위하여 축복하였은즉 그가 반드시 복을 받을 것이니라"

34 "에서가 그의 아버지의 말을 듣고 소리 내어 울며 아버지에게 이르되 내 아버지여 내게 축복하소서 내게도 그리하소서"

◇"소리 내어 울며": 아버지의 말을 들은 에서는 울면서 애원하였다.

35 "이삭이 이르되 네 아우가 와서 속여 네 복을 빼앗았도다"

◇"속여 네 복을 빼앗았도다": 동생이 와서 나를 속이고 네가 받을 복을 가로챘다.

36 "에서가 이르되 그의 이름을 야곱이라 함이 합당하지 아니하니이까 그가 나를 속임이 이것이 두 번째니이다 전에는 나의 장자의 명분을 빼앗고 이제는 내 복을 빼앗았나이다 또 이르되 아버지께서 나를 위하여 빌 복을 남기지 아니하셨나이까"

◇"야곱이라 함이 합당하지 아니하니이까": "그 녀석의 이름이 왜 야곱인지, 이제야 알 것 같습니다."

◇"장자의 명분을 빼앗고 이제는 내 복을 빼앗았나이다": 야곱은 형을 두 번이나 속였다.

◇"속임": 에서는 야곱의 이름을 '속이는 자'로 새롭게 해석한다. 원래 야곱의 이름은 에서의 '발꿈치를 잡았다'는 의미였다. 그런데 에서는 '야곱'이라는 의미를 장자의 명분과 축복을 빼앗는 자란 의미로 해석한다.

◇"나를 위하여 빌 복을 남기지 아니하셨나이까": 에서는 아버지께 남은 복을 달라고 요청한다.

37 "이삭이 에서에게 대답하여 이르되 내가 그를 너의 주로 세우고 그의 모든 형제를 내가 그에게 종으로 주었으며 곡식과 포도주를 그에게 주었으니 내 아들아 내가 네게 무엇을 할 수 있으랴"

◇"네게 무엇을 할 수 있으랴": 이삭은 모든 번성과 축복을 야곱에게 주었다. 따라서 에서에게는 아무것도 줄 수가 없다.

38 "에서가 아버지에게 이르되 내 아버지여 아버지가 빌 복이 이 하나 뿐이리이까 내 아버지여 내게 축복하소서 내게도 그리하소서 하고 소리를 높여 우니"

◇"빌 복이 이 하나 뿐이리이까": 복은 하나뿐이다. 왜 복은 하나밖에 없는가? 왜 자동차를 생산하듯이 복을 다시 만들어 내지 못하는가? 후계자로서 축복이기 때문이다. 한 번이면 끝난다. 그 축복을 준 아버지에 의해서조차 바꿀 수 없다.

왜 에서조차도 그토록 복을 받고자 하는가? 과거에 그는 장자의 명분을 팥죽 한 그릇과 바꿨다. 하지만 이제는 복의 중요성을 알았다. 복이 없이는 삶의 만족이 없음을 알았다. 가문의 영광도 없고, 하나님의 구속 사역의 영광도 없다. 복이 있어야 한다. 여기서 복은 일반적인 복이 아니라 구속 사역에 쓰임 받는 복이다. 그러나 에서는 어떻게 되는가?

39 "그 아버지 이삭이 그에게 대답하여 이르되 네 주소는 땅의 기름짐에서 멀고 내리는 하늘 이슬에서 멀 것이며"

◇"멀고": 야곱에게 준 축복과 대조를 이룬다. 에서가 사는 땅에는 이슬이 내리지 않고, 땅도 기름지지 않을 축복의 형식은 비슷하나 그 내용은 텅 빈 것이다.

40 "너는 칼을 믿고 생활하겠고 네 아우를 섬길 것이며 네가 매임을 벗을 때에는 그 멍에를 네 목에서 떨쳐버리리라 하였더라"

◇"칼을 믿고": 에서는 적대적이고 투쟁적인 모습이다.

◇"그 멍에를 네 목에서 떨쳐버리리라": "애쓰고 애쓰면 동생에게서 자유로워질 수 있을 것이다." "애써 힘을 기르면, 너는, 그가 네 목에 씌운 멍에를 부술 것이다."

5. 야곱에 대한 에서의 분노가 어느 정도입니까(41)? 이 사실을 안 리브가는 무엇을 합니까(42-45)? 이삭에게는 어떻게 말합니까(46)?

41 "그의 아버지가 야곱에게 축복한 그 축복으로 말미암아 에서가 야곱을 미워하여 심중에 이르기를 아버지를 곡할 때가 가까웠은즉 내가 내 아우 야곱을 죽이리라 하였더니"

◇"죽이리라": 에서는 아버지에게서 받을 축복을 야곱에게 빼앗긴 것 때문에 야곱에게 원한이 깊어갔다. 그는 '동생 야곱을 죽이겠다.'라고 마음

을 먹었다. 그는 자신이 보호해야 할 동생을 죽이려고 한다. 제2의 가인이 되려고 한다. 아벨은 의로웠지만, 가인이 죽였다. 야곱의 행동은 의롭지는 않지만, 형이 동생을 죽이려고 한다. 리브가는 나름대로 하나님의 뜻을 이룬다고 했지만, 결과적으로는 이런 비극을 낳았다. 리브가의 방법에 문제가 있음을 보여준다. 리브가는 다시 어떻게 대응하는가?

42 "맏아들 에서의 이 말이 리브가에게 들리매 이에 사람을 보내어 작은아들 야곱을 불러 그에게 이르되 네 형 에서가 너를 죽여 그 한을 풀려 하니"

43 "내 아들아 내 말을 따라 일어나 하란으로 가서 내 오라버니 라반에게로 피신하여"

◇"라반에게로 피신하여": 리브가는 야곱을 라반 외삼촌에게로 가게 한다.

44 "네 형의 노가 풀리기까지 몇 날 동안 그와 함께 거주하라"

◇"몇 날": 리브가가 생각한 몇 날은 후에 20년이 되었다. 리브가는 야곱을 생전에 다시 보지 못한다.

45 "네 형의 분노가 풀려 네가 자기에게 행한 것을 잊어버리거든 내가 곧 사람을 보내어 너를 거기서 불러오리라 어찌 하루에 너희 둘을 잃으랴"

◇"하루에 너희 둘을 잃으랴": 리브가의 계획은 성공했다. 하지만 그 성공은 곧 근심으로 바뀌고 말았다.

46 "리브가가 이삭에게 이르되 내가 헷 사람의 딸들로 말미암아 내 삶이 싫어졌거늘 야곱이 만일 이 땅의 딸들 곧 그들과 같은 헷 사람의 딸들 중에서 아내를 맞이하면 내 삶이 내게 무슨 재미가 있으리이까"

◇"리브가가 이삭에게": 리브가는 남편을 설득했다.

◇"아내를 맞이하면": 리브가는 에서가 결혼한 아내들을 언급한다. 야곱이 헷 자손의 딸과 결혼하면 얼마나 두려운 일인가? 따라서 야곱을 외삼촌

에게 보내야 한다. 이삭은 어떻게 하는가?

6. 이삭은 야곱에게 어떤 복을 빌어줍니까(28:1-4)? 여기에는 어떤 뜻이 있나요? 복을 받았는데도 집을 떠나야 하는 야곱에게는 어떤 뜻이 있습니까(5)? 에서는 왜 이스마엘의 딸을 아내로 취합니까(6-9)?

1 "이삭이 야곱을 불러 그에게 축복하고 또 당부하여 이르되 너는 가나안 사람의 딸들 중에서 아내를 맞이하지 말고"

◇"아내를 맞이하지 말고": 이삭은 야곱에게 혼합결혼을 경계한다.

2 "일어나 밧단아람으로 가서 네 외조부 브두엘의 집에 이르러 거기서 네 외삼촌 라반의 딸 중에서 아내를 맞이하라"

◇"아내를 맞이하라": 외삼촌 라반의 딸들 가운데서 아내를 찾으라. 이삭은 도망가야 하는 야곱을 축복한다. 결혼을 위한 청혼의 길로 축복한다.

3 "전능하신 하나님이 네게 복을 주시어 네가 생육하고 번성하게 하여 네가 여러 족속을 이루게 하시고"

4 "아브라함에게 허락하신 복을 네게 주시되 너와 너와 함께 네 자손에게도 주사 하나님이 아브라함에게 주신 땅 곧 네가 거류하는 땅을 네가 차지하게 하시기를 원하노라"

◇"아브라함에게 허락하신 복을 네게 주시되": 하나님이 아브라함에게 허락하신 복을 야곱과 그 자손에게도 주셔서 하나님이 아브라함에게 주신 이 땅을 야곱이 유산으로 받도록 기도한다.

그 기도는, 이삭이 하나님께서 야곱에게 무엇을 행하셨고, 무엇을 행하시려고 하는지를 깨닫고 있음을 보여준다. 그는, 하나님께서 아브라함에게 축복하셨던 것을 야곱에게 하고 있다. 이삭은 야곱에게 축복한다. 야곱은 아브라함 언약의 상속자가 되었다. 그러나 그는 이제 가시밭길을 걸어야 한다.

5 "이에 이삭이 야곱을 보내매 그가 밧단아람으로 가서 라반에게 이르렀으니 라반은 아람 사람 브두엘의 아들이요 야곱과 에서의 어머니 리브가의 오라비더라"

◇"라반에 이르렀으니": 야곱은 축복 때문에 도망자 신세로 바뀐다. 하나님의 복을 받은 자가 도망자가 된다는 사실은 역설이다. 그는 집에서 주장할 수 있는 자신의 모든 권리로부터 도망해야 했다. 그의 삶이 역전되었다.

야곱은 복을 받았는데도 왜 집을 떠나야 하는가? 복을 받은 방법에 문제가 있었기 때문이다. 하나님의 백성은 영적 성공을 위해서 거짓과 조작이라는 방법을 시도해서는 안 된다. 반드시 올바르게 하나님의 뜻을 성취하려고 애써야 한다.

어떤 사람은 아직도 이런 낮은 수준에서 살고 있다. 그러나 성경은 숨은 부끄러움의 일을 관두고, 거짓이나 술책이 없이 모든 사람 앞에서 정직하고 투명하게 살도록 가르친다(고후 4:2). 하나님께서는 자기 백성이 속임수를 통해 축복을 확보하는 것을 허용하실지라도 기뻐하지는 않으신다. 에서는 야곱에 대해서 무엇을 알았는가?

6 "에서가 본즉 이삭이 야곱에게 축복하고 그를 밧단아람으로 보내어 거기서 아내를 맞이하게 하였고 또 그에게 축복하고 명하기를 너는 가나안 사람의 딸들 중에서 아내를 맞이하지 말라 하였고"

◇"에서": 에서는 이삭이 야곱에게 복을 빌어 주고 밧단아람으로 보내어 아내감을 찾게 하였다는 것을 알았다.

7 "또 야곱이 부모의 명을 따라 밧단아람으로 갔으며"

8 "에서가 또 본즉 가나안 사람의 딸들이 그의 아버지 이삭을 기쁘게 하지 못하는지라"

◇"기쁘게 하지 못하는지라": 에서는 아버지 이삭이 가나안 사람의 딸들을

싫어한다는 것을 알았다. 에서는 무엇을 하는가?

9 "이에 에서가 이스마엘에게 가서 그 본처들 외에 아브라함의 아들 이스마엘의 딸이요 느바욧의 누이인 마할랏을 아내로 맞이하였더라"

◇"아내로 맞이하였더라": 에서는 이미 결혼하여 아내들이 있는데도, 이스마엘에게 가서 그의 딸 마할랏을 아내로 맞이하였다. 마할랏은 아브라함의 손녀이다.

에서의 모습은 의도적인 불순종을 통하여 그 부모를 괴롭히려는 적개심에 불탄다. 에서가 이스마엘의 딸과 결혼한 것은 아브라함 약속의 씨는 인간의 뜻이 아니라 궁극적으로 하나님의 뜻으로 결정한다는 것을 보여준다. 두 '큰아들(이스마엘과 에서)'의 가족은 결혼으로 연합하지만, 누구도 아브라함에게 약속한 축복을 받지 못했다. 작은 아들(이삭과 야곱)은 이미 축복의 약속을 받았다.

제25강

가장 소중한 만남

◇본문　창세기 28:10-22
◇요절　창세기 28:16
◇찬송　523장, 490장

1. 야곱은 어디로 가고 있습니까(10)? 장자의 명분을 얻었는데도 그의 현실은 어떠합니까(11)?

2. 야곱은 꿈속에서 무엇을 먼저 봅니까(12a)? 두 번째 본 것은 무엇이며, 마지막으로 누구를 봅니까(12b-13a)? 그가 본 여호와는 당신을 누구라고 소개합니까(13b)? 도망자의 꿈속에 나타나신 여호와는 어떤 분입니까?

3. 야곱을 찾아오신 여호와께서 어떤 약속을 하십니까(13c-14)? 이 약속을 주신 데는 어떤 뜻이 있을까요? 여호와께서는 또 어떤 약속을 하십니까(15)? 그 약속이 지금 야곱에게는 어떤 의미가 있을까요?

4. 잠에서 깨어난 야곱은 무엇을 깨닫습니까(16)? '여호와께서 이곳에 계신다.'라는 말은 무슨 뜻일까요? 그는 여호와와 가장 소중한 만남을 체험한 후 어떻게 고백합니까(17)? '이곳이 하나님의 집이다.'라는 말은 무슨 뜻일까요?

5. 야곱의 경배와 헌신의 행동이 어떻게 나타납니까(18-19)? '기둥을 세우고', '기름을 붓는 것'에는 각각 어떤 뜻이 있을까요?

6. 야곱은 어떻게 서원합니까(20-22)? '서원'이란 무엇일까요? 그는 왜 그런 서원을 하는 겁니까? 그의 서원이 오늘 우리에게 주는 의미는 무엇일까요?

제25강

가장 소중한 만남

◇본문　창세기 28:10-22
◇요절　창세기 28:16
◇찬송　523장, 490장

1. 야곱은 어디로 가고 있습니까(10)? 장자의 명분을 얻었는데도 그의 현실은 어떠합니까(11)?

10 "야곱이 브엘세바에서 떠나 하란으로 향하여 가더니"

◇"하란": 야곱은 하란으로 갔다. 야곱은 자기가 태어나고 자랐던 둥지로부터 밀려났다. 장자의 명분을 얻었는데도 그의 현실은 처량하다.

11 "한 곳에 이르러는 해가 진지라 거기서 유숙하려고 그곳의 한 돌을 가져다가 베개로 삼고 거기 누워 자더니"

◇"자더니": 집을 나온 첫날 밤, 그는 자신을 재워 줄 만한 사람을 찾지 못하고 별 아래에서 잠을 청한다. 장자의 축복만 받으면 모든 것이 다 잘 될 줄 알았다. 하지만 현실은 잠잘 곳도 없다. 미래에 대한 비전, 장래 보장이 불확실하다.

2. 야곱은 꿈속에서 무엇을 먼저 봅니까(12a)? 두 번째 본 것은 무엇이

며, 마지막으로 누구를 봅니까(12b-13a)? 그가 본 여호와는 당신을 누구라고 소개합니까(13b)? 도망자의 꿈속에 나타나신 여호와는 어떤 분입니까?

12 "꿈에 본즉 사닥다리가 땅 위에 서 있는데 그 꼭대기가 하늘에 닿았고 또 본즉 하나님의 사자들이 그 위에서 오르락내리락하고"

◇"사닥다리": 오늘날 흔히 생각하는 사다리가 아니다. 고대 '지구라트(Ziggurat, 햇볕에 말려 만든 벽돌이나 구워 만든 벽돌로 만든 메소포타미아나 엘람 도시의 주신에 바쳐진 성탑(聖塔))'에서 볼 수 있는 것과 같은 일종의 계단이다. 사다리는 하늘에 계신 하나님과 땅에 있는 그 백성의 실제적이고 끊어지지 않는 교제를 상징한다.

◇"오르락내리락": 본래 표현은 '내리락오르락'이다. 천사는 하늘에서부터 땅으로 먼저 내려오고 그다음에 올라가기 때문이다. 천사는 하나님과 사람 사이를 오고 가면서 연결한다. 하나님의 메시지를 사람에게 전하고, 그에 대한 사람의 반응을 하나님께로 가지고 간다. 여호와께서 그에게 무엇을 말씀하시는가?

13 a b "또 본즉 여호와께서 그 위에 서서 이르시되 나는 여호와니 너의 조부 아브라함의 하나님이요 이삭의 하나님이라..."

◇"여호와께서 그 위에 서서 이르시되": 여호와께서 사닥다리 위에 계신다. 이 환상에서 중심은 계단 위에 서 계신 여호와이시다. 이 여호와는 당신을 누구라고 소개하는가?

◇"여호와니 너의 조부 아브라함의 하나님이요 이삭의 하나님이라": 야곱이 꿈속에서 본 하나님은 할아버지의 하나님, 아버지의 하나님이시다. 그 하나님께서 야곱에게 찾아오셨다.

여기에는 어떤 의미가 있는가? 일반 종교는 인간이 신을 찾아가는 방법이다.

그래서 수많은 고행과 수행을 요구한다. 그러나 우리의 하나님은 먼저 찾아오신다. 먼저 찾아오신 하나님은 성경 곳곳에 나타난다. 아담이 죄를 짓고 나무 뒤에 숨었을 때도 여호와께서 먼저 찾아오셔서 그를 부르셨다(3:9). 하나님이신 예수님께서 육신의 몸을 입고 세상에 찾아오셨다. "말씀이 육신이 되어 우리 가운데 거하시매 우리가 그의 영광을 보니 아버지의 독생자의 영광이요 은혜와 진리가 충만하더라"(요 1:14). 하나님께서 먼저 찾아오심으로써 우리와의 만남을 시작하신다. 이 하나님께서 야곱에게도 먼저 찾아오셨다. 무엇을 약속하시는가?

3. 야곱을 찾아오신 여호와께서 어떤 약속을 하십니까(13c-14)? 이 약속을 주신 데는 어떤 뜻이 있을까요? 여호와께서는 또 어떤 약속을 하십니까(15)? 그 약속이 지금 야곱에게는 어떤 의미가 있을까요?

13 c "… 네가 누워 있는 땅을 내가 너와 네 자손에게 주리니"

◇"땅": 먼저 찾아오신 하나님께서 야곱에게 땅을 주겠다고 약속하신다.

◇"자손": 아내를 만나러 가는 야곱에게 '자손'에 대한 언급은 소망을 준다.

14 "네 자손이 땅의 티끌같이 되어 네가 서쪽과 동쪽과 북쪽과 남쪽으로 퍼져 나갈 지며 땅의 모든 족속이 너와 네 자손으로 말미암아 복을 받으리라"

여호와께서 이 약속을 야곱에게 주신 뜻은 무엇인가? 야곱을 아브라함과 이삭으로 이어진 구속 사역의 계승자로 삼으신다는 뜻이다. 비록 야곱은 축복을 얻는 과정에서 속임수를 썼지만, 하나님께서는 장자의 명분을 인정하신다. 그런데 그 약속을 이루기까지 현실 문제를 해결해야 한다. 이를 위해서 하나님께서는 다시 세 가지를 약속하신다: "함께 하겠다." "지키겠다." "돌아오게 하겠다."

15 "내가 너와 함께 있어 네가 어디로 가든지 너를 지키며 너를 이끌어 이 땅으로 돌아오게 할지라 내가 네게 허락한 것을 다 이루기까지 너를 떠나지 아니하리라 하신지라"

◇"함께 있어": 여호와께서 야곱과 함께하신다. 야곱은 홀로 이곳에서 잠을 자고 있다. 그에게 가장 많이 드는 생각은 '버림받음'이다. 그는 고향, 부모, 형으로부터 버림받았다. '버림받았다.'라는 생각은 사람을 절망에 이르게 한다. 그런데 여호와께서 그와 함께하신다. 아무도 함께 하지 않은 그에게, 자기 혼자라는 고독감에 시달리고 있는 그에게, 여호와께서 함께하신다. "만군의 여호와께서 우리와 함께하시니 야곱의 하나님은 우리의 피난처시로다 (셀라)"(시 46:7, 11).

이보다 더 큰 위로가 있겠는가? 하나님께서는 모세를 이스라엘의 목자로 세우셨다. 하지만 그는 너무 두려웠다. 하나님께서 그에게 용기를 주신다. "참으로 내가 너와 함께 할 것이다"(출 3:12). 이렇게 함께하시는 하나님께서 육신의 몸을 입고 이 땅에 오셨다. 그분이 곧 예수님이시다. 그분을 우리는 '임마누엘'이라고 부른다(마 1:24). '임마누엘' 예수님은 지금도 우리와 함께하신다. 우리를 먼저 찾아오신 하나님은 언제 어디서나 우리와 함께하신다. 세상 끝날까지 함께하신다(마 28:20).

◇"지키며": 여호와께서 야곱을 지키신다. 하나님은 그가 어디를 가든지 안전하게 보호하신다.

◇"돌아오게": 여호와께서 야곱을 다시 이 땅으로 돌아오도록 하신다. 야곱은 지금 도망가고 있지만 결국은 다시 돌아올 것이다. 귀향의 약속이야말로 기쁨의 소식이다.

◇"너를 떠나지 아니하리라": 여호와께서는 야곱에게 하신 약속을 이룰 때까지는 떠나지 않으신다. 하나님은 신실하셔서 한번 하신 약속은 반드시 이루신다. 야곱의 반응은 어떠한가?

4. 잠에서 깨어난 야곱은 무엇을 깨닫습니까(16)? '여호와께서 이곳에 계신다.'라는 말은 무슨 뜻일까요? 그는 여호와와 가장 소중한 만남을 체

험한 후 어떻게 고백합니까(17)? '이곳이 하나님의 집이다.'라는 말은 무슨 뜻일까요?

16 "야곱이 잠이 깨어 이르되 여호와께서 과연 여기 계시거늘 내가 알지 못하였도다"

◇"여호와께서 과연 여기 계시거늘": 야곱은 '여호와는 거룩한 집에만 계신다.'라고 생각했다. 그는 '여호와는 할아버지나 아버지하고만 함께하신다.'라고 생각했다. 그는 할아버지의 하나님, 아버지의 하나님에 대해서 참 많이 들었다. 아빠의 '인생 소감', 그중에서도 결혼에 관한 에피소드를 듣고 있노라면 한편의 '드라마'였다. 그렇지만 자기 삶의 현장에서는 언제나 막연했다. 여호와의 존재와 능력과 사랑을 부인할 수는 없지만, 그렇다고 확 붙들 수도 없었다. 왜냐하면 자기는 아직도 여호와 하나님을 인격적으로 만나지 못했기 때문이다.

그런데 그 여호와께서 '오늘', '여기'에 찾아오셔서 함께하신다. 그동안은 '저 멀리' 계신 하나님께서 오늘은 아주 가까이에서 함께하신다. 야곱은 마침내 하나님을 '나의 하나님', 즉 인격적인 분으로 만난 것이다. 그의 생애에서 가장 소중한 만남이다. 그 소중한 만남은 야곱의 생애에 놀라운 전환점이 된다. 물론 하나님을 만났으면서도 현실에서는 다 잊어버리고 사람들과 싸우며 산다. 그래도 하나님은 그런 그와 함께하며 약속을 지켜 주신다. 그 점에서 하나님과의 소중한 만남은 대단히 중요하다.

오늘 우리에게도 이런 만남이 있는가? 아니면 막연한 분위기 때문에 신앙생활을 하고 있는가? 어떤 이단은 하나님과 인격적인 만남이 있느냐 없느냐의 문제를 집요하게 공격하고 있다. 인격적 만남이 없는 신앙은 모래 위에 지은 집처럼 의미가 없다는 것이다. 그러면서 그들은 구체적인 만남에 대한 증거를 제시하면서 몰아붙인다. 그들의 주장은 우리의 신앙에 도전을 준다. 왜냐하면 꽤 많은 사람이 주님과의 인격적 만남이 없이 신앙생활을 하기 때문이다. 일종의 분위기 때문에 교회에 나가는 경우가 있다. 그런데 어려움이나 유혹이 있으면 이런 신앙은 금방 무너지고 만다. '나의 하나님'을 만나지 못했기 때문이다. '남의 하나님', 즉 '친구의 하나님', 유명 인사의 하나님, 역사 속에 등장하는 하나님은 실제 삶 속에서는 별로 힘이 없다. 나의 하나님을 만날 때만이 '반석 위에 신앙의 집을 짓는 것'이라고 말할 수 있다.

그러면 그 하나님을 어떻게 만날 수 있는가? 주님께서 내 삶에 찾아오신다. 대학입학 시험 앞에서 찾아오기도 하시고, 취직 문제 앞에서 오기도 하신다. 결혼 앞에서 갈등할 때 찾아오신다. 삶이 안 풀릴 때, 병으로 고생할 때, 이런저런 시련 앞에서 헤맬 때 찾아오신다. 그 주님을 의식하고 영접하면 가장 소중한 만남이 일어난다. 그는 무엇을 고백하는가?

17 "이에 두려워하여 이르되 두렵도다 이곳이여 이것은 다름 아닌 하나님의 집이요 이는 하늘의 문이로다 하고"

◇"집": 하나님이 사시는 곳이다.

◇"문": 하늘로 들어가는 곳이다.

그런데 그곳에는 문자적인 집이나 문이 없다. 무슨 뜻일까? 그곳은 하나님이 계시는 곳이요, 하나님을 만날 수 있는 곳이라는 뜻이다. 즉 하나님께 예배할 수 있는 곳을 말한다. 그래서 야곱은 하나님께 예배한다. 그는 어떻게 예배하는가?

5. 야곱의 경배와 헌신의 행동이 어떻게 나타납니까(18-19)? '기둥을 세우고', '기름을 붓는 것'에는 각각 어떤 뜻이 있을까요?

18 "야곱이 아침에 일찍이 일어나 베개로 삼았던 돌을 가져다가 기둥으로 세우고 그 위에 기름을 붓고"

◇"기둥으로 세우고": 야곱은 그 자리가 하나님을 만난 신성한 자리임을 표시한다. 그 기둥은 만남을 기념하는 것이다.

◇"기름을 붓고": 여호와께 드리는 헌신의 표현이며, 예배자의 진정한 맹세를 보증한다.

19 "그곳 이름을 벧엘이라 하였더라 이 성의 옛 이름은 루스더라"

◇"벧엘"(בֵּית־אֵל, *bet'el*): '하나님의 집'이라는 뜻이다. 야곱은 그곳을 '하나님의 집'이라고 부름으로써 기억하고자 한다.

◇"옛 이름은 루스": 야곱은 '루스(Luz)'라고 부르는 가나안 한 마을을 자신과 그 후손이 예배로 사용할 하나님의 집으로 바꾼다. 그는 그곳에서 무엇을 하는가?

6. 야곱은 어떻게 서원합니까(20-22)? '서원'이란 무엇일까요? 그는 왜 그런 서원을 하는 겁니까? 그의 서원이 오늘 우리에게 주는 의미는 무엇일까요?

20 "야곱이 서원하여 이르되 하나님이 나와 함께 계셔서 내가 가는 이 길에서 나를 지키시고 먹을 떡과 입을 옷을 주시어"

◇"서원": '맹세(vow)', '서원 제물(votive offering)'을 뜻한다. '서원'이란 힘들고 어려울 때 하나님께 도움을 받기 위해서 하는 맹세나 약속을 말한다. 서원은 삶의 방향을 새롭게 하는 결심을 의미한다. 서원의 내용은 무엇인가?

야곱의 서원은 네 가지 조건절과 세 가지 결과절로 이루어진다. 조건절 네 가지: 첫째로, 하나님께서 나와 함께하시는 것이다. 둘째로, 하나님이 야곱의 여정을 지키는 것이다. 셋째로, 야곱에게 양식과 입을 옷을 주시는 것이다. 넷째로, 야곱이 집으로 다시 돌아오는 것이다. 결과절 세 가지: 나의 하나님이 되고, 이 돌이 하나님의 전이 되고, 소유의 십 분의 일을 하나님께 드리는 것이다. 조건은 네 가지인데, 그 조건의 결과는 세 가지이다. 더구나 그 세 가지 중에서도 자기가 직접 하는 것은 한 가지뿐이다. 즉 소유의 십 분의 일을 드리는 것이다. 십 분의 일을 잘 드릴테니 네 가지 조건을 지켜 달라고 한다.

◇"하나님이 나와 함께 계셔서": "해를 두려워하지 않을 것은 주께서 나와 함께하심이라"(시 23:4b).

◇"이 길에서 나를 지키시고": "그가 나를 푸른 풀밭에 누이시며 쉴 만한 물가로 인도하시는 도다"(시 23:2).

◇"먹을 떡과 입을 옷을 주시어": "주께서 내 원수의 목전에서 내게 상을 차려 주시고"(시 23:5a).

21 "내가 평안히 아버지 집으로 돌아가게 하시오면 여호와께서 나의 하나님이 되실 것이요"

◇"평안히 아버지 집으로 돌아가게 하시오면": "내가 여호와의 집에 영원히 살리로다"(시 23:6b).

◇"여호와께서 나의 하나님이 되실 것이요": 첫 번째 결과절이다.

22 "내가 기둥으로 세운 이 돌이 하나님의 집이 될 것이요 하나님께서 내게 주신 모든 것에서 십분의 일을 내가 반드시 하나님께 드리겠나이다 하였더라"

◇"이 돌이 하나님의 집이 될 것이요": 두 번째 결과절이다.

◇"십 분의 일을 내가 반드시 하나님께 드리겠나이다": 세 번째 결과절이다. 십 분의 일의 드림은 야곱의 약속 가운데 구체적인 행동이 있는 유일한 부분이다. 결국 네 가지 조건을 하나님께서 들어주시면 자기는 한 가지, 즉 소유의 십 분의 일을 드리겠다는 것이다. 그의 소원은 대단히 자기중심적이다.

그는 왜 이런 서원을 하는 걸까? 너무나 절박하기 때문이다. 그리고 그 현실을 해결하실 분은 오직 하나님뿐임을 알았기 때문이다. 동시에 꿈속에서만이 아니라 삶의 현장에서도 하나님을 만나고 싶었기 때문이다. 그의 서원이 지나치게 자기중심적인 점은 문제가 있다. 하지만 우리에게 도전하는 점은 삶의 현장에서 하나님을 체험하기 위해서 구체적인 결단을 했다는 것이다. 보통 사람은 하나님은 하나님이고 삶은 삶이라고 생각한다. 현실 문제를 하나님을 통해서 해결 받고자 하지 않는다. 그냥 자기가 어떻게 해결해 보려고만 한다. 그래서 신앙과 삶이 함께 가지 못하고 분리하고 만다. 그러나 야곱은 인격적으로 만난 하나님을 삶 속에서도 체험하고 싶어 한다. 그래서 서원한 것이다.

그의 서원이 오늘 우리에게 주는 의미는 무엇일까? 사람들은 머리로 깨달은 하나님을 삶 속에서도 만나고 싶어 한다. 그렇다면 삶 속에서 구체적인 서원이 있어야 한다. 조건도 걸어보고, 물질도 드려야 봐야 한다. 즉 삶의 현장에서 하나님께 헌신을 해봐야 구체적으로 만날 수 있다. 내 생애에서 가장 소중한 만남이 일어난다.

제26강

빈손에서 번성함으로

◇본문　창세기 29:1-31:55
◇요절　창세기 31:42
◇찬송　570장, 429장

1. 야곱은 라헬을 어디에서 만납니까(29:1-10a)? 그의 모습이 어떻게 달라졌으며(10b), 라헬을 만난 감격이 어떠합니까(11)? 라반은 야곱을 어떻게 맞이합니까(12-14)?

2. 라반과 야곱은 어떤 거래를 합니까(15-19)? 라반은 야곱을 어떻게 속입니까(20-27)? '속이는 자' 야곱이 라반에게 속아 넘어간 데는 어떤 뜻이 있을까요? 야곱이 라반을 섬긴 데는 무슨 뜻이 있을까요(28-30)?

3. 여호와께서 레아를 어떻게 사랑하십니까(31)? 레아는 아들을 낳을 때마다 무엇이라고 고백합니까(32-35)? 아이를 낳지 못한 라헬의 마음은 어떠합니까(30:1)? 그녀는 이 문제를 어떻게 해결합니까(2-5)? 그녀는 무엇이라고 고백합니까(6-8)?

4. 레아는 라헬에게 어떤 방법으로 도전합니까(9-13)? 레아는 왜 다시 자녀를 낳습니까(14-17)? 그녀는 무엇을 고백합니까(18-21)? 라헬은 어떻게 임신하며(22), 무엇을 고백합니까(23-24)? 두 여인의 갈등 속에서 생명 사역을 이루시는 하나님은 어떤 분이십니까?

5. 야곱은 언제 고향으로 돌아가고자 합니까(25-26)? 그러나 라반은 어떻게 반응합니까(27-28)? 야곱은 라반에게 어떤 점을 강조합니까(29-30)? 야곱은 자신의 품삯을 어떻게 챙깁니까(31-43)? 그는 왜 이런 방법을 택했을까요?

6. 여호와께서 고민하는 야곱에게 어떤 방향을 주십니까(31:1-3)? 그는 아내들에게 자기가 고향으로 가야만 하는 이유를 어떻게 설명합니까(4-13)? 두 아내는 어떤 결단을 내립니까(14-16)? 야곱은 라반에게서 어떻게 떠납니까(17-21)?

7. 하나님은 도망치는 야곱을 어떻게 보호하십니까(22-30)? 야곱은 라반을 얼마나 심하게 몰아세웁니까(31-41)? 어떻게 빈손으로 온 야곱이 번성함으로 돌아갈 수 있습니까(42)? 하나님은 야곱을 왜 그토록 축복하실까요? 라반은 야곱과 어떤 언약을 세웁니까(43-55)?

제26강

빈손에서 번성함으로

◇본문 창세기 29:1-31:55
◇요절 창세기 31:42
◇찬송 570장, 429장

1. 야곱은 라헬을 어디에서 만납니까(29:1-10a)? 그의 모습이 어떻게 달라졌으며(10b), 라헬을 만난 감격이 어떠합니까(11)? 라반은 야곱을 어떻게 맞이합니까(12-14)?

1 "야곱이 길을 떠나 동방 사람의 땅에 이르러"

◇"동방 사람의 땅에 이르러": 벧엘에서 야곱이 하나님께 서원한 후 어떻게 반응했는지를 보여준다. 그의 반응은 신속했다. 그는 그 약속을 이루기 위하여 새로운 도약을 하고 있다.

2 "본즉 들에 우물이 있고 그 곁에 양 세 떼가 누워있으니 이는 목자들이 그 우물에서 양 떼에게 물을 먹임이라 큰 돌로 우물 아귀를 덮었다가"

3 "모든 떼가 모이면 그들이 우물 아귀에서 돌을 옮기고 그 양 떼에게 물을 먹이고는 우물 아귀 그 자리에 다시 그 돌을 덮더라"

4 "야곱이 그들에게 이르되 내 형제여 어디서 왔느냐 그들이 이르되 하란에서 왔노라"

5 "야곱이 그들에게 이르되 너희가 나홀의 손자 라반을 아느냐 그들이 이르되 아노라"

6 "야곱이 그들에게 이르되 그가 평안하냐 이르되 평안하니라 그의 딸 라헬이 지금 양을 몰고 오느니라"

7 "야곱이 이르되 해가 아직 높은즉 가축 모일 때가 아니니 양에게 물을 먹이고 가서 풀을 뜯게 하라"

◇"풀을 뜯게 하라": 야곱은 그들의 게으름을 꾸짖는다.

8 "그들이 이르되 우리가 그리하지 못하겠노라 떼가 다 모이고 목자들이 우물 아귀에서 돌을 옮겨야 우리가 양에게 물을 먹이느니라"

◇"그리하지 못하겠노라": 그들은 물이 귀해서 물을 먹이려면 모든 떼가 모이면 우물을 덮었던 뚜껑을 열고 물을 먹였다. 그리고 돌이 무거워서 혼자 옮기기 어려웠다.

9 "야곱이 그들과 말하는 동안에 라헬이 그의 아버지의 양과 함께 오니 그가 그의 양들을 치고 있었기 때문이더라"

◇"라헬": 라헬은 아버지의 양 떼를 이끌고 왔다. 라헬은 양 떼를 치는 목동이다. 야곱은 라헬을 우물곁에서 만난다. 우물은 하나님 축복의 표시이다.

10 "야곱이 그의 외삼촌 라반의 딸 라헬과 그의 외삼촌의 양을 보고 나아가 우물 아귀에서 돌을 옮기고 외삼촌 라반의 양 떼에게 물을 먹이고"

◇"우물 아귀에서 돌을 옮기고": 우물의 돌이 컸기 때문에 모두 모였을 때 돌을 옮기고 물을 먹인다. 그때 야곱은 라헬이 오는 것을 보고 우물의 돌을 굴려서 양에게 물을 먹였다. 본래 야곱은 연약한 모습이었는데, 강한 모습이 나타난다. 또 야곱을 게으른 목자와 대조한다. 그는 관대하

고, 열정적이고, 부지런하다.

11 "그가 라헬에게 입 맞추고 소리 내어 울며"

◇"울며": 야곱은 라헬에게 입을 맞추고 기쁜 나머지 큰 소리로 울었다. 그는 하나님의 인도하심을 보았기 때문이다.

12 "그에게 자기가 그의 아버지의 생질이요 리브가의 아들 됨을 말하였더니 라헬이 달려가서 그 아버지에게 알리매"

13 "라반이 그의 생질 야곱의 소식을 듣고 달려와서 그를 영접하여 안고 입맞추며 자기 집으로 인도하여 들이니 야곱이 자기의 모든 일을 라반에게 말하매"

◇"라반에게 말하매": 야곱은 지금까지 있었던 일들을 라반에게 다 말하였다. 야곱과 라반의 관계를 시작한다.

14 "라반이 이르되 너는 참으로 내 혈육이로다 하였더라 야곱이 한 달을 그와 함께 거주하더니"

◇"내 혈육이로다": 아주 밀접하고 가까운 관계임을 말한다.

2. 라반과 야곱은 어떤 거래를 합니까(15-19)? 라반은 야곱을 어떻게 속입니까(20-27)? '속이는 자' 야곱이 라반에게 속아 넘어간 데는 어떤 뜻이 있을까요? 야곱이 라반을 섬긴 데는 무슨 뜻이 있을까요(28-30)?

15 "라반이 야곱에게 이르되 네가 비록 내 생질이나 어찌 그저 내 일을 하겠느냐 네 품삯을 어떻게 할지 내게 말하라"

◇"품삯을": 라반은 그동안 성실하게 일하는 야곱을 보고 유능한 목자로 인정한다. 연봉 계약을 맺고자 한다.

16 "라반에게 두 딸이 있으니 언니의 이름은 레아요 아우의 이름은 라헬이라"

◇"레아": '암소'라는 뜻이다.

◇"라헬": '암양'이라는 뜻이다.

17 "레아는 시력이 약하고 라헬은 곱고 아리따우니"

◇"약하다": '부드러운', '온화한', '약한'이라는 뜻이다. 레아의 눈이 '사랑스러운(부드러운)' 눈이었는지, 시력이 '약한' 눈이었는지 확인할 수 없다. 여기서는 문맥의 흐름으로 부정적인 의미이다.

◇"라헬은 곱고 아리따우니": 레아와 비교하여 라헬은 아름다운 모습이다. 야곱은 누구를 더 사랑하였는가?

18 "야곱이 라헬을 더 사랑하므로 대답하되 내가 외삼촌의 작은 딸 라헬을 위하여 외삼촌에게 칠 년을 섬기리이다"

◇"라헬을 더 사랑하므로": 야곱은 우물가에서 첫 만남 때 이미 마음에 깊이 들어왔을 것이다. 무엇보다도 외모가 더 아름다웠기 때문에 더 사랑했을 것이다.

◇"칠 년을 섬기리이다": 애정의 크기를 보여준다. 고대 근동에서는 신부를 사는 돈을 지급해야 했는데, 대신에 7년을 봉사하려는 것이다.

19 "라반이 이르되 그를 네게 주는 것이 타인에게 주는 것보다 나으니 나와 함께 있으라"

20 "야곱이 라헬을 위하여 칠 년 동안 라반을 섬겼으나 그를 사랑하는 까닭에 칠 년을 며칠 같이 여겼더라"

◇"칠 년을 며칠 같이 여겼더라": 야곱은 라헬을 사랑하여 칠 년이라는 세월을 마치 며칠 같이 느꼈다.

21 "야곱이 라반에게 이르되 내 기한이 찼으니 내 아내를 내게 주소서 내가 그에게 들어가겠나이다"

22 "라반이 그 곳 사람을 다 모아 잔치하고"

23 "저녁에 그의 딸 레아를 야곱에게로 데려가매 야곱이 그에게로 들어가니라"

◇"레아를 야곱에게로 데려가매": 라반은 라헬 대신 레아를 신방으로 보냈다. 야곱은 그 사실을 모르고 레아와 첫날밤을 보냈다. 신부가 베일에 가려져 있어서 야곱은 몰랐다.

24 "라반이 또 그의 여종 실바를 그의 딸 레아에게 시녀로 주었더라"

◇"시녀로 주었더라": 결혼이 끝나자마자 신부의 아버지가 그녀에게 결혼 선물, 즉 신부 지참금을 주는 것이 관습이었다. 신부의 지참금은 옷과 가구와 돈이었다. 지참금은 그녀가 과부가 되거나 이혼할 경우를 대비해 아내의 비상금 역할을 했다. 그는 시녀를 선물함으로써 딸을 후하게 대한다. 그러나 야곱은 무엇을 알았는가?

25 "야곱이 아침에 보니 레아라 라반에게 이르되 외삼촌이 어찌하여 내게 이같이 행하셨나이까 내가 라헬을 위하여 외삼촌을 섬기지 아니하였나이까 외삼촌이 나를 속이심은 어찌됨이니이까"

◇"야곱이 아침에 보니 레아라": 야곱은 아침에 그 사실을 알았다.

◇"나를 속이심은 어찌됨이니이까": 다른 사람을 속이기만 했던 야곱이 처음으로 속임의 대상이 되었다. 라반은 야곱에게 친절을 베푸는 듯하면서 철저하게 속였다. '아마추어 사기꾼' 야곱은 '프로 사기꾼' 라반에게 당한 것이다. 이제부터 그의 삶의 여정이 순탄하지 않음을 보여준다.

26 "라반이 이르되 언니보다 아우를 먼저 주는 것은 우리 지방에서 하지 아니하는 바이라"

27 "이를 위하여 칠 일을 채우라 우리가 그도 네게 주리니 네가 또 나를 칠 년 동안 섬길지니라"

◇"칠 일을 채우라": 첫 아내와 일주일을 살아야 한다.

◇"칠 년 동안 섬길지니라": 다시 7년을 봉사하면 라헬을 줄 것이다. 이로써 아내와 함께 집으로 빨리 가려고 했던 그의 희망은 늦춰졌다.

28 "야곱이 그대로 하여 그 칠 일을 채우매 라반이 딸 라헬도 그에게 아내로 주고"

29 "라반이 또 그의 여종 빌하를 그의 딸 라헬에게 주어 시녀가 되게 하매"

30 "야곱이 또한 라헬에게로 들어갔고 그가 레아보다 라헬을 더 사랑하여 다시 칠 년 동안 라반을 섬겼더라"

◇"라반을 섬겼더라": 야곱은 레아보다 라헬을 더 사랑하였다. 그는 또다시 칠 년 동안 라반의 일을 하였다.

여기에는 어떤 뜻이 있을까? 장자의 명분을 얻는 과정이 잘못되었음을 깨우치는 것이다. '장자의 명분을 가진다.'라는 말은 '다른 사람으로부터 섬김을 받는다.'라는 것을 뜻한다. 하지만 지금 야곱은 섬김을 받기는커녕 오히려 섬긴다. 이것은 아버지와 형을 속인 것에 대한 하나님의 꾸짖음이라고 할 수 있다. 그뿐만 아니라, 진정한 장자란 섬김을 받는 것이 아니라 다른 사람을 섬기는 사람임을 가르치고 있다. 야곱은 이런 섬김을 통하여 진정한 장자로 거듭나게 된다. 여호와께서 그런 중에 무슨 일을 하시는가?

3. 여호와께서 레아를 어떻게 사랑하십니까(31)? 레아는 아들을 낳을 때마다 무엇이라고 고백합니까(32-35)? 아이를 낳지 못한 라헬의 마음은 어떠합니까(30:1)? 그녀는 이 문제를 어떻게 해결합니까(2-5)? 그녀는 무엇이라고 고백합니까(6-8)?

31 "여호와께서 레아가 사랑받지 못함을 보시고 그의 태를 여셨으나 라헬은 자녀가 없었더라"

◇"태를 여셨으나": 여호와께서는 레아가 남편의 사랑을 받지 못하는 것을 보시고 그녀의 태를 열어 주셨다. 라헬은 임신하지 못하였다. 라헬은 야곱의 사랑을 받지만 레아는 사랑을 받지 못하였다. 하나님은 사랑받지 못한 그녀를 사랑하신다. 그 사랑의 열매는 어머니가 되게 하는 것이다. 어머니가 되는 것은 여인의 최고의 기쁨이다.

◇"라헬은 자녀가 없었더라": 야곱이 더 사랑한 라헬은 자녀가 없었다.

32 "레아가 임신하여 아들을 낳고 그 이름을 르우벤이라 하여 이르되 여호와께서 나의 괴로움을 돌보셨으니 이제는 내 남편이 나를 사랑하리로다 하였더라"

◇"르우벤": '보라, 아들이다.'라는 뜻이다. 아이가 탄생할 때 해산을 돕는 사람이 기쁨에 겨워 외치는 소리이다. 르우벤은 야곱의 큰아들이다.

◇"여호와께서 나의 괴로움을 돌보셨으니": 르우벤의 어원과는 멀지만, 그것이 내포하는 뜻은 어울린다. 여호와께서 레아의 억울한 심정을 살펴 주신 것이다. 하나님은 아픔을 외면하지 않으시고 살피신다.

◇"남편이 나를 사랑하리로다": 레아는 르우벤의 출생이 자신의 상황을 바꿔주기를 희망한다. 하지만 결과는 그렇지 못한다.

33 "그가 다시 임신하여 아들을 낳고 이르되 여호와께서 내가 사랑받지 못함을 들으셨으므로 내게 이 아들도 주셨도다 하고 그의 이름을 시므온이라 하였으며"

◇"시므온": '듣다'라는 뜻이다. 하나님은 그 백성의 고통을 들으시는 분이시다.

34 "그가 또 임신하여 아들을 낳고 이르되 내가 그에게 세 아들을 낳았으니

내 남편이 지금부터 나와 연합하리로다 하고 그의 이름을 레위라 하였으며"

◇"레위": '친함', '연합된(attached)'이라는 뜻이다.

35 "그가 또 임신하여 아들을 낳고 이르되 내가 이제는 여호와를 찬송하리로다 하고 이로 말미암아 그가 그의 이름을 유다라 하였고 그의 출산이 멈추었더라"

◇"여호와를 찬송하리로다": 남편과의 관계 향상에 대한 소망을 말하지 않는다. 그녀의 안타까움이 찬양으로 바뀐다. 하나님께서 레아에게 네 아들을 주셨다. 하나님은 사랑받지 못한 여인에게 은총을 내려주셨다. 레아는 이제 남편에 대한 기대에서 벗어나 하나님의 은총을 깨닫고 찬양하지 않을 수 없다.

◇"유다"(יְהוּדָה, *yehuda*): '찬양하다.'라는 뜻이다.

◇"그의 출산이 멈추었더라": 부부관계가 중단되었다. 라헬은 어떠한가?

1 "라헬이 자기가 야곱에게서 아들을 낳지 못함을 보고 그의 언니를 시기하여 야곱에게 이르되 내게 자식을 낳게 하라 그렇지 아니하면 내가 죽겠노라"

◇"내가 죽겠노라": 아이를 낳지 못한 라헬은 극단적인 억지를 부린다. 레아는 아이는 있지만 남편의 사랑이 없고, 라헬은 남편의 사랑은 있는데 아이가 없다. 이 부분에서 라헬은 상당히 문제가 있는 여인으로 등장한다.

2 "야곱이 라헬에게 성을 내어 이르되 그대를 임신하지 못하게 하시는 이는 하나님이시니 내가 하나님을 대신하겠느냐"

3 "라헬이 이르되 내 여종 빌하에게로 들어가라 그가 아들을 낳아 내 무릎에 두리니 그러면 나도 그로 말미암아 자식을 얻겠노라 하고"

◇"여종 빌하에게로 들어가라": 라헬은 야곱의 꾸짖음에도 불구하고 하나

님이 행사하시는 것을 기다리지 못하고 대리모를 동원한다. 라헬은 남편의 사랑으로 만족하지 못하고 자식을 얻고자 한다.

◇"내 무릎에 두리니": 입양을 가리키는 상징적 표현이다. '마치 내 자식처럼'이란 뜻이다.

4 "그의 시녀 빌하를 남편에게 아내로 주매 야곱이 그에게로 들어갔더니"

5 "빌하가 임신하여 야곱에게 아들을 낳은지라"

6 "라헬이 이르되 하나님이 내 억울함을 푸시려고 내 호소를 들으사 내게 아들을 주셨다 하고 이로 말미암아 그의 이름을 단이라 하였으며"

◇"단": 기본의미는 '심판하다'이다. 여기서는 어떤 이의 권리를 보호해주는 의미이다. 라헬은 하나님께서 자신의 권리를 변호하셨다고 생각한다.

7 "라헬의 시녀 빌하가 다시 임신하여 둘째 아들을 야곱에게 낳으매"

8 "라헬이 이르되 내가 언니와 크게 경쟁하여 이겼다 하고 그의 이름을 납달리라 하였더라"

◇"크게 경쟁하여 이겼다": 언니와의 싸움에서 이긴 것은 하나님과 싸움에서 이긴 것이라고 할 수 있다. 왜냐하면 아들을 주고 주지 않은 일은 하나님이 결정하시기 때문이다.

◇"납달리": '나의 투쟁'이라는 뜻이다. 라헬은 레아에 대하여 질투심과 경쟁심, 그리고 원한과 증오심을 품었다. '단'과 '납달리'는 질투와 불신앙의 산물이다. 그런데도 하나님은 그들을 장래 자기 백성의 족장으로 인정하신다. 레아는 어떻게 도전하는가?

4. 레아는 라헬에게 어떤 방법으로 도전합니까(9-13)? 레아는 왜 다시 자

녀를 낳습니까(14-17)? 그녀는 무엇을 고백합니까(18-21)? 라헬은 어떻게 임신하며(22), 무엇을 고백합니까(23-24)? 두 여인의 갈등 속에서 생명 사역을 이루시는 하나님은 어떤 분이십니까?

9 "레아가 자기의 출산이 멈춤을 보고 그의 시녀 실바를 데려다가 야곱에게 주어 아내로 삼게 하였더니"

◇"실바": 레아는 라헬이 했던 방법으로 도전한다. 라헬의 승리는 얼마 가지 못한다. 레아는 아들이 많아서 시녀를 동원할 필요가 없는데, 경쟁심 때문에 도전한다.

10 "레아의 시녀 실바가 야곱에게서 아들을 낳으매"

11 "레아가 이르되 복되도다 하고 그의 이름을 갓이라 하였으며"

◇"갓": '가드(Gad)'인데, '행운'을 뜻한다.

12 "레아의 시녀 실바가 둘째 아들을 야곱에게 낳으매"

13 "레아가 이르되 기쁘도다 모든 딸들이 나를 기쁜 자라 하리로다 하고 그의 이름을 아셀이라 하였더라"

◇"아셀": '기쁨'이라는 뜻이다.

14 "밀 거둘 때 르우벤이 나가서 들에서 합환채를 얻어 그의 어머니 레아에게 드렸더니 라헬이 레아에게 이르되 언니의 아들의 합환채를 청구하노라"

◇"합환채": '합환채(合歡采, mandrake plants/ love fruits)'인데, 들에서 3-4월에 자라는 야생초로서 작은 사과같이 생긴 작고 노란 열매이다. 고대에는 정욕을 자극하고(aphrodisiac), 불임 여성의 임신을 돕는 것으로 유명했다. 라헬과 레아는 임신을 가능하게 해주는 약으로 보았다. 라헬은 임신한 적이 없고, 레아는 불임의 상태에 있었기 때문이다.

15 "레아가 그에게 이르되 네가 내 남편을 빼앗은 것이 작은 일이냐 그런데 네가 내 아들의 합환채도 빼앗고자 하느냐 라헬이 이르되 그러면 언니의 아들의 합환채 대신에 오늘 밤에 내 남편이 언니와 동침하리라 하니라"

◇"언니와 동침하리라": 라헬은 합환채와 하룻밤의 부부 권리를 교환한다. 야곱은 부인들 사이에 매매가 된 셈이다. 과거에 팥죽으로 장자의 명분을 샀던 야곱이 자기도 모르는 사이에 부인들에게 팔리고 있다.

16 "저물 때에 야곱이 들에서 돌아오매 레아가 나와서 그를 영접하며 이르되 내게로 들어오라 내가 내 아들의 합환채로 당신을 샀노라 그 밤에 야곱이 그와 동침하였더라"

◇"당신을 샀노라": 레아는 라헬에게서 대가를 지불하고 야곱을 샀다. 야곱은 자신도 모르는 사이에 자신이 고용을 당하여 사랑하지도 않은 여인에게 스스로 종이 되어 봉사한다. 레아는 아들로 만족하지 못하고 남편의 사랑을 원한다.

17 "하나님이 레아의 소원을 들으셨으므로 그가 임신하여 다섯째 아들을 야곱에게 낳은지라"

◇"아들을 낳은지라": 레아가 가장 원했던 것은 야곱의 사랑이었는데, 아이를 낳는다. 라헬과 레아는 임신이 합환채의 효험으로 가능하다고 생각했지만, 합환채를 포기한 레아는 3명의 자녀를 낳았다. 하지만 합환채를 가진 라헬은 3년이나 아이를 가지지 못했다.

18 "레아가 이르되 내가 내 시녀를 내 남편에게 주었으므로 하나님이 내게 그 값을 주셨다 하고 그의 이름을 잇사갈이라 하였으며"

◇"잇사갈": '보상이 있다.'라는 뜻이다.

19 "레아가 다시 임신하여 여섯 째 아들을 야곱에게 낳은지라"

20 "레아가 이르되 하나님이 내게 후한 선물을 주시도다 내가 남편에게 여섯 아들을 낳았으니 이제는 그가 나와 함께 살리라 하고 그의 이름을 스불론이라 하였으며"

◇"스불론": '높은 거주'를 뜻한다.

21 "그 후에 그가 딸을 낳고 그의 이름을 디나라 하였더라"

◇"디나": '공의', '심판'을 뜻하는데, 레아의 딸이다.

22 "하나님이 라헬을 생각하신지라 하나님이 그의 소원을 들으시고 그의 태를 여셨으므로"

◇"하나님이 라헬을 생각하신지라": 마침내 라헬은 시녀를 통해서도 아니고, 합환채 때문도 아니고, 오직 하나님의 은혜를 통해서 아들을 낳는다. 이스라엘의 미래는 인간의 기계화 작업에 의해 만들어지는 것이 아니다. 오직 하나님의 은혜, 선물로 이루어진다. 하나님은 생명의 근원이시다.

이 하나님이 오늘 우리에게 어떤 분이신가? 이 하나님이 모든 이들의 소망이시다. 아이를 낳지 못하는 나라, 공동체를 하나님은 생각하신다. 하나님의 생각하심이 모든 나라, 모든 인류의 유일한 희망이다. 하나님은 후에 포로 백성에게도 희망의 근원이다(사 49:15). 신실하신 하나님의 기억이 아니고서는 상속자나 미래를 기대하기 어렵다. 이 기억하심은 복음의 핵심이다. 그녀의 고백은 무엇인가?

23 "그가 임신하여 아들을 낳고 이르되 하나님이 내 부끄러움을 씻으셨다 하고"

◇"부끄러움을 씻으셨다": 하나님은 그녀의 부끄러움을 없애셨다. 여인에게 아이가 없는 것은 부끄러움이었다.

24 "그 이름을 요셉이라 하니 여호와는 다시 다른 아들을 내게 더하시기를 원하노라 하였더라"

◇"요셉": '하나님께서 더 하실 것이다.'라는 뜻이다.

야곱이 네 명의 아내 사이에서 열한 명의 아들과 한 명의 딸을 낳는 데는 무슨 뜻이 있을까? 야곱의 아들들은 장차 이스라엘의 열두 지파의 조상이 된다. 하나님께서는 그 조상을 두 여인의 갈등을 통해서 태어나게 하셨다. 이것은 하나님께서 아브라함과 이삭에게 하신 약속을 이루는 일이기도 하다. 하나님은 당신의 약속을 이루는 일에 사람의 시기와 갈등을 쓰기도 하신다.

역사 속에서 교회는 갈등하고 시기하며 싸웠다. 우리도 어떤 때는 동역자와 시기하고 갈등한다. 그런데 하나님은 당신의 구속 사역을 이루어 가시는 일에 그것을 쓰신다. 그렇다고 해서 우리의 갈등과 시기심을 정당화하는 것은 아니다. 다만 하나님께서는 그것을 쓰셔서 당신의 뜻을 이루신다는 점이 중요하다.

5. 야곱은 언제 고향으로 돌아가고자 합니까(25-26)? 그러나 라반은 어떻게 반응합니까(27-28)? 야곱은 라반에게 어떤 점을 강조합니까(29-30)? 야곱은 자신의 품삯을 어떻게 챙깁니까(31-43)? 그는 왜 이런 방법을 택했을까요?

25 "라헬이 요셉을 낳았을 때에 야곱이 라반에게 이르되 나를 보내어 내 고향 나의 땅으로 가게 하시되"

◇"요셉을 낳았을 때": 야곱은 전환점을 맞는다. 라헬이 마침내 아들을 낳았다. 이것은 라헬을 약속의 아내로 생각하는 근거이다. 야곱은 드디어 자기가 생각한 아내를 얻은 것이다. 이곳에 온 목적을 달성하였다. 그러므로 이제는 약속의 땅으로 돌아가야 한다.

26 "내가 외삼촌에게서 일하고 얻은 처자를 내게 주시어 나로 가게 하소서 내가 외삼촌에게 한 일은 외삼촌이 아시나이다"

◇"일하고 얻은 처자": 주인에게 아내를 얻은 종은 6년 뒤에 봉사를 그만

두고 떠날 수 있다. 그때는 아내와 자식을 남기고 떠나야 한다(출 21:3-6). 만일 그 종이 아내와 자식과 헤어지기를 원하지 않으면 노예로 남아 있어야 한다. 그러나 야곱은 법적 상태가 어떻든 간에, 자신의 몫을 챙기고 자유를 원한다. 라반은 무엇이라고 말하는가?

27 "라반이 그에게 이르되 여호와께서 너로 말미암아 내게 복 주신 줄을 내가 깨달았노니 네가 나를 사랑스럽게 여기거든 그대로 있으라"

◇"깨달았노니": 라반은 하나님께서 야곱에게 복을 주셨음을 깨달았다. 야곱의 삶을 하나님께서 함께하시고 인도하심을 알았다.

28 "또 이르되 네 품삯을 정하라 내가 그것을 주리라"

◇"품삯을 정하라": 야곱과 라반 사이에 약삭빠르고 꼼꼼한 거래행위가 나타난다. 라반은 품삯을 새로 정하여 야곱을 붙들고자 한다.

29 "야곱이 그에게 이르되 내가 어떻게 외삼촌을 섬겼는지, 어떻게 외삼촌의 가축을 쳤는지 외삼촌이 아시나이다"

30 "내가 오기 전에는 외삼촌의 소유가 적더니 번성하여 떼를 이루었으니 내 발이 이르는 곳마다 여호와께서 외삼촌에게 복을 주셨나이다 그러나 나는 언제나 내 집을 세우리이까"

◇"여호와께서 외삼촌에게 복을 주셨나이다": 여호와께서 야곱을 통해 라반을 축복하셨다. 야곱은 여호와께서 복을 주셨음을 강조한다.

31 "라반이 이르되 내가 무엇으로 네게 주랴 야곱이 이르되 외삼촌께서 내게 아무것도 주시지 않아도 나를 위하여 이 일을 행하시면 내가 다시 외삼촌의 양 떼를 먹이고 지키리이다"

32 "오늘 내가 외삼촌의 양 떼에 두루 다니며 그 양 중에 아롱진 것과 점 있는 것과 검은 것을 가려내며 또 염소 중에 점 있는 것과 아롱진 것을 가

려내리니 이같은 것이 내 품삯이 되리이다"

◇"내 품삯이 되리이다": 야곱은 자기 방법으로 품삯을 만들려고 한다.

33 "후일에 외삼촌께서 오셔서 내 품삯을 조사하실 때에 나의 의가 내 대답이 되리이다 내게 혹시 염소 중 아롱지지 아니한 것이나 점이 없는 것이나 양 중에 검지 아니한 것이 있거든 다 도둑질한 것으로 인정하소서"

34 "라반이 이르되 내가 네 말대로 하리라 하고"

35 "그 날에 그가 숫염소 중 얼룩무늬 있는 것과 점 있는 것을 가리고 암염소 중 흰 바탕에 아롱진 것과 점 있는 것을 가리고 양 중의 검은 것들을 가려 자기 아들들의 손에 맡기고"

36 "자기와 야곱의 사이를 사흘 길이 뜨게 하였고 야곱은 라반의 남은 양 떼를 치니라"

◇"라반의 남은 양 떼를 치니라": 야곱은 짐승 떼 중에서 다색(multicolored)으로 태어나면 자기 것으로 삼고자 한다. 속이는 자였던 라반은 야곱이 먼저 자신에게 속임수를 쓸까 봐 두려워한다. 라반은 자신이 짐승을 가르고 야곱이 어떤 다색의 동물도 갖지 못하도록 백색의 양과 검은색의 염소에게서 다색의 동물을 3일 걸리는 거리로 떼어놓는다. 이러한 예방조치로 야곱에게 피해를 주려 했던 계획은 오히려 라반에게 피해를 준다. 야곱은 ''선택 개량에 성공한다.

37 "야곱이 버드나무와 살구나무와 신풍나무의 푸른 가지를 가져다가 그것들의 껍질을 벗겨 흰 무늬를 내고"

◇"흰 무늬를 내고": 이전에 팥죽으로 에서를 이긴 것처럼 '흰 가지'로 '희다'라는 뜻인 라반을 이기려고 한다.

38 "그 껍질 벗긴 가지를 양 떼가 와서 먹는 개천의 물구유에 세워 양 떼를 향하게 하매 그 떼가 물을 먹으러 올 때에 새끼를 배니"

39 "가지 앞에서 새끼를 배므로 얼룩얼룩한 것과 점이 있고 아롱진 것을 낳은지라"

40 "야곱이 새끼 양을 구분하고 그 얼룩무늬와 검은 빛 있는 것을 라반의 양과 서로 마주보게 하며 자기 양을 따로 두어 라반의 양과 섞이지 않게 하며"

41 "튼튼한 양이 새끼 밸 때에는 야곱이 개천에다가 양 떼의 눈 앞에 그 가지를 두어 양이 그 가지 곁에서 새끼를 배게 하고"

42 "약한 양이면 그 가지를 두지 아니하니 그렇게 함으로 약한 것은 라반의 것이 되고 튼튼한 것은 야곱의 것이 된지라"

양과 염소 새끼의 색깔은 그들 어미가 짝짓기를 할 때 보는 것에 따라 결정된다. 강한 동물이 건강한 새끼를 낳고 그 반대도 그러하다. 건강한 동물은 잡종인데, 그들의 색깔 형성 형질은 그들이 함께 자랄 때 나타났다. 야곱은 자신의 꾀로 건강한 다색의 양과 염소를 많이 확보한다. 라반의 짐승은 순전히 검은색이거나 흰색을 지닌 약한 짐승이다. 양의 정상적인 색은 흰색, 염소는 검은색이다. 야곱의 노력은 대성공을 거둔다. 야곱의 성공은 주술적인 방법이나 미신적인 방법으로 이루어진 것이 아니다. 자신의 약속을 기억하신 하나님의 인도하심에 의한 것이다. 야곱은 하나님의 함께하심의 약속을 믿고 믿음으로 도전한 것이다.

43 "이에 그 사람이 매우 번창하여 양 떼와 노비와 낙타와 나귀가 많았더라"

◇"많았더라": 이렇게 하여 야곱은 아주 큰 부자가 되었다. 야곱은 가축 떼뿐만 아니라, 남종과 여종도 많았다. 야곱은 자신이 노력하여 부를 얻었다고 생각할까? 하나님께서 아브라함에게 주신 약속대로 그를 부자로 만드신 것이다.

6. 여호와께서 고민하는 야곱에게 어떤 방향을 주십니까(31:1-3)? 그는 아내들에게 자기가 고향으로 가야만 하는 이유를 어떻게 설명합니까(4-13)? 두 아내는 어떤 결단을 내립니까(14-16)? 야곱은 라반에게서 어떻게 떠납니까(17-21)?

1 "야곱이 라반의 아들들이 하는 말을 들은즉 야곱이 우리 아버지의 소유를 다 빼앗고 우리 아버지의 소유로 말미암아 이 모든 재물을 모았다 하는지라"

2 "야곱이 라반의 안색을 본즉 자기에게 대하여 전과 같지 아니하더라"

3 "여호와께서 야곱에게 이르시되 네 조상의 땅 네 족속에게로 돌아가라 내가 너와 함께 있으리라 하신지라"

◇"여호와께서 야곱에게": 여호와께서 야곱에게 방향을 주신다. "너는 네 조상의 땅 너의 친족에게로 돌아가라." 야곱은 떠날 때가 되었고, 돌아갈 때가 되었다.

4 "야곱이 사람을 보내어 라헬과 레아를 자기 양 떼가 있는 들로 불러다가"

5 "그들에게 이르되 내가 그대들의 아버지의 안색을 본즉 내게 대하여 전과 같지 아니하도다 그러할지라도 내 아버지의 하나님은 나와 함께 계셨느니라"

◇"하나님은 나와 함께 계셨느니라": 야곱은 하나님의 함께하심을 강조한다.

6 "그대들도 알거니와 내가 힘을 다하여 그대들의 아버지를 섬겼거늘"

7 "그대들의 아버지가 나를 속여 품삯을 열 번이나 변경하였느니라 그러나 하나님이 그를 막으사 나를 해치지 못하게 하셨으며"

◇"하나님이 그를 막으사": 야곱은 계속해서 하나님의 함께하심을 강조한다.

8 "그가 이르기를 점 있는 것이 네 삯이 되리라 하면 온 양 떼가 낳은 것이 점 있는 것이요 또 얼룩무늬 있는 것이 네 삯이 되리라 하면 온 양 떼가 낳은 것이 얼룩무늬 있는 것이니"

9 "하나님이 이같이 그대들의 아버지의 가축을 빼앗아 내게 주셨느니라"

◇"하나님이": 야곱은 아내들에게 하나님께서 자기와 함께하시고, 돌아가고자 하는 일에도 하나님의 인도하심이 있음을 말한다.

10 "그 양 떼가 새끼 밸 때에 내가 꿈에 눈을 들어 보니 양 떼를 탄 숫양은 다 얼룩무늬 있는 것과 점 있는 것과 아롱진 것이었더라"

11 "꿈에 하나님의 사자가 내게 말씀하시기를 야곱아 하기로 내가 대답하기를 여기 있나이다 하매"

12 "이르시되 네 눈을 들어 보라 양 떼를 탄 숫양은 다 얼룩무늬 있는 것, 점 있는 것과 아롱진 것이니라 라반이 네게 행한 모든 것을 내가 보았노라"

13 "나는 벧엘의 하나님이라 네가 거기서 기둥에 기름을 붓고 거기서 내게 서원하였으니 지금 일어나 이 곳을 떠나서 네 출생지로 돌아가라 하셨느니라"

◇"나는 벧엘의 하나님이라": 하나님은 야곱이 도망을 할 때 언약을 맺으셨다. 하나님은 20년이 지난 지금도 그 벧엘을 기억하신다. 하나님은 벧엘에서 맺은 언약을 기억하시고 반드시 이루신다.

◇"돌아가라": 하나님은 야곱을 돌려보내려고 하신다.

야곱은 왜 꿈에 대해서 말하는가? 그는 아내들의 마음을 알고자 한다. 아내들이 아버지 편인지, 남편 편인지를 분명히 하도록 결단을 촉구한다. 아내들이 자기가 고향으로 돌아가는 것을 하나님의 뜻으로 받아들이기를 원한다. 아내들은 무엇이라고 대답하는가?

14 "라헬과 레아가 그에게 대답하여 이르되 우리가 우리 아버지 집에서 무슨 분깃이나 유산이 있으리요"

15 "아버지가 우리를 팔고 우리의 돈을 다 먹어버렸으니 아버지가 우리를 외국인처럼 여기는 것이 아닌가"

◇"외국인처럼 여기는 것이 아닌가": 딸들은 아버지가 변했음을 고백한다.

16 "하나님이 우리 아버지에게서 취하여 가신 재물은 우리와 우리 자식의 것이니 이제 하나님이 당신에게 이르신 일을 다 준행하라"

◇"다 준행하라": 두 아내는 야곱 편이다. 그들도 하나님의 함께하심과 일하심을 인정하고 고백한다.

17 "야곱이 일어나 자식들과 아내들을 낙타들에게 태우고"

18 "그 모은 바 모든 가축과 모든 소유물 곧 그가 밧단아람에서 모은 가축을 이끌고 가나안 땅에 있는 그의 아버지 이삭에게로 가려 할새"

19 "그 때에 라반이 양털을 깎으러 갔으므로 라헬은 그의 아버지의 드라빔을 도둑질하고"

◇"드라빔": '가족신(father's household gods)'을 말한다. 5–7cm 길이의 작은 입상이다. 때로 장식품으로 몸에 가지고 다녔다. 가족을 보호했던 신상으로 가족이 숭배했다.

그녀는 이것을 왜 훔쳤을까? 다산을 보장하고 수호신의 역할을 하였다. 그녀는 집을 떠나는 것에 대해서 확신이 없었다. 그녀는 그것이 자기를 지켜 주는 보호자가 되기를 바랐다. 그녀는 그것을 일종의 '성 크리스토퍼(여행자의 수호신)'로 생각하였다.

20 "야곱은 그 거취를 아람 사람 라반에게 말하지 아니하고 가만히 떠났더라"

21 "그가 그의 모든 소유를 이끌고 강을 건너 길르앗 산을 향하여 도망한 지"

◇"도망한지": 야곱은 조용히 도망한다. 고향을 도망쳤던 야곱은 다시 라반으로부터 도망친다. 그는 계속해서 도망자 신세이다. 이런 모습을 통하여 하나님께서 야곱의 생애를 이끌고 있음을 보여준다. 하나님은 그런 야곱을 어떻게 보호하시는가?

7. 하나님은 도망치는 야곱을 어떻게 보호하십니까(22-30)? 야곱은 라반을 얼마나 심하게 몰아세웁니까(31-41)? 어떻게 빈손으로 온 야곱이 번성함으로 돌아갈 수 있습니까(42)? 하나님은 야곱을 왜 그토록 축복하실까요? 라반은 야곱과 어떤 언약을 세웁니까(43-55)?

22 "삼 일 만에 야곱이 도망한 것이 라반에게 들린지라"

23 "라반이 그의 형제를 거느리고 칠 일 길을 쫓아가 길르앗 산에서 그에게 이르렀더니"

◇"칠 일 길을 쫓아가": 라반은 야곱이 도망한 지 10일째 되는 날 약 400km를 쫓았다. 그는 하루에 약 70km의 속도로 추격했다. 라반은 맹렬한 분노로 불타고 있다. 그러나 하나님께서 그를 어떻게 인도하시는가?

24 "밤에 하나님이 아람 사람 라반에게 현몽하여 이르시되 너는 삼가 야곱에게 선악간에 말하지 말라 하셨더라"

◇"하나님이": 하나님께서 도망치는 야곱을 보호하신다. 하나님의 보호가 없다면 야곱은 위험에 빠지고 만다. 하나님은 벧엘에서 하신 약속을 지키신다.

25 "라반이 야곱을 뒤쫓아 이르렀으니 야곱이 그 산에 장막을 친지라 라반이 그 형제와 더불어 길르앗 산에 장막을 치고"

26 "라반이 야곱에게 이르되 네가 나를 속이고 내 딸들을 칼에 사로잡힌 자 같이 끌고 갔으니 어찌 이같이 하였느냐"

27 "내가 즐거움과 노래와 북과 수금으로 너를 보내겠거늘 어찌하여 네가 나를 속이고 가만히 도망하고 내게 알리지 아니하였으며"

28 "내가 내 손자들과 딸들에게 입 맞추지 못하게 하였으니 네 행위가 참으로 어리석도다"

◇"입 맞추지 못하게": 라반은 야곱이 떠나면서 적절한 절차를 밟지 않았음을 지적한다.

29 "너를 해할 만한 능력이 내 손에 있으나 너희 아버지의 하나님이 어제 밤에 내게 말씀하시기를 너는 삼가 야곱에게 선악 간에 말하지 말라 하셨느니라"

30 "이제 네가 네 아버지 집을 사모하여 돌아가려는 것은 옳거니와 어찌 내 신을 도둑질하였느냐"

31 "야곱이 라반에게 대답하여 이르되 내가 생각하기를 외삼촌이 외삼촌의 딸들을 내게서 억지로 빼앗으리라 하여 두려워하였음이니이다"

32 "외삼촌의 신을 누구에게서 찾든지 그는 살지 못할 것이요 우리 형제들 앞에서 무엇이든지 외삼촌의 것이 발견되거든 외삼촌에게로 가져가소서 하니 야곱은 라헬이 그것을 도둑질한 줄을 알지 못함이었더라"

◇"알지 못함이었더라": 야곱은 라헬이 훔친 사실을 몰랐다.

33 "라반이 야곱의 장막에 들어가고 레아의 장막에 들어가고 두 여종의 장막에 들어갔으나 찾지 못하고 레아의 장막에서 나와 라헬의 장막에 들어가매"

34 "라헬이 그 드라빔을 가져 낙타 안장 아래에 넣고 그 위에 앉은지라 라반

이 그 장막에서 찾다가 찾아내지 못하매"

◇"낙타 안장 아래에 넣고 그 위에 앉은지라": 이것은 드라빔을 모독하는 행위이다. 그래도 드라빔은 아무런 힘을 쓰지 못한다. 왜냐하면 본래 그것은 아무런 힘이 없기 때문이다. 상징적으로 드라빔의 무력한 모습을 보여주고 있다. 라반의 가족 신은 아무 일도 못한다. 그들은 생리 중에 있는 여인의 보호를 받아야 할 지경까지 이른다(31:15). 그 신의 형상은 상속권을 상징하지만 사건 변화에는 아무런 영향도 미치지 못한다. 그것은 복도 화도 내리지 못하고, 가지고 가야 할 물건에 지나지 않는다.

35 "라헬이 그의 아버지에게 이르되 마침 생리가 있어 일어나서 영접할 수 없사오니 내 주는 노하지 마소서 하니라 라반이 그 드라빔을 두루 찾다가 찾아내지 못한지라"

36 "야곱이 노하여 라반을 책망할새 야곱이 라반에게 대답하여 이르되 내 허물이 무엇이니이까 무슨 죄가 있기에 외삼촌께서 내 뒤를 급히 추격하나이까"

◇"야곱이 노하여 라반을 책망할새": 야곱이 반격한다. 라반을 몰아세운다.

37 "외삼촌께서 내 물건을 다 뒤져보셨으니 외삼촌의 집안 물건 중에서 무엇을 찾아내었나이까 여기 내 형제와 외삼촌의 형제 앞에 그것을 두고 우리 둘 사이에 판단하게 하소서"

38 "내가 이 이십 년을 외삼촌과 함께 하였거니와 외삼촌의 암양들이나 암염소들이 낙태하지 아니하였고 또 외삼촌의 양 떼의 숫양을 내가 먹지 아니하였으며"

39 "물려 찢긴 것은 내가 외삼촌에게로 가져가지 아니하고 낮에 도둑을 맞았든지 밤에 도둑을 맞았든지 외삼촌이 그것을 내 손에서 찾았으므로 내가 스스로 그것을 보충하였으며"

40 "내가 이와 같이 낮에는 더위와 밤에는 추위를 무릅쓰고 눈 붙일 겨를도 없이 지냈나이다"

41 "내가 외삼촌의 집에 있는 이 이십 년 동안 외삼촌의 두 딸을 위하여 십사 년, 외삼촌의 양 떼를 위하여 육 년을 외삼촌에게 봉사하였거니와 외삼촌께서 내 품삯을 열 번이나 바꾸셨으며"

◇"이십 년": 야곱은 라반을 위해 20년을 봉사했다. 두 딸을 위하여 14년, 외삼촌의 양 떼를 위하여 6년을 보냈다. 그러나 외삼촌은 품삯을 열 번이나 바꿨다.

42 "우리 아버지의 하나님, 아브라함의 하나님 곧 이삭이 경외하는 이가 나와 함께 계시지 아니하셨더라면 외삼촌께서 이제 나를 빈손으로 돌려보내셨으리이다마는 하나님이 내 고난과 내 손의 수고를 보시고 어제 밤에 외삼촌을 책망하셨나이다"

◇"아버지의 하나님, 아브라함의 하나님": 그는 하나님을 기억하고 증언한다. 이것은 야곱의 위대한 신앙고백이다. 야곱은 빈손으로 외삼촌에게 왔었다. 그리고 외삼촌은 야곱을 빈손으로 보내려고 한다. 하지만 하나님께서 그와 함께하셨다. 오늘의 번성은 하나님이 함께하심의 결과이다. 여기에는 야곱의 성숙한 신앙인의 모습이 담겨 있다.

◇"하나님이 내 고난과 내 손의 수고를 보시고": 야곱은 지난 20년 동안 고난과 수고를 감당했다. 현재의 번성은 어찌 보면 그의 고난과 수고의 대가라고 할 수 있다. 두 아내의 등쌀에 얼마나 많은 고난을 받았는가? 라반 때문에는 또 얼마나 많은 갈등을 겪어야 했는가? 또 더위와 추위 앞에서 양 떼를 먹이기 위해서 얼마나 애를 썼는가? 이런 고난과 수고를 그는 이겼다.

하지만 그는 그 모든 고난과 수고를 하나님이 보셨다는 사실을 고백한다. 하나님께서 보셨고, 함께하셨기 때문에 오늘의 번성을 이룰 수 있었다. 하나님은 야곱의 고난을 보시고 그가 정당한 대우를 받도록 도와주셨다. 야곱은 그가 라반과 함께 있어서 부자가 된 것이 아니다. 야곱이 그 많은 자식을 낳을 수 있었던 것도 아내들이 많아서가 아니다. 환난 날에 하나님의 은혜로우신 돌보심의 열매이다.

이 사실이 오늘 우리에게 주는 의미는 무엇일까? 오늘도 많은 사람은 정말 열심히 성실하게 일한다. 번성을 위하여 고난과 수고를 감당한다. 더위와 추위, 그리고 사람들과의 갈등의 현장에서 견디고 또 견딘다. 그리하여 '자수성가'를 이룬다. 하지만 그 '자수성가'가 기대만큼 많지 않다. 어떤 순간에 꿈이 좌절되고 망하는 경우가 많다. 번성을 원하나 빈손인 경우가 얼마나 많은가? 번성은 사람의 의지만으로 되는 것은 아니다. 노력만으로 되는 것은 아니다. 사람과 갈등하고 싸워서 이긴다고 해서 되는 것만은 아니다. 하나님께서 함께하셔야 된다. 고난과 수고를 하나님께서 보셔야 한다. 그러므로 '자수성가'가 아닌 주님의 도우심으로 번성하는 '주수성가'를 이루어야 한다.

그러면 하나님은 야곱을 왜 이토록 축복하실까? 하나님은 벧엘에서의 약속, 즉 야곱의 서원을 받으시고 지키신 것이다. 하나님은 벧엘에서 야곱과 함께하실 것이며, 어디로 가든지 그를 지키실 것이라고 약속하셨다. 하나님은 신실하신 분이다.

이렇게 하신 목적은 무엇인가? 구속 사역에 쓰기 위함이다. 믿음의 계승자로 쓰기 위함이다. 하나님은 우리의 기도를 받으시고 빈손으로 태어난 우리를 번성하게 하신다. 자녀도 번성하게 하시고, 재산도 번성하게 하신다. 그 목적은 우리로 잘 먹고 잘살게 하는 것은 아니다. 하나님의 생명 역사를 이루고, 구속 사역을 이루어 가기 위함이다. 세상에 대하여 하나님의 살아 계심과 그 영광을 드러내기 위함이다. 삶의 현장에서는 당장에 번성보다는 고난이 있다. 빈손 그대로 일 때도 있다. 그러나 벧엘의 하나님이 야곱을 번성하게 하신 것처럼 오늘 우리도 번성하게 하신다.

그러므로 우리는 어떻게 살아야 하는가? 삶의 현장에서 하나님의 손길을 의식하며 살아야 한다. 내가 번성을 이루려고 하기보다는 하나님께서 이루어주시도록 기도해야 한다. 우리 앞에는 언제나 희망과 두려움, 즉 번성과 빈손이 뒤섞여 있다. 하지만 나와 함께 하시는 하나님을 믿고 기도하면 번성을 경험하게 된다. 라반의 자세가 어떻게 달라졌는가?

43 "라반이 야곱에게 대답하여 이르되 딸들은 내 딸이요 자식들은 내 자식이요 양 떼는 내 양 떼요 네가 보는 것은 다 내 것이라 내가 오늘 내 딸들과 그들이 낳은 자식들에게 무엇을 하겠느냐"

44 "이제 오라 나와 네가 언약을 맺고 그것으로 너와 나 사이에 증거를 삼을 것이니라"

◇"언약을 맺고": 라반도 여호와를 인정하고 야곱과 언약을 맺으려 한다.

45 "이에 야곱이 돌을 가져다가 기둥으로 세우고"

46 "또 그 형제들에게 돌을 모으라 하니 그들이 돌을 가져다가 무더기를 이루매 무리가 거기 무더기 곁에서 먹고"

47 "라반은 그것을 여갈사하두다라 불렀고 야곱은 그것을 갈르엣이라 불렀으니"

◇"여갈사하두다": 아람어(Aramaic)로 '증거의 언덕(the heap of witness)'이라는 뜻이다.

◇"갈르엣": 히브리어(Hebrew)로 '증거의 언덕'이라는 뜻이다. 각각 자기 말로 표현했다.

48 "라반의 말에 오늘 이 무더기가 너와 나 사이에 증거가 된다 하였으므로 그 이름을 갈르엣이라 불렀으며"

49 "또 미스바라 하였으니 이는 그의 말에 우리가 서로 떠나 있을 때에 여호와께서 나와 너 사이를 살피시옵소서 함이라"

◇"미스바": '망보는 곳(watchpost)'이라는 뜻이다.

50 "만일 네가 내 딸을 박대하거나 내 딸들 외에 다른 아내들을 맞이하면 우리와 함께 할 사람은 없어도 보라 하나님이 나와 너 사이에 증인이 되시느니라 함이었더라"

51 "라반이 또 야곱에게 이르되 내가 나와 너 사이에 둔 이 무더기를 보라 또 이 기둥을 보라"

52 "이 무더기가 증거가 되고 이 기둥이 증거가 되나니 내가 이 무더기를 넘어 네게로 가서 해하지 않을 것이요 네가 이 무더기, 이 기둥을 넘어 내게로 와서 해하지 아니할 것이라"

◇"기둥": 라반은 기둥과 돌무더기가 딸들의 안전을 보증하고, 그의 영토를 보존하는 것에 대한 보증으로 삼았다.

53 "아브라함의 하나님, 나홀의 하나님, 그들의 조상의 하나님은 우리 사이에 판단하옵소서 하매 야곱이 그의 아버지 이삭이 경외하는 이를 가리켜 맹세하고"

◇"판단하옵소서": 라반은 아브라함의 하나님, 나홀의 하나님, 그들의 조상의 하나님이 둘 사이를 판단해 주도록 기도한다.

54 "야곱이 또 산에서 제사를 드리고 형제들을 불러 떡을 먹이니 그들이 떡을 먹고 산에서 밤을 지내고"

◇"제사를 드리고", "떡을 먹이니": 언약 체결의 과정에서 중요한 두 가지 요소이다. 함께 식사하는 것은 상호 인정과 용인을 뜻한다.

55 "라반이 아침에 일찍이 일어나 손자들과 딸들에게 입 맞추며 그들에게 축복하고 떠나 고향으로 돌아갔더라"

제27강

존재의 변화

◇본문 창세기 32:1-32
◇요절 창세기 32:28
◇찬송 286장, 214장

1. 야곱이 길을 갈 때 누가 그를 만납니까(1)? 야곱은 그들을 무엇이라고 부릅니까(2)? 야곱은 에서에게 왜 사자를 보냅니까(3-5)? 그는 에서로부터 왜 '은혜를 받고자' 할까요? 사자가 가지고 온 소식은 무엇입니까(6-7a)?

2. 야곱은 이 문제를 해결하기 위해서 어떤 예방조치를 취합니까(7b-8)? 동시에 그는 어떻게 기도합니까(9-12)? 기도한 후에 또 무엇을 합니까(13-21)? 이런 그의 모습에서 무엇을 배울 수 있을까요?

3. 야곱은 왜 밤에 가족과 소유를 얍복강 너머로 보냈을까요(22-23)? 그는 왜 홀로 남았을까요(24a)? '어떤 사람'은 야곱과 얼마 동안 씨름했으며, 그 결과는 어떠합니까(24b-25)? '그'가 야곱의 허벅지 관절을 친 데는 어떤 뜻이 있을까요?

4. 야곱은 가려고 하는 그 사람에게 왜 축복을 원합니까(26)? 야곱은 이름을 묻는 그 사람에게 무엇이라고 말합니까(27)? 그의 대답에는 어떤 뜻이 있을까요?

5. 그는 야곱의 이름을 어떻게 바꿔줍니까(28a)? 그 이유는 무엇입니까(28b)? 축복을 원하는 야곱에게 그 이름을 바꿔준 데는 어떤 뜻이 있을까요? 이 사실이 오늘 우리에게 주는 의미는 무엇입니까?

6. 야곱은 이 사건을 통하여 무엇을 깨닫습니까(29-30)? 야곱의 존재가 어떻게 변화되었습니까(31)? 이 사실이 후손에게 주는 의미는 무엇입니까(32)?

제27강

존재의 변화

◇본문 창세기 32:1-32
◇요절 창세기 32:28
◇찬송 286장, 214장

1. 야곱이 길을 갈 때 누가 그를 만납니까(1)? 야곱은 그들을 무엇이라고 부릅니까(2)? 야곱은 에서에게 왜 사자를 보냅니까(3-5)? 그는 에서로부터 왜 '은혜를 받고자' 할까요? 사자가 가지고 온 소식은 무엇입니까(6-7a)?

1 "야곱이 길을 가는데 하나님의 사자들이 그를 만난지라"

◇"야곱이 길을 가는데": 야곱은 외삼촌 라반의 집에서 20년 동안 생활한 후에 가족과 재산을 가지고 고향으로 가고 있다(31:41).

◇"하나님의 사자들": 그들은 야곱이 벧엘에서 만났던 그 천사들(angeles)이다(28:12). 그 사자들은 과거에도 야곱과 함께하였고(28:15; 31:13), 라반의 모략에서 보호하였다(31:42).

왜 사자들이 야곱을 만난 것인가? 야곱은 생명을 구하기 위해서 에서로부터 빈손으로 도망쳤다. 그런데 이제는 하나님의 은혜로 부자가 되어 고향으로 돌아온다. 하나님의 사자는 하나님께서 약속하신 땅으로 돌아가게 할 것이라는 그 약속(28:15)을 확증한다. 사자들은 야곱을 보호하기 위한 여행자의 동료로서 함께 한다. 그러므로 사자들의 만남은, 하나님께서 야곱과 함께하시고, 그를 지켜신다는 표시이다.

하지만 '적대감을 지닌 만남'을 뜻하기도 한다. 야곱은 조금 후에 자신의 적수와 만나게 된다. 그는 얼마 전에는 라반을 만나서 다투었다. 그런데 이제는 다시 옛적의 적수를 만나서 다투어야 한다. 그 일을 위해서 그는 먼저 다른 '한 사람'과 만나서 다투어야 한다. 야곱은 그 사자들을 보고서 무엇이라고 말하는가?

2 "야곱이 그들을 볼 때에 이르기를 이는 하나님의 군대라 하고 그 땅 이름을 마하나임이라 하였더라"

◇"마하나임"(Mahanaim): '두 개의 진영들(two camps)'이라는 뜻이다.

여기에는 무슨 뜻이 있는가? 하나님의 군대가 야곱과 함께하고 있다. 지금 야곱은 그 하나님을 깨닫고 있다. 하나님께서 그를 지켜 주신다. 그러므로 그는 두려워하지 않아도 된다. 하지만 그는 현실에서는 어떠한가?

3 "야곱이 세일 땅 에돔 들에 있는 형 에서에게로 자기보다 앞서 사자들을 보내며"

4 "그들에게 명령하여 이르되 너희는 내 주 에서에게 이같이 말하라 주의 종 야곱이 이같이 말하기를 내가 라반과 함께 거류하며 지금까지 머물러 있었사오며"

◇"내 주 에서", "주의 종 야곱": 야곱은 에서를 '주'로, 자신을 '종'으로 표현한다. 그는 형에게 깍듯이 예우를 표현한다. 이런 그의 모습은 지금까지 그가 얻으려고 애썼던 모습과는 다르다. "큰 자가 작은 자를 섬긴다."라고 하였는데, 오히려 작은 자 야곱이 큰 자 에서를 섬기고 있다.

5 "내게 소와 나귀와 양 떼와 노비가 있으므로 사람을 보내어 내 주께 알리고 내 주께 은혜 받기를 원하나이다 하라 하였더니"

◇"소와 나귀와 양 떼와 노비가 있으므로": 야곱은 자신의 재산 목록을 보

여준다. 그는 재산을 통해 형의 마음을 움직이려고 한다.

◇"은혜 받기를 원하나이다": 야곱은 에서로부터 은혜를 받고자 한다. 즉 에서의 마음을 풀고자 한다. 이것이 야곱이 에서에게 사자를 먼저 보낸 목적이다.

야곱은 왜 에서에게 은혜를 받으려고 하는가? 야곱은 부자가 되었다. 아내와 아들도 많다. 그러나 에서와 관계가 회복되지 않으면 그 모든 것이 의미가 없다. 그는 에서에게 상처를 주었다. 이제는 그 상처를 싸매주고 관계를 회복해야 한다. 야곱은 전에는 이 점에 대해서 문제의식이 없었다. 자기가 얻고 싶은 것을 얻으면 그만이었다. 자기중심적이고 이기적이었다. 그러나 막상 현실에서 부딪혀보니 달랐다. 상대를 생각해야 하고, 상대와 관계성을 회복하지 않고서는 자기 자신의 삶이 아무것도 아님을 알았다. 따라서 그는 상대와 깨진 관계성을 회복하는 데 힘을 쏟는다. 야곱의 사자들은 야곱에게 무엇을 보고하는가?

6 "사자들이 야곱에게 돌아와 이르되 우리가 주인의 형 에서에게 이른즉 그가 사백 명을 거느리고 주인을 만나려고 오더이다"

◇"사백 명": 에서는 400명을 거느리고 오고 있다. 400명은 큰 숫자이다. 에서는 세일의 호리 족속을 지배했기 때문에 큰 군대를 가지고 있었다. 그의 군대는 그의 아내와 연결된 가나안 사람과 이스마엘 사람을 포함했을 것이다. 야곱은 그들을 에서의 특공대로 생각할까, 아니면 위풍당당하게 동생을 환영하는 자들로 생각할까? 긴장감이 고조되고 있다. 야곱의 마음은 어떠한가?

7 a "야곱이 심히 두렵고 답답하여..."

◇"두렵고 답답하여": 야곱은 에서에 대해서 매우 두려워한다. 야곱은 에서가 적대적으로 접근하는 것으로 판단한다. 그는 이 문제를 어떻게 해결하려고 하는가?

2. 야곱은 이 문제를 해결하기 위해서 어떤 예방조치를 취합니까(7b-8)? 동시에 그는 어떻게 기도합니까(9-12)? 기도한 후에 또 무엇을 합니까(13-21)? 이런 그의 모습에서 무엇을 배울 수 있을까요?

7b "… 자기와 함께 한 동행자와 양과 소와 낙타를 두 떼로 나누고"

◇"두 떼": 야곱은 자기 일행과 양 떼와 소 떼와 낙타 떼를 두 패로 나누었다. 왜 그렇게 했는가?

8 "이르되 에서가 와서 한 떼를 치면 남은 한 떼는 피하리라 하고"

◇"피하리라": 에서가 와서 한 패를 치면 나머지 한 패라도 피하게 해야겠다는 속셈이었다.

이런 야곱에게는 어떤 모습이 나타나 있는가? 옛사람의 모습이 아직도 남아 있다. 그는 민첩하고 계산을 잘하고 조심성 깊은 성품이다. 야곱은 최악의 사태가 닥칠 것을 두려워하고 파국을 피하면서 형을 설득하려고 온갖 노력을 한다. 그는 두렵다고 하여 아무것도 하지 못하는 무력감에 빠지지는 않는다. 적어도 무언가를 시도한다. 그는 가족과 소유를 둘로 나누어 예방조치를 한다. 인간적 방법으로 에서의 환심을 사고자 하여 자기보다 한발 앞서 그에게 많은 선물을 보냈다. 야곱은 또 무엇을 하는가?

9 "야곱이 또 이르되 내 조부 아브라함의 하나님, 내 아버지 이삭의 하나님 여호와여 주께서 전에 내게 명하시기를 네 고향, 네 족속에게로 돌아가라 내가 네게 은혜를 베풀리라 하셨나이다"

◇"야곱이 또 이르되": 야곱은 하나님께 기도한다. 이 모습은 야곱의 변화된 새 모습이다. 벧엘을 떠난 후에 야곱이 드리는 첫 번째 기도이다. 그는 자기의 노력만으로 충분하지 않음을 알고 하나님께 도움을 청한다. 그는 무엇이라고 기도하는가?

◇"네 족속에게로 돌아가라 내가 네게 은혜를 베풀리라": 그는 할아버지

아브라함을 보살펴 주신 하나님, 아버지 이삭을 보살펴 주신 하나님, 고향 친족에게로 돌아가면 은혜를 베푸시겠다고 약속하신 그분, 즉 '벧엘의 하나님'(28:19)을 붙들고 도움을 청한다. 그는 자기가 현재 처해 있는 곤경이 하나님의 약속에 순종한 결과임을 강조한다.

10 "나는 주께서 주의 종에게 베푸신 모든 은총과 모든 진실하심을 조금도 감당할 수 없사오나 내가 내 지팡이만 가지고 이 요단을 건넜더니 지금은 두 떼나 이루었나이다"

◇"두 떼나 이루었나이다": 야곱은 하나님께서 자기에게 행하신 일을 강조한다. 그는 아무것도 없는 상태, 지팡이, 즉 빈손으로 시작하여 두 떼를 가진 부자가 되었다. 그가 지금 누리는 복은 자기의 노력의 열매가 아니라 하나님의 선물임을 고백한다.

11 "내가 주께 간구하오니 내 형의 손에서, 에서의 손에서 나를 건져내시옵소서 내가 그를 두려워함은 그가 와서 나와 내 처자들을 칠까 겁이 나기 때문이니이다"

◇"간구하오니": 야곱은 이런 하나님, 이런 사실을 근거로 하여 기도한다.

◇"그를 두려워함은": 야곱은 에서가 자기에게 복수할 것을 두려워한다. 에서가 복수하면 야곱은 그대로 당해야 하기 때문이다. 자기 힘으로는 이길 수 없기 때문이다. 그는 하나님만이 자신을 도울 수 있음을 확신한다.

12 "주께서 말씀하시기를 내가 반드시 네게 은혜를 베풀어 네 씨로 바다의 셀 수 없는 모래와 같이 많게 하리라 하셨나이다"

◇"많게 하리라": 하나님은 야곱에게 그 자손을 헤아릴 수 없을 정도로 많이 주겠다고 약속하셨다(28:14; 22:17). 그는 하나님만이 후계자를 주실 수 있음을 믿고, 그 약속에 의지하여 기도한다. 기도한 후에 그는 또 무엇을 하는가?

13 "야곱이 거기서 밤을 지내고 그 소유 중에서 형 에서를 위하여 예물을 택하니"

◇"예물": '마음에 들도록 하는 선물', '소제의 예물', '소제물'로 번역한다. 이 단어는 '제의적 용어'이다. 야곱은 에서의 '감정을 풀어주려고', 즉 '속죄하려고' 한다. 야곱이 형과 화해하는 것은 하나님과 화해하는 것을 뜻한다. "에서에게 주는 이 예물을 통해서 하나님께서 받아주시고 내 죄를 용서해 주시오."라는 뜻이다. 죄란 본질에서 하나님께 짓는 것이기 때문이다. 하나님과 화해가 이루어지지 않고서는 사람과의 화해도 이루어지지 못한다. 그런데 '예물(מִנְחָה, *minhah*)'이라는 단어는 '두 진영(מַחֲנַיִם, *Mahanaim*)'과 언어유희를 이룬다.

형에게 예물을 보내려는 야곱을 통해 무엇을 생각할 수 있는가? 그는 기도한 후에 다시 계획을 세운다. 계획을 세우고 기도하고, 기도하고 계획을 세운다. 야곱의 복합적인 양면성을 보여준다. 야곱은 자신이 할 수 있는 모든 수단과 방법을 다해 에서를 설득하려고 노력한다. 그 예물이 어느 정도인가?

14 "암염소가 이백이요 숫염소가 이십이요 암양이 이백이요 숫양이 이십이요"

15 "젖 나는 낙타 삼십과 그 새끼요 암소가 사십이요 황소가 열이요 암나귀가 이십이요 그 새끼 나귀가 열이라"

예물의 숫자는 580이다. 이것은 적은 수가 아니다. 야곱이 에서에게 이 정도의 짐승을 줄 수 있다는 것은 그가 그만큼 부자임을 보여주는 것이다. 동시에 그는 어찌하든지 에서와 화해하려고 애쓰고 있다.

16 "그것을 각각 떼로 나누어 종들의 손에 맡기고 그의 종에게 이르되 나보다 앞서 건너가서 각 떼로 거리를 두게 하라 하고"

◇"나보다": '나의 얼굴보다'라는 뜻이다. 20절의 '대면', 21절의 '그에 앞서'라는 단어도 '얼굴'이라는 뜻을 강조한다. 그리고 '브니엘' 곧 '하나님

의 얼굴'에서 절정을 이룬다.

17 "그가 또 앞선 자에게 명령하여 이르되 내 형 에서가 너를 만나 묻기를 네가 누구의 사람이며 어디로 가느냐 네 앞의 것은 누구의 것이냐 하거든"

18 "대답하기를 주의 종 야곱의 것이요 자기 주 에서에게로 보내는 예물이오며 야곱도 우리 뒤에 있나이다 하라 하고"

19 "그 둘째와 셋째와 각 떼를 따라가는 자에게 명령하여 이르되 너희도 에서를 만나거든 곧 이같이 그에게 말하고"

20 a "또 너희는 말하기를 주의 종 야곱이 우리 뒤에 있다 하라 하니…"

◇"우리 뒤에 있다": 야곱의 종들은 에서를 만나면 같은 말을 해야 한다. 에서는 다섯 차례나 같은 말을 듣게 된다. 야곱은 왜 이렇게까지 하는가?

20 b "이는 야곱이 말하기를 내가 내 앞에 보내는 예물로 형의 감정을 푼 후에 대면하면 형이 혹시 나를 받아 주리라 함이었더라"

◇"내 앞에", "감정", "대면하면", "나를": '얼굴'이라는 표현을 반복하면서 강조하고 있다: '앞에(פְּנֵיִם, *panim*, 얼굴)', '감정(פְּנֵיִם, 얼굴)', '대면(פְּנֵיִם, 얼굴과 얼굴)', '나(פָּנִים, 얼굴).' 야곱이 예물을 보내는 목적은 에서의 '얼굴'을 달래어 에서가 '자기 얼굴을 들게(용서)' 하기 위함이다.

21 "그 예물은 그에 앞서 보내고 그는 무리 가운데서 밤을 지내다가"

◇"앞서 보내고": 야곱은 선물을 그의 '얼굴'보다 앞서 보냈다. 하지만 그는 그날 밤 장막 안에서 머물렀다.

야곱의 인간적인 행동과 기도는 어떤 조화를 이루는가? 하나님을 믿지 못하는 것인가? 그는 아무 일도 하지 않은 것이 아니라 뭔가를 하고 있다. 그것은 그 믿음의 표현이었다. 물론 그의 믿음에는 두려움이 뒤섞여 있다. 하지만 할 수 있는 일이 있다면 최선을 다해야 하는 것이 중요하다. 그 밤에 그는 무엇을 하는가?

3. 야곱은 왜 밤에 가족과 소유를 얍복강 너머로 보냈을까요(22-23)? 그는 왜 홀로 남았을까요(24a)? '어떤 사람'은 야곱과 얼마 동안 씨름했으며, 그 결과는 어떠합니까(24b-25)? '그'가 야곱의 허벅지 관절을 친 데는 어떤 뜻이 있을까요?

22 "밤에 일어나 두 아내와 두 여종과 열한 아들을 인도하여 얍복 나루를 건널새"

◇"밤": 강을 건너기는 밤보다는 낮이 더 좋은데, 그는 왜 밤에 일어나서 강을 건넜을까?

◇"얍복 나루": 얍복 강은 요단 강의 물살이 빠른 지류로서, 서쪽으로 흐르다가 사해 북쪽 약 40km에서 요단강과 합류한다.

23 "그들을 인도하여 시내를 건너가게 하며 그의 소유도 건너가게 하고"

24 a "야곱은 홀로 남았더니..."

◇"홀로": 그는 홀로 남았다. 그는 강을 건넌 것인가, 아니면 건너지 않은 것인가? 그는 건넌 후에 다시 제자리로 돌아온 것인가? 어쨌든 그 혼자만 남았다.

그는 왜 홀로 남았는가? 그의 행동은 불합리하다. 그의 혼란스러운 심리 상태를 나타낸다. 지금 야곱의 마음은 밤이다. 심리적으로 불안하다. 지금까지는 아내들, 자식들, 재산들로 둘러싸여 있었다. 그래서 두려움을 잊고 살았다. 그런데 이제는 잊고 살 수가 없다. 이제는 이 문제를 해결하지 않으면 안 된다. 하지만 스스로 해결할 수 없다. 그래서 강을 건너지도 못하고, 잠을 자지도 못한다. 더욱 심각한 것은 이 문제를 야곱 스스로 해결하지 못한다는 점이다. 그때 무슨 일이 일어나는가?

24b "... 어떤 사람이 날이 새도록 야곱과 씨름하다가"

◇"어떤 사람": 그 정체를 정확하게 말하지 않는다.

◇"씨름하다": '맞붙어서 붙잡고 싸운다.'라는 뜻이다. 혼자 있는 야곱에게 정체를 알 수 없는 남자가 다가와서 먼저 공격했다. 먼저 싸움을 걸었다. 어떤 사람이 왜 와서 씨름할까? 야곱이 지금 직면한 문제를 해결해 주고자 함이다. 스스로 해결할 수 없기 때문이다. 그 결과는 어떠한가?

25 "자기가 야곱을 이기지 못함을 보고 그가 야곱의 허벅지 관절을 치매 야곱의 허벅지 관절이 그 사람과 씨름할 때에 어긋났더라"

◇"야곱을 이기지 못함을 보고": 야곱은 누구에게도 지지 않는다. 그 사람은 야곱을 어떻게 하는가?

◇"그가 야곱의 허벅지 관절을 치매": 그 사람은 야곱이 관절을 쳤다. 왜 관절을 쳤을까? 야곱이 지지 않는 사람이기는 해도 질 수밖에 없는 연약한 자임을 보여준다. '그 사람'은 야곱을 언제든지 칠 수 있다. 즉 야곱을 지게 할 수 있다. 그리고 야곱이 이 사실을 깨닫기를 원한다. 그때 야곱은 무엇을 하는가?

4. 야곱은 가려고 하는 그 사람에게 왜 축복을 원합니까(26)? 야곱은 이름을 묻는 그 사람에게 무엇이라고 말합니까(27)? 그의 대답에는 어떤 뜻이 있을까요?

26 "그가 이르되 날이 새려하니 나로 가게 하라 야곱이 이르되 당신이 내게 축복하지 아니하면 가게 하지 아니하겠나이다"

◇"날이 새려하니": 그 싸움은 밤새도록 계속했다.

◇"나로 가게 하라": 그 사람은 날이 새자 가려고 한다. 왜 그럴까? 자신의 신분을 숨기고자 한다. 그 사람은 하나님이시기 때문이다. 그 누구도 하

나님의 얼굴을 봐서는 안 된다. 그러나 야곱은 어떻게 하는가?

◇"내게 축복하지 아니하면 가게 하지 아니하겠나이다": 야곱은 축복을 원한다. 하나님의 도움에 대한 필요성을 절박하게 느끼고 있다. 야곱은 울며 하나님께 간구했다(호 12:4). 왜냐하면 복은 하나님한테서 와야 한다는 것을 인정하기 때문이다. 자기의 인간적인 의지나 노력으로는 한계가 있음을 깨달았기 때문이다. 그가 원하는 축복은 무엇인가? 에서와 쌓인 문제를 해결하는 것이다. 에서와 화해하는 것이다. 그 사람은 그에게 무엇을 묻는가?

27 "그 사람이 그에게 이르되 네 이름이 무엇이냐 그가 이르되 야곱이니이다"

◇"네 이름이 무엇이냐": 그 사람은 야곱을 다 알고 있기에 이름을 물어볼 필요가 없다. 그런데도 왜 물었을까? '이름'은 곧 그 사람의 인격, 존재를 대변한다. 그러므로 이름을 물음으로 그의 실존을 깨닫도록 한다. "도대체 넌 어떤 인간이냐?" "너는 지금까지 어떤 사람으로 살았느냐?"

◇"야곱이니이다": 그는 자신의 이름을 고백한다. 여기에는 어떤 뜻이 있을까? 야곱은 자기의 이름을 밝힘으로써 자신의 인격을 드러낸다. 자신의 이름을 밝히는 것은 그 삶의 고백이다. 죄의 고백이기도 하다. 그는 자기 이름을 말하면서 자신이 형을 속였다는 사실을 인정한다.

5. 그는 야곱의 이름을 어떻게 바꿔줍니까(28a)? 그 이유는 무엇입니까(28b)? 축복을 원하는 야곱에게 그 이름을 바꿔준 데는 어떤 뜻이 있을까요? 이 사실이 오늘 우리에게 주는 의미는 무엇입니까?

28 "그가 이르되 네 이름을 다시는 야곱이라 부를 것이 아니요 이스라엘이라 부를 것이니 이는 네가 하나님과 및 사람들과 겨루어 이겼음이니라"

◇"다시는 야곱이라 부를 것이 아니요": 그 사람은 야곱의 이름을 바꿔준

다. '야곱'은 '속이는 자'이다.

◇"이스라엘": 문자적으로는 '하나님(엘)이 다툰다.'라는 뜻이다.

◇"하나님과 및 사람들과 겨루어 이겼음이니라": '사람들'은 에서와 라반을 말한다. 야곱은 처음에는 에서와 겨루었고, 다음에는 라반과 겨루어 이겼다. 이제는 하나님과 겨루어 이겼다. 야곱을 이스라엘로 바꾸신 것은 그가 하나님과 사람들과 겨루어 이겼기 때문이다. 그러나 사실은 야곱이 이긴 것이 아니라 졌다.

그런데도 왜 이겼다고 말할까? 야곱이 자신의 내면 문제를 이겼다는 뜻이다. 그는 하나님과 씨름함으로써 에서와의 문제를 이겼다. 에서에 대한 두려움을 이겼다. 그래서 이겼다고 표현한 것이다.

축복을 원하는 야곱, 즉 에서와의 문제해결을 원하는 야곱에게 그 이름을 바꿔 준 데는 어떤 뜻이 있을까? 이름을 바꾸는 것은 존재의 변화를 말한다. 존재의 변화란 하나님과의 관계가 변화되었음을 말한다. 즉 새로운 피조물이 되었다는 뜻이다. 그는 '밤의 씨름'으로 새로운 존재로 다시 태어났다. 그동안 야곱은 '소유'를 위해서 살아왔다. 즉 자기가 원하는 것을 얻기 위해서 사람들과 겨루며 살아왔다. 그리고 얻었다. 하지만 평화가 없다. 두려움에 빠졌다. 그는 소유를 통하여 평화를 얻고 행복을 얻을 수 있다고 생각했을 것이다.

하나님께서는 그런 그에게 존재의 변화를 깨우쳐 주신다. 존재가 변화할 때 평화와 행복을 누릴 수 있기 때문이다. 우리가 성숙한 신앙인이 된다는 말도 결국은 존재가 바뀌는 것을 말한다. 내가 바뀌지 않으면 아무 소용이 없다. 내 존재가 바뀌면 세상이 바뀐다. 즉 내가 바뀌면 상대방이 바뀌고, 양이 바뀌고, 사회가 바뀐다. 이런 점에서 존재의 변화야말로 가장 큰 축복이다.

현대인은 어디에서 복을 찾는가? 소유의 변화인가? 존재의 변화인가? 보통의 사람은 소유의 변화를 위해서 일생 사람과 싸운다. 치열한 경쟁의 구도 속으로 파고든다. 그 싸움에서 이기지 못한 자들은 깊은 상처를 받고 그 때문에 좌절을 맛본다. 하지만 일부는 그 싸움에서 이긴 자들이 되어 뭔가를 얻는다. 그런데도 그 얻음 뒤에 알 수 없는 허무와 두려움이 파고든다. 가치관의 전환이 필요하다. 즉 사람의 진정한 행복은 소유의 변화가 아닌 존재의 변화에 있음을 인정해야 한다는 것이다.

그러면 어떻게 존재의 변화를 이룰 수 있는가!? 그것은 오직 하나님을 만남으로만 가능하다. 하나님께서 찾아오셔서 우리와 더불어 씨름해주실 때만이 가능하다. 하나님께서 찾아오셔서 씨름해주시면 누구든지 그 존재가 변화된다. 소유의 세계에서 벗어나 존재의 세계로 들어가게 되고, 그 깊은 맛과 멋을 누리게 된다.

6. 야곱은 이 사건을 통하여 무엇을 깨닫습니까(29-30)? 야곱의 존재가 어떻게 변화되었습니까(31)? 이 사실이 후손에게 주는 의미는 무엇입니까(32)?

29 "야곱이 청하여 이르되 당신의 이름을 알려주소서 그 사람이 이르되 어찌하여 내 이름을 묻느냐 하고 거기서 야곱에게 축복한지라"

◇"어찌하여 내 이름을 묻느냐": "생각해 봐라. 그러면 네가 그 답을 알게 될 것이다."라는 말로 들린다. 하나님과 동일시되는 '그 사람'은 자기의 이름이 남용되지 않도록 이름을 밝히지 않고 어둠 속에서 사라진다. 그는 얼굴과 얼굴을 맞대어 나타났지만, 자신을 표면에 드러내지는 않는다.

30 "그러므로 야곱이 그곳 이름을 브니엘이라 하였으니 그가 이르기를 내가 하나님과 대면하여 보았으나 내 생명이 보전되었다 함이더라"

◇"브니엘"(פְּנוּאֵל, *Peniel*): '얼굴(פָּנִים)'과 '하나님(אֵל)'에서 유래하였다. '하나님의 얼굴(face of God)'이라는 뜻이다. 야곱은 '한 사람'의 방문을 받고 그와 겨루었다. 그리고 그가 신적인 존재임을 깨달았다. 야곱은 아브라함이 그런 능력이 있는 '사람들'의 방문을 받은 적이 있었음(18장)

을 기억했을 것이다. 롯 역시 밤중에 그런 사람들을 영접했다(19장). 이 사람들은 '여호와의 나타나심' 가운데 하나이다.

◇"하나님과 대면하여 보았으나": 야곱은 자기가 하나님과 '얼굴과 얼굴을 마주 보았다.'라는 확신이 있다. 하나님을 보면 누구도 살아남지 못하였다. 그런데 야곱은 하나님을 만났음에도 불구하고 살았다. 그는 하나님께 자기 목숨을 구해 달라(32:10–13)고 기도하였는데, 기도가 이루어졌다. 야곱이 하나님을 직접 만났다는 것은 그가 에서를 똑바로 볼 수 있음을 뜻한다. 하나님으로부터 살아났다는 것은 에서로부터도 살아남을 의미한다. 그의 마음이 어떠한가?

31 "그가 브니엘을 지날 때에 해가 돋았고 그의 허벅다리로 말미암아 절었더라"

◇"해가 돋았고": 물리적 시간의 경과와 함께 야곱의 생애에서 새로운 시대가 밝았음을 보여준다. 야곱의 삶이 밤에서 아침으로 변했다.

◇"절었더라": 야곱이 그 밤에 겪은 만남의 실재성을 증언한다. 이것은 환상이나 꿈이 아니라 실제 사건이다. 야곱의 허벅지 관절이 이것을 증명한다. 야곱은 하나님의 얼굴을 직접 본 대가로 절면서 떠났다. 야곱은 하나님을 만나고 나서 그의 걸음걸이가 바뀐다. 이제 그는 하나님을 의지하지 않으면 안 된다. 자기를 온전히 믿기보다 하나님을 믿고 살아야 한다. 하나님은 우리가 하나님 없이는 아무것도 할 수 없음을 가르쳐 주신다(요 15:5).

32 "그 사람이 야곱의 허벅지 관절에 있는 둔부의 힘줄을 쳤으므로 이스라엘 사람들이 지금까지 허벅지 관절에 있는 둔부의 힘줄을 먹지 아니하더라"

◇"둔부의 힘줄을 먹지 아니하더라": 후손은 엉덩이의 힘줄을 먹지 않았다. 그것은 야곱이 만난 하나님을 삶 속에서 기억하는 것을 뜻한다. 곧 자신의 삶 속에서 함께하시는 하나님을 잊지 않는 길이다.

제28강

화해

◇본문 창세기 33:1-34:31
◇요절 창세기 33:11
◇찬송 410장, 412장

1. 야곱은 에서를 어떻게 맞이합니까(33:1-3)? '일곱 번 땅에 굽힌 것'은 무슨 뜻일까요? 에서는 야곱을 어떻게 맞이합니까(4)? 에서는 야곱에 대해서 어떤 마음을 갖고 있나요?

2. 야곱은 에서에게 가족을 어떻게 소개합니까(5-7)? 야곱은 에서에게 왜 가축을 보낸 겁니까(8)? 야곱은 형에게 왜 예물을 받도록 강권합니까(9-11)? 하나님의 은혜를 받은 야곱은 왜 에서의 은혜를 받고자 할까요? 에서가 예물을 받은 데는 어떤 뜻이 있을까요?

3. 야곱은 왜 에서와 같이 세일로 가지 않을까요(12-16)? 야곱은 세겜에 이르러 무엇을 합니까(17-20)? 여기에는 어떤 뜻이 있을까요?

4. 디나에게 무슨 일이 생깁니까(34:1-4)? 이에 대한 야곱의 반응이 어떠합니까(5)? 야곱의 아들들은 왜 근심하고 노합니까(6-7)?

5. 하몰은 야곱에게 어떤 협상카드를 제시합니까(8-12)? 야곱의 아들들은 어떤 속임수를 씁니까(13-24)? '할례'를 속임수로 사용한 데는 어떤 문제가 있습니까?

6. 제 삼일에 시므온과 레위는 무엇을 합니까(25-29)? 그들이 이런 일을 행한 명분은 무엇입니까(27, 31)? 그런데도 그들의 문제는 무엇입니까?

제28강

화해

◇본문　창세기 33:1-34:31
◇요절　창세기 33:11
◇찬송　410장, 412장

1. 야곱은 에서를 어떻게 맞이합니까(33:1-3)? '일곱 번 땅에 굽힌 것'은 무슨 뜻일까요? 에서는 야곱을 어떻게 맞이합니까(4)? 에서는 야곱에 대해서 어떤 마음을 갖고 있나요?

1 "야곱이 눈을 들어 보니 에서가 사백 명의 장정을 거느리고 오고 있는지라 그의 자식들을 나누어 레아와 라헬과 두 여종에게 맡기고"

◇"사백 명의 장정": 에서가 장정 400명을 거느리고 오고 있었다. 이것은 야곱에게 두려움을 주기에 충분한 상황이다.

◇"자식들을 나누어": 야곱은 에서가 자신을 공격할 것으로 생각한다. 그는 자식의 희생을 최소화하기 위해서 둘로 나눈다.

2 "여종들과 그들의 자식들은 앞에 두고 레아와 그의 자식들은 다음에 두고 라헬과 요셉은 뒤에 두고"

◇"뒤에 두고": 그는 요셉을 맨 뒤에 두었다.

여기에는 어떤 특징이 있는가? 야곱은 가족을 세 그룹으로 나누었다. 야곱은 가족을 자기에게 소중한 순서대로 정렬시킨다. 야곱은 자기가 좀 더 사랑하는 가족일수록 뒤에 세웠다. 이런 모습은 다른 가족에게 상처를 주었을 것이다. 그런 그의 모습에는 '움켜쥠'이 나타난다. 그는 얍복 강가에서 하나님을 만났지만, 아직도 마음속에 확신이 약하다.

3 "자기는 그들 앞에서 나아가되 몸을 일곱 번 땅에 굽히며 그의 형 에서에게 가까이 가니"

◇"그들 앞에서 나아가되": 야곱은 다리를 절뚝거리면서 조심스럽게 형에게 다가간다.

◇"일곱 번 땅에 굽히며": 어린 자가 큰 자에게 무릎을 꿇고 7번이나 절한다. 이것은 '종주(宗主, suzerain, 봉건 시대에 제후들 가운데 패권을 잡은 맹주)'에 대한 '봉신(封臣, vassal, 봉건 사회에서 봉토(封土)를 받은 신하)'의 행위이다. 이것은 위선과 굴복이 아니라 지난날의 잘못을 뉘우치며 화해를 간구하는 몸짓이다. 에서는 야곱을 어떻게 맞이하는가?

4 "에서가 달려와서 그를 맞이하여 안고 목을 어긋 맞추어 그와 입 맞추고 서로 우니라"

◇"우니라": 에서는 종주로서 봉신으로 자처하는 야곱을 껴안은 것이 아니다. 에서는 오랫동안 떨어져 있다가 만난 형제로서 야곱을 맞이한 것이다. 야곱은 에서가 400명의 군사를 이끌고 자기를 죽이려고 오는 줄 알았다. 하지만 에서는 야곱을 동생으로서 맞이한 것이다.

에서는 야곱에 대해서 어떤 마음을 갖고 있는가? 에서는 야곱에 대한 미움이 없어 보인다. 에서는 야곱을 따뜻하게 영접한다. 에서는 야곱을 용서하였다. 야곱만 혼자 지나치게 죄의식에 빠져 있었다. 에서는 야곱에게 무엇을 묻는가?

2. 야곱은 에서에게 가족을 어떻게 소개합니까(5-7)? 야곱은 에서에게 왜

가축을 보낸 겁니까(8)? 야곱은 형에게 왜 예물을 받도록 강권합니까(9-11)? 하나님의 은혜를 받은 야곱은 왜 에서의 은혜를 받고자 할까요? 에서가 예물을 받은 데는 어떤 뜻이 있을까요?

5 **"에서가 눈을 들어 여인들과 자식들을 보고 묻되 너와 함께 한 이들은 누구냐 야곱이 이르되 하나님이 주의 종에게 은혜로 주신 자식들이니이다"**

◇"하나님이 주의 종에게 은혜로 주신": 야곱은 자기 가족을 하나님께서 주신 선물이라고 고백한다. 그는 하나님의 주권을 인정한다. 그는 자신의 삶을 하나님 편에서 보고 있다. 그의 렌즈가 변한 것이다.

6 **"그 때에 여종들이 그의 자식들과 더불어 나아와 절하고"**

7 **"레아도 그의 자식들과 더불어 나아와 절하고 그 후에 요셉이 라헬과 더불어 나아와 절하니"**

8 **"에서가 또 이르되 내가 만난 바 이 모든 떼는 무슨 까닭이냐 야곱이 이르되 내 주께 은혜를 입으려 함이니이다"**

9 **"에서가 이르되 내 동생아 내게 있는 것이 족하니 네 소유는 네게 두라"**

◇"족하니": 에서는 야곱의 선물에 관심이 없다. 그도 부자이다.

10 **"야곱이 이르되 그렇지 아니하니이다 내가 형님의 눈앞에서 은혜를 입었사오면 청하건대 내 손에서 이 예물을 받으소서 내가 형님의 얼굴을 뵈온즉 하나님의 얼굴을 본 것 같사오며 형님도 나를 기뻐하심이니이다"**

◇"은혜"(חֵן, *chen*): '호의(favor)', '은혜(grace)'라는 뜻이다. 야곱은 에서가 자신을 동생으로서 호의를 베푼다면 예물을 받아달라는 것이다. 에서가 야곱을 정말로 용서했다면 그 표시로 예물을 받아달라는 것이다.

◇"예물"(מִנְחָה, *minchah*): '소제(meat offering)', '선물(present)'이라는

뜻이다. 여기에서는 '선물(gifts)'을 말한다.

◇"형님의 얼굴을 뵈온즉 하나님의 얼굴을 본 것 같사오며": 야곱은 에서의 얼굴을 하나님의 얼굴로 생각하고 있다.

◇"얼굴": '얼굴'은 '상대방에 대한 그 사람의 태도를 총체적으로 나타내는 기관'이다. 누군가를 만났을 때 호감이 생기지 않으면 순간적으로 표정이 어두워진다. 반면 누군가에 대해서 호감이 생기면 표정이 밝아진다. 야곱은 에서의 얼굴에서 하나님의 얼굴을 보았다. 즉 자신을 향한 형의 마음이 진짜 형의 마음임을 알았다. 야곱만 성품이 변화한 것은 아니고, 에서도 성품이 변했다. 야곱의 속임으로 하마터면 살인자가 될 뻔했던 에서는 이제 사랑스러운 형의 모습으로 나타났다. 야곱의 변화는 어디에서 왔는가?

11 "하나님이 내게 은혜를 베푸셨고 내 소유도 족하오니 청하건대 내가 형님께 드리는 예물을 받으소서 하고 그에게 강권하매 받으니라"

◇"하나님이": 야곱은 자신이 모은 재산과 모든 축복이 자신의 노력이 아니고 하나님이 주셨음을 인정한다. 자기도 먹고 사는 데는 지장이 없다는 것이다. 그러므로 형님께 드리는 예물을 받아달라는 것이다.

◇"예물"(בְּרָכָה, *beraka*): '복을 주는 것', '축복(blessing)'을 뜻한다. 10절에서의 '예물'은 '선물'을 말한다. 그러나 여기서 '예물'은 '나의 축복'이라는 뜻이다. 이것은 야곱이 오래전에 속임수로 에서의 축복을 거머쥐려고 했던 그 '축복'과 같은 용어이다. 야곱은 에서에게 단순하게 '선물'을 드리지 않고, 자신의 '축복'을 드린 것이다. 물론 이 말은 야곱이 에서에게 빼앗은 축복을 모두 돌려준다는 말은 아니다. 하나님의 축복을 인간이 되돌려 줄 수 없다.

야곱은 왜 에서에게 예물을 주려는 것인가!? 에서와 화해를 하고자 한다. 하나님께로부터 은혜를 받았지만 에서에게 은혜를 받지 못한다면 그 은혜는 의미가 없다. 하나님의 은혜는 에서의 은혜로 나타나야 한다. 즉 에서와 화해를 해야 한다. 그래야 진정한 은혜를 받았다고 말할 수 있다. 그런 점에서 예물은 화해의 표현이다. 에서가 예물을 받는다는 것은 야곱과 화해했다는 표현이다.

◇"받으니라": 에서는 받지 않아도 될 예물을 받는다.

여기에는 무슨 뜻이 있는가? 에서는 야곱과 화해를 표현한 것이다. 물론 그 모든 것 뒤에는 하나님의 손길이 있다. 즉 에서가 야곱과 화해한 것은 단순히 예물 때문이 아니다. 예물을 받은 것은 화해했다는 하나의 표시에 불과하다. 하나님께서 에서의 마음을 인도하셔서 화해하도록 도와주셨다. 이 사건은 이 말씀을 예증한다. "사람의 행위가 여호와를 기쁘시게 하면 그 사람의 원수라도 그와 더불어 화목하게 하시느니라"(잠 16:7). 하나님께서는 야곱에게 그 땅으로 안전하게 돌아가게 하실 것이라고 약속하셨다(28:15). 그 약속을 마침내 이루셨다. 야곱은 어디로 향하는가?

3. 야곱은 왜 에서와 같이 세일로 가지 않을까요(12-16)? 야곱은 세겜에 이르러 무엇을 합니까(17-20)? 여기에는 어떤 뜻이 있을까요?

12 "에서가 이르되 우리가 떠나자 내가 너와 동행하리라"

◇"동행하리라": 에서는 화해의 표시로 자신이 야곱의 길잡이가 되겠다고 자원한다.

13 "야곱이 그에게 이르되 내 주도 아시거니와 자식들은 연약하고 내게 있는 양 떼와 소가 새끼를 데리고 있은즉 하루만 지나치게 몰면 모든 떼가 죽으리니"

◇"죽으리니": 야곱은 형과 함께하려고 하지 않는다. 형의 제안을 에둘러 거절한다.

14 "청하건대 내 주는 종보다 앞서 가소서 나는 앞에 가는 가축과 자식들의

걸음대로 천천히 인도하여 세일로 가서 내 주께 나아가리이다"

◇"나아가리이다": 야곱이 세일로 직접 가겠다는 것은 아니다. 그는 미래에 자신의 땅에 정착하고 나서 형을 찾아가겠다는 뜻이다. 왜 야곱은 세일로 가려고 하지 않는가? 그 길은 자신의 맹세를 완성하는 데 방해가 되기 때문이다. 에서는 어떻게 하려고 하는가?

15 "에서가 이르되 내가 내 종 몇 사람을 네게 머물게 하리라 야곱이 이르되 어찌하여 그리하리이까 나로 내 주께 은혜를 얻게 하소서 하매"

◇"어찌하여 그리하리이까": 에서는 종들을 야곱에게 딸려 보내려고 한다. 그러나 야곱은 그 또한 거절한다. 야곱은 하나님의 보호하심에 의존하였기 때문에 에서 군사의 도움을 바라지 않는다.

16 "이 날에 에서는 세일로 돌아가고"

17 "야곱은 숙곳에 이르러 자기를 위하여 집을 짓고 그의 가축을 위하여 우릿간을 지었으므로 그 땅 이름을 숙곳이라 부르더라"

◇"숙곳": 요단강 동쪽에 있다.

18 "야곱이 밧단아람에서부터 평안히 가나안 땅 세겜 성읍에 이르러 그 성읍 앞에 장막을 치고"

19 "그가 장막을 친 밭을 세겜의 아버지 하몰의 아들들의 손에서 백 크시타에 샀으며"

◇"샀으며": 야곱은 가나안을 자기와 그 후손의 영원한 본향으로 간주했다는 뜻이다. 하나님께서는 야곱을 약속의 땅에 무사히 돌아오게 하셨다. 이로써 야곱의 요구를 들어주셨다(28:10-21). 하나님은 신실하신 분이시다.

20 "거기에 제단을 쌓고 그 이름을 엘엘로헤이스라엘이라 불렀더라"

◇"제단을 쌓고": 그는 아브라함이 처음으로 가나안에 들어갔을 때 세겜에서 그랬던 것처럼(12:6-7), 첫 번째 제단을 세웠다. 이 제단은 야곱의 희생 제물을 드리는 제단이다. 그리고 앞으로 태어날 야곱의 후예에게 제공하는 기념비이기도 하다.

◇"엘 엘로헤 이스라엘": '전능한 하나님은 이스라엘의 하나님이다.'라는 뜻이다. 야곱은 자신의 새 이름 이스라엘을 사용한다(32:29). 즉 얍복 강가에서 야곱에게 찾아와 씨름하신 그 하나님을 기억한다. 에서와 화해는 결국 그 하나님께서 약속하신 것을 이루신 열매임을 고백한 것이다. 그런데 그곳에서 무슨 일이 일어났는가?

4. 디나에게 무슨 일이 생깁니까(34:1-4)? 이에 대한 야곱의 반응이 어떠합니까(5)? 야곱의 아들들은 왜 근심하고 노합니까(6-7)?

1 "레아가 야곱에게 낳은 딸 디나가 그 땅의 딸들을 보러 나갔더니"

◇"디나": 약 열다섯 살에서 열여섯 살일 것이다. 세겜 여자들의 잔치가 열리자 그 지역에 대한 호기심에서 나들이를 나갔을 것이다.

2 "히위 족속 중 하몰의 아들 그 땅의 추장 세겜이 그를 보고 끌어들여 강간하여 욕되게 하고"

◇"추장 세겜": 부족사회의 통치자였다.

◇"욕되게 하고": 추장은 자기 땅의 처녀를 마음대로 취할 수 있었다.

3 "그 마음이 깊이 야곱의 딸 디나에게 연연하며 그 소녀를 사랑하여 그의 마음을 말로 위로하고"

◇"연연하여": '에 달라붙다(stick to)', '곁을 떠나지 않는다(keep close to)'라는 뜻이다. 그는 디나를 '매우 흠모하여 밀접한 관계를 이루고자

하는 욕망'으로 가득했다.

4 "그의 아버지 하몰에게 청하여 이르되 이 소녀를 내 아내로 얻게 하여 주소서 하였더라"

5 "야곱이 그 딸 디나를 그가 더럽혔다 함을 들었으나 자기의 아들들이 들에서 목축하므로 그들이 돌아오기까지 잠잠하였고"

◇"더럽혔다 함을 들었으나": 야곱은 디나가 몸을 더럽혔다는 말을 들었다. 그때 그의 아들들은 가축 떼와 함께 들에 있었다. 야곱은 아들들이 돌아올 때까지 이 일을 입 밖에 내지 않았다.

◇"잠잠하였고": 야곱이 아무 행동을 취하지 않은 것은 이해하기 어렵다. 만일 그녀가 라헬의 딸이었다면 그는 그 사태를 해결하는데 더 단호한 모습을 보였을 것이다. 야곱은 족장다움을 포기하고 있다.

6 "세겜의 아버지 하몰은 야곱에게 말하러 왔으며"

◇"말하러 왔으며": 하몰은 야곱에게 정식으로 결혼을 요청한다. 야곱의 아들들은 그 소식 앞에서 어떻게 하는가?

7 "야곱의 아들들은 들에서 이를 듣고 돌아와서 그들 모두가 근심하고 심히 노하였으니 이는 세겜이 야곱의 딸을 강간하여 이스라엘에게 부끄러운 일 곧 행하지 못할 일을 행하였음이더라"

◇"야곱의 아들들": 디나와 같은 엄마를 가진 오빠들이다. 그들은 몹시 화를 내고 있다.

◇"이스라엘": 하나님의 선택된 백성을 말한다. 야곱의 가정은 '이스라엘'이라는 이름 속에서 신성한 부름에 의해 하나님과 특별한 관계를 맺었다.

◇"부끄러운 일": 디나의 사건은 그들에게 부끄러운 일이다. 성적 범죄는 수치스러운 행동, 공동체 전체를 더럽히는 모독이고, 일어나서는 안 되

는 일이다. 하몰은 그들과 어떻게 협상하려고 하는가?

5. 하몰은 야곱에게 어떤 협상카드를 제시합니까(8-12)? 야곱의 아들들은 어떤 속임수를 씁니까(13-24)? '할례'를 속임수로 사용한 데는 어떤 문제가 있습니까?

8 "하몰이 그들에게 이르되 내 아들 세겜이 마음으로 너희 딸을 연연하여 하니 원하건대 그를 세겜에게 주어 아내로 삼게 하라"

9 "너희가 우리와 통혼하여 너희 딸을 우리에게 주며 우리 딸을 너희가 데려가고"

◇"통혼하여": 그들의 말과 행동은 그들의 성품을 드러낸다. 그런데 성경은 통혼을 금지한다(신 7:3).

10 "너희가 우리와 함께 거주하되 땅이 너희 앞에 있으니 여기 머물러 매매하며 여기서 기업을 얻으라 하고"

◇"기업을 얻으라": 하몰은 세겜과 디나의 통혼을 통해서 두 종족이 연합하기를 바란다. 야곱은 그 땅을 살 수 있어서 합법적으로 그곳에서 살 수 있다.

이 제안은 얼마나 매력적인가? 서로가 '상생(win-win)' 할 수 있기 때문이다. 우리 시대의 화두 중 하나가 '연합', '화해'와 '일치'이다. 더불어 사는 것이다. 어떤 점에서는 중요하지만 무조건 연합하는 것은 오히려 좋지 않을 수 있다. 왜냐하면 하나님의 백성은 '연합'보다도 순결을 지키는 일이 더 중요하기 때문이다. 세상과 일치하는 삶보다도 구별된 삶이 더 중요하기 때문이다.

에서와 야곱의 화해와 세겜과 야곱의 화해는 화해라는 말은 같다. 하지만 그것이 담고 있는 사상은 전혀 다르다. 세상적 화해는 피를 부를 수 있다. 하나님 안에서의 화해가 진정한 화해이다. 세겜은 어떤 제안을 하는가?

11 "세겜도 디나의 아버지와 그의 남자 형제들에게 이르되 나로 너희에게 은혜를 입게 하라 너희가 내게 말하는 것은 내가 다 주리니"

◇"다 주리니": 세겜은 야곱의 가족이 원하는 모든 것을 다 할 것이라고 말한다.

12 "이 소녀만 내게 주어 아내가 되게 하라 아무리 큰 혼수와 예물을 청할지라도 너희가 내게 말한 대로 주리라"

◇"말한 대로 주리라": 그는 디나만 데려올 수 있다면 어떤 조건도 다 들어주고자 한다. 그러나 야곱 아들들의 반응은 어떠한가?

13 "야곱의 아들들이 세겜과 그의 아버지 하몰에게 속여 대답하였으니"

◇"속여 대답하였으니": 그들은 세겜과 그의 아버지 하몰에게 속임수를 썼다.

◇"디나를 더럽혔음이라": 왜냐하면 그들이 디나를 욕보였기 때문이다.

14 "야곱의 아들들이 그들에게 말하되 우리는 그리하지 못하겠노라 할례 받지 아니한 사람에게 우리 누이를 줄 수 없노니 이는 우리의 수치가 됨이니라"

15 "그런즉 이같이 하면 너희에게 허락하리라 만일 너희 중 남자가 다 할례를 받고 우리 같이 되면"

16 "우리 딸을 너희에게 주며 너희 딸을 우리가 데려오며 너희와 함께 거주하여 한 민족이 되려니와"

17 "너희가 만일 우리 말을 듣지 아니하고 할례를 받지 아니하면 우리는 곧 우리 딸을 데리고 가리라"

◇"할례": 그들은 세겜에게 할례 받을 것을 제안한다.

이런 그들로부터 무엇을 생각할 수 있는가? 디나의 오빠들은 가나안 사람의 피와 선택된 백성의 피를 섞어서는 안 된다는 관점에서 반대하였다. 그들의 렌즈는 옳다. 그러나 세겜에게 할례를 요구하는 것은 잘못이다. 할례는 하나님의 언약 백성이 된다는 표징이기 때문이다. 이방인이 언약 백성이 되려면 먼저 신앙을 고백하고, 그 표현으로 할례를 받아야 한다. 하지만 오빠들은 세겜 사람에게 하나님의 백성으로서의 신앙고백을 요구하지 않고 다만 할례 행위를 요구하고 있다. 그것도 그들을 속이기 위해서 할례를 요구하였다. 이 점은 잘못이다. 그들은 거룩한 언약의 증표를 망령되이 취급한 죄를 범하였다. 그들은 자기 목적을 위해서 잘못된 수단을 선택한 것이다. 하몰과 세겜은 그 제안을 어떻게 받아들이는가!?

18 "그들의 말을 하몰과 그의 아들 세겜이 좋게 여기므로"

19 "이 소년이 그 일 행하기를 지체하지 아니하였으니 그가 야곱의 딸을 사랑함이며 그는 그의 아버지 집에서 가장 존귀하였더라"

◇"지체하지 아니하였으니": 그 젊은이는 시간을 지체하지 않고 실천했다. 그만큼 그는 디나를 사랑했다.

20 "하몰과 그의 아들 세겜이 그들의 성읍 문에 이르러 그들의 성읍 사람들에게 말하여 이르되"

21 "이 사람들은 우리와 친목하고 이 땅은 넓어 그들을 용납할 만하니 그들이 여기서 거주하며 매매하게 하고 우리가 그들의 딸들을 아내로 데려오고 우리 딸들도 그들에게 주자"

22 "그러나 우리 중의 모든 남자가 그들이 할례를 받음 같이 할례를 받아야 그 사람들이 우리와 함께 거주하여 한 민족 되기를 허락할 것이라"

23 "그러면 그들의 가축과 재산과 그들의 모든 짐승이 우리의 소유가 되지 않겠느냐 다만 그들의 말대로 하자 그러면 그들이 우리와 함께 거주하리라"

24 "성문으로 출입하는 모든 자가 하몰과 그의 아들 세겜의 말을 듣고 성문으로 출입하는 그 모든 남자가 할례를 받으니라"

◇"할례를 받으니라": 그 성읍의 모든 장정이 하몰과 그의 아들 세겜이 제안한 것을 좋게 여겼다. 그들은 모두 할례를 받았다.

6. 제 삼일에 시므온과 레위는 무엇을 합니까(25-29)? 그들이 이런 일을 행한 명분은 무엇입니까(27, 31)? 그런데도 그들의 문제는 무엇입니까?

25 "제 삼일에 아직 그들이 아파할 때에 야곱의 두 아들 디나의 오라버니 시므온과 레위가 각기 칼을 가지고 가서 몰래 그 성읍을 기습하여 그 모든 남자를 죽이고".

◇"아파할 때": 세겜 족속이 아파할 때 공격했다.

◇"시므온과 레위": 시므온, 레위, 그리고 디나는 야곱과 레아 사이에서 태어난 자녀들이다. 따라서 시므온과 레위가 그 일에 적극적이다.

26 "칼로 하몰과 그의 아들 세겜을 죽이고 디나를 세겜의 집에서 데려오고"

27 "야곱의 여러 아들이 그 시체 있는 성읍으로 가서 노략하였으니 이는 그들이 그들의 누이를 더럽힌 까닭이라"

◇"여러 아들": 야곱의 다른 아들들도 그 일에 함께했다. 그들은 냉혹하게 보복했다. 아들들의 정의에 대한 분노는 정당했지만 그 방법은 잔인하고 지나쳤다. 의인은 반드시 하나님과 그분의 언약을 존중하는 방법으로 정의를 추구하고 악을 대적해야 한다.

28 "그들이 양과 소와 나귀와 그 성읍에 있는 것과 들에 있는 것과"

29 "그들의 모든 재물을 빼앗으며 그들의 자녀와 그들의 아내들을 사로잡고 집 속의 물건을 다 노략한지라"

◇"노략한지라": 속임수는 살인과 약탈로 발전했다.

30 **"야곱이 시므온과 레위에게 이르되 너희가 내게 화를 끼쳐 나로 하여금 이 땅의 주민 곧 가나안 족속과 브리스 족속에게 악취를 내게 하였도다 나는 수가 적은즉 그들이 모여 나를 치고 나를 죽이리니 그러면 나와 내 집이 멸망하리라"**

◇"시므온과 레위": 야곱은 시므온과 레위를 나무랐다.

◇"나와 내 집이 멸망하리라": 야곱의 충격은 아들들이 살인했기 때문보다는 그 사회에서 아주 중요한 언약을 깨뜨렸기 때문이다.

31 **"그들이 이르되 그가 우리 누이를 창녀같이 대우함이 옳으니이까"**

◇"옳으니이까": 아들들은 아버지에게 자신의 정당성을 강조한다.

시므온과 레위의 문제는 무엇인가? 그들의 분노는 정당하다. 하지만 그 방법에 문제가 있다. 목적이 선하다고 해서 어떤 방법도 다 선한 것은 아니다. 목적과 방법은 같아야 한다. 후에 시므온과 레위는 정상적인 축복을 받지 못한다 (49:5-7). 그 축복을 유다에게 주었다. 어떤 이들은 시므온과 레위처럼 그들 자신의 거룩하지 못한 행동으로 자신은 물론이고 다른 신앙인에게 불신자의 분노를 사게 한다.

야곱의 문제는 무엇인가? 그는 영적 지도자이다. 그런데 그는 이방인에 의해서 더럽혀진 문제에 무관심하였다. 그는 시므온과 레위의 행동을 적극적으로 막지도 못하였다. 그는 단호함을 잃어버렸다. 그는 언약을 지키는 일에 전념하지 못하였다.

제29강

첫 믿음으로 돌아가라

◇본문 창세기 35:1-36:43

◇요절 창세기 35:3

◇찬송 310장, 301장

1. 하나님은 야곱에게 어떤 방향을 주십니까(35:1)? 야곱에게 '벧엘'은 어떤 곳입니까(28:19)? 왜 그 방향을 주실까요?

2. 야곱은 그 방향에 순종하기 위해서 먼저 어떤 신앙개혁을 합니까(2)? 왜 그런 개혁이 필요할까요? 그는 왜 벧엘로 올라가려고 합니까(3)? 그가 '첫 믿음으로 돌아가는 것'이 왜 중요합니까?

3. 그들은 자신들을 어떻게 정결하게 합니까(4)? 하나님은 벧엘로 올라가는 그들을 어떻게 도와주십니까(5)? 야곱은 벧엘에 이르러 무엇을 합니까(6-8)? '엘벧엘'이란 무슨 뜻입니까?

4. 하나님께서 야곱에게 다시 확인하도록 한 세 가지는 무엇입니까(9-12)? 여기에는 어떤 뜻이 있습니까? 그 하나님은 어떤 분이십니까(11a)? 야곱은 어떻게 응답합니까(14-15)?

5. 베냐민은 어떻게 태어납니까(16-18)? 장자 르우벤은 어떤 죄를 짓습니까(19-22)? 야곱의 아들은 몇 명이며, 언제, 어디로 돌아옵니까(23-27)? 여기에는 무슨 뜻이 있습니까?

6. 에서는 왜 야곱과 함께 살 수 없습니까(36:1-7)? 에서의 후손들은 어떠합니까(8-43)?

제29강

첫 믿음으로 돌아가라

◇본문 창세기 35:1-36:43
◇요절 창세기 35:3
◇찬송 310장, 301장

1. 하나님은 야곱에게 어떤 방향을 주십니까(35:1)? 야곱에게 '벧엘'은 어떤 곳입니까(28:19)? 왜 그 방향을 주실까요?

1 "하나님이 야곱에게 이르시되 일어나 벧엘로 올라가서 거기 거주하며 네가 네 형 에서의 낯을 피하여 도망하던 때에 네게 나타났던 하나님께 거기서 제단을 쌓으라 하신지라"

◇"하나님이 야곱에게": 야곱이 밧단아람에서 돌아온 후 10년이 지났다. 그러나 그는 자기의 맹세를 실천하기 위해서 벧엘로 올라가지 않았다.

◇"벧엘": 야곱이 에서의 낯을 피하여 도망하였을 때 하나님을 만났던 곳이다. 야곱이 20년 동안 살 수 있었던 믿음의 뿌리가 되었던 곳이다.

◇"올라가라": "그 하나님을 만나라." "처음 믿음을 회복하라." "하나님 앞에서 맹세했던 그 맹세를 지키라." 하나님은 야곱이 맹세를 더는 연기하지 못하도록 자극하신다. 하나님은 자기 백성의 영적 약속을 일깨워주신다.

하나님께서 그에게 왜 그런 방향을 주실까? 지금 야곱이 겪고 있는 문제의 원인이 여기에 있다고 보시기 때문이다. 그가 장소적으로는 세겜에 머물러 있는데 그 원인이 있다. 즉 그가 벧엘로 돌아가지 않은데 그 문제가 있다. 야곱은 벧엘에서 만났던 그 하나님을 잊어버렸다. 그러므로 그가 지금의 위기를 극복하려면 벧엘로 돌아가야 한다. 벧엘에서 만났던 그 하나님께로 돌아가야 한다. 그는 처음 가졌던 그 믿음을 회복해야 한다. 야곱은 그 방향 앞에서 어떻게 하는가?

2. 야곱은 그 방향에 순종하기 위해서 먼저 어떤 신앙개혁을 합니까(2)? 왜 그런 개혁이 필요할까요? 그는 왜 벧엘로 올라가려고 합니까(3)? 그가 '첫 믿음으로 돌아가는 것'이 왜 중요합니까?

2 "야곱이 이에 자기 집안 사람과 자기와 함께 한 모든 자에게 이르되 너희 중에 있는 이방 신상들을 버리고 자신을 정결하게 하고 너희들의 의복을 바꾸어 입으라"

◇"이방 신상들을 버리고": "버려라(Put away)." 라헬과 다른 사람들이 하란에서 가지고 나온 우상이 계속 존재했기 때문이다. 이런 모습은 야곱이 하나님께 전적으로 헌신하는 데 걸림돌이었다.

◇"자신을 정결하게 하고": "깨끗하게 하라(purify)." 이방 제의와 관련한 물건을 버림으로써 자신을 깨끗하게 해야 한다. 그들은 디나의 사건을 통해서 일어났던 일을 깨끗하게 치유를 받아야 한다.

◇"의복을 바꾸어 입으라": "바꾸라(change)." 새로운 삶의 모습을 표현한다. 옷은 내면의 표현이다.

왜 하나님을 만나는데 이런 준비를 해야 하는가? 하나님을 만날 때는 아무 준비 없이 만나면 아무 의미가 없기 때문이다. 즉 자신을 정결하게 하고 하나님을 만나야 하기 때문이다. '우상을 제거하고', '깨끗하게 하고', '옷을 갈아입는 것'은 여호와를 만나기 위한 기본자세이다. 하나님께 예배하기 위한 기본자세이다. 이런 자세를 갖출 때 하나님께 예배할 수 있다. 그리고 그 의미를 깨달을 수 있다. 준비를 마친 야곱은 무엇을 하는가?

3 "우리가 일어나 벧엘로 올라가자 내 환난 날에 내게 응답하시며 내가 가는 길에서 나와 함께 하신 하나님께 내가 거기서 제단을 쌓으려 하노라 하매"

◇"일어나 벧엘로 올라가자": 그는 일어나서 벧엘로 올라간다. 왜 올라가는가?

◇"제단을 쌓으려 하노라": 그는 제단을 쌓고자 한다. 그는 그곳에서 예배하고자 한다. 누구에게 예배하는가?

◇"응답하시며", "함께 하신 하나님": 그는 과거에 응답하시며 함께하신 하나님을 체험했다. 그분께 예배하고자 한다. 그 은혜를 기억하고 감사하고자 한다. 그분을 의지하고, 응답받고, 함께하심을 체험하고자 한다.

그가 왜 그분을 다시 만나려고 하는가? 그는 그동안 파란만장한 세월을 보냈다. 그런 삶의 소용돌이 속에서 하나님을 잊어버렸다. 왜냐하면 그는 현실에 만족했기 때문이다. 만족감이라는 괴물은 사람이 자신의 삶에 만족하여 살게 만든다. 하나님을 잊어버리게 만든다. 하지만 하나님은 그런 그를 잊지 않으셨다. 응답하셨고 함께 하셨다. 하나님은 신실하셨다. 그는 그 하나님을 만나려고 한다. 그 하나님의 그 은혜를 깨닫고자 한다. 그리고 그 언약을 되새기며 다신 한번 믿음의 길을 걷고자 한다.

오늘 우리에게 주는 의미는 무엇일까? 우리는 아직 목표가 이루어지지 않았는데도 불구하고 중간 지점에서 멈춰버릴 때가 있다. 안주하기 쉽다. 만족감에 빠지기 쉽다. 그러면 삶이 꼬인다. 어떻게 해야 하는가? 첫 믿음을 회복해야 한다. 즉 '나의 벧엘' 로 다시 올라가야 한다. 그리하여 내가 처음 인격적으로 만난 그 하나님, 내가 주님 앞에서 결단하고 맹세했던 그 약속을 지켜야 한다. 세속의 파도에 휩쓸려 방황하며 피곤할 때마다 우리는 각자의 벧엘로 돌아가서 하나님과 나누었던 첫 믿음의 밀어를 나눠야 한다. 침체의 늪에 빠진 자신을 구원해 주시도록 그분께 무릎을 꿇어야 한다. "벧엘로 올라가자!" 이 말은 과거 야곱의 때로부터 오늘에 이르기까지의 숱한 세월 동안 성도의 신앙 회복 운동의 '좌우명(Motto)' 이다.

야곱의 가족은 어떻게 정결하게 하는가?

3. 그들은 자신들을 어떻게 정결하게 합니까(4)? 하나님은 벧엘로 올라가는 그들을 어떻게 도와주십니까(5)? 야곱은 벧엘에 이르러 무엇을 합니까(6-8)? '엘벧엘'이란 무슨 뜻입니까?

4 "그들이 자기 손에 있는 모든 이방 신상들과 자기 귀에 있는 귀고리들을 야곱에게 주는지라 야곱이 그것들을 세겜 근처 상수리나무 아래에 묻고"

◇"묻고": 야곱은 그것들을 세겜 근처 상수리나무 밑에 묻었다.

5 "그들이 떠났으나 하나님이 그 사면 고을들로 크게 두려워하게 하셨으므로 야곱의 아들들을 추격하는 자가 없었더라"

◇"추격하는 자가 없었더라": 하나님께서 벧엘로 돌아가는 그들을 보호하신다. 야곱의 아들들이 엄청난 일을 저질렀기 때문에 원수가 많았다. 하지만 하나님의 뜻에 순종하여 살고자 하면 하나님께서 원수로부터 보호하신다.

6 "야곱과 그와 함께 한 모든 사람이 가나안 땅 루스 곧 벧엘에 이르고"

7 "그가 거기서 제단을 쌓고 그 곳을 엘벧엘이라 불렀으니 이는 그의 형의 낯을 피할 때에 하나님이 거기서 그에게 나타나셨음이더라"

◇"엘 벧엘"(אֵל בֵּית־אֵל, *엘베트엘*): '벧엘의 하나님'이라는 뜻이다. 그는 '벧엘의 하나님'을 다시 만났다. 첫 믿음을 회복하였다. 그때 무슨 일이 일어났는가?

8 "리브가의 유모 드보라가 죽으매 그를 벧엘 아래에 있는 상수리나무 밑에 장사하고 그 나무 이름을 알론바굿이라 불렀더라"

◇"알론바굿": '알론'은 '상수리나무', '바굿(바카)'는 '울다'라는 뜻이다.

'알론바굿(Allon-bacuth)'은 '눈물의 상수리나무(oak of weeping)'라는 뜻이다. 야곱은 그녀의 죽음을 슬퍼했다.

왜 슬퍼했을까? 어머니 리브가를 생각했을 것이다. 지난날을 돌아보며 어머니를 그리워했고, 또한 어머니가 이루고자 했던 그 구속 사역을 제대로 이루지 못함을 아쉬워하며 슬퍼했을 것이다. 그는 어머니가 이루고자 했던 그 구속 사역을 이루기 위해 앞으로 나간다. 하나님께서 야곱에게 무슨 말씀을 하시는가?

4. 하나님께서 야곱에게 다시 확인하도록 한 세 가지는 무엇입니까(9-12)? 여기에는 어떤 뜻이 있습니까? 그 하나님은 어떤 분이십니까(11a)? 야곱은 어떻게 응답합니까(14-15)?

9 "야곱이 밧단아람에서 돌아오매 하나님이 다시 야곱에게 나타나사 그에게 복을 주시고"

◇"복을 주시고": 하나님은 야곱이 맹세한 것을 성취하고 벧엘에서 제단을 쌓은 후에 다시 나타나신다. 30년이 흘렀다. 하나님께서 그에게 주신 복은 무엇인가?

10 "하나님이 그에게 이르시되 네 이름이 야곱이지마는 네 이름을 다시는 야곱이라 부르지 않겠고 이스라엘이 네 이름이 되리라 하시고 그가 그의 이름을 이스라엘이라 부르시고"

◇"이스라엘"(יִשְׂרָאֵל, *yisra'el*): '(אֵל, *엘*)'과 '(שָׂרָה, *사라*)'로 구성했다. 그 뜻은 '하나님과 겨루어서 이긴 자', '하나님과 더불어 힘을 얻어 강하게 된 자'(창 32:28)이다. 하나님은 브니엘에서 야곱의 이름을 이스라엘로 바꾸셨다. 그런데 이곳에서 다시 확인하신다. 하나님께서는 야곱에게 하신 약속을 반드시 이루신다는 사실을 다시 확신하신다. 그 약속의 핵심은 무엇인가?

11 "하나님이 그에게 이르시되 나는 전능한 하나님이라 생육하며 번성하라 한 백성과 백성들의 총회가 네게서 나오고 왕들이 네 허리에서 나오리라"

◇"나는 전능한 하나님이라": 하나님은 야곱에게 주신 약속을 반드시 지키실 수 있는 분이심을 강조한다. 하나님은 약속을 지킬 수 있는 모든 능력을 소유하신 분이다.

◇"생육하며 번성하라": 창조 때에 주셨던 그 복을 깨우쳐 준다(1:28). 이것은 모든 사람에게 주신 가장 기본적인 복이다.

◇"왕들이 네 허리에서 나오리라": 하나님의 약속의 첫 번째 핵심이다. 야곱 가문에서 왕들이 탄생한다. 야곱의 후손을 통하여 왕조가 형성된다. 야곱은 자기가 누구인가, 즉 하나님의 구속 사역에서 자기가 무슨 일을 해야 하는가, 혹은 어떤 존재인가를 놓쳐버렸다. 하나님께서 그 정체성을 회복하도록 도와주신다. 그는 평범한 아버지가 아니라 '믿음의 3대 조상'이라는 사실을 깨우쳐 주신다.

12 "내가 아브라함과 이삭에게 준 땅을 네게 주고 내가 네 후손에게도 그 땅을 주리라 하시고"

◇"땅": 하나님께서 아브라함과 이삭에게 준 땅을 야곱에게 주고 그 자손에게도 주신다. 하나님께서 약속하신 땅을 주신다는 내용이 두 번째 약속이다.

이 약속을 하신 데는 무슨 뜻이 있는가? 이 약속은 이미 벧엘에서 하셨다. 하나님께서는 야곱에게 벧엘에서 주셨던 그 약속을 다시 확인시키신다. 그렇게 하심으로써 그 약속을 반드시 지킨다는 사실을 확증한다. 그러므로 야곱도 그 약속을 붙들고 끝까지 믿음으로 살아야 한다. 야곱은 약속을 잊어서는 안 된다. 하나님은 무엇을 하시는가?

13 "하나님이 그와 말씀하시던 곳에서 그를 떠나 올라가시는지라"

14 **"야곱이 하나님이 자기와 말씀하시던 곳에 기둥 곧 돌기둥을 세우고 그 위에 전제물을 붓고 또 그 위에 기름을 붓고"**

◇"돌기둥을 세우고": 그는 30년 전에 했던 것처럼 돌기둥을 다시 세운다. 그는 하나님께서 주신 그 약속을 영접했다.

15 **"하나님이 자기와 말씀하시던 곳의 이름을 벧엘이라 불렀더라"**

◇"벧엘": '하나님의 집'이라는 뜻이다. 야곱은 하나님께 순종하여 벧엘로 왔다. 그곳에서 하나님을 다시 만났다. 그는 벧엘에서 처음 받았던 그 약속을 다시 간직한다. 처음 믿음을 회복했다.

오늘 우리에게는 어떻게 적용할 수 있을까? 삶의 현장에서 캠퍼스 목자로서, 성경 선생으로서 정체성을 놓쳐버릴 수 있다. 하나님은 우리가 그 정체성을 놓치지 않고 끝까지 그 길을 가기를 바라신다. 그런 중에 누가 태어났는가?

5. 베냐민은 어떻게 태어납니까(16-18)? 장자 르우벤은 어떤 죄를 짓습니까(19-22)? 야곱의 아들은 몇 명이며, 언제, 어디로 돌아옵니까(23-27)? 여기에는 무슨 뜻이 있습니까?

16 **"그들이 벧엘에서 길을 떠나 에브랏에 이르기까지 얼마간 거리를 둔 곳에서 라헬이 해산하게 되어 심히 고생하여"**

17 **"그가 난산할 즈음에 산파가 그에게 이르되 두려워하지 말라 지금 네가 또 득남하느니라 하매"**

18 **"그가 죽게 되어 그의 혼이 떠나려 할 때에 아들의 이름을 베노니라 불렀으나 그의 아버지는 그를 베냐민이라 불렀더라"**

◇"베노니": '내 고통 속의 아들(son of my trouble)'이라는 뜻이다. 라헬에게 있어서 아들의 출생은 고통의 경험이었다.

◇"베냐민": '행운의 아들', '오른손의 아들(son of my right hand)'이라는 뜻이다. 라헬이 고통 가운데 지어준 탄식의 이름과 대조 한다. 야곱은 벧엘에서 믿음을 회복했기 때문에 그 믿음의 눈으로 라헬의 죽음을 본다. 그리고 그 아들의 탄생을 본다. 믿음을 회복하면 나와 세상을 보는 '렌즈'가 달라진다.

19 **"라헬이 죽으매 에브랏 곧 베들레헴 길에 장사되었고"**

20 **"야곱이 라헬의 묘에 비를 세웠더니 지금까지 라헬의 묘비라 일컫더라"**

21 **"이스라엘이 다시 길을 떠나 에델 망대를 지나 장막을 쳤더라"**

22 **"이스라엘이 그 땅에 거주할 때에 르우벤이 가서 그 아버지의 첩 빌하와 동침하매 이스라엘이 이를 들었더라 야곱의 아들은 열둘이라"**

◇"동침하매": 르우벤의 행동은 도덕적인 죄를 범했을 뿐만 아니라 아버지의 권위에 대한 도전이었다. 그 행동은 그가 장자권을 잃는 계기가 된다. 그 결과 유다가 가족의 우두머리로 통치하는 권한을 얻었고, 요셉은 아버지 유산에 대한 두 배의 상속분을 에브라임과 므낫세의 두 아들을 통해 얻게 된다.

23 **"레아의 아들들은 야곱의 장자 르우벤과 그 다음 시므온과 레위와 유다와 잇사갈과 스불론이요"**

24 **"라헬의 아들들은 요셉과 베냐민이며"**

25 **"라헬의 여종 빌하의 아들들은 단과 납달리요"**

26 **"레아의 여종 실바의 아들들은 갓과 아셀이니 이들은 야곱의 아들들이요 밧단아람에서 그에게 낳은 자더라"**

이 사실을 통해서 무엇을 알 수 있는가? 야곱은 손에 지팡이만 가지고 브엘세바를 떠났다. 하지만 지금은 12명의 아들과 큰가솔과 많은 가축을 소유하고 돌아왔다. 왜냐하면 하나님께서 복을 주셨기 때문이다. 하나님은 아브라함과 이삭에게 하신 약속을 이스라엘을 통해 이루신다.

27 "야곱이 기럇아르바의 마므레로 가서 그의 아버지 이삭에게 이르렀으니 기럇아르바는 곧 아브라함과 이삭이 거류하던 헤브론이더라"

◇"이삭에게 이르렀으니": 야곱은 마침내 상속자가 되어 집으로 돌아왔다. 야곱에 대한 하나님의 약속이 이루어졌다.

28 "이삭의 나이가 백팔십 세라"

◇"백팔십 세": 이삭은 야곱이 헤브론으로 돌아온 후 12년을 더 살았다. 야곱의 나이를 108세라면, 이삭의 나이는 168세가 된다. 이삭은 이때로부터 12년을 더 살고 죽었다.

29 "이삭이 나이가 많고 늙어 기운이 다하매 죽어 자기 열조에게로 돌아가니 그의 아들 에서와 야곱이 그를 장사하였더라"

◇"에서와 야곱이 그를 장사하였더라": 형제간의 화해를 확인할 수 있다.

6. 에서는 왜 야곱과 함께 살 수 없습니까(36:1-7)? 에서의 후손들은 어떠합니까(8-43)?

1 "에서 곧 에돔의 족보는 이러하니라"

◇"에돔의 족보": '에돔'은 '붉다'라는 뜻이다. 에서는 에돔의 조상이다.

2 "에서가 가나안 여인 중 헷 족속 엘론의 딸 아다와 히위 족속 시브온의 딸인 아나의 딸 오홀리바마를 자기 아내로 맞이하고"

3 "또 이스마엘의 딸 느바욧의 누이 바스맛을 맞이하였더니"

4 "아다는 엘리바스를 에서에게 낳았고 바스맛은 르우엘을 낳았고"

5 "오홀리바마는 여우스와 얄람과 고라를 낳았으니 이들은 에서의 아들들이요 가나안 땅에서 그에게 태어난 자들이더라"

6 "에서가 자기 아내들과 자기 자녀들과 자기 집의 모든 사람과 자기의 가축과 자기의 모든 짐승과 자기가 가나안 땅에서 모은 모든 재물을 이끌고 그의 동생 야곱을 떠나 다른 곳으로 갔으니"

◇"다른 곳으로 갔으니": 에서는 아내들과 아들들과 딸들과 자기 집의 모든 사람과 집짐승과 또 다른 모든 짐승과 가나안 땅에서 얻은 모든 재산을 이끌고 야곱과는 떨어진 다른 곳으로 갔다. 그는 왜 그렇게 하였는가?

7 "두 사람의 소유가 풍부하여 함께 거주할 수 없음이러라 그들이 거주하는 땅이 그들의 가축으로 말미암아 그들을 용납할 수 없었더라"

◇"함께 거주할 수 없음이러라": 두 사람은 재산이 너무 많아서 함께 살 수 없었다. 그들은 화해했으나 현실 문제로 함께 살 수 없다.

8 "이에 에서 곧 에돔이 세일 산에 거주하니라"

9 "세일 산에 있는 에돔 족속의 조상 에서의 족보는 이러하고"

10 "그 자손의 이름은 이러하니라 에서의 아내 아다의 아들은 엘리바스요 에서의 아내 바스맛의 아들은 르우엘이며"

11 "엘리바스의 아들들은 데만과 오말과 스보와 가담과 그나스요"

12 "에서의 아들 엘리바스의 첩 딤나는 아말렉을 엘리바스에게 낳았으니 이

들은 에서의 아내 아다의 자손이며"

13 "르우엘의 아들들은 나핫과 세라와 삼마와 미사니 이들은 에서의 아내 바스맛의 자손이며"

14 "시브온의 손녀 아나의 딸 에서의 아내 오홀리바마의 아들들은 이러하니 그가 여우스와 얄람과 고라를 에서에게 낳았더라"

15 "에서 자손 중 족장은 이러하니라 에서의 장자 엘리바스의 자손으로는 데만 족장, 오말 족장, 스보 족장, 그나스 족장과"

16 "고라 족장, 가담 족장, 아말렉 족장이니 이들은 에돔 땅에 있는 엘리바스의 족장들이요 이들은 아다의 자손이며"

17 "에서의 아들 르우엘의 자손으로는 나핫 족장, 세라 족장, 삼마 족장, 미사 족장이니 이들은 에돔 땅에 있는 르우엘의 족장들이요 이들은 에서의 아내 바스맛의 자손이며"

18 "에서의 아내인 오홀리바마의 아들들은 여우스 족장, 얄람 족장, 고라 족장이니 이들은 아나의 딸이요 에서의 아내인 오홀리바마로 말미암아 나온 족장들이라"

19 "에서 곧 에돔의 자손으로서 족장 된 자들이 이러하였더라"

20 "그 땅의 주민 호리 족속 세일의 자손은 로단과 소발과 시브온과 아나와"

◇"세일 자손": 에돔 땅의 원주민도 종족별로 갈리는데 각 종족의 조상을 거슬러 올라가면 호리 사람인 세일의 아들들에게로 가서 닿는다. 세일의 자손에게서 나온 종족은 로단과 소발과 시브온과 아나와.

21 "디손과 에셀과 디산이니 이들은 에돔 땅에 있는 세일의 자손 중 호리 족속의 족장들이요"

22 "로단의 자녀는 호리와 헤맘과 로단의 누이 딤나요"

23 "소발의 자녀는 알완과 마나핫과 에발과 스보와 오남이요"

24 "시브온의 자녀는 아야와 아나며 이 아나는 그 아버지 시브온의 나귀를 칠 때에 광야에서 온천을 발견하였고"

◇"광야에서 온천을 발견하였고": 광야에서 온천을 발견한 사람은 아나이다.

25 "아나의 자녀는 디손과 오홀리바마니 오홀리바마는 아나의 딸이며"

26 "디손의 자녀는 헴단과 에스반과 이드란과 그란이요"

27 "에셀의 자녀는 빌한과 사아완과 아간이요"

28 "디산의 자녀는 우스와 아란이니"

29 "호리 족속의 족장들은 곧 로단 족장, 소발 족장, 시브온 족장, 아나 족장,"

30 "디손 족장, 에셀 족장, 디산 족장이라 이들은 그들의 족속들에 따라 세일 땅에 있는 호리 족속의 족장들이었더라"

31 "이스라엘 자손을 다스리는 왕이 있기 전에 에돔 땅을 다스리던 왕들은 이러하니라"

◇"왕이 있기 전에": 이스라엘에 왕이 아직 없을 때 다음과 같은 왕들이 차례로 에돔 땅을 다스렸다.

32 "브올의 아들 벨라가 에돔의 왕이 되었으니 그 도성의 이름은 딘하바며"

33 "벨라가 죽고 보스라 사람 세라의 아들 요밥이 그를 대신하여 왕이 되었고"

34 "요밥이 죽고 데만 족속의 땅의 후삼이 그를 대신하여 왕이 되었고"

35 "후삼이 죽고 브닷의 아들 곧 모압 들에서 미디안 족속을 친 하닷이 그를 대신하여 왕이 되었으니 그 도성 이름은 아윗이며"

36 "하닷이 죽고 마스레가의 삼라가 그를 대신하여 왕이 되었고"

37 "삼라가 죽고 유브라데 강변 르호봇의 사울이 그를 대신하여 왕이 되었고"

38 "사울이 죽고 악볼의 아들 바알하난이 그를 대신하여 왕이 되었고"

39 "악볼의 아들 바알하난이 죽고 하달이 그를 대신하여 왕이 되었으니 그 도성 이름은 바우며 그의 아내의 이름은 므헤다벨이니 마드렛의 딸이요 메사합의 손녀더라"

40 "에서에게서 나온 족장들의 이름은 그 종족과 거처와 이름을 따라 나누면 이러하니 딤나 족장, 알와 족장, 여뎃 족장,"

41 "오홀리바마 족장, 엘라 족장, 비논 족장,"

42 "그나스 족장, 데만 족장, 밉살 족장,"

43 "막디엘 족장, 이람 족장이라 이들은 그 구역과 거처를 따른 에돔 족장들이며 에돔 족속의 조상은 에서더라"

◇"에돔 족속의 조상은 에서더라": 종족의 이름이 각 종족이 살던 거주지의 이름이 되었다. 에돔 사람의 조상은 에서이다.

에서의 가족사가 주는 의미는 무엇인가? 첫째로, 에서는 결혼의 원칙을 어겼다.

그는 가나안 여인을 비롯한 이방 여인과 결혼하였다. 그는 믿음의 결혼, 즉 조상의 신앙 유산을 무시했다. 그것은 모세의 율법이 가르치는 원칙에서 벗어난 것이다(신 7:3). 에서는 이 원칙을 무시함으로써 선택을 받은 민족에서 떨어져 나가고 말았다. 에서의 가족사는 지금 가나안으로 들어가고 있는 후손에게 강력한 메시지를 주고 있다. "에서처럼 결혼하지 말고 하나님의 뜻 가운데서 결혼하라."

둘째로, 에서는 약속의 땅도 떠났다. 그는 약속의 자녀라는 정체성에서 벗어나서 살았다.

셋째로, 에서와 야곱이 함께 살지 못했다. 겉으로 볼 때는 풍성한 재물 때문이다. 그러나 두 사람 중 한 사람은 약속의 씨이지만 다른 한 사람은 약속의 씨가 아니어서 함께 할 수 없었다.

넷째로, 에서는 그런데도 복을 받았다. 이것은 리브가에게 주셨던 약속을 이루신 것이다. 하나님은 에서에게도 약속하셨고, 약속하신 그 복을 주셨다.

제30강

택함 받음과 미움

◇본문　창세기 37:1-36
◇요절　창세기 37:5
◇찬송　379장, 400장

1. 야곱이 가나안 땅에서 산 데는 어떤 뜻이 있습니까(1)? 야곱의 가족 이야기는 누구로부터 시작합니까(2a)? 요셉은 어떤 성품을 가졌습니까(2b)?

2. 야곱은 요셉을 어떻게 대합니까(3)? 아버지의 편애는 어떤 문제를 일으켰습니까(4a)? 그 미움이 어느 정도입니까(4b)?

3. 형들은 요셉을 왜 더욱 미워합니까(5)? 요셉이 꾼 꿈은 어떤 내용입니까(6-10)? 요셉의 꿈에 대한 형들과 아버지의 반응이 각각 어떠합니까(11)? 형들은 왜 시기할까요? 택함을 받은 요셉이 미움의 대상이 된 데는 어떤 뜻이 있을까요?

4. 야곱은 요셉에게 어떤 심부름을 시킵니까(12-14)? 요셉이 심부름을 감당하기에는 어떤 어려움이 있을까요? 하지만 그는 어떻게 감당합니까(15-17)?

5. 형들은 요셉을 보자 악한 짐승의 모습을 어떻게 드러냅니까(18-20, 23-25)? 르우벤은 어떤 제안을 합니까(21-22)? 유다는 르우벤의 계획을 어떻게 바꿉니까(26-28)? 르우벤의 슬픔이 어느 정도입니까(29-30)?

6. 형들은 아버지를 어떻게 속입니까(31-32)? 야곱은 이 소식을 듣고 얼마나 슬퍼합니까(33-35)? 요셉은 누구에게로 팔렸습니까(36)? 택함을 받은 요셉이 애굽으로 팔려 온 데는 어떤 뜻이 있을까요?

제30강

택함 받음과 미움

◇본문 창세기 37:1-36
◇요절 창세기 37:5
◇찬송 379장, 400장

1. 야곱이 가나안 땅에서 산 데는 어떤 뜻이 있습니까(1)? 야곱의 가족 이야기는 누구로부터 시작합니까(2a)? 요셉은 어떤 성품을 가졌습니까(2b)?

1 "야곱이 가나안 땅 곧 그의 아버지가 거류하던 땅에 거주하였으니"

◇"거주하였으니": 야곱은 마침내 약속의 자녀로서 약속의 땅에 정착한다. 하지만 아직도 여전히 그는 나그네로 살고 있다. 야곱조차도 할아버지와 아버지처럼 약속이 완전히 성취되기를 기다리고 있다. 야곱의 족보는 어떠한가?

2 "야곱의 족보는 이러하니라 요셉이 십칠 세의 소년으로서 그의 형들과 함께 양을 칠 때에 그의 아버지의 아내들 빌하와 실바의 아들들과 더불어 함께 있었더니 그가 그들의 잘못을 아버지에게 말하더라"

◇"족보": '가정의 이야기', '가문의 이야기'라는 뜻이다. 야곱 가족에 관한 이야기는 50:26까지 계속된다. 야곱 가족이 어떻게 애굽 땅에 이주하게

되었는지를 말한다. 야곱의 가족사는 누구로부터 시작하는가?

◇"요셉이 십칠 세의 소년으로서": 17세 소년 요셉이 빌하와 실바가 낳은 형들과 함께 양을 쳤다.

◇"아버지에게 말하더라": 그는 형들의 잘못을 아빠에게 일러바쳤다. 형들로부터 미움을 받게 된 출발점이다. 요셉의 성품을 긍정적으로 볼 수도 있고 부정적으로 볼 수도 있다. 긍정적으로는 순수하다고 할 수 있지만, 부정적으로는 자기중심적이라고 할 수 있다. 다른 사람에 대한 이해가 부족한 점도 있다. 이스라엘은 그런 요셉을 어떻게 대하는가?

2. 야곱은 요셉을 어떻게 대합니까(3)? 아버지의 편애는 어떤 문제를 일으켰습니까(4a)? 그 미움이 어느 정도입니까(4b)?

3 "요셉은 노년에 얻은 아들이므로 이스라엘이 여러 아들들보다 그를 더 사랑하므로 그를 위하여 채색옷을 지었더니"

◇"더 사랑하므로": 이스라엘은 요셉을 노년에 얻어서 여러 아들보다 그를 더 사랑했다. 요셉은 엄마를 일찍 잃었다.

◇"채색옷": '여러 색으로 지어진 외투'라는 말이다. 야곱이 요셉을 편애한 구체적인 증거이다. 이것은 소매가 있고 발까지 가리는 긴 옷이다. 다른 옷과 달랐다. 일종의 예복이었을 것이다. 일하지 않는 사람이 입는 사치스러운 옷이다. 아버지의 편애 앞에서 형들의 반응은 어떠한가?

4 "그의 형들이 아버지가 형들보다 그를 더 사랑함을 보고 그를 미워하여 그에게 편안하게 말할 수 없었더라"

◇"그를 미워하여": 요셉의 모난 성품과 아버지의 편애는 요셉을 미워하는 원인이었다. 아버지로부터 사랑받는 요셉은 형들로부터 미움의 대상이 된다.

◇"편안하게 말할 수 없었더라": '평안을 묻는 인사도 하지 않았다.' '인사말도 건네지 않았다.'라는 뜻이다. 요셉에 대한 미움은 그에게 인사도 하지 않을 정도로 적대적이었다. '사랑'과 '미움', 야곱 가족에 흐르고 있는 밑바닥의 정서이다. 야곱 가족의 갈등과 불안의 모습이다.

편애가 가족에게 미치는 영향이 어떠한가? 과거에 야곱은 아버지 이삭이 형을 편애하였기 때문에 속임수를 썼었다. 그는 20년 동안 도망자로 살았었다. 그런데 그런 야곱이 이제는 자식을 편애한다. 요셉은 아버지의 편애를 믿고 형들의 허물을 아버지에게 일러바쳤다. 아버지가 그런 요셉을 받아주기 때문에 그런 일을 하였다. 아버지가 분명한 자세를 가져야 했는데, 그렇지 못하다 보니 요셉이 자기중심적으로 자랐을 것이다. 형들은 편애하는 아버지 대신에 요셉을 미워한다. 이런 모습은 가인과 아벨에서도 나타났었다. 가인은 아벨을 더 사랑한 하나님을 미워한 것이 아니라 아벨을 미워하였다. 인간의 죄악 된 본성을 보여주고 있다. 어쨌든 편애는 가족에게 미움이라는 역기능을 낳는다. 형들은 요셉을 왜 더 미워하는가?

3. 형들은 요셉을 왜 더욱 미워합니까(5)? 요셉이 꾼 꿈은 어떤 내용입니까(6-10)? 요셉의 꿈에 대한 형들과 아버지의 반응이 각각 어떠합니까(11)? 형들은 왜 시기할까요? 택함을 받은 요셉이 미움의 대상이 된 데는 어떤 뜻이 있을까요?

5 "요셉이 꿈을 꾸고 자기 형들에게 말하매 그들이 그를 더욱 미워하였더라"

◇"꿈": 당시 사람은 꿈을 신과 교통하는 수단으로 여겼다. 하나님은 꿈을 통하여 당신의 메시지를 전달하신다.

◇"그를 더욱 미워하였더라": 형들은 요셉이 꾼 꿈 때문에 그를 더욱 미워하였다. 꿈의 내용 때문에 그를 더욱 미워한 것이다. 꿈의 내용은 무엇인가?

6 **"요셉이 그들에게 이르되 청하건대 내가 꾼 꿈을 들으시오"**

7 **"우리가 밭에서 곡식 단을 묶더니 내 단은 일어서고 당신들의 단은 내 단을 둘러서서 절하더이다"**

◇"절하더이다": 이것은 요셉이 형들을 다스리는 지도자가 된다는 사실을 말한다. 장차 요셉이 애굽에서 통치자가 되는 것을 뜻한다. 그러나 형들의 반응은 어떠한가?

8 **"그의 형들이 그에게 이르되 네가 참으로 우리의 왕이 되겠느냐 참으로 우리를 다스리게 되겠느냐 하고 그의 꿈과 그의 말로 말미암아 그를 더욱 미워하더니"**

◇"참으로 우리의 왕이 되겠느냐": 형들은 요셉이 정말 자신들을 다스리려 할 만큼 뻔뻔하지 의심한다.

◇"그를 더욱 미워하더니": 요셉의 꿈에 나타난 모습은 전통적인 사회질서에 대한 반역이다. 이것은 일반적인 사회적 질서가 아니다. 하지만 하나님은 동생이 형을 다스린다고 말씀하신다. 형들은 그를 더욱 미워할 수 밖에 없다. 요셉은 또 어떻게 하는가?

9 **"요셉이 다시 꿈을 꾸고 그의 형들에게 말하여 이르되 내가 또 꿈을 꾼즉 해와 달과 열한 별이 내게 절하더이다 하니라"**

◇"해와 달과 열한 별이 내게 절하더이다": 하늘의 형상들, 곧 해 달 별들을 포함한다. 모든 형제, 그리고 엄마 아빠까지도 요셉에게 절을 한다고 말한다. 아버지는 마침내 어떻게 반응하는가?

10 **"그가 그의 꿈을 아버지와 형들에게 말하매 아버지가 그를 꾸짖고 그에게 이르되 네가 꾼 꿈이 무엇이냐 나와 네 어머니와 네 형들이 참으로 가서 땅에 엎드려 네게 절하겠느냐"**

11 "그의 형들은 시기하되 그의 아버지는 그 말을 간직해 두었더라": 형들은 그를 시기하였다. 그러나 아버지는 그 말을 마음에 두었다.

◇"형들은 시기하되": 요셉의 행위와 꿈은 형제들을 자극하여 시기심에 사로잡히게 한다. 그들은 하나님께서 선택한 사람을 인정하는 대신에 시기한다.

◇"아버지는 그 말을 간직해 두었더라": 야곱은 자신이 겪었던 일이 반복되고 있음을 보았다. 그는 자기의 인생을 돌아보며 때로 하나님의 방법이 얼마나 놀라운가를 생각했을 것이다. 그는 하나님이 요셉을 가족의 지배자로 선택하셨음을 선포하고 있음을 알았다.

이 사건을 통해서 우리는 무엇을 배울 수 있는가? 우리는 무엇을 배울 수 있습니까? 첫째로, 하나님께서 지도자를 세우신다. 하나님은 요셉을 지도자로 선택하셨다. 요셉이 스스로 지도자로서의 꿈을 꾼 것이 아니다. 당시 꿈은 하나님께서 사람에게 주신 계시의 한 수단이었다. 하나님은 꿈을 통하여 요셉을 당신의 구속 사역을 이끌어가는 주인공으로 선택하신 것이다. 여기서 우리가 주의해야 할 것이 있는데, 꿈을 꾼 사람은 요셉이지만, 그 꿈을 주신 분은 하나님이시라는 점이다.

어떤 사람은 이렇게 주장한다. "요셉이 꿈을 꾸었기 때문에 그 꿈이 현실로 나타났다. 그러므로 우리도 꿈을 꾸자! 젊은이여, 비전을 품어라!" 비전을 품는 것은 중요하다. 비전을 품으면 그 비전을 실현할 수 있다. 하지만 꿈은 꾸고 싶다고 꾸어지는 것이 아니다. 요셉이 꾼 꿈은 하나님께서 그를 주권적으로 택하셨고, 그를 믿음의 조상으로 세우셨음을 확인시켜 주는 것이다.

하나님께서는 오늘 우리는 어떻게 택하시는가? 오늘도 하나님은 꿈을 통하여 우리를 택하실 수 있다. 하지만 지금은 기록된 말씀을 통하여 일하신다. 말씀을 통하여 사람을 택하시고, 그 확신을 주신다. 우리가 성경을 공부하거나 묵상할 때, 혹은 주일 메시지를 통하여 마음에 감동으로 다가오거나 도전적으로 부딪히는 말씀이 있다. 하나님은 바로 그 순간 일하신다.

둘째로, 하나님께 선택을 받은 사람은 다른 사람으로부터 미움을 받을 수 있다. 왜냐하면 하나님의 선택하심은 일반적인 관습이나 전통, 혹은 사회질서와는 다르기 때문이다. 하나님은 때로는 세상적인 방법과는 전혀 다르게 일하시기 때문이다. 요셉의 서열 파괴는 파격적이다. 열두 형제 중에서 두세 번째도 아닌 열한 번째이기 때문이다. 형들이 요셉을 미워하는 것은 하나님의 일하심에 대한 불만이기도 하다. 그 불만이 미움으로 나타난 것이다.

하나님으로부터 택함을 받은 오늘 우리, 즉 믿음의 사람도 세상으로부터 미움을 받을 수 있다. 예수님도 그 제자들에게 말씀하셨다. "너희가 세상에 속하였으면 세상이 자기의 것을 사랑할 것이나 너희는 세상에 속한 자가 아니요 도리어 내가 너희를 세상에서 택하였기 때문에 세상이 너희를 미워하느니라"(요 15:19). 그런데 우리는 미움을 받으면 하나님께서 택하지 않은 것으로 오해하기도 한다. 섭섭한 마음 때문에 하나님을 떠나기도 한다. 하지만 미움을 받는 것은 오히려 우리가 하나님께 선택받았다는 사실이다. 그러므로 미움을 받을 때 우리는 하나님의 택하심을 확신하고 그 길을 더 힘차게 걸어가야 한다. 더 나아가 미워하는 세상을 사랑으로 품어야 한다.

셋째로, 미움의 뿌리에는 시기심이 있다. 요셉의 형들이 요셉을 미워하는 그 뿌리에는 시기심이 있다. 그도 그럴 것이 요셉은 가정의 질서를 흔들었기 때문이다. 그는 일종의 '서열 파괴'를 해도 너무 했기 때문이다. 열두 형제 중에서 두세 번째도 아닌 열한 번째가 첫째가 되려고 하기 때문이다. 그리고 아버지도 하나님도 그런 일을 지지하는 것처럼 보이기 때문이다. 그러니까 형들의 시기심의 뿌리에는 하나님의 주권을 인정하고 싶지 않은 마음이 있다. 하나님께서 세우신 사람을 영접하는 것은 하나님의 주권을 영접하는 것이다. 반면 하나님이 세우신 사람을 영접하지 않는 것은 하나님의 주권을 영접하지 않는 것이다. 하나님의 주권을 영접하지 않으면 시기하고 미워할 수 있다.

시기심을 어떻게 이길 수 있을까? 비교하지 않아야 한다. 어떤 공동체에서

나 서열은 중요하다. 서열이 제대로 서야 질서를 유지할 수 있기 때문이다. 이런 명분으로 우리는 질서를 강조하며 비교하기 쉽다. 하지만 비교하면 시기심을 이기지 못한다. 비교하지 않으려면 하나님의 주권을 인정해야 한다. 하나님께서 나도 사랑하시고, 나도 택하셨음을 확신해야 한다. 오늘 우리는 공동체 안에서 이 점을 점검해야 하지 않을까? 야곱은 요셉에게 어떤 심부름을 시켰는가?

4. 야곱은 요셉에게 어떤 심부름을 시킵니까(12-14)? 요셉이 심부름을 감당하기에는 어떤 어려움이 있을까요? 하지만 그는 어떻게 감당합니까(15-17)?

12 "그의 형들이 세겜에 가서 아버지의 양 떼를 칠 때에"

◇"세겜": 세겜은 아들들에게 위험한 곳이다. 딸 디나가 폭행을 당했던 곳이고, 아들들이 보복했던 곳이다(34:1-2, 25-26).

13 "이스라엘이 요셉에게 이르되 네 형들이 세겜에서 양을 치지 아니하느냐 너를 그들에게로 보내리라 요셉이 아버지에게 대답하되 내가 그리하겠나이다"

◇"너를 그들에게로 보내리라": 야곱은, 형들이 요셉을 미워하는 줄 알고 있다. 그런데도 야곱은 세겜에서 아들들에게 무슨 일이 일어날까 봐 염려한다. 그래서 요셉을 보낸다.

14 "이스라엘이 그에게 이르되 가서 네 형들과 양 떼가 다 잘 있는지를 보고 돌아와 내게 말하라 하고 그를 헤브론 골짜기에서 보내니 그가 세겜으로 가니라"

◇"형들과 양 떼가 다 잘 있는지를 보고": 형들은 요셉에게 '평안을 묻는 인사'조차도 하지 않았다. 그런데도 요셉은 형들의 '평안'을 가져오기

위해서 파송을 받는다. 여기서부터 긴장과 불안이 시작된다.

◇"세겜으로 가니라": 요셉은 조금도 싫어하는 기색도 없이 아버지에게 순종한다. 그도 형들이 미워하는 줄 알았음에도 불구하고 아버지의 말씀에 순종한다.

15 "어떤 사람이 그를 만난즉 그가 들에서 방황하는지라 그 사람이 그에게 물어 이르되 네가 무엇을 찾느냐"

◇"어떤 사람이 그를 만난즉": '한 사람이 그를 발견했다.'라는 뜻이다. 왜냐하면 그는 방황하고 있었기 때문이다.

◇"그가 들에서 방황하는지라": 요셉은 그곳에서 길을 잃고 헤매고 있었다. 요셉이 형들을 찾으러 간 곳은 매우 위험한 곳임을 간접적으로 보여준다.

16 "그가 이르되 내가 내 형들을 찾으오니 청하건대 그들이 양치는 곳을 내게 가르쳐 주소서"

◇"형들을 찾으오니": "형들, 내가 애타고 계속 찾고 있는 것은 나의 형들이다."라고 번역할 수 있다. 요셉은 그를 미워하고 증오하는, 어쩌면 자기에게 위험이 닥쳐오더라도 형들을 애타게 찾고 있다.

17 "그 사람이 이르되 그들이 여기서 떠났느니라 내가 그들의 말을 들으니 도단으로 가자 하더라 하니라 요셉이 그의 형들의 뒤를 따라 가서 도단에서 그들을 만나니라"

◇"도단": '두 개의 구덩이'라는 뜻이다. 언어유희인데, 형들이 동생을 '구덩이'를 이용해서 죽이려는 것을 암시하고 있다.

◇"형들의 뒤를 따라": 요셉은 아버지와는 점점 멀어지고 형들과는 가까워지고 있다. 형들이 요셉을 알아보고 어떻게 반응하는가?

5. 형들은 요셉을 보자 악한 짐승의 모습을 어떻게 드러냅니까(18-20, 23-25)? 르우벤은 어떤 제안을 합니까(21-22)? 유다는 르우벤의 계획을 어떻게 바꿉니까(26-28)? 르우벤의 슬픔이 어느 정도입니까(29-30)?

18 "요셉이 그들에게 가까이 오기 전에 그들이 요셉을 멀리서 보고 죽이기를 꾀하여"

19 "서로 이르되 꿈꾸는 자가 오는도다"

◇"꿈꾸는 자": 형들이 동생을 죽이려는 음모의 원인은 꿈에 있다. 동생이 형들을 다스린다는 그 꿈의 내용이 문제였다. 그 꿈 때문에 그들은 동생을 미워하고 시기하였다. 그 시기심이 살인으로 변한다. 인간의 죄악 된 본성을 보여준다.

20 "자, 그를 죽여 한 구덩이에 던지고 우리가 말하기를 악한 짐승이 그를 잡아먹었다 하자 그의 꿈이 어떻게 되는지를 우리가 볼 것이니라 하는지라"

◇"악한 짐승이 그를 잡아먹었다": 그들은 아버지를 속이려고 한다. 속임수는 악한 죄를 그럴듯하게 위장하려는 인간성 속에 뿌리 내려 있는 질병이다.

◇"그의 꿈이 어떻게 되는지를 우리가 볼 것이니라": 형들은 요셉만 죽이면 그가 꾸었던 꿈은 성취되지 않을 것이라고 여겼다. 하지만 그들의 속임수는 그 꿈을 성취하는 원동력이 될 것이라고는 꿈에도 생각하지 못한다. 하나님께서 두신 뜻을 사람이 어찌할 수 없다. 그때 누가 그 일에 반대하는가?

21 "르우벤이 듣고 요셉을 그들의 손에서 구원하려 하여 이르되 우리가 그의 생명은 해치지 말자"

◇"생명은 해치지 말자": "목숨만은 해치지 말자." 형제들의 음모는 일차적으로 르우벤의 의도에 의해서 좌절된다.

22 "르우벤이 또 그들에게 이르되 피를 흘리지 말라 그를 광야 그 구덩이에 던지고 손을 그에게 대지 말라 하니 이는 그가 요셉을 그들의 손에서 구출하여 그의 아버지에게로 돌려보내려 함이었더라"

◇"피를 흘리지 말라": 르우벤은 요셉을 그들에게서 건져내서 아버지에게 되돌려 보낼 생각으로 이렇게 말했다.

23 "요셉이 형들에게 이르매 그의 형들이 요셉의 옷 곧 그가 입은 채색옷을 벗기고"

24 "그를 잡아 구덩이에 던지니 그 구덩이는 빈 것이라 그 속에 물이 없었더라"

25 "그들이 앉아 음식을 먹다가 눈을 들어 본즉 한 무리의 이스마엘 사람들이 길르앗에서 오는데 그 낙타들에 향품과 유향과 몰약을 싣고 애굽으로 내려가는지라"

◇"음식을 먹다가": 형들은 악한 짐승이 요셉을 '잡아먹었다.'(20)라는 계획을 세웠다. 자기들은 '먹기' 위해서 앉았다. 요셉을 공격하고 먹어 치운 악한 짐승은 과연 누구인가? 형들이라는 사실을 풍자적으로 보여주고 있다. 그때 누가 다시 어떤 제안을 하는가?

26 "유다가 자기 형제에게 이르되 우리가 우리 동생을 죽이고 그의 피를 덮어둔들 무엇이 유익할까"

◇"유다": 이번에는 유다가 등장한다. 요셉을 죽이지 않고 살리려고 한다.

27 "자 그를 이스마엘 사람들에게 팔고 그에게 우리 손을 대지 말자 그는 우리의 동생이요 우리의 혈육이니라 하매 그의 형제들이 청종하였더라"

◇"손을 대지 말자": 유다는 살인을 방지하려고 한다. 피에 대한 범죄는 헤

아릴 수 없이 무서운 죄이기 때문이다. 유다의 제안은 르우벤의 것보다 호소력이 더 있다.

◇"우리의 동생이요 우리의 혈육이니라": 유다가 살인하지 않으려는 이유이다.

◇"이스마엘 사람": 하갈에게서 비롯된 아브라함의 후손이다(16:15).

◇"청종하였더라": 르우벤의 계획은 유다에 의해서 바뀐다.

28 "그 때에 미디안 사람 상인들이 지나가고 있는지라 형들이 요셉을 구덩이에서 끌어올리고 은 이십에 그를 이스마엘 사람들에게 팔매 그 상인들이 요셉을 데리고 애굽으로 갔더라"

◇"미디안 사람": 그두라에게서 비롯된 아브라함의 후손이다(25:2).

◇"미디안 사람 상인들": 형들이 요셉을 끌어올리려 할 때 미디안 상인들이 그 부근을 지나갔다.

◇"애굽으로 갔더라": 요셉을 미디안에게 팔았고, 그들은 요셉을 데리고 애굽으로 갔다. 하나님께 택함을 받았던 요셉이 애굽으로 갔다. 그에 대한 르우벤의 반응은 어떠한가?

29 "르우벤이 돌아와 구덩이에 이르러 본즉 거기 요셉이 없는지라 옷을 찢고"

30 "아우들에게로 되돌아와서 이르되 아이가 없도다 나는 어디로 갈까"

◇"나는 어디로 갈까": 큰아들, 큰형의 비통함을 보여준다. 그는 큰형으로서 역할을 서서히 잃어가고 있다. 형제들이 유다 편에 서 있기 때문이다. 형들은 아버지를 어떻게 속이는가?

6. 형들은 아버지를 어떻게 속입니까(31-32)? 야곱은 이 소식을 듣고 얼마나 슬퍼합니까(33-35)? 요셉은 누구에게로 팔렸습니까(36)? 택함을 받은 요셉이 애굽으로 팔려 온 데는 어떤 뜻이 있을까요?

31 "그들이 요셉의 옷을 가져다가 숫염소를 죽여 그 옷을 피에 적시고"

◇"숫염소를 죽여": 야곱은 예전에 아버지를 속이기 위해서 염소 새끼를 잡았었다. 이번에는 그 아들이 아버지를 속이기 위해서 염소를 잡는다. 아들이 아버지를 속인다. '속이는 자' 야곱이 속는다.

32 "그의 채색옷을 보내어 그의 아버지에게로 가지고 가서 이르기를 우리가 이것을 발견하였으니 아버지 아들의 옷인가 보소서 하매"

◇"아들의 옷인가 보소서": 아들들은 아버지에게 피 묻은 요셉의 옷을 보낸다. 이것은 '평안'의 안부 대신 슬픔을 보낸 것이다. 야곱은 아들들의 안부를 묻기 위해서 요셉을 보냈다. 하지만 그 형제들은 평안을 묻는 아버지에게 피 묻은 옷을 보냈다.

33 "아버지가 그것을 알아보고 이르되 내 아들의 옷이라 악한 짐승이 그를 잡아먹었도다 요셉이 분명히 찢겼도다 하고"

34 "자기 옷을 찢고 굵은 베로 허리를 묶고 오래도록 그의 아들을 위하여 애통하니"

◇"애통하니": 야곱은 슬픈 나머지 옷을 찢고 베옷을 걸치고 아들을 생각하면서 여러 날을 울었다.

35 "그의 모든 자녀가 위로하되 그가 그 위로를 받지 아니하여 이르되 내가 슬퍼하며 스올로 내려가 아들에게로 가리라 하고 그의 아버지가 그를 위하여 울었더라"

◇"스올로 내려가": 야곱에게 요셉은 죽은 아들이다. 형들은 요셉을 없애는 데 성공했다. 하지만 그들은 가정 안에 위로할 수 없는 아픔과 상처를 남기고 말았다. 요셉은 어떻게 되었는가?

36 "그 미디안 사람들은 그를 애굽에서 바로의 신하 친위 대장 보디발에게

팔았더라"

◇"미디안"(מְדָנִי, *Medani*): '미디안'은 '메탄 사람'일 수 있다. '메탄 사람'은 미디안의 형제 '메단의 후손'이다. 이 두 형제는 아브라함의 후처인 그두라의 후손이다(창 25:2). 상인들은 이스마엘 사람(창 37:27), 미디안 사람(창 37:28), 메단 사람(창 27:36)이다. 미디안 사람과 이스마엘 사람과 메단 사람들이 같은 조상의 후예들이기 때문에 직업이나 습관이 비슷했다고 생각할 수 있다.

◇"친위": '요리사(cook)', '경호원(body guard)', '위병(guardsman)'을 뜻한다.

◇"팔았더라: 그 이스마엘 사람들이 친위 대장에게 요셉을 다시 팔았다. 그런데 요셉의 형편은 최악이 아닌 괜찮은 위치에서 시작한다. 형들은 그를 죽이고 끝장내려고 했지만, 그런 시도와는 대조를 이루고 있다. 완전히 망한 상태는 아니다.

이 사실을 통해서 우리는 무엇을 생각할 수 있는가? 하나님께 선택받은 사람이 최악의 상황에 빠질 수 있다. 그렇다고 해서 그 상황 때문에 인생이 완전히 망가지는 것은 아니다. 그 상황이 하나님께서 정하신 일을 성취하는 것을 방해하지는 못한다. 하나님께서 택하신 자를 그 뜻대로 인도하시기 때문이다. 지금부터는 하나님의 뜻이 어떻게 이루어지는지를 볼 수 있다.

제31강

역전의 역전

◇본문 창세기 38:1-39:23
◇요절 창세기 39:2
◇찬송 325장, 445장

1. 유다는 어떤 생활을 하고 있습니까(38:1-5)? 이런 생활이 왜 문제입니까(28:1)? 유다의 두 아들은 왜 죽었습니까(6-10)? 유다는 며느리에게 어떤 방향을 줍니까(11)?

2. 다말은 유다를 어떻게 속입니까(12-23)? 그 이유가 무엇입니까(14b)? 유다는 다말을 어떻게 인정합니까(24-26)? '옳도다'라는 말은 무슨 뜻입니까? 다말이 낳은 '쌍태'에는 어떤 의미가 있습니까(27-30)?

3. 요셉은 누구에게 팔렸습니까(39:1)? 하지만 요셉의 삶은 어떻게 역전됩니까(2)? 인생 역전의 비결은 무엇입니까? 그의 성공은 어디까지 이어집니까(3-6a)?

4. 요셉의 외모가 어떠합니까(6b)? 그는 어떤 유혹을 받으며, 그 유혹이 얼마나 강렬합니까(7-12a)? 그는 유혹을 어떻게 거절합니까(8-9, 12b)? 유혹을 이길 수 있는 비결은 무엇입니까?

5. 요셉의 삶은 또 어떻게 역전됩니까(13-20)? 그때 요셉은 어떤 생각을 할 수 있을까요? 여호와께서 그를 어떻게 하십니까(21)? 그의 삶은 또 어떻게 역전됩니까(22-23)? 여호와는 왜 요셉의 삶을 역전에 역전을 거듭하게 하실까요?

제31강

역전의 역전

◇본문 창세기 38:1-39:23

◇요절 창세기 39:2

◇찬송 325장, 445장

1. 유다는 어떤 생활을 하고 있습니까(38:1-5)? 이런 생활이 왜 문제입니까(28:1)? 유다의 두 아들은 왜 죽었습니까(6-10)? 유다는 며느리에게 어떤 방향을 줍니까(11)?

1 "그 후에 유다가 자기 형제들로부터 떠나 내려가서 아둘람 사람 히라와 가까이 하니라"

◇"유다": 요셉 이야기를 하다가 유다 이야기로 바뀐다. 그 이유가 뭘까? 장자권이 르우벤으로부터 유다로 넘어가고 있음을 보여준다. 유다가 점점 영향력을 갖게 되는 것을 보여준다. 하지만 유다의 삶은 문제가 많다. 믿음의 조상일지라도 하나님 앞에서는 문제가 있었다. 그들이 쓰임 받는 것은 오직 하나님의 은혜이다. 어떤 문제가 있는가?

2 "유다가 거기서 가나안 사람 수아라 하는 자의 딸을 보고 그를 데리고 동침하니"

◇"가나안 사람": 유다는 가나안 여인과 결혼하지 말라는 족장의 뜻을 어

졌다(28:1). 유다는 무책임한 행동을 계속하고 있다. 예전에는 요셉을 팔 것을 주장했었고, 고향을 떠났다. 그리고 가나안 여인과 결혼하였다.

3 "그가 임신하여 아들을 낳으매 유다가 그의 이름을 엘이라 하니라"

4 "그가 다시 임신하여 아들을 낳고 그의 이름을 오난이라 하고"

5 "그가 또 다시 아들을 낳고 그의 이름을 셀라라 하니라 그가 셀라를 낳을 때에 유다는 거십에 있었더라"

6 "유다가 장자 엘을 위하여 아내를 데려오니 그의 이름은 다말이더라"

7 "유다의 장자 엘이 여호와가 보시기에 악하므로 여호와께서 그를 죽이신지라"

8 "유다가 오난에게 이르되 네 형수에게로 들어가서 남편의 아우 된 본분을 행하여 네 형을 위하여 씨가 있게 하라"

◇"형수에게로 들어가서": 형수와 결혼해서 시동생으로서 책임을 다해야 한다. 이 관습을 '형사취수제(兄死娶嫂, levirate marriage, 형이 죽은 뒤에 동생이 형수와 결혼하여 함께 사는 혼인 제도이다, 신 25:5-6)'라고 부른다. 그러나 오난은 어떻게 하는가?

9 "오난이 그 씨가 자기 것이 되지 않을 줄 알므로 형수에게 들어갔을 때에 그의 형에게 씨를 주지 아니하려고 땅에 설정하매"

◇"땅에 설정하매": 그러나 오난은 아들을 낳지 않으려고 하였다. 하나님의 축복이 계속되려면 후계자가 태어나야 한다. 즉 생육하고 번성하는 일에 힘써야 한다. 그런데 둘째는 그 일을 거역했다. 그는 가족 공동체에 대한 책임을 다하지 않았다.

10 **"그 일이 여호와가 보시기에 악하므로 여호와께서 그도 죽이시니"**

◇"죽이시니": 여호와께서는 그 일을 악하게 보시고 오난도 죽이셨다. 유다 자손은 위기에 처했다. 유다는 어떻게 하는가?

11 **"유다가 그의 며느리 다말에게 이르되 수절하고 네 아버지 집에 있어 내 아들 셀라가 장성하기를 기다리라 하니 셀라도 그 형들 같이 죽을까 염려함이라 다말이 가서 그의 아버지 집에 있으니라"**

◇"셀라도 그 형들 같이 죽을까 염려함이라": 유다는 며느리에게 셋째 아들을 주지 않는다. 셋째도 죽을까 염려했기 때문이다. 유다는 자손의 위기를 만나자 자신의 방법으로 그 위기를 모면하려 한다. 그러나 자손의 위기가 점점 더 심각해지고 있다. 다말은 어떻게 하는가?

2. 다말은 유다를 어떻게 속입니까(12-23)? 그 이유가 무엇입니까(14b)? 유다는 다말을 어떻게 인정합니까(24-26)? '옳도다'라는 말은 무슨 뜻입니까? 다말이 낳은 '쌍태'에는 어떤 의미가 있습니까(27-30)?

12 **"얼마 후에 유다의 아내 수아의 딸이 죽은지라 유다가 위로를 받은 후에 그의 친구 아둘람 사람 히라와 함께 딤나로 올라가서 자기의 양털 깎는 자에게 이르렀더니"**

◇"양털 깎는 자에게": 양털 깎는 축제 기간이다.

13 **"어떤 사람이 다말에게 말하되 네 시아버지가 자기의 양털을 깎으려고 딤나에 올라왔다 한지라"**

14 **"그가 그 과부의 의복을 벗고 너울로 얼굴을 가리고 몸을 휩싸고 딤나 길 곁 에나임 문에 앉으니 이는 셀라가 장성함을 보았어도 자기를 그의 아내로 주지 않음으로 말미암음이라"**

◇"아내로 주지 않음으로 말미암음이라": 유다는 다말에게 "셀라가 클 때

까지 기다리리라."라고 말하였다. 하지만 그는 셀라가 어른이 되었는데도 적절한 절차를 밟지 않았다. 그래서 다말은 자신의 권리를 찾고자 위험한 방법을 택하였다.

15 "그가 얼굴을 가리었으므로 유다가 그를 보고 창녀로 여겨"

◇"창녀": 야곱이 결혼할 때 그를 속였던 레아가 생각난다(29:23). 그리고 유다는 아버지 야곱을 속였었다. 야곱을 속인 유다는 또 다른 여인에게 속는다.

16 "길 곁으로 그에게 나아가 이르되 청하건대 나로 네게 들어가게 하라 하니 그의 며느리인 줄을 알지 못하였음이라 그가 이르되 당신이 무엇을 주고 내게 들어오려느냐"

◇"네게 들어가게 하라": 유다는 자기를 절제하지 못한다.

17 "유다가 이르되 내가 내 떼에서 염소 새끼를 주리라 그가 이르되 당신이 그것을 줄 때까지 담보물을 주겠느냐"

18 "유다가 이르되 무슨 담보물을 네게 주랴 그가 이르되 당신의 도장과 그 끈과 당신의 손에 있는 지팡이로 하라 유다가 그것들을 그에게 주고 그에게로 들어갔더니 그가 유다로 말미암아 임신하였더라"

◇"유다로 말미암아 임신하였더라": 다말의 속임은 성공하였다. 다말은 변장을 통하여 장자의 축복권을 얻었다. 다말은 적절하지 못한 방법을 통하여 유다의 씨앗을 잉태하는 데 성공하였다. 다말은 시아버지를 유혹하는 부도덕한 여인이라기보다는 자신의 권리를 찾기 위하여 도전한 것이다.

19 "그가 일어나 떠나가서 그 너울을 벗고 과부의 의복을 도로 입으니라"

20 "유다가 그 친구 아둘람 사람의 손에 부탁하여 염소 새끼를 보내고 그 여인의 손에서 담보물을 찾으려 하였으나 그가 그 여인을 찾지 못한지라"

21 "그가 그곳 사람에게 물어 이르되 길 곁 에나임에 있던 창녀가 어디 있느냐 그들이 이르되 여기는 창녀가 없느니라"

22 "그가 유다에게로 돌아와 이르되 내가 그를 찾지 못하였고 그 곳 사람도 이르기를 거기에는 창녀가 없다 하더이다 하더라"

23 "유다가 이르되 그로 그것을 가지게 두라 우리가 부끄러움을 당할까 하노라 내가 이 염소 새끼를 보냈으나 그대가 그를 찾지 못하였느니라"

24 "석 달쯤 후에 어떤 사람이 유다에게 일러 말하되 네 며느리 다말이 행음하였고 그 행음함으로 말미암아 임신하였느니라 유다가 이르되 그를 끌어내어 불사르라"

◇"석 달쯤 후에": 유다는 다말이 행음하여 임신했다는 소문을 들었다. 유다가 명하였다. "그를 끌어내서 화형에 처하여라." 유다의 위선이 보인다.

25 "여인이 끌려 나갈 때에 사람을 보내어 시아버지에게 이르되 이 물건 임자로 말미암아 임신하였나이다 청하건대 보소서 이 도장과 그 끈과 지팡이가 누구의 것이니이까 한지라"

◇"도장과 그 끈과 지팡이가 누구의 것이니이까": 유다의 위선은 증거물 앞에서 끝이 난다.

26 "유다가 그것들을 알아보고 이르되 그는 나보다 옳도다 내가 그를 내 아들 셀라에게 주지 아니하였음이로다 하고 다시는 그를 가까이 하지 아니하였더라"

◇"옳도다": '그녀가 나보다 옳다(more righteous).'라는 뜻이다. 구원과 관련하여 자주 사용하였다. '하나님의 의'로 번역하였다. 이 용어는 관

계적 용어이다. 하나님과의 관계성 속에서 사용한다. 즉 하나님과 올바른 관계를 말한다. 본문은 다말의 행동에 도덕적인 판단을 내리지 않는다. 하나님과의 관계성에 대해서 말하고 있다. 어떤 점에서 다말은 하나님과 올바른 관계를 맺고 있는가?

◇"내 아들 셀라에게 주지 아니하였음이로다": 유다는 다말에게 한 약속을 지키지 않았다. 그는 의롭지 못했다. 하지만 다말은 그 약속을 지켰다. 결혼한 여자는 후손을 낳아 남편의 대를 잇는 의무가 있다. 결혼은 그 의무를 행하기 위해서 맺은 계약이다. 그녀는 그 계약에 충실하였다. 그래야 가문의 후사를 이을 수 있었다. 가족 공동체를 보존하게 된다. 그 점에서 다말의 행위는 옳은 것이다.

이 사건이 주는 메시지는 무엇인가? 하나님의 언약은 인간의 행동에 따라 이루어지는 것이 아니라, 하나님께서 친히 이루신다. 유다 자손의 후손은 유다의 의로운 행동으로 이어지지 못했다. 오히려 다말의 '의로운' 행위로 이어진다. 하나님께서는 홀로 자신의 약속을 이루신다. 다말이 낳은 아들은 어떠한가?

27 "해산할 때에 보니 쌍태라"

◇"쌍태": 쌍둥이를 낳았다.

28 "해산할 때에 손이 나오는지라 산파가 이르되 이는 먼저 나온 자라 하고 홍색 실을 가져다가 그 손에 매었더니"

29 "그 손을 도로 들이며 그의 아우가 나오는지라 산파가 이르되 네가 어찌하여 터뜨리고 나오느냐 하였으므로 그 이름을 베레스라 불렀고"

◇"베레스": '깨뜨림(a breach)'이라는 뜻이다.

30 "그의 형 곧 손에 홍색 실 있는 자가 뒤에 나오니 그의 이름을 세라라 불렀더라"

◇"세라": '빛이 비침', '밝아짐'을 뜻한다.

쌍둥이의 탄생을 통해서 무엇을 말하는가? 유다의 후손은 가나안 여인을 통해 태어났다. 유다의 후손은 장차 메시아를 낳는다. 예수님이 유다의 후손이시다. 가나안의 자손은 이스라엘 자손보다 더 큰 '이스라엘의 조상'이 되는 신분을 얻었다. 하나님은 이방 여인을 쓰셔서 당신의 구속 사역을 이루신다. 하나님은 처음부터 유대인만의 사역이 아니라 이방인을 포함하는 만민 구속 사역을 하신다. 하나님의 구속 사역은 처음부터 하나님의 방법으로 이루어진다. 요셉은 어떻게 생활하는가?

3. 요셉은 누구에게 팔렸습니까(39:1)? 하지만 요셉의 삶은 어떻게 역전됩니까(2)? 인생 역전의 비결은 무엇입니까? 그의 성공은 어디까지 이어집니까(3-6a)?

1 "요셉이 이끌려 애굽에 내려가매 바로의 신하 친위대장 애굽 사람 보디발이 그를 그리로 데려간 이스마엘 사람의 손에서 요셉을 사니라"

◇"요셉이 이끌려": 요셉은 애굽으로 끌려갔다. 바로의 신하인 경호대장 보디발의 노예가 되었다. 그러나 여호와께서 요셉에게 어떤 은혜를 주시는가?

2 "여호와께서 요셉과 함께하시므로 그가 형통한 자가 되어 그의 주인 애굽 사람의 집에 있으니"

◇"여호와께서 요셉과 함께하시므로": 여호와께서 요셉의 삶 속에 직접 개입하신다. 그 결과는 무엇인가?

◇"그가 형통한 자가 되어": 그 삶은 인간적인 노력의 결과가 아니라 하나님 축복의 열매이다. 하나님께서 함께하셔서 요셉은 인생 역전을 경험한다. 인생 역전은 하나님께서 주신다. 사람의 노력으로 되는 것이 아니

다. 그 삶의 형통함은 어디까지 이어지는가?

3 "그의 주인이 여호와께서 그와 함께하심을 보며 또 여호와께서 그의 범사에 형통하게 하심을 보았더라"

◇"그의 주인이": 그 주인은 여호와께서 요셉과 함께 계심을 보았다. 요셉이 하는 일마다 잘되도록 돌보신다는 사실을 알았다. 주인은 요셉 삶의 원인과 결과를 알았다. 그런 주인은 요셉에게 어떤 은혜를 주는가?

4 "요셉이 그의 주인에게 은혜를 입어 섬기매 그가 요셉을 가정 총무로 삼고 자기의 소유를 다 그의 손에 위탁하니"

◇"소유를 다 그의 손에 위탁하니": 주인이 요셉에게 모든 일을 맡긴다. 요셉은 노예에서 하인이 되었고, 그중에서 집안일을 하는 사람이 되었다. 그는 승승장구한다.

5 "그가 요셉에게 자기의 집과 그의 모든 소유물을 주관하게 한 때부터 여호와께서 요셉을 위하여 그 애굽 사람의 집에 복을 내리시므로 여호와의 복이 그의 집과 밭에 있는 모든 소유에 미친지라"

◇"복을 내리시므로": 여호와께서 그때부터 그 주인에게 복을 내렸다.

여호와를 통해서 무엇을 배울 수 있는가? 여호와께서 아브라함에게 하신 약속인 "너를 축복하는 자에게는 내가 복을 내리고"(12:2)-라는 말씀을 요셉을 통해 이루신다. 요셉의 성공보다는 여호와의 약속에 대한 그 신실하심이 중요하다. 하나님께서 약속을 지키고 계신다는 사실을 강조하고 있다.

이 하나님을 생각할 때에 우리가 하나님의 사람으로서 삶 속에서 어떻게 살아야 하는가를 깨닫게 한다. 우리가 삶 속에서 하나님의 함께 하심을 나타내지 못하면 하나님께서 우리는 물론이고 우리 주위에도 복을 내리지 않으신다. 오늘 우리의 삶을 통해서 우리 주위가 하나님의 복을 받는 일들이 일어나야 한다. 우리를 통해서, 우리를 쓰셔서, 주위 사람이 하나님의 복을 받는 일이 일어나야 한다. 그것이 삶으로 하나님을 증언하는 것이며, 영광을 돌리는 일이다. 이런 삶이 인생 역전이라고 말할 수 있다. 주인은 요셉을 어느 정도까지 신뢰하는가?

6 a **"주인이 그의 소유를 다 요셉의 손에 위탁하고 자기가 먹는 음식 외에는 간섭하지 아니하였더라..."**

◇"요셉의 손에 위탁하고": 그 주인은 자기가 가진 모든 것을 요셉에게 맡겨서 관리하게 하고 자기의 먹거리를 빼고는 아무것도 간섭하지 않았다. 왜 음식은 간섭했을까? 애굽인과 이스라엘 사람은 종교적 이유로 먹는 것이 다르기 때문이다. 그러나 그런 요셉에게 어떤 시련이 있는가?

4. 요셉의 외모가 어떠합니까(6b)? 그는 어떤 유혹을 받으며, 그 유혹이 얼마나 강렬합니까(7-12a)? 그는 유혹을 어떻게 거절합니까(8-9, 12b)? 유혹을 이길 수 있는 비결은 무엇입니까?

6 b **"요셉은 용모가 빼어나고 아름다웠더라"**

◇"용모": '외모(appearance)'라는 뜻이다. 원문에는 '외모'와 '형태(form)'를 각각 표현한다.

◇"빼어나고", "아름다웠더라": 원문에서는 둘 다 같은 단어 '아름다운(beautiful)'이다. 요셉은 외모와 형태가 아름답고 아름답다(He was beautiful and beautiful in form and appearance). 이런 외모가 유혹의 빌미를 줄 수 있다. 과거에는 사라와 리브가가 아름다움 때문에 세상 사람들로부터 유혹을 받았다.

7 **"그 후에 그의 주인의 아내가 요셉에게 눈짓하다가 동침하기를 청하니"**

◇"동침하기를 청하니": 요셉은 강력한 유혹을 받았다.

여기에는 무슨 뜻이 있을까? 하나님은 이 여인을 통해서 요셉이 하나님 앞에서 살고 있는지를 시험하신 것이 분명하다. 그는 가족한테서 떨어져 있다. 그는 몹시 외롭다. 또 그녀는 주인의 아내여서 자기에게 도움을 줄 것처럼 보인다. 그는 그 유혹 앞에서 어떻게 하는가?

8 "요셉이 거절하며 자기 주인의 아내에게 이르되 내 주인이 집안의 모든 소유를 간섭하지 아니하고 다 내 손에 위탁하였으니"

9 "이 집에는 나보다 큰 이가 없으며 주인이 아무것도 내게 금하지 아니하였어도 금한 것은 당신뿐이니 당신은 그의 아내임이라 그런즉 내가 어찌 이 큰 악을 행하여 하나님께 죄를 지으리이까"

◇"금한 것은 당신뿐이니": 요셉이 유혹을 거절하는 첫 번째 이유이다. 즉 주인과의 관계에서 도덕적으로 용납할 수 없기 때문이다. 주인에게 받은 은혜를 분명하게 기억한다.

◇"하나님께 죄를 지으리이까": 요셉이 유혹을 거절한 두 번째 이유이다. 그가 유혹에 넘어가는 일은 하나님께 죄를 짓는 일이다. 요셉은 그와 동행하시는 신실하신 하나님을 의지하고 있다. 그는 하나님 앞에서 살고 있다.

여기서 볼 때 우리가 유혹을 이길 수 있는 비결은 무엇인가? 첫째는, 윤리적인 가치관을 분명하게 해야 한다. 사람과의 관계, 사람이 나에게 베푼 은혜 등을 잊지 말아야 한다. 둘째는, 신앙관을 분명하게 해야 한다. 하나님을 의식하며 살아야 한다. 이것을 '코람 데오(*Coram Deo*)'라고 부른다. 라틴어 '코람(*coram*)'과 '데우스(*Deus*)'를 합친 말이다. '*coram*'은 '앞에서(in the presence of)', '*Deo*'는 '하나님(*Deus*, God)'이다. 이 말은 '하나님 앞에서(before God)'인데, '사람 앞에서(*coram hominibus*/ before men)'과 대조한다. 우리 하나님 앞에서 살려고 하면 하나님께서 힘을 주신다. 그러나 그녀는 요셉을 어떻게 대하는가?

10 "여인이 날마다 요셉에게 청하였으나 요셉이 듣지 아니하여 동침하지 아

니할 뿐더러 함께 있지도 아니하니라"

11 "그러할 때에 요셉이 그의 일을 하러 그 집에 들어갔더니 그 집 사람들은 하나도 거기에 없었더라"

12 "그 여인이 그의 옷을 잡고 이르되 나와 동침하자 그러나 요셉이 자기의 옷을 그 여인의 손에 버려두고 밖으로 나가매"

◇"옷을 잡고": 보디발 아내의 유혹은 매우 뻔뻔스럽고 강렬하다. 그녀는 집요하게 유혹한다. 이런 행동은 육신의 정욕에 대한 맹목적인 충동에서 기인한다.

◇"옷을 그 여인의 손에 버려두고": 요셉의 단호한 모습을 보여준다. 요셉으로부터 어떤 흠결도 찾을 수 없다.

이런 그로부터 무엇을 배울 수 있는가? 내면의 성숙함, 삶의 성숙함을 배울 수 있다. 우리가 믿음으로 살지만, 흠이 없이 살기가 쉽지 않다. 내면의 성숙함을 제대로 배우지 못했기 때문이다. 능력 위주로 살기 때문이다. 기회주의적, 성공지상주의로 살기 때문이다. 이제는 성숙함, 성품 제일주의로 나가야 한다. 그러나 요셉의 삶은 어떻게 바뀌는가?

5. 요셉의 삶은 또 어떻게 역전됩니까(13-20)? 그때 요셉은 어떤 생각을 할 수 있을까요? 여호와께서 그를 어떻게 하십니까(21)? 그의 삶은 또 어떻게 역전됩니까(22-23)? 여호와는 왜 요셉의 삶을 역전에 역전을 거듭하게 하실까요?

13 "그 여인이 요셉이 그의 옷을 자기 손에 버려두고 도망하여 나감을 보고"

14 "그 여인의 집사람들을 불러서 그들에게 이르되 보라 주인이 히브리 사람을 우리에게 데려다가 우리를 희롱하게 하는도다 그가 나와 동침하고자

내게로 들어오므로 내가 크게 소리 질렀더니"

15 "그가 나의 소리 질러 부름을 듣고 그의 옷을 내게 버려두고 도망하여 나갔느니라 하고"

◇"도망하여": 그녀는 요셉에게 죄를 뒤집어씌웠다. 요셉은 누명을 쓴다. 요셉의 의로운 행동이 모함으로 바뀌었다.

16 "그의 옷을 곁에 두고 자기 주인이 집으로 돌아오기를 기다려"

17 "이 말로 그에게 말하여 이르되 당신이 우리에게 데려온 히브리 종이 나를 희롱하려고 내게로 들어왔으므로"

◇"히브리 종": 보디발의 아내는 요셉을 '히브리 종'으로 부른다. 가족과 약속의 땅을 떠난 이방인이며 죄수로 전락한 요셉은 누구인가? 히브리인이다. 즉 하나님의 백성이다.

◇"희롱하려고": 그녀는 남편에게 거짓말을 하였다.

18 "내가 소리 질러 불렀더니 그가 그의 옷을 내게 버려두고 밖으로 도망하여 나갔나이다"

19 "그의 주인이 자기 아내가 자기에게 이르기를 당신의 종이 내게 이같이 행하였다 하는 말을 듣고 심히 노한지라"

20 "이에 요셉의 주인이 그를 잡아 옥에 가두니 그 옥은 왕의 죄수를 가두는 곳이었더라 요셉이 옥에 갇혔으나"

◇"옥에 가두니": 요셉은 이제까지 보디발의 신임을 받았지만, 아내의 모함으로 감옥에 갇혔다. 그의 삶이 역전되었다. 그는 지금까지 승승장구하였다. 하지만 그는 갑자기 어두운 감방으로 갇히고 말았다. 유혹에 대한 거절은 즉각적인 보상이 뒤따르지 않았다. 요셉은 자신의 영적 승리

때문에, 도덕성을 지키기 위해서 오히려 고통을 받는다.

그때 요셉은 어떤 생각을 할 수 있을까? 반발심을 가질 수 있다. 의로운 삶에 대한 회의를 가질 수 있다. 그때 여호와께서 무엇을 하시는가?

21 "여호와께서 요셉과 함께하시고 그에게 인자를 더하사 간수장에게 은혜를 받게 하시매"

◇"여호와께서 요셉과 함께하시고": 여호와께서 요셉을 버린 것이 아니다. 함께하신다. 인자를 베푸신다. 요셉은 보디발과의 관계에서는 실패하였다. 하지만 하나님과의 관계에서는 실패하지 않았다. 요셉이 보디발의 부인과 관계를 잘 맺고자 했다면 하나님과의 관계는 깨지고 말았을 것이다. 요셉은 하나님과의 관계를 잘 맺고자 하다가 보디발과의 관계가 깨졌다. 그런 그를 하나님께서 함께하시고, 인자를 더하신다. 그 인자가 어떻게 나타나는가?

22 "간수장이 옥중 죄수를 다 요셉의 손에 맡기므로 그 제반 사무를 요셉이 처리하고"

◇"맡기므로": 간수장은 죄수를 모두 요셉에게 맡겼다.

23 "간수장은 그의 손에 맡긴 것을 무엇이든지 살펴보지 아니하였으니 이는 여호와께서 요셉과 함께하심이라 여호와께서 그를 범사에 형통하게 하셨더라"

◇"형통하게 하셨더라": 간수장은 요셉에게 모든 일을 맡기고 아무것도 간섭하지 않았다. 왜냐하면 여호와께서 요셉과 함께 계시기 때문이다. 여호와께서 요셉을 돌보셔서 그가 하는 일은 무엇이나 다 잘 되게 해주셨기 때문이다.

요셉이 감옥에서도 버티는 힘은 무엇인가? 그가 열악한 환경에 묻혀버리지 않고 이기는 힘은 어디에 있는가? 그는 불운을 원망하고 환경을 탓하면서 뒷걸음칠 수 있었다. 인생이 망가질 수 있었다. 그런데도 인생 역전을 이룰 수 있었던 것은 하나님의 함께하심 때문이다. 하나님께서 형통하게 하셨기 때문이다.

오늘 우리에게 주는 의미는 무엇일까? 하나님은 택한 자를 버리지 않으신다. 일시적으로 택한 자는 열악한 환경, 불운의 덫에 걸릴 수 있다. 안 풀리고 꼬이는 삶을 살 수 있다. 나름 잘했는데도, 나름 하나님 앞에서 살기 위해서 몸부림을 쳤는데도, 결과는 오히려 나쁠 수 있다. 그러면 우리는 절망한다. 반발한다. 믿음의 길을 포기해버린다. 하나님께 버림받았다는 극단적인 생각을 한다.

하지만 요셉의 삶을 통해서 하나님은 언제나 함께하신다는 사실을 깊이 인정해야 한다. 그 믿음으로 살아야 한다. 그러면 가장 열악한 환경에서도 버틸 수 있다. 불운을 탓하지 않으면서 어려운 여건 속에서 맡긴 일에 충성할 수 있다. 함께하시는 하나님을 믿고 새 역사를 창조할 수 있다.

여호와께서는 왜 요셉의 삶을 역전의 역전을 거듭하게 하실까? 여호와께서 요셉에게 인자를 베풀려면 감옥에 안 가게 하면 안 되는가? 감옥에 가게 해서 인자를 베푼다는 것을 인자라고 할 수 있을까? 감옥에 안 가게 하는 것이 인자가 아닐까? 우리에게는 하나님의 함께하심은 '만사형통이어야 한다.' 라는 생각이 강하다. 그러나 여기에는 하나님께서 우리를 성숙하게 키우는 내면 훈련이 있다고 생각할 수 있다. 즉 온실의 꽃이 아닌 광야의 거목으로 키우고자 하는 뜻이 있을 것이다. 하나님은 이런 과정으로 역전의 역전을 거듭하게 하신다. 능력도 중요하지만, 성품도 중요하기 때문이다. 오늘 우리 시대에도 흠결을 없는 '명품 신자' 가 필요하다. 이런 점에서 인생 역전의 역전은 필요하다.

제32강

열방을 통치하시는 하나님

◇본문 창세기 40:1-41:57
◇요절 창세기 41:25
◇찬송 86장, 520장

1. 요셉은 감옥에서 누구를 섬깁니까(40:1-4)? 옥에 갇힌 사람은 왜 근심합니까(5-8a)? 요셉은 그들의 근심을 어떻게 해결합니까(8b-13, 16-19)? 요셉은 술 맡은 관원장에게 어떤 도움을 청합니까(14-15)?

2. 두 사람은 각각 어떻게 됩니까(20-22)? 하지만 요셉의 기대는 어떻게 되고 맙니까(23)? 요셉은 얼마나 더 감옥에서 생활합니까(41:1a)?

3. 바로는 무슨 꿈을 꿉니까(41:1b-7)? 바로의 꿈을 해석하는 사람이 있습니까(8)? 술 맡은 관원장은 무엇을 기억합니까(9-13)?

4. 바로는 요셉을 어떤 사람으로 인정합니까(14-15)? 하지만 요셉은 누구를 증언합니까(16)? 요셉은 바로의 꿈을 어떻게 해석합니까(17-32)? 요셉이 해석에서 강조하는 바가 무엇입니까? 애굽조차도 통치하시는 하나님을 통하여 무엇을 배웁니까?

5. 요셉은 어떤 대안을 제시합니까(33-36)? 바로는 요셉을 어떤 사람으로 인정합니까(37-39)? 그 이유가 무엇입니까? 바로는 요셉을 어느 정도 높입니까(40-45)? 요셉은 바로 앞에 언제 섰습니까(46)?

6. 요셉은 두 아들의 이름을 각각 무엇이라고 짓습니까(47-52)? 여기에는 어떤 뜻이 있습니까? 온 세상이 '요셉의 말처럼' 된 데는 어떤 뜻이 있을까요(53-57)?

제32강
열방을 통치하시는 하나님

◇본문 창세기 40:1-41:57
◇요절 창세기 41:25
◇찬송 86장, 520장

1. 요셉은 감옥에서 누구를 섬깁니까(40:1-4)? 옥에 갇힌 사람은 왜 근심합니까(5-8a)? 요셉은 그들의 근심을 어떻게 해결합니까(8b-13, 16-19)? 요셉은 술 맡은 관원장에게 어떤 도움을 청합니까(14-15)?

1 "그 후에 애굽 왕의 술 맡은 자와 떡 굽는 자가 그들의 주인 애굽 왕에게 범죄한지라"

◇"그 후에": 요셉은 바로의 친위대장 보디발의 집에서 살았다. 여호와께서 그와 함께하셔서 그를 형통하게 하셨다. 하지만 그 주인의 아내가 요셉에게 눈짓했는데, 요셉은 듣지 않았다. 그녀는 그런 요셉을 잡아 옥에 가두었다(39:1-20).

◇"술 맡은 자": 왕이 마시는 술을 일일이 맛보며 점검하는 일을 한다. 정치적인 권세와 부를 가지고 있다.

◇"떡 굽는 자": 당시에는 38종류의 과자와 57가지의 다양한 빵이 있었다. 애굽 사람은 대단한 미식가였다.

2 "바로가 그 두 관원장 곧 술 맡은 관원장과 떡 굽는 관원장에게 노하여"

◇"바로": 애굽 말로 '큰 집'이라는 뜻이다. 이 말은 궁전에 대한 묘사이지 왕에 대한 호칭은 아니었다. 그러나 제18왕조 때부터는 왕의 개인적인 칭호로 사용하였다. 성경은 요셉 때의 왕을 '바로'로 부른다. 그는 세소스트리스 2세(Sesostris II)이다. 그는 주전 19세기에 활동한 애굽 제12왕조 바로(Pharaoh, 주전 1844-1837 재위)이다.

3 "그들을 친위대장의 집 안에 있는 옥에 가두니 곧 요셉이 갇힌 곳이라"

4 "친위대장이 요셉에게 그들을 수종들게 하매 요셉이 그들을 섬겼더라 그들이 갇힌 지 여러 날이라"

◇"섬겼더라": 그들은 유명인사여서 요셉에게 섬기게 했다.

5 "옥에 갇힌 애굽 왕의 술 맡은 자와 떡 굽는 자 두 사람이 하룻밤에 꿈을 꾸니 각기 그 내용이 다르더라"

◇"다르더라": 감옥에 갇힌 두 사람이 같은 날 밤에 꿈을 꾸었는데, 꿈의 내용은 각각 달랐다. 두 사람이 꾼 꿈에는 공통점과 함께 차이점이 있었다.

6 "아침에 요셉이 들어가 보니 그들에게 근심의 빛이 있는지라"

7 "요셉이 그 주인의 집에 자기와 함께 갇힌 바로의 신하들에게 묻되 어찌하여 오늘 당신들의 얼굴에 근심의 빛이 있나이까"

8 "그들이 그에게 이르되 우리가 꿈을 꾸었으나 이를 해석할 자가 없도다 요셉이 그들에게 이르되 해석은 하나님께 있지 아니하니이까 청하건대 내게 이르소서"

◇"해석할 자가 없도다": 그들은 꿈을 믿고 있다. 즉 꿈이 자신의 미래를 예언하는 것으로 믿고 있다. 그런데 그 꿈을 해석해 줄 사람이 없다. 그래서 근심이 생겼다.

◇"해석은 하나님께 있지 아니하니이까": 요셉은 오직 유일하신 하나님만 이 꿈을 해석할 수 있다고 믿고 있다.

◇"내게 이르소서": 요셉은 하나님께서 자기에게 꿈을 해석할 수 있는 지혜를 주실 줄 믿고 있다. 그래서 자기가 꿈을 해석할 수 있다고 말했다. 술 맡은 관원장은 어떤 꿈을 꾸었는가?

9 "술 맡은 관원장이 그의 꿈을 요셉에게 말하여 이르되 내가 꿈에 보니 내 앞에 포도나무가 있는데"

10 "그 나무에 세 가지가 있고 싹이 나서 꽃이 피고 포도송이가 익었고"

11 "내 손에 바로의 잔이 있기로 내가 포도를 따서 그 즙을 바로의 잔에 짜서 그 잔을 바로의 손에 드렸노라"

◇"그 잔을 바로의 손에 드렸노라": 그는 자기 직업과 관련한 꿈을 꾸었다. 요셉은 그 꿈을 어떻게 해석하는가?

12 "요셉이 그에게 이르되 그 해석이 이러하니 세 가지는 사흘이라"

◇"그 해석이 이러하니": 요셉은 즉시 그 꿈을 해석한다. 여호와께서 그와 함께 계신다는 표시이다.

13 "지금부터 사흘 안에 바로가 당신의 머리를 들고 당신의 전직을 회복시키리니 당신이 그 전에 술 맡은 자가 되었을 때에 하던 것 같이 바로의 잔을 그의 손에 드리게 되리이다"

14 "당신이 잘 되시거든 나를 생각하고 내게 은혜를 베풀어서 내 사정을 바로에게 아뢰어 이 집에서 나를 건져 주소서"

◇"잘 되시거든": 요셉은 그에게 훗날을 부탁한다.

15 "나는 히브리 땅에서 끌려온 자요 여기서도 옥에 갇힐 일은 행하지 아니

하였나이다"

◇"끌려온 자": '훔친 사람'이라는 뜻이다. 즉 '유괴당했다(kidnapped from).' '강제로 끌려왔다(forcibly carried off).'라는 뜻이다. 요셉은 자신이 유괴된 사실을 말하고 있다. 하지만 형들에 대해서는 말하지 않았다. 그는 형들의 죄를 덮고 있다.

16 "떡 굽는 관원장이 그 해석이 좋은 것을 보고 요셉에게 이르되 나도 꿈에 보니 흰 떡 세 광주리가 내 머리에 있고"

17 "맨 윗광주리에 바로를 위하여 만든 각종 구운 음식이 있는데 새들이 내 머리의 광주리에서 그것을 먹더라"

◇"떡 굽는": 이 사람도 자기 직업과 관련한 꿈을 꾸었다.

18 "요셉이 대답하여 이르되 그 해석은 이러하니 세 광주리는 사흘이라"

19 "지금부터 사흘 안에 바로가 당신의 머리를 들고 당신을 나무에 달리니 새들이 당신의 고기를 뜯어 먹으리이다 하더니"

20 "제 삼 일은 바로의 생일이라 바로가 그의 모든 신하를 위하여 잔치를 베풀 때에 술 맡은 관원장과 떡 굽는 관원장에게 그의 신하들 중에 머리를 들게 하니라"

2. 두 사람은 각각 어떻게 됩니까(20-22)? 하지만 요셉의 기대는 어떻게 되고 맙니까(23)? 요셉은 얼마나 더 감옥에서 생활합니까(41:1a)?

21 "바로의 술 맡은 관원장은 전직을 회복하매 그가 잔을 바로의 손에 받들어 드렸고"

22 "떡 굽는 관원장은 매달리니 요셉이 그들에게 해석함과 같이 되었으나"

◇"요셉이 그들에게 해석함과 같이 되었으나": 요셉이 해석한 대로 그 꿈이 이루어졌다. 그렇다면 요셉은 하나님의 사람이라고 말할 수 있다. 영적인 지혜를 가진 사람이다. 왜냐하면 꿈의 해석은 하나님께 있기 때문이다. 그러므로 그의 지혜는 하나님으로부터 온 것이다.

이 사실을 통해서 요셉은 어떤 확신을 가질 수 있는가? 하나님께서 자신을 사용하고 계심을 확신한다. 그에게는 미래가 있다. 소망이 있다. 그러나 그 소망을 성취하기까지는 기다림이 필요하다.

23 "술 맡은 관원장이 요셉을 기억하지 못하고 그를 잊었더라"

◇"기억하지 못하고 그를 잊었더라": 요셉은 술 맡은 관장을 통해서 소망을 가졌었다. 하지만 그가 잊어버림으로써 그의 기대는 사라지고 만다. 그는 다시 하염없이 기다려야 했다. 그는 얼마나 더 기다려야 했는가?

1 a "만 이 년 후에..."

◇"만 이 년": 요셉은 2년 동안이나 옥에서 생활하였다. 요셉의 안타까움, 답답함, 실망감이 얼마나 컸을까? 2년이라는 세월은 정말 긴 시간이다. 기대가 컸기 때문에 실망이 더 컸다. 오직 하나님의 함께 하심으로 그 역경을 이겨내고 있다. 다른 죄수를 섬기면서 주님의 은총이 있을 그 날을 소망하며 맡은 일에 충성하고 있다. 요셉은 훈련을 참 많이 받는다. 바로가 무슨 꿈을 꾸었는가?

3. 바로는 무슨 꿈을 꿉니까(41:1b-7)? 바로의 꿈을 해석하는 사람이 있습니까(8)? 술 맡은 관원장은 무엇을 기억합니까(9-13)?

1 b "... 바로가 꿈을 꾼즉 자기가 나일 강 가에 서 있는데"

2 "보니 아름답고 살진 일곱 암소가 강 가에서 올라와 갈밭에서 뜯어먹고"

◇"암소": 더위와 파리 떼를 피하려고 나일 강의 갈대밭 속에 반쯤 잠긴 채로 서 있기를 좋아한다.

3 "그 뒤에 또 흉하고 파리한 다른 일곱 암소가 나일 강 가에서 올라와 그 소와 함께 나일 강 가에 서 있더니"

4 "그 흉하고 파리한 소가 그 아름답고 살진 일곱 소를 먹은지라 바로가 곧 깨었다가"

5 "다시 잠이 들어 꿈을 꾸니 한 줄기에 무성하고 충실한 일곱 이삭이 나오고"

◇"다시 잠이 들어 꿈을 꾸니": 바로는 두 개의 꿈을 꾼다. 그중 하나는 좋은 꿈이고, 다른 하나는 나쁜 꿈이다.

6 "그 후에 또 가늘고 동풍에 마른 일곱 이삭이 나오더니"

7 "그 가는 일곱 이삭이 무성하고 충실한 일곱 이삭을 삼킨지라 바로가 깬즉 꿈이라"

8 "아침에 그의 마음이 번민하여 사람을 보내어 애굽의 점술가와 현인들을 모두 불러 그들에게 그의 꿈을 말하였으나 그것을 바로에게 해석하는 자가 없었더라"

◇"마음이 번민하여": 바로는 꿈속에서 비현실적인 일들이지만 그것이 너무 생생하여 번민하였다.

◇"해석하는 자가 없었더라": 애굽 최고의 점술가와 지혜자들이 꿈을 해석하지 못한다. 꿈의 해석은 오직 하나님께만 있기 때문이다. 바로가 꾼 꿈은 애굽의 삶과 죽음의 순환을 하나님께서 통제하고 계심을 보여주는 상징적인 계시이다. 이런 미래의 일은 인간적 비결이나 특별한 교육을 통해서 알 수 없다.

오늘날 역술인에 대해서 우리는 무엇을 알 수 있는가? 그들은 하나님의 계획을 알지 못한다. 그들은 우리의 과거에 대해서는 알 수 있다. 과거를 안다고 해서 미래까지 안다고 할 수는 없다. 우리의 인생, 미래는 오직 하나님께서 계획하시고 인도하신다. 인류 역사는 하나님이 주관하신다. 이 점을 모르니까 역술인들에게 말려 들어간다. 그때 누가 등장하는가?

9 "술 맡은 관원장이 바로에게 말하여 이르되 내가 오늘 내 죄를 기억하나이다"

◇"오늘 내 죄를 기억하나이다": 그 사람은 감옥에서 자기가 꾸었던 꿈, 요셉의 해몽, 그리고 요셉의 부탁 등을 기억하였다. 그가 요셉을 기억한다는 사실은 하나님께서 요셉을 잊지 않으셨음을 말한다. 하나님께서 때가 되어 그를 부르신다.

10 바로께서 종들에게 노하사 나와 떡 굽는 관원장을 친위대장의 집에 가두셨을 때에"

11 "나와 그가 하룻밤에 꿈을 꾼즉 각기 뜻이 있는 꿈이라"

12 "그 곳에 친위대장의 종 된 히브리 청년이 우리와 함께 있기로 우리가 그에게 말하매 그가 우리의 꿈을 풀되 그 꿈대로 각 사람에게 해석하더니"

◇"히브리 청년": 요셉은 히브리 청년에 불과하다. 애굽 왕궁의 점술가와 지혜자들과는 그 신분과 연륜 등에서 너무나 대조가 된다. 하지만 그 실력만큼은 최고이다.

13 "그 해석한 대로 되어 나는 복직되고 그는 매달렸나이다"

4. 바로는 요셉을 어떤 사람으로 인정합니까(14-15)? 하지만 요셉은 누

구를 증언합니까(16)? 요셉은 바로의 꿈을 어떻게 해석합니까(17-32)? 요셉이 해석에서 강조하는 바가 무엇입니까? 애굽조차도 통치하시는 하나님을 통하여 무엇을 배웁니까?

14 "이에 바로가 사람을 보내어 요셉을 부르매 그들이 급히 그를 옥에서 내놓은지라 요셉이 곧 수염을 깎고 그의 옷을 갈아입고 바로에게 들어가니"

◇"수염을 깎고 그의 옷을 갈아입고": 왕을 만날 때 예의를 갖추는 것을 말한다. 애굽 사람은 벌레 '이(louse)'를 싫어하였다. 옷을 매일 빨고 몸을 매일 씻었다. 면도도 몸을 깨끗하게 하는 하나의 수단이다.

15 "바로가 요셉에게 이르되 내가 한 꿈을 꾸었으나 그것을 해석하는 자가 없더니 들은즉 너는 꿈을 들으면 능히 푼다 하더라"

◇"능히 푼다": 바로는 요셉을 아주 탁월한 전문가로 인정한다. 그러나 요셉은 무엇이라고 대답하는가?

16 "요셉이 바로에게 대답하여 이르되 내가 아니라 하나님께서 바로에게 편안한 대답을 하시리이다"

◇"내가 아니라": 요셉은 자신에 대한 바로의 인정을 단호하게 거절한다.

◇"하나님께서 바로에게 편안한 대답을 하시리이다": 꿈의 해답은 전적으로 하나님께 있음을 강조하고 있다. 그는 애굽 왕 앞에서 하나님의 주권을 드러내고 있다. 애굽 왕은 신이다. 하지만 요셉은 그런 신과는 비교할 수 없는 하나님을 담대하게 증언한다. 이 말에는 요셉의 믿음이 담겨 있다. 동시에 하나님 앞에서 자신을 낮추고 하나님만을 드러내는 그의 겸손이 엿보인다. 종은 주인보다 위대하지 않다. 바로가 꾼 꿈은 무엇인가?

17 "바로가 요셉에게 이르되 내가 꿈에 나일 강 가에 서서"

18 "보니 살지고 아름다운 일곱 암소가 나일 강 가에 올라와 갈밭에서 뜯어

먹고"

19 **"그 뒤에 또 약하고 심히 흉하고 파리한 일곱 암소가 올라오니 그같이 흉한 것들은 애굽 땅에서 내가 아직 보지 못한 것이라"**

◇"아름다운", 심히 흉하고": 바로는 꿈에서 '아름다운 것'과 '흉한 것'을 보았다.

20 **"그 파리하고 흉한 소가 처음의 일곱 살진 소를 먹었으며"**

21 **"먹었으나 먹은 듯 하지 아니하고 여전히 흉하더라 내가 곧 깨었다가"**

22 **"다시 꿈에 보니 한 줄기에 무성하고 충실한 일곱 이삭이 나오고"**

23 **"그 후에 또 가늘고 동풍에 마른 일곱 이삭이 나더니"**

24 **"그 가는 이삭이 좋은 일곱 이삭을 삼키더라 내가 그 꿈을 점술가에게 말하였으나 그것을 내게 풀이해 주는 자가 없느니라"**

◇"자가 없느니라": 바로는 꿈에 관해 마술사와 현인에게 말했다. 하지만 아무도 그 꿈을 해몽하지 못하였다. 요셉은 그에게 무엇이라고 대답하는가?

25 **"요셉이 바로에게 아뢰되 바로의 꿈은 하나라 하나님이 그가 하실 일을 바로에게 보이심이니이다"**

◇"꿈은 하나라 하나님이": 바로가 두 번 꾼 꿈의 내용은 다 같은 것이다. 하나님께서 바로에게 꿈을 통해서 할 일을 가르치셨다.

26 **"일곱 좋은 암소는 일곱 해요 일곱 좋은 이삭도 일곱 해니 그 꿈은 하나라"**

27 **"그 후에 올라온 파리하고 흉한 일곱 소는 칠 년이요 동풍에 말라 속이**

빈 일곱 이삭도 일곱 해 흉년이니"

28 "내가 바로에게 이르기를 하나님이 그가 하실 일을 바로에게 보이신다 함이 이것이라"

◇"보이신다 함이 이것이라": 바로가 앞으로 해야 할 일을 하나님이 보여 주셨다. 요셉은 바로에게 다시 하나님의 계획을 강조한다.

29 "온 애굽 땅에 일곱 해 큰 풍년이 있겠고"

30 "후에 일곱 해 흉년이 들므로 애굽 땅에 있던 풍년을 다 잊어버리게 되고 이 땅이 그 기근으로 망하리니"

31 "후에 든 그 흉년이 너무 심하므로 이전 풍년을 이 땅에서 기억하지 못하게 되리이다"

32 "바로께서 꿈을 두 번 겹쳐 꾸신 것은 하나님이 이 일을 정하셨음이라 하나님이 속히 행하시리니"

◇"하나님이 이 일을 정하셨음이라": 바로가 같은 꿈을 두 번이나 거듭 꾼 것은 하나님께서 그 일을 하시기로 이미 결정하시고 그 일을 꼭 그대로 하시겠다는 것을 말씀하시는 것이다.

요셉이 꿈의 해석에서 강조하는 바는 무엇인가? "하나님께서 하실 일을 보이신다."라는 점이다. 하나님께서 그 일을 정하셨고, 속히 행하실 것임을 강조한다. 이것이 바로에게 주는 의미는 무엇일까? 바로는 애굽의 신이다. 애굽의 신 바로 앞에서 참 하나님을 말하고, 하나님께서 애굽의 역사도 주관하고 계심을 말한다. 바로가 아닌 하나님께서 애굽의 미래를 이끌고 계신다. 애굽의 미래가, 애굽의 죽고 사는 문제가 하나님께 달려 있다. 요셉의 하나님은 요셉이라는 한 개인의 삶과 함께하실 뿐만 아니라, 애굽이라는 거대한 나라와도 함께 하신다. 즉 요셉의 인생을 인도하실 뿐만 아니라 애굽이라는 강대국도 인도하신다.

오늘 우리에게 주는 의미는 무엇일까? 한 개인은 물론이고, 한 가정, 그리고 한 나라의 미래도 하나님께서 인도하신다. 우리나라의 미래도 하나님께 달려 있다. 세계의 역사도 하나님께 달려 있다. 그러면 어떻게 살아야 할까? 하나님의 섭리를 믿고, 하나님을 의지하며 살아야 한다. 바로는 이제 무엇을 해야 하는가?

5. 요셉은 어떤 대안을 제시합니까(33-36)? 바로는 요셉을 어떤 사람으로 인정합니까(37-39)? 그 이유가 무엇입니까? 바로는 요셉을 어느 정도 높입니까(40-45)? 요셉은 바로 앞에 언제 섰습니까(46)?

33 "이제 바로께서는 명철하고 지혜 있는 사람을 택하여 애굽 땅을 다스리게 하시고"

◇"다스리게 하시고": 바로는 명철하고 슬기로운 사람을 책임자로 세워 애굽을 다스리도록 해야 한다. 요셉은 꿈을 해석할 뿐만 아니라 대안까지 제시한다. 첫 번째 대안은 사람을 세우라는 것이다.

34 "바로께서는 또 이같이 행하사 나라 안에 감독관들을 두어 그 일곱 해 풍년에 애굽 땅의 오분의 일을 거두되"

◇"오분의 일을 거두되": 풍년이 계속되는 일곱 해 동안에 거둔 것의 오분의 일을 해마다 받아야 한다.

35 "그들로 장차 올 풍년의 모든 곡물을 거두고 그 곡물을 바로의 손에 돌려 양식을 위하여 각 성읍에 쌓아 두게 하소서"

◇"쌓아 두게 하소서": 관리들은 각 성읍에 곡식을 갈무리하도록 해야 한다. 요셉이 바로에게 제시하는 두 번째 대안이다. 첫 번째 대안은 관리자를 세우는 것이고, 두 번째 대안은 곡식을 저장하는 일이다. 즉 흉년을 대비하는 것을 말한다.

36 "이와 같이 그 곡물을 이 땅에 저장하여 애굽 땅에 임할 일곱 해 흉년에 대비하시면 땅이 이 흉년으로 말미암아 망하지 아니하리이다"

◇"이 흉년으로 말미암아 망하지 아니하리이다": 흉년 때문에 나라가 망하지 않는다. 요셉의 대안 앞에서 바로의 반응은 어떠한가?

37 "바로와 그의 모든 신하가 이 일을 좋게 여긴지라"

◇"좋게 여긴지라": 바로와 모든 신하는 요셉의 제안을 좋게 여겼다. 그들은 요셉의 해석과 대안을 받아들였다.

38 "바로가 그의 신하들에게 이르되 이와 같이 하나님의 영에 감동된 사람을 우리가 어찌 찾을 수 있으리요 하고"

◇"하나님의 영에 감동된 사람": 요셉이 꿈을 해석하고 대안을 제시할 수 있는 것은 하나님의 영이 그와 함께하기 때문이다. 바로는 그 사실을 인정한다. 요셉을 하나님의 사람으로 인정한다. 이것은 보통 일은 아니다.

39 "요셉에게 이르되 하나님이 이 모든 것을 네게 보이셨으니 너와 같이 명철하고 지혜 있는 자가 없도다"

◇"하나님이 이 모든 것을 네게 보이셨으니": 요셉에게 지혜를 주신 분은 하나님이시다. 하나님이 함께하신 사람이 곧 지혜로운 사람이다. 이 사실을 한 나라의 신인 바로가 인정하였다. 이것을 하나님께서 요셉을 통해서 드러내고자 하신 일이다. 하나님은 당신의 사람을 통해서 온 세상에 하나님을 드러내고자 하신다.

오늘 우리에게 주는 의미는 무엇일까? 오늘도 하나님을 인정하지 않는 사람이 많다. 그런 시대에 하나님의 사람, 하나님의 지혜를 가진 사람이 필요하다. 그것은 곧 하나님이 인정받는 것이다. 우리가 자기 일터, 자기 위치에서 이런 지혜로운 사람으로 자라도록 도전해야 한다.

40 "너는 내 집을 다스리라 내 백성이 다 네 명령에 복종하리니 내가 너보다 높은 것은 내 왕좌뿐이니라"

◇"왕좌뿐이니라": 바로는 요셉을 인정하고 세운다. 요셉은 막강한 권세를 가진다. 요셉은 어떤 위치에 오르는가?

41 "바로가 또 요셉에게 이르되 내가 너를 애굽 온 땅의 총리가 되게 하노라 하고"

◇"총리": 총리의 역할은 애굽의 2인자로서 직접 왕에게 소속되며 모든 정부 기관을 감독한다. 행정 문헌을 보관하고, 하부 직급자를 임명하며, 외교관과 농업, 상업 등을 관장한다.

42 "자기의 인장 반지를 빼어 요셉의 손에 끼우고 그에게 세마포 옷을 입히고 금 사슬을 목에 걸고"

◇"인장 반지": 왕의 권위를 인정하는 표시이다. 바로는 요셉을 2인자로 인정한다.

43 "자기에게 있는 버금 수레에 그를 태우매 무리가 그의 앞에서 소리 지르기를 엎드리라 하더라 바로가 그에게 애굽 전국을 총리로 다스리게 하였더라"

◇"총리로 다스리게 하였더라": 바로는 요셉을 총리로 세웠다.

44 "바로가 요셉에게 이르되 나는 바로라 애굽 온 땅에서 네 허락이 없이는 수족을 놀릴 자가 없으리라 하고"

◇"없으리라": 요셉은 최고 권력자의 자리에 오른다.

45 "그가 요셉의 이름을 사브낫바네아라 하고 또 온의 제사장 보디베라의 딸 아스낫을 그에게 주어 아내로 삼게 하니라 요셉이 나가 애굽 온 땅을 순찰하니라"

◇"사브낫 바네아"(Zaphenath–paneah): '하나님이 말씀하신다.' '하나님은 살아 계신다.'라는 뜻이다. 또는 '두 땅을 살찌운 자', '살아있는 자'라는 뜻도 있다. 요셉의 하는 일을 보고 이런 이름을 지어주었을 것이다. 지금 요셉의 삶은 바로 이런 모습이기 때문이다.

◇"온": 애굽의 도시로서 태양신 '레(Re)'의 제사 중심지이다.

◇"제사장": 요셉의 장인은 '레'의 높은 제사장 중의 하나였다.

◇"온 땅을 순찰하니라": 요셉은 마침내 총리로서 임무를 시행한다.

46 **"요셉이 애굽 왕 바로 앞에 설 때에 삼십 세라 그가 바로 앞을 떠나 애굽 온 땅을 순찰하니"**

◇"삼십 세라": 요셉이 애굽으로 팔려 왔을 때의 나이는 17세였다. 그로부터 13년이 흐른 뒤에 그의 수치는 영광으로 바뀌었다. 하나님께서 요셉에게 꿈을 통해서 보여주셨던 그 꿈이 서서히 현실로 다가오고 있다. 요셉은 애굽을 어떻게 통치하는가?

6. 요셉은 두 아들의 이름을 각각 무엇이라고 짓습니까(47-52)? 여기에는 어떤 뜻이 있습니까? 온 세상이 '요셉의 말처럼' 된 데는 어떤 뜻이 있을까요(53-57)?

47 **"일곱 해 풍년에 토지 소출이 심히 많은지라"**

48 **"요셉이 애굽 땅에 있는 그 칠 년 곡물을 거두어 각 성에 저장하되 각 성읍 주위의 밭의 곡물을 그 성읍 중에 쌓아 두매"**

49 **"쌓아 둔 곡식이 바다 모래 같이 심히 많아 세기를 그쳤으니 그 수가 한이 없음이었더라"**

50 **"흉년이 들기 전에 요셉에게 두 아들이 나되 곧 온의 제사장 보디베라의**

딸 아스낫이 그에게서 낳은지라"

◇"두 아들이 나되": 요셉과 아내 아스낫 사이에서 두 아들이 태어난 것은 흉년이 들기 전이었다.

51 "요셉이 그의 장남의 이름을 므낫세라 하였으니 하나님이 내게 내 모든 고난과 내 아버지의 온 집 일을 잊어버리게 하셨다 함이요"

◇"므낫세": '잊어버리게 하다.'라는 뜻이다. 요셉은 아들의 이름을 통해서 자신의 삶 속에서 하나님이 주도적으로 인도하셨음을 고백한다.

52 "차남의 이름을 에브라임이라 하였으니 하나님이 나를 내가 수고한 땅에서 번성하게 하셨다 함이었더라"

◇"에브라임": '풍성함'이라는 뜻이다.

요셉이 아들의 이름을 짓는 데는 어떤 뜻이 있을까? 요셉은 하나님을 잊지 않는다. 그에게 있어서 삶의 주어가 하나님이시다. 그는 성공과 높은 지위에도 불구하고 신앙유산을 저버리지 않는다. 아들들에게 히브리 이름을 준 것을 통해서 알 수 있다. 어떤 점에서 요셉은 정체성의 위기에 처했다고 말할 수 있다. 그는 자신의 생애 반 이상을 애굽에서 보냈다. 그는 바로의 인장을 끼고 있다. 바로가 그의 이름을 지어주었고, 애굽 여인과 결혼까지 했다. 그는 애굽의 '사랑스러운 아들'로 살 것인가? 아니면 하나님의 구속 사역의 계승자로 살 것인가? 이런 갈림길에서 그는 자신의 정체성을 분명히 한다.

53 "애굽 땅에 일곱 해 풍년이 그치고"

54 "요셉의 말과 같이 일곱 해 흉년이 들기 시작하매 각국에는 기근이 있으나 애굽 온 땅에는 먹을 것이 있더니"

◇"요셉의 말과 같이": 애굽에서는 모든 것이 '바로의 말처럼' 되었다. 바로가 왕이고 신이기 때문이다. 그러나 이제는 달라졌다. '바로'가 아닌

'요셉'의 말처럼 되고 있다. 바로는 메시지를 만드는 사람이 아니라 받는 자가 되었다. 요셉이 권력의 자리로 부상한 이면에는 바로의 권력과 주도권 상실, 그리고 그의 나라의 무력함이 있다. 하나님께서 요셉을 세워서 쓰시기 때문이다.

55 "애굽 온 땅이 굶주리매 백성이 바로에게 부르짖어 양식을 구하는지라 바로가 애굽 모든 백성에게 이르되 요셉에게 가서 그가 너희에게 이르는 대로 하라 하니라"

◇"그가 너희에게 이르는 대로 하라": 바로는 모든 백성에게 "요셉에게로 가서 그가 시키는 대로 하라."고 말하였다. 바로도 요셉을 인정한다. 모든 백성은 요셉의 방향에 순종해야 한다. 그래야 산다.

56 "온 지면에 기근이 있으매 요셉이 모든 창고를 열고 애굽 백성에게 팔새 애굽 땅에 기근이 심하며"

57 "각국 백성도 양식을 사려고 애굽으로 들어와 요셉에게 이르렀으니 기근이 온 세상에 심함이었더라"

◇"기근이 온 세상에 심함이었더라": 애굽만이 아니라 가나안까지 기근이 들었다. 요셉의 아버지와 형들은 어떻게 될까?

제33강

자기희생의 사랑

◇본문　창세기 42:1-44:34
◇요절　창세기 44:33
◇찬송　289장, 294장

1. 야곱은 기근을 해결하기 위해서 어떻게 합니까(42:1-5)? 베냐민은 왜 보내지 않습니까(4)? 요셉은 형들을 왜 정탐꾼으로 몹니까(6-9)?

2. 요셉은 변명하는 형들에게 어떤 조건을 제시합니까(10-20)? 형들은 이 사건을 통해서 무엇을 깨닫습니까(21-23)? 그들은 곡물 자루에 돈이 들어 있는 것을 보고는 무엇이라고 말합니까(24-28)?

3. 애굽에서 일어난 사건을 듣고 야곱은 어떻게 반응합니까(29-38)? 유다는 아버지를 어떻게 설득합니까(43:1-10)? 유다는 과거보다 얼마나 변했습니까(37:26-27, 38:11)? 야곱은 어떻게 결단합니까(11-14)?

4. 형들은 요셉의 집에 초청을 받을 때 왜 두려워합니까(15-25)? 요셉은 형들에게 누구의 안부를 묻습니까(26-28)? 요셉이 베냐민을 보자 그 마음이 어떠합니까(29-31)?

5. 요셉은 베냐민에게 왜 특별대우를 할까요(32-34a)? 하지만 형들의 반응은 어떠합니까(34b)? 형들의 반응을 통해서 그들이 어느 정도 달라졌음을 알 수 있나요? 요셉은 형들을 또 어떻게 속입니까(44:1-6)? 형들은 어떻게 자신들의 결백을 주장합니까(7-9)?

6. 요셉은 왜 베냐민의 자루에 잔을 넣었을까요(10-12)? 요셉 앞에서 유다는 어떻게 탄원합니까(13-34)? 유다는 왜 자기를 희생하면서까지 동생을 구하려고 할까요? 유다의 하나님과 아버지, 그리고 동생에 대한 자세가 어떻게 변화했습니까?

제33강

자기희생의 사랑

◇본문 창세기 42:1-44:34

◇요절 창세기 44:33

◇찬송 289장, 294장

1. 야곱은 기근을 해결하기 위해서 어떻게 합니까(42:1-5)? 베냐민은 왜 보내지 않습니까(4)? 요셉은 형들을 왜 정탐꾼으로 몹니까(6-9)?

1 "그 때에 야곱이 애굽에 곡식이 있음을 보고 아들들에게 이르되 너희는 어찌하여 서로 바라보고만 있느냐"

◇"바라보고만 있느냐": 야곱은 애굽에 곡식이 있다는 말을 들었다. 그러나 아들들은 양식이 없는데도 불구하고 대책을 세우지 않고 있다. 야곱은 그들에게 어떤 방향을 주는가?

2 "야곱이 또 이르되 내가 들은즉 저 애굽에 곡식이 있다 하니 너희는 그리로 가서 거기서 우리를 위하여 사오라 그러면 우리가 살고 죽지 아니하리라 하매"

◇"우리가 살고 죽지 아니하리라": 죽지 않으려면 살길을 찾아야 한다. 하나님 약속의 자녀들이 생존의 위기에 처했다. 아버지의 방향에 누가 움직이는가?

3 "요셉의 형 열 사람이 애굽에서 곡식을 사려고 내려갔으나"

4 "야곱이 요셉의 아우 베냐민은 그의 형들과 함께 보내지 아니하였으니 이는 그의 생각에 재난이 그에게 미칠까 두려워함이었더라"

◇"재난이 그에게 미칠까 두려워함이었더라": 야곱은 예전에는 요셉을 특별히 사랑하였으나 이제는 베냐민을 움켜쥐고 있다. 야곱에게는 베냐민을 요셉처럼 잃을 수 있다는 두려움이 있다.

5 "이스라엘의 아들들이 양식 사러 간 자 중에 있으니 가나안 땅에 기근이 있음이라"

◇"가나안 땅에 기근이 있음이라": 기근 때문에 약속의 땅이 위기를 맞았다. 그때 요셉은 무엇을 하고 있는가?

6 "때에 요셉이 나라의 총리로서 그 땅 모든 백성에게 곡식을 팔더니 요셉의 형들이 와서 그 앞에서 땅에 엎드려 절하매"

◇"요셉의 형들이 와서 그 앞에서 땅에 엎드려 절하매": 그 모습은 요셉이 소년 시절에 꾸었던 그 꿈에 대한 성취를 보여준다(37:7, 9). 물론 아직 완전한 성취는 아니다. 요셉은 형들을 어떻게 대하는가?

7 "요셉이 보고 형들인 줄을 아나 모르는 체하고 엄한 소리로 그들에게 말하여 이르되 너희가 어디서 왔느냐 그들이 이르되 곡물을 사려고 가나안에서 왔나이다"

◇"모르는 체하고": 요셉은 형들을 보자마자 곧바로 알았다. 그러나 모르는 체한다.

8 "요셉은 그의 형들을 알아보았으나 그들은 요셉을 알아보지 못하더라"

◇"그들은 요셉을 알아보지 못하더라": 형들은 요셉이 애굽의 총리로 있을 것을 상상도 하지 못하였다. 요셉 자신도 아주 낯선 사람처럼 행동하기

에 알아보지 못하였다. 요셉은 무엇을 생각하는가?

9 **"요셉이 그들에게 대하여 꾼 꿈을 생각하고 그들에게 이르되 너희는 정탐꾼들이라 이 나라의 틈을 엿보려고 왔느니라"**

◇"꾼 꿈을 생각하고": 요셉은 소년 때에 꾸었던 그 꿈을 생각한다. 그 꿈은 무엇인가? 형들과 아버지, 그리고 어머니가 모두 그에게 절하는 것이다. 이것을 생각하고 그는 형들을 만나자 무엇을 하는가?

◇"정탐꾼들이라": 그는 형들을 첩자로 간주한다. 그는 왜 이렇게 할까? 형들에게 복수하는 것인가? 형들에게 자기가 당한 고통을 안겨주려는 것인가? 하나님께서 주신 그 꿈이 정말 이루어질 것인가에 대한 기대를 품는다. 그는 형들이 자기를 지도자로 인정할 것인가를 알아보려고 한다. 그는 형들이 현실을 보고 요셉을 인정하기를 바란다. 그래서 그는 형들이 변화할 때까지 여러 사건을 꾸민다.

그런 점에서 볼 때 본문은 요셉보다는 형들이 어떻게 변화하는지 보여주고 있다. 그 대표적인 사람이 유다이다. 즉 유다가 어떻게 변화하는지 보여준다. 형들은 어떻게 반응하는가!?

2. 요셉은 변명하는 형들에게 어떤 조건을 제시합니까(10-20)? 형들은 이 사건을 통해서 무엇을 깨닫습니까(21-23)? 그들은 곡물 자루에 돈이 들어 있는 것을 보고는 무엇이라고 말합니까(24-28)?

10 **"그들이 그에게 이르되 내 주여 아니니이다 당신의 종들은 곡물을 사러 왔나이다"**

11 **"우리는 다 한 사람의 아들들로서 확실한 자들이니 당신의 종들은 정탐꾼이 아니니이다"**

12 "요셉이 그들에게 이르되 아니라 너희가 이 나라의 틈을 엿보러 왔느니라"

13 "그들이 이르되 당신의 종 우리들은 열두 형제로서 가나안 땅 한 사람의 아들들이라 막내 아들은 오늘 아버지와 함께 있고 또 하나는 없어졌나이다"

14 "요셉이 그들에게 이르되 내가 너희에게 이르기를 너희는 정탐꾼들이라 한 말이 이것이니라"

15 "너희는 이같이 하여 너희 진실함을 증명할 것이라 바로의 생명으로 맹세하노니 너희 막내아우가 여기 오지 아니하면 너희가 여기서 나가지 못하리라"

◇"막내아우가 여기 오지 아니하면": 요셉은 막내아우를 이리로 데려오지 않으면 진실을 증명할 수 없다고 말한다.

16 "너희 중 하나를 보내어 너희 아우를 데려오게 하고 너희는 갇히어 있으라 내가 너희의 말을 시험하여 너희 중에 진실이 있는지 보리라 바로의 생명으로 맹세하노니 그리하지 아니하면 너희는 과연 정탐꾼이니라 하고"

17 "그들을 다 함께 삼 일을 가두었더라"

18 "사흘 만에 요셉이 그들에게 이르되 나는 하나님을 경외하노니 너희는 이같이 하여 생명을 보전하라"

◇"하나님을 경외하노니": 이 말은 형들에게 죄의식을 심겨준다. 그들이 잘못을 사람이 아닌 하나님 앞에서 돌이키게 하기 때문이다.

◇"생명을 보전하라": 요셉은 그들에게 생명을 보존할 수 있는 길을 제안한다. 하나님을 경외하는 자의 특징은 생명을 사랑하는 것이다. 그 길은 무엇인가?

19 "너희가 확실한 자들이면 너희 형제 중 한 사람만 그 옥에 갇히게 하고 너희는 곡식을 가지고 가서 너희 집안의 굶주림을 구하고"

◇"집안의 굶주림을 구하고": 하나님을 경외하는 사람은 궁핍하고 굶주린 이를 보살펴 주는 사람이다.

20 "너희 막내아우를 내게로 데리고 오라 그러면 너희 말이 진실함이 되고 너희가 죽지 아니하리라 하니 그들이 그대로 하니라"

◇"막내아우를 내게로 데리고 오라": 요셉의 꿈이 성취되려면 베냐민도 와야 한다. 그뿐만 아니라 아버지도 와야 한다. 아버지가 오려면 동생이 먼저 와야 한다. 이 말을 듣고 형들은 무슨 생각을 하는가?

21 "그들이 서로 말하되 우리가 아우의 일로 말미암아 범죄하였도다 그가 우리에게 애걸할 때에 그 마음의 괴로움을 보고도 듣지 아니하였으므로 이 괴로움이 우리에게 임하도다"

◇"아우의 일로 말미암아 범죄하였도다": 그들은 과거의 죄에 대해서 의식하기 시작한다. 즉 죄책감이 살아났다.

◇"괴로움이 우리에게 임하도다": 동생의 괴로움이 자신들에게 찾아왔음을 알았다. 르우벤은 무엇이라고 말하는가?

22 "르우벤이 그들에게 대답하여 이르되 내가 너희에게 그 아이에 대하여 죄를 짓지 말라고 하지 아니하였더냐 그래도 너희가 듣지 아니하였느니라 그러므로 그의 핏값을 치르게 되었도다 하니"

◇"핏값을 치르게 되었도다": 르우벤은 형으로서 괴로움을 토로하고 있다. 그러나 동생들을 원망하고 있다.

23 "그들 사이에 통역을 세웠으므로 그들은 요셉이 듣는 줄을 알지 못하였더라"

24 "요셉이 그들을 떠나가서 울고 다시 돌아와서 그들과 말하다가 그들 중에

서 시므온을 끌어내어 그들의 눈앞에서 결박하고"

◇"요셉이 그들을 떠나가서 울고": 요셉은 형들에게 복수하려는 것이 아님을 알 수 있다. 하나님의 공의를 알려주려는데 그 목적이 있다.

25 "명하여 곡물을 그 그릇에 채우게 하고 각 사람의 돈은 그의 자루에 도로 넣게 하고 또 길 양식을 그들에게 주게 하니 그대로 행하였더라"

26 "그들이 곡식을 나귀에 싣고 그 곳을 떠났더니"

27 "한 사람이 여관에서 나귀에게 먹이를 주려고 자루를 풀고 본즉 그 돈이 자루 아귀에 있는지라"

28 "그가 그 형제에게 말하되 내 돈을 도로 넣었도다 보라 자루 속에 있도다 이에 그들이 혼이 나서 떨며 서로 돌아보며 말하되 하나님이 어찌하여 이런 일을 우리에게 행하셨는가 하고"

◇"혼이 나서 떨며": 그들은 돈을 보고 기뻐하지 못하고 오히려 두려워한다.

◇"하나님이 어찌하여": 하나님께서 자신들의 죄를 공개적으로 드러내고 계신다고 생각한다. 하나님께서 자기들을 시험하시는 것으로 생각하였다. 그들은 과거에 요셉에게 해서는 안 될 일을 한 것이 여전히 마음속을 누르고 있다. 이 문제를 해결하지 않고서는 먹을 것을 봐도, 돈을 봐도 마음이 편치 않다. 돈이나 먹을거리보다도 더 소중한 것은 마음의 평화이다. 마음의 평화는 죄 문제를 해결할 다가온다. 야곱의 반응은 어떠한가?

3. 애굽에서 일어난 사건을 듣고 야곱은 어떻게 반응합니까(29-38)? 유다는 아버지를 어떻게 설득합니까(43:1-10)? 유다는 과거보다 얼마나 변했습니까(37:26-27, 38:11)? 야곱은 어떻게 결단합니까(11-14)?

29 "그들이 가나안 땅에 돌아와 그들의 아버지 야곱에게 이르러 그들이 당한 일을 자세히 알리어 아뢰되"

30 "그 땅의 주인인 그 사람이 엄하게 우리에게 말씀하고 우리를 그 땅에 대한 정탐꾼으로 여기기로"

31 "우리가 그에게 이르되 우리는 확실한 자들이요 정탐꾼이 아니니이다"

32 "우리는 한 아버지의 아들 열두 형제로서 하나는 없어지고 막내는 오늘 우리 아버지와 함께 가나안 땅에 있나이다 하였더니"

33 "그 땅의 주인인 그 사람이 우리에게 이르되 내가 이같이 하여 너희가 확실한 자들임을 알리니 너희 형제 중의 하나를 내게 두고 양식을 가지고 가서 너희 집안의 굶주림을 구하고"

34 "너희 막내아우를 내게로 데려오라 그러면 너희가 정탐꾼이 아니요 확실한 자들임을 내가 알고 너희 형제를 너희에게 돌리리니 너희가 이 나라에서 무역하리라 하더이다 하고"

35 "각기 자루를 쏟고 본즉 각 사람의 돈뭉치가 그 자루 속에 있는지라 그들과 그들의 아버지가 돈뭉치를 보고 다 두려워하더니"

36 "그들의 아버지 야곱이 그들에게 이르되 너희가 나에게 내 자식들을 잃게 하도다 요셉도 없어졌고 시므온도 없어졌거늘 베냐민을 또 빼앗아 가고자 하니 이는 다 나를 해롭게 함이로다"

◇"야곱": 야곱은 애굽에서 일어난 일을 듣고 반응한다. "너희가 아이들을 다 빼앗아 가는구나. 요셉을 잃었고, 시므온도 잃었다. 베냐민마저 빼앗아 가겠다는 거냐?" 야곱의 반응은 매우 완강하다. 그들은 야곱에게 비통함만 안겨주었다.

37 "르우벤이 그의 아버지에게 말하여 이르되 내가 그를 아버지께로 데리고 오지 아니하거든 내 두 아들을 죽이소서 그를 내 손에 맡기소서 내가 그를 아버지께로 데리고 돌아오리이다"

◇"르우벤", "내 두 아들을 죽이소서": 그는 장자로서 자세를 취한다. 하지만 그는 상식에서 벗어나는 조잡한 영웅주의적 행위를 하고 있다. 어떻게 한 아들을 잃어버렸다고 해서 다른 손자들을 죽일 수 있는가?

38 "야곱이 이르되 내 아들은 너희와 함께 내려가지 못하리니 그의 형은 죽고 그만 남았음이라 만일 너희가 가는 길에서 재난이 그에게 미치면 너희가 내 흰 머리를 슬퍼하며 스올로 내려가게 함이 되리라"

◇"내려가지 못하리니": 야곱의 반대로 르우벤의 계획은 실패하고 만다. 베냐민을 잃은 것은 야곱에게 죽음과 같은 것이다.

1 "그 땅에 기근이 심하고"

◇"심하고": 기근은 계속되었다. 그 기근 때문에 곡식이 필요하다. 그러나 그들이 애굽의 통치자에게 가려면 베냐민을 데리고 가야 한다. 그들은 어떻게 하는가?

2 "그들이 애굽에서 가져온 곡식을 다 먹으매 그 아버지가 그들에게 이르되 다시 가서 우리를 위하여 양식을 조금 사오라"

3 "유다가 아버지에게 말하여 이르되 그 사람이 우리에게 엄히 경고하여 이르되 너희 아우가 너희와 함께 오지 아니하면 너희가 내 얼굴을 보지 못하리라 하였으니"

◇"유다": 그는 아버지를 설득한다. 르우벤은 아버지를 설득하는 데 실패했으나 유다는 성공한다. 유다는 요셉의 말을 인용하여 야곱을 강하게 설득한다.

4 "아버지께서 우리 아우를 우리와 함께 보내시면 우리가 내려가서 아버지를 위하여 양식을 사려니와"

5 "아버지께서 만일 그를 보내지 아니하시면 우리는 내려가지 아니하리니 그 사람이 우리에게 말하기를 너희의 아우가 너희와 함께 오지 아니하면 너희가 내 얼굴을 보지 못하리라 하였음이니이다"

6 "이스라엘이 이르되 너희가 어찌하여 너희에게 또 다른 아우가 있다고 그 사람에게 말하여 나를 괴롭게 하였느냐"

7 "그들이 이르되 그 사람이 우리와 우리의 친족에 대하여 자세히 질문하여 이르기를 너희 아버지가 아직 살아 계시느냐 너희에게 아우가 있느냐 하기로 그 묻는 말에 따라 그에게 대답한 것이니 그가 너희의 아우를 데리고 내려오라 할 줄을 우리가 어찌 알았으리이까"

8 "유다가 그의 아버지 이스라엘에게 이르되 저 아이를 나와 함께 보내시면 우리가 곧 가리니 그러면 우리와 아버지와 우리 어린아이들이 다 살고 죽지 아니하리이다"

9 "내가 그를 위하여 담보가 되오리니 아버지께서 내 손에서 그를 찾으소서 내가 만일 그를 아버지께 데려다가 아버지 앞에 두지 아니하면 내가 영원히 죄를 지리이다"

◇"내가 그를 위하여 담보가 되오리니": 유다는 자신을 베냐민의 안전을 위한 서약으로 주었다. 여기에 나타난 유다는 앞선 모습(37:26-27)과는 전혀 다른 사람으로 나타난다. 요셉을 이스마엘에게 팔자고 제안했던 유다와는 전혀 다른 모습이다. 또 '아들을 잃을까'하는 두려움 때문에 다말에게 셋째 아들을 가족의 씨앗으로 내어놓기를 거절했던 유다(38:11)와 비교하면 참으로 놀랍게 변화했다. 이 유다의 변화는 본문에서 전환점이다. 유다의 변화를 보고 야곱도 변화한다.

10 "우리가 지체하지 아니하였더라면 벌써 두 번 갔다 왔으리이다"

11 "그들의 아버지 이스라엘이 그들에게 이르되 그러할진대 이렇게 하라 너희는 이 땅의 아름다운 소산을 그릇에 담아가지고 내려가서 그 사람에게 예물로 드릴지니 곧 유향 조금과 꿀 조금과 향품과 몰약과 유향나무 열매와 감복숭아이니라"

◇"이스라엘": 이스라엘이 마침내 허락한다.

◇"예물로 드릴지니": 야곱은 전략가이다. 얍복 강가에서 야곱이 에서를 만나기 전에 행하였던 대로 그는 먼저 계획하고 아들들이 떠나기 전에 기도한다.

12 "너희 손에 갑절의 돈을 가지고 너희 자루 아귀에 도로 넣어져 있던 그 돈을 다시 가지고 가라 혹 잘못이 있었을까 두렵도다"

13 "네 아우도 데리고 떠나 다시 그 사람에게로 가라"

◇"네 아우도 데리고 떠나": 유다가 베냐민의 안전을 위해 자신을 내어놓자 아버지도 자신을 기꺼이 내어놓는다.

14 "전능하신 하나님께서 그 사람 앞에서 너희에게 은혜를 베푸사 그 사람으로 너희 다른 형제와 베냐민을 돌려보내게 하시기를 원하노라 내가 자식을 잃게 되면 잃으리로다"

◇"전능하신 하나님께서": 그는 자기 아들들을 '전능하신 하나님'께 위탁한다. 그리고 은혜를 구한다. 그는 시므온과 베냐민이 돌아오기를 기도한다. 그러나 그의 말에는 '비움'이 있다.

◇"자식을 잃게 되면 잃으리로다": 야곱이 그동안 꽉 움켜쥐었던 것, 베냐민을 내어놓는다. 가족이 살아남기 위해서는 야곱도 기꺼이 베냐민의 생명을 맡겨야 한다. 만약 '야곱의 자손'이 살고 죽지 않으려면 야곱은 자기가 움켜쥐고 있는 가장 사랑하는 것, 베냐민을 내어놓아야 한다. 이

로써 꼬였던 가족 문제를 해결받는다.

야곱이 이렇게 변화한 결정적 요인은 유다의 변화에 있다. 한 사람이 진실하게 변화하면, 즉 자기를 희생하는 삶은 다른 사람과 가족에게 큰 영향을 미친다. 그들도 변하게 만든다.

4. 형들은 요셉의 집에 초청을 받을 때 왜 두려워합니까(15-25)? 요셉은 형들에게 누구의 안부를 묻습니까(26-28)? 요셉이 베냐민을 보자 그 마음이 어떠합니까(29-31)?

15 "그 형제들이 예물을 마련하고 갑절의 돈을 자기들의 손에 가지고 베냐민을 데리고 애굽에 내려가서 요셉 앞에 서니라"

16 "요셉은 베냐민이 그들과 함께 있음을 보고 자기의 청지기에게 이르되 이 사람들을 집으로 인도해 들이고 짐승을 잡고 준비하라 이 사람들이 정오에 나와 함께 먹을 것이니라"

17 "청지기가 요셉의 명대로 하여 그 사람들을 요셉의 집으로 인도하니"

18 "그 사람들이 요셉의 집으로 인도되매 두려워하여 이르되 전번에 우리 자루에 들어 있던 돈의 일로 우리가 끌려드는도다 이는 우리를 억류하고 달려들어 우리를 잡아 노예로 삼고 우리의 나귀를 빼앗으려 함이로다 하고"

◇"두려워하여": 형들은 계속해서 두려움과 죄책감에 시달린다.

19 "그들이 요셉의 집 청지기에게 가까이 나아가 그 집 문 앞에서 그에게 말하여"

20 "이르되 내 주여 우리가 전번에 내려와서 양식을 사가지고"

21 "여관에 이르러 자루를 풀어본즉 각 사람의 돈이 전액 그대로 자루 아귀

에 있기로 우리가 도로 가져왔고"

22 "양식 살 다른 돈도 우리가 가지고 내려왔나이다 우리의 돈을 우리 자루
에 넣은 자는 누구인지 우리가 알지 못하나이다"

23 "그가 이르되 너희는 안심하라 두려워하지 말라 너희 하나님, 너희 아버
지의 하나님이 재물을 너희 자루에 넣어 너희에게 주신 것이니라 너희 돈
은 내가 이미 받았느니라 하고 시므온을 그들에게로 이끌어내고"

◇"안심하라": 청지기는 형들에게 평화를 전달한다.

24 "그들을 요셉의 집으로 인도하고 물을 주어 발을 씻게 하며 그들의 나귀
에게 먹이를 주더라"

25 "그들이 거기서 음식을 먹겠다 함을 들었으므로 예물을 정돈하고 요셉이
정오에 오기를 기다리더니"

26 "요셉이 집으로 오매 그들이 집으로 들어가서 예물을 그에게 드리고 땅에
엎드려 절하니"

27 "요셉이 그들의 안부를 물으며 이르되 너희 아버지 너희가 말하던 그 노
인이 안녕하시냐 아직도 생존해 계시느냐"

◇"그 노인": 요셉은 '그 노인', 아버지의 안부를 묻는다.

28 "그들이 대답하되 주의 종 우리 아버지가 평안하고 지금까지 생존하였나
이다 하고 머리 숙여 절하더라"

29 "요셉이 눈을 들어 자기 어머니의 아들 자기 동생 베냐민을 보고 이르되
너희가 내게 말하던 너희 작은 동생이 이 아이냐 그가 또 이르되 소자여
하나님이 네게 은혜 베푸시기를 원하노라"

◇"이 아니냐": 요셉은 다시 베냐민에게 관심을 품는다.

30 "요셉이 아우를 사랑하는 마음이 복받쳐 급히 울 곳을 찾아 안방으로 들어가서 울고"

◇"마음이 복받쳐": 요셉은 친동생을 보다가 치밀어 오르는 형제의 정을 누르지 못하여 급히 울 곳을 찾아 자기의 방으로 들어가서 한참 동안 울었다.

31 "얼굴을 씻고 나와서 그 정을 억제하고 음식을 차리라 하매"

◇"그 정을 억제하고": 요셉의 감격스러움이 느껴진다. 그런데도 그는 아직 때가 아니기 때문에 자기를 나타내지 않는다.

5. 요셉은 베냐민에게 왜 특별대우를 할까요(32-34a)? 하지만 형들의 반응은 어떠합니까(34b)? 형들의 반응을 통해서 그들이 어느 정도 달라졌음을 알 수 있나요? 요셉은 형들을 또 어떻게 속입니까(44:1-6)? 형들은 어떻게 자신들의 결백을 주장합니까(7-9)?

32 "그들이 요셉에게 따로 차리고 그 형제들에게 따로 차리고 그와 함께 먹는 애굽 사람에게도 따로 차리니 애굽 사람은 히브리 사람과 같이 먹으면 부정을 입음이었더라"

◇"따로 차리고": 식당의 좌석 배치를 3개로 하였다: 애굽인, 히브리인, 그리고 요셉이다. 요셉은 애굽인도 아니고 히브리인도 아닌 중간에 앉았다. 그는 어느 공동체에도 속하지 않기 때문이다. 그런데 형들을 어떤 순서로 앉히는가?

33 "그들이 요셉 앞에 앉되 그들의 나이에 따라 앉히게 되니 그들이 서로 이상히 여겼더라"

34 "요셉이 자기 음식을 그들에게 주되 베냐민에게는 다른 사람보다 다섯 배나 주매 그들이 마시며 요셉과 함께 즐거워하였더라"

◇"다섯 배나 주매": 요셉의 파격적인 대우는 다른 형들에게 질투를 불러 일으킬 수 있다. 옛날에 그들이 요셉에게 가졌던 질투심이 되살아날 수 있다.

◇"요셉과 함께 즐거워하였더라": 그들은 동생이 자기들보다 더 많은 것을 받았음에도 함께 즐거워한다. 이것은 형들의 변화된 모습을 잠깐 보여주는 것이다.

우리는 형들의 반응을 통해서 그들이 어느 정도 달라졌음을 알 수 있는가? 형들은 예전의 형들이 아니다. 동생을 시기하거나 질투하지 않는다. 동생의 몫에 연연하지 않는다. 그것을 통해 형들의 달라진 모습을 보여준다.

1 "요셉이 그의 집 청지기에게 명하여 이르되 양식을 각자의 자루에 운반할 수 있을 만큼 채우고 각자의 돈을 그 자루에 넣고"

2 "또 내 잔 곧 은잔을 그 청년의 자루 아귀에 넣고 그 양식 값 돈도 함께 넣으라 하매 그가 요셉의 명령대로 하고"

3 "아침이 밝을 때에 사람들과 그들의 나귀들을 보내니라"

4 "그들이 성읍에서 나가 멀리 가기 전에 요셉이 청지기에게 이르되 일어나 그 사람들의 뒤를 따라 가서 그들에게 이르기를 너희가 어찌하여 선을 악으로 갚느냐"

◇"어찌하여 선을 악으로 갚느냐": 선과 악을 대조한다. 일차적으로는 애굽에서 받은 호의를 악으로 갚았다는 말이다. 하지만 그 말은 그들의 선한 한 사람에게 행했던 악과 관련하여 그들의 가슴속에 울려 퍼졌을 것이다.

5 "이것은 내 주인이 가지고 마시며 늘 점치는 데에 쓰는 것이 아니냐 너희가 이같이 하니 악하도다 하라"

6 "청지기가 그들에게 따라 가서 그대로 말하니"

7 "그들이 그에게 대답하되 내 주여 어찌 이렇게 말씀하시나이까 당신의 종들이 이런 일은 결단코 아니하나이다"

8 "우리 자루에 있던 돈도 우리가 가나안 땅에서부터 당신에게로 가져왔거늘 우리가 어찌 당신의 주인의 집에서 은 금을 도둑질하리이까"

9 "당신의 종들 중 누구에게서 발견되든지 그는 죽을 것이요 우리는 내 주의 종들이 되리이다"

10 "그가 이르되 그러면 너희의 말과 같이 하리라 그것이 누구에게서든지 발견되면 그는 내게 종이 될 것이요 너희는 죄가 없으리라"

◇"너희의 말과 같이 하리라": 청지기는 요셉의 은잔을 훔친 사람만을 억류하겠으며, 다른 사람들에게는 죄와 책임이 없을 것이라고 주장한다.

6. 요셉은 왜 베냐민의 자루에 잔을 넣었을까요(10-12)? 요셉 앞에서 유다는 어떻게 탄원합니까(13-34)? 유다는 왜 자기를 희생하면서까지 동생을 구하려고 할까요? 유다의 하나님과 아버지, 그리고 동생에 대한 자세가 어떻게 변화했습니까?

11 "그들이 각각 급히 자루를 땅에 내려놓고 자루를 각기 푸니"

12 "그가 나이 많은 자에게서부터 시작하여 나이 적은 자에게까지 조사하매 그 잔이 베냐민의 자루에서 발견된지라"

◇"그 잔이 베냐민의 자루에서": 요셉은 형들이 예전에 요셉에게 그랬던 것처럼 베냐민을 희생시킬지 어떨지 확인하기 위해 베냐민을 선택했다. 그는 형제애를 시험한다. 베냐민은 야곱이 사랑하는 아들이고, 엄마가

없는 아들이다. 편들어 줄 친형도 없다. 다른 형제와는 처지가 여러 면에서 다르다.

이런 동생을 위해서, 위기의 순간에 누군가가 나선다면 그 사람은 정말로 동생을 사랑하는 형이다. 다시 말하면 정말로 형들이 변화했다고 믿을 수 있다. 형들의 반응은 어떠한가?

13 "그들이 옷을 찢고 각기 짐을 나귀에 싣고 성으로 돌아 가니라"

14 "유다와 그의 형제들이 요셉의 집에 이르니 요셉이 아직 그곳에 있는지라 그의 앞에서 땅에 엎드리니"

15 "요셉이 그들에게 이르되 너희가 어찌하여 이런 일을 행하였느냐 나 같은 사람이 점을 잘 치는 줄을 너희는 알지 못하였느냐"

16 "유다가 말하되 우리가 내 주께 무슨 말을 하오리이까 무슨 설명을 하오리이까 우리가 어떻게 우리의 정직함을 나타내리이까 하나님이 종들의 죄악을 찾아내셨으니 우리와 이 잔이 발견된 자가 다 내 주의 노예가 되겠나이다"

◇"유다": 그의 대답은 독자들의 눈을 긴장하게 한다. 유다가 베냐민 편에 선다.

◇"하나님이 종들의 죄악을 찾아내셨으니": 유다는 하나님께서 자신들의 죄악을 드러내셨음을 인정한다. 유다는 하나님을 의식하기 시작한다. 이것은 유다가 하나님 앞에서 과거의 죄를 회개한 모습을 보여준다.

17 "요셉이 이르되 내가 결코 그리하지 아니하리라 잔이 그 손에서 발견된 자만 내 종이 되고 너희는 평안히 너희 아버지께로 도로 올라갈 것이니라"

◇"결코 그리하지 아니하리라": 이 말은 '하나님께서 금하셨다.'로 번역할 수 있다. 즉 '하나님께서 허락하지 않으셨다.'라는 뜻이다.

18 "유다가 그에게 가까이 가서 이르되 내 주여 원하건대 당신의 종에게 내 주의 귀에 한 말씀을 아뢰게 하소서 주의 종에게 노하지 마소서 주는 바로와 같으심이니이다"

19 "이전에 내 주께서 종들에게 물으시되 너희는 아버지가 있느냐 아우가 있느냐 하시기에"

20 "우리가 내 주께 아뢰되 우리에게 아버지가 있으니 노인이요 또 그가 노년에 얻은 아들 청년이 있으니 그의 형은 죽고 그의 어머니가 남긴 것은 그뿐이므로 그의 아버지가 그를 사랑하나이다 하였더니"

21 "주께서 또 종들에게 이르시되 그를 내게로 데리고 내려와서 내가 그를 보게 하라 하시기로"

22 "우리가 내 주께 말씀드리기를 그 아이는 그의 아버지를 떠나지 못할지니 떠나면 그의 아버지가 죽겠나이다"

23 "주께서 또 주의 종들에게 말씀하시되 너희 막내아우가 너희와 함께 내려오지 아니하면 너희가 다시 내 얼굴을 보지 못하리라 하시기로"

24 "우리가 주의 종 우리 아버지에게로 도로 올라가서 내 주의 말씀을 그에게 아뢰었나이다"

25 "그 후에 우리 아버지가 다시 가서 곡물을 조금 사오라 하시기로"

26 "우리가 이르되 우리가 내려갈 수 없나이다 우리 막내아우가 함께 가면 내려가려니와 막내아우가 우리와 함께 가지 아니하면 그 사람의 얼굴을 볼 수 없음이니이다"

27 "주의 종 우리 아버지가 우리에게 이르되 너희도 알거니와 내 아내가 내

게 두 아들을 낳았으나"

28 "하나는 내게서 나갔으므로 내가 말하기를 틀림없이 찢겨 죽었다 하고 내가 지금까지 그를 보지 못하거늘"

29 "너희가 이 아이도 내게서 데려 가려하니 만일 재해가 그 몸에 미치면 나의 흰 머리를 슬퍼하며 스올로 내려가게 하리라 하니"

30 "아버지의 생명과 아이의 생명이 서로 하나로 묶여 있거늘 이제 내가 주의 종 우리 아버지에게 돌아갈 때에 아이가 우리와 함께 가지 아니하면"

◇"아버지의 생명과 아이의 생명이 서로 하나로 묶여 있거늘": 유다는 아버지의 마음을 깊이 이해하고 있다. 이제는 아버지의 마음을 생각한다. 앞에서는 하나님 앞에서 자신을 발견했다면, 이제는 아버지 앞에서 자신을 발견하고 있다. 하나님을 의식하면 사람의 마음을 알 수 있다. 이 점이 변화의 모습이고, 성숙한 모습이다.

31 "아버지가 아이의 없음을 보고 죽으리니 이같이 되면 종들이 주의 종 우리 아버지가 흰 머리로 슬퍼하며 스올로 내려가게 함이니이다"

◇"아버지가 아이의 없음을 보고 죽으리니": 유다는 아버지의 마음을 깊이 이해하고 있다.

32 "주의 종이 내 아버지에게 아이를 담보하기를 내가 이를 아버지께로 데리고 돌아오지 아니하면 영영히 아버지께 죄짐을 지리이다 하였사오니"

33 "이제 주의 종으로 그 아이를 대신하여 머물러 있어 내 주의 종이 되게 하시고 그 아이는 그의 형제들과 함께 올려 보내소서"

34 "그 아이가 나와 함께 가지 아니하면 내가 어찌 내 아버지에게로 올라갈 수 있으리이까 두렵건대 재해가 내 아버지에게 미침을 보리이다"

◇"그 아이를 대신하여", "아버지에게 미침을 보리이다": 그는 아버지를 살리기 위해서 자기가 해야 할 일을 알았다. 그것은 자기를 희생하는 일이다. 유다에게 진정한 변화가 일어났다. 유다는 지난날 자기 동생에게 지은 죄를 회개했음을 충분히 보여준다.

◇"베냐민을 대신하여 붙잡히겠다."라고 말한 유다를 통해서 무엇을 배울 수 있는가? 유다의 책임감과 희생정신을 배울 수 있다. 그는 자기의 생명을 내어놓고서라도 아버지의 뜻을 이루고 베냐민을 구하겠다는 희생적인 제안을 한다. 생명은 인간이 뛰어넘을 수 없는 마지막 영역이요, 양보할 수 없는 존재의 바탕이다. 모든 인간이 생명에 집착한다. 그러나 유다는 자신의 생명을 희생하면서까지 동생을 구하려고 한다. 이것은 아버지의 마음을 깊이 이해하고 사랑하는 데서부터 왔다. 유다는 아마도 과거에 동생에 대한 미움 때문에 집안에 악이 들어왔다고 생각했을 것이다. 두 번 다시 그런 악이 들어오지 않으려면 자기가 희생하는 길밖에 없음을 알았다. 과거의 잘못을 깊이 뉘우치는 열매일 것이다.

과거에는 자기만 생각했는데, 이제는 아버지를 생각하고 동생을 생각한다. 그에게 사랑이 나타난다. 그런데 그 사랑은 희생을 통해서 나타난다. 희생 없이는 사랑을 표현할 수 없다. 그리고 그 희생은 생명을 살린다. 유다 한 사람의 희생으로 동생이 살아나고, 아버지가 살아난다. 온 가족이 살아난다. 희생은 생명 사역의 중요한 원천이다.

오늘 우리에게 적용할 수 있는 점은 뭘까? 유다의 모습은 우리 인생을 향한 하나님의 사랑과 독생자 예수님의 희생을 보여주고 있다. 그 희생적인 사랑을 통하여 오늘 우리의 생명이 살아났다. 그런데 우리는 이기적이고 자기중심적인 세상, 희생과 헌신을 싫어하는 세상에서 살고 있다. 이런 세상에서 우리는 어떻게 살아야 할까? 희생이 없으면 생명이 없다. 희생이 있으면 생명이 살아난다. 나의 희생을 통해서 가족이 살고, 캠퍼스가 살고, 나라가 살 수 있다. 한 사람의 희생은 공동체를 살린다. 공동체를 사랑으로 가득하게 만든다.

오늘 우리는 캠퍼스 양 떼를 어떻게 섬기고 있는가? 희생적으로 섬긴다. 돈도 희생하고, 시간도 희생하고, 삶도 희생한다. 어떤 때는 우리의 2세를 희생하기도 한다. 그런 희생적인 사랑이 없이는 생명이 살아나지 않는다. 아니 그런 희생적인 사랑을 통해서만이 생명이 살아난다.

요셉은 유다의 이런 변화의 모습을 보고서 자신의 정체를 드러낸다. 여기에는 무슨 뜻이 있는가? 요셉은 왜 처음부터 자신을 형제들에게 밝히지 않고 계속하여 그들을 시험하는가? 첫째로, 꿈의 성취와 연관된다. 형제들이 처음에는 열 명만 왔다. 나중에는 11명만 왔다. 하지만 아버지와 어머니까지 와서 절해야 한다. 하지만 계속해서 자기를 숨겼다가는 아버지가 죽을 수 있어서 먼저 밝혔다.

둘째로, 가족 내의 갈등을 화해로 이끌고자 함이다. 그는 사랑의 공동체를 이루려고 했다. 사랑의 공동체는 유다의 희생으로 이루어진다. 요셉은 유다의 회개를 보고 자신의 정체를 밝힌다.

제34강

하나님의 섭리

◇본문 창세기 45:1-28
◇요절 창세기 45:8
◇찬송 510장, 515장

1. 요셉은 어느 정도 크게 웁니까(1-2)? 요셉은 형들에게 자신의 정체를 어떻게 드러냅니까(3a)? 그 순간 형들의 반응은 어떠합니까(3b)? 요셉은 다시 자신의 신분을 어떻게 밝힙니까(4)?

2. 요셉은 놀라는 형들에게 무엇이라고 말합니까(5a)? 왜 형들은 근심하고 한탄할까요? 하지만 요셉은 어떤 근거로 형들을 안심시킵니까(5b-7)?

3. 그러므로 요셉을 이곳으로 보낸 분은 누구입니까(8a)? 요셉을 애굽의 통치자로 삼으신 분은 누구입니까(8b)? 요셉은 자기의 삶을 어떤 '렌즈'로 보고 있습니까? 오늘 나는 왜 이곳에 있는 겁니까?

4. 요셉은 아버지와 가족의 생명을 어떻게 구원하고자 합니까(9-10)? 왜 그 일이 시급합니까(11)? 형들은 이 사실을 아버지에게 어떻게 전해야 합니까(12-13)?

5. 요셉은 동생뿐만 아니라 형들과도 어떻게 화해합니까(14-15)? 화해의 힘은 어디서 올까요? 요셉은 형들을 어떻게 대우하여 보냅니까(16-24)? 요셉의 소식을 듣고 야곱은 어떻게 반응합니까(25-28)?

제34강

하나님의 섭리

◇본문 창세기 45:1-28
◇요절 창세기 45:8
◇찬송 510장, 515장

1. 요셉은 어느 정도 크게 웁니까(1-2)? 요셉은 형들에게 자신의 정체를 어떻게 드러냅니까(3a)? 그 순간 형들의 반응은 어떠합니까(3b)? 요셉은 다시 자신의 신분을 어떻게 밝힙니까(4)?

1 "요셉이 시종하는 자들 앞에서 그 정을 억제하지 못하여 소리 질러 모든 사람을 자기에게서 물러가라 하고 그 형제들에게 자기를 알리니 그때에 그와 함께 한 다른 사람이 없었더라"

◇"그 정을 억제하지 못하여": 요셉은 그동안 두 번이나 형제들을 만났을 때 울었다. 하지만 그는 가까스로 그것을 그들에게 숨길 수 있었다(42:24; 43:30). 그러나 이제는 그 북받치는 감정을 억누를 수가 없다. 그 감정을 통제할 수 없을 정도로 너무나 강했다.

◇"자기를 알리니": 요셉은 마침내 형제들에게 자기의 정체를 밝힌다.

2 "요셉이 큰 소리로 우니 애굽 사람에게 들리며 바로의 궁중에 들리더라"

◇"바로의 궁중에 들리더라": 요셉의 정체가 바로의 궁중에까지 전달된다.

그의 정체는 가족뿐만 아니라 애굽 사람과 왕궁에까지 전해진다. 그는 자신의 정체를 어떻게 드러내는가?

3 "요셉이 그 형들에게 이르되 나는 요셉이라 내 아버지께서 아직 살아 계시니이까 형들이 그 앞에서 놀라서 대답하지 못하더라"

◇"놀라서": 전쟁에서 무력감에 사로잡혀 두려워하는 것을 말한다(출 15:15, 삿 20:41). 그만큼 형들이 받은 충격이 크다. 그들은 갑작스러운 동생의 출현에 앞으로 일이 어떻게 진행될지 몰라 혼란스러웠고 겁이 났다.

◇"대답하지 못하더라": 형들은 두려움 때문에 말을 하지 못한다. 입이 얼어붙었다. 요셉은 그런 형들에게 어떻게 다가가는가?

4 "요셉이 형들에게 이르되 내게로 가까이 오소서 그들이 가까이 가니 이르되 나는 당신들의 아우 요셉이니 당신들이 애굽에 판 자라"

◇"당신들의 아우 요셉": 그는 자기 신분을 두 번째로 밝힌다. 이번에는 형들과 자신의 관계를 강조한다.

◇"당신들이 애굽에 판 자라": 형들의 아픈 과거를 들춰낸다. 요셉은 은 이십 세겔에 종으로 팔렸다(37:28). 요셉은 자기가 누구인가를 정확하게 말하고 있다. 특히 "형들이 팔았다."라는 사실을 강조한다. 그렇다고 해서 형들에게 복수하려는 것은 아니다. 이 사실을 강조한 이유에 대해서 5절 이하에서 말한다.

2. 요셉은 놀라는 형들에게 무엇이라고 말합니까(5a)? 왜 형들은 근심하고 한탄할까요? 하지만 요셉은 어떤 근거로 형들을 안심시킵니까(5b-7)?

5 "당신들이 나를 이곳에 팔았다고 해서 근심하지 마소서 한탄하지 마소서

하나님이 생명을 구원하시려고 나를 당신들보다 먼저 보내셨나이다"

◇"근심하다": '몹시 슬퍼한다.' '가슴 아파한다.'라는 뜻이다. 형들은 과거에 요셉에게 행한 일 때문에 몹시 슬퍼할 수 있다. 요셉의 세상적 위치가 상대할 수준이 아니라는 점도 근심하게 만든다. 요셉이 마음만 먹으면 얼마든지 복수할 수 있기 때문이다.

◇"한탄하다": '분노로 후끈 달아오른다.' '성내다'는 뜻이다. 형들은 지난날의 잘못에 대해서 자신들에게 화를 낼 수 있다.

◇"마소서": 요셉은 그들을 급히 안심시킨다. 요셉은 자신이 누구인가를 알리면서 형들의 옛 행동에 대해 사과를 강요하지 않는다. 요셉은 자기가 예전에 받았던 상처를 복수하려는 마음이 없다.

요셉은 왜 형들을 안심시키는가? 왜 복수하지 않을까? 형들이 예전의 형들과는 달라졌기 때문이다. 그들이 변했기 때문이다. 하지만 더 중요한 점이 있다. 그것은 요셉 자신의 변화이다. 그는 하나님께서 자신의 삶 가운데서 일하고 계심을 알았다. 그는 자기 삶을 새롭게 해석하고 있다. 어떻게 해석하는가?

◇"생명을 구원하시려고": '생명을 보존하다.' '생명을 유지한다.'라는 뜻이다. 하나님께서 요셉에게 일하려고 하는 것은 생명 구원 사역이다. 요셉은 이 사실을 알았다. 그래서 형들에게 복수하지 않는다. 오히려 형들의 두려움을 달랠 수 있다.

◇"나를 당신들보다 먼저 보내셨나이다": 하나님께서는 자기를 구원자로 사용하시려고 이곳으로 보내셨다. 무엇으로부터, 누구를 구원하는가?

6 "이 땅에 이 년 동안 흉년이 들었으나 아직 오 년은 밭갈이도 못하고 추수도 못할지라"

◇"흉년": 요셉의 형들은 심각한 식량난에 빠져 있다. 그들은 흉년 때문에 생명의 위협에 직면해 있다. 구원이 절대적으로 필요한 상황이다.

7 "하나님이 큰 구원으로 당신들의 생명을 보존하고 당신들의 후손을 세상에 두시려고 나를 당신들보다 먼저 보내셨나니"

◇"하나님이 큰 구원으로": 하나님께서 야곱의 가족을 굶주림으로부터 구원하신다. 하나님은 자기 백성과 온 세상을 구원할 구원자를 준비하신다.

◇"후손": '남은 자'를 말한다. 요셉은 형제들이 큰 민족을 이룰 때까지 살아남을 것이라는 확신에서 '남은 자'라고 부른 것이다. 또 형들의 후손도 세상에 살아남을 것이라는 확신도 있다. 그러므로 요셉을 애굽으로 보낸 분은 누구인가?

3. 그러므로 요셉을 이곳으로 보낸 분은 누구입니까(8a)? 요셉을 애굽의 통치자로 삼으신 분은 누구입니까(8b)? 요셉은 자기의 삶을 어떤 '렌즈'로 보고 있습니까? 오늘 나는 왜 이곳에 있는 겁니까?

8 "그런즉 나를 이리로 보낸 이는 당신들이 아니요 하나님이시라 하나님이 나를 바로에게 아버지로 삼으시고 그 온 집의 주로 삼으시며 애굽 온 땅의 통치자로 삼으셨나이다"

◇"아버지": 총리나 그 외의 고급 관리에게 붙이는 명예로운 호칭이다. 수석 자문관을 말한다. 혹은 제사장과 선지자를 아버지라고 표현하기도 한다. '주(주님)', '통치자'는 모두 애굽식 호칭이다.

◇"보낸 이는": 여기서 핵심 단어는 '보낸다'이다. 보내고 보냄을 받는 과정에서 누가 주체인가? 요셉을 이곳으로 보낸 형들인가? 보냄을 받아 애굽에 온 요셉인가? 하나님이시다. 요셉은 자신을 이리고 '보낸 사람'은 형들이 아니라 하나님이심을 다시 강조한다. 형들은 요셉을 미워하여 팔았다. 하지만 하나님께서는 그런 악을 사용하셔서 요셉을 이곳으로 보내셨다. 물론 악을 행하는 그 사람은 자기가 저지른 악에 대해서 책임을 져야 한다. 그러나 하나님께서는 그 악한 행동까지도 당신의 일

을 위하여 사용하신다. 이것을 우리는 '섭리'라고 부른다.

◇"하나님이": 요셉을 이곳에 보낸 분도 하나님이고, 요셉을 통치자가 되게 하신 분도 하나님이시다. 요셉의 생애에서 요셉이 주어가 아니라 하나님이 주어이다. 표면적으로는 보낸 사람은 형들이고, 총리가 되게 한 사람은 바로이다. 그러나 요셉은 하나님께서 그렇게 하셨다고 믿고 있다. 그는 하나님의 섭리를 믿는다.

요셉은 자기의 삶을 어떤 '렌즈'로 보고 있는가? 요셉은 이 고백에서 자기 인생에 대해서 새로운 해석을 하고 있다. 이것은 요셉 이야기 전체에서 가장 중요한 것이 무엇인지를 분명하게 보여준다. 요셉은 자신이 애굽으로 온 것은 단순히 형들에 의한 것이 아니라, 하나님에 의한 것임을 고백한다. 그는 애굽의 바로가 아니라, 하나님께서 바로에게 아버지로 삼으시고, 그 온 집의 주로 삼으시며, 애굽 온 땅의 통치자로 삼으셨다고 해석한다. 요셉은 자신의 삶을 되돌아보면서 하나님의 주권적 섭리를 깨닫는다.

우리에게 주는 의미는 무엇일까? 우리는 섭리의 하나님을 배울 수 있다. 우리가 섭리를 믿지 않으면 운명을 믿게 된다. 운명을 믿게 되면 팔자를 탓하고, 조상을 탓하고, 시대를 탓하게 된다. 섭리를 믿으면 하나님의 손길을 깨닫게 된다. 그 손길이란 우리의 슬픔과 아픔을 쓰시는 것이다. 그러므로 오늘 우리의 실존은 운명의 굴레가 아니다. 가난 때문에 내가 여기에 있는 것이 아니다. 공부를 못하여서도 아니다. 하나님께서 두신 크신 뜻을 이루기 위함이다. 즉 생명을 살리는 위대한 일, 아름다운 일에 쓰임 받기 위함이다. 이 사실을 영접할 때만이 현재의 운명을 극복할 수 있다. 슬픈 인생, 어두운 인생, 복수와 한으로 점철된 삶에서 벗어날 수 있다. 그리고 생명을 살리는 아름다운 생애를 살아갈 수 있다. 나를 통하여 우리의 가족이 구원을 받고, 캠퍼스가 살아나고, 우리나라와 후손이 하나님의 백성으로 살 수 있다. 요셉은 구체적으로 가족을 어떻게 구원하는가?

4. 요셉은 아버지와 가족의 생명을 어떻게 구원하고자 합니까(9-10)? 왜 그 일이 시급합니까(11)? 형들은 이 사실을 아버지에게 어떻게 전해야 합니까(12-13)?

9 "당신들은 속히 아버지께로 올라가서 아뢰기를 아버지의 아들 요셉의 말에 하나님이 나를 애굽 전국의 주로 세우셨으니 지체 말고 내게로 내려오사"

◇"전국의 주": 요셉은 애굽 전역을 통치하는 주인이다.

◇"지체 말고 내게로 내려오사": 요셉은 야곱을 빨리 보고 싶어 한다.

10 "아버지의 아들들과 아버지의 손자들과 아버지의 양과 소와 모든 소유가 고센 땅에 머물며 나와 가깝게 하소서"

◇"고센": 나일 강 델라 지역의 동부에 있는데, 매우 비옥한 곳이다. 이 지역은 왕궁에서 가깝다. 요셉은 가족과 자주 만나기 위해서 가까운 곳에 터를 잡았다.

11 "흉년이 아직 다섯 해가 있으니 내가 거기서 아버지를 봉양하리이다 아버지와 아버지의 가족과 아버지께 속한 모든 사람에게 부족함이 없도록 하겠나이다 하더라고 전하소서"

◇"봉양하다": '제공하다', '감당하다.'라는 뜻이다. 요셉은 아버지가 이곳으로 옮기는 것을 꺼린다고 생각하여 '봉양'을 강조한다.

◇"부족함이 없도록": 흉년이 들면 가나안 사람은 자기 땅을 저당 잡히거나 가족을 팔았다. 심지어 그들은 노예로 전락하기도 했다. 그러나 요셉은 그 가족을 잘 섬길 수 있다.

12 "당신들의 눈과 내 아우 베냐민의 눈이 보는바 당신들에게 이 말을 하는 것은 내 입이라"

◇"눈이 보는바": '직접 봐서 알겠지만'이라는 뜻이다.

◇"내 입": 통역관 없이 요셉이 직접 말하고 있다.

13 "당신들은 내가 애굽에서 누리는 영화와 당신들이 본 모든 것을 다 내 아버지께 아뢰고 속히 모시고 내려오소서 하며"

◇"내 아버지": 이 담화에서 요셉의 주된 관심사는 아버지이다.

◇"속히 모시고 내려오소서": 요셉은 늙은 아버지를 모셔올 것을 거듭 당부하고 있다. 야곱을 설득할 방법까지 알려주고 있다.

◇"당신들이 본 모든 것을 다 내 아버지께 아뢰고": 형들이 애굽에서 직접 본 모든 것들을 말하라는 것이다. 요셉은 어떻게 형들과 화해하는가?

5. 요셉은 동생뿐만 아니라 형들과도 어떻게 화해합니까(14-15)? 화해의 힘은 어디서 올까요? 요셉은 형들을 어떻게 대우하여 보냅니까(16-24)? 요셉의 소식을 듣고 야곱은 어떻게 반응합니까(25-28)?

14 "자기 아우 베냐민의 목을 안고 우니 베냐민도 요셉의 목을 안고 우니라"

◇"목을 안고 우니라": 요셉이 자기 아우 베냐민의 목을 얼싸안고 울었다. 베냐민도 울면서 요셉의 목에 매달렸다. 마침내 동생과 감동적인 포옹을 한다.

15 "요셉이 또 형들과 입 맞추며 안고 우니 형들이 그제서야 요셉과 말하니라"

◇"입 맞추며": 요셉은 형들과도 화해한다. '입맞춤'은 요셉의 적극적인 화해와 용서의 표시이다.

◇"요셉과 말하니라": 그들은 서로 말을 하면서 20년 동안 서로 말할 수 없었던 관계를 끝낸다. 요셉이 어렸을 때는 형들과 요셉 사이에 진정한 대화가 불가능하였다(37:4). 이제 그들 사이의 불화로 인하여 막혔던 대화의 문이 화해로 열린다. 형제들 간에, 즉 야곱의 가정에 오랜 시간 동안 머물렀던 어긋난 관계가 아름답게 회복되는 순간이다.

요셉은 어떻게 형들을 용서할 수 있는가? 이런 사랑은 어디에서 오는가? 자기 삶을 하나님의 섭리로 해결하는 데서 온다. 진정한 용서, 깊은 사랑은 섭리를 믿는 믿음에서 나온다. 믿음이 없이는 오직 쓰라림과 비난만이 존재할 것이다. 하나님의 섭리를 믿는 사람은 복수하지 않는다. 화해는 용서를 통해 오며, 용서는 하나님의 섭리를 믿는 믿음에서 나온다. 상대방으로부터 부당한 일을 당한 사람이 하나님께서 계획하신 대로 그것들을 인식할 수 있을 때, 그리고 긍휼과 용서의 근거로 그 깨달음을 전달할 수 있을 때, 비로소 화해할 수 있다. 형들과 화해한 요셉은 형들을 어떻게 대우하는가?

16 "요셉의 형들이 왔다는 소문이 바로의 궁에 들리매 바로와 그의 신하들이 기뻐하고"

17 "바로는 요셉에게 이르되 네 형들에게 명령하기를 너희는 이렇게 하여 너희 양식을 싣고 가서 가나안 땅에 이르거든"

18 "너희 아버지와 너희 가족을 이끌고 내게로 오라 내가 너희에게 애굽의 좋은 땅을 주리니 너희가 나라의 기름진 것을 먹으리라"

◇"내게로 오라": 바로는 요셉에게 야곱의 가족을 초청하게 한다.

◇"기름진 것을 먹으리라": 이삭이 야곱에게 준 축복을 상기시킨다(27:28).

19 "이제 명령을 받았으니 이렇게 하라 너희는 애굽 땅에서 수레를 가져다가 너희 자녀와 아내를 태우고 너희 아버지를 모셔 오라"

20 "또 너희의 기구를 아끼지 말라 온 애굽 땅의 좋은 것이 너희 것임이니라"

21 "이스라엘의 아들들이 그대로 할새 요셉이 바로의 명령대로 그들에게 수레를 주고 길 양식을 주며"

◇"바로의 명령대로": 요셉은 바로의 명령대로 형들에게 수레를 주고 양식

과 옷을 주었다.

22 "또 그들에게 다 각기 옷 한 벌씩을 주되 베냐민에게는 은 삼백과 옷 다섯 벌을 주고"

◇"각기 옷 한 벌씩을 주되": 요셉이 어렸을 때 채색옷을 입은 것이 시기심의 출발이었다. 그런데 이제는 요셉이 형들에게 '양복'을 한 벌씩을 준다. 화해와 사랑의 표현이다.

◇"베냐민에게는": 베냐민에게는 특별한 사랑을 베푼다. 베냐민은 요셉과 같은 어머니를 둔 형제이다.

23 "그가 또 이와 같이 그 아버지에게 보내되 수나귀 열 필에 애굽의 아름다운 물품을 실리고 암나귀 열 필에는 아버지에게 길에서 드릴 곡식과 떡과 양식을 실리고"

◇"그 아버지에게 보내되": 요셉이 형들에게 풍성한 은혜를 베푸는 것은 궁극적으로 아버지를 애굽으로 모셔오는 데 있다. 왜 가족이 애굽으로 와야 하는가? 그들이 흉년으로부터 구원받기 위함이다. 가나안에는 구원받지 못한다.

오늘 우리에게는 어떻게 적용할 수 있을까? 세상 밖에서는 구원받지 못한다. 죽음의 세상이기 때문이다. 영적으로 풍요한 교회 안으로 와야 한다. 우리는 교회 밖의 사람을 교회 안으로 초청해야 한다. 요셉은 형들에게 무엇을 부탁하는가?

24 "이에 형들을 돌려보내며 그들에게 이르되 당신들은 길에서 다투지 말라 하였더라"

◇"다투지 말라": 요셉은 형제들이 과거의 문제로 정죄하고 비난하는 것을 원하지 않는다. 과거사를 가지고 서로 책임추궁을 하지 말라는 말이다. 지금은 즐거운 재회의 시간이다.

25 **"그들이 애굽에서 올라와 가나안 땅으로 들어가서 아버지 야곱에게 이르러"**

26 **"알리어 이르되 요셉이 지금까지 살아 있어 애굽 땅 총리가 되었더이다 야곱이 그들의 말을 믿지 못하여 어리둥절 하더니"**

◇"어리둥절 하더니": 문자적으로 '심장이 약해졌다.'라는 뜻이다. 야곱은 요셉이 살아서 있을 뿐 아니라 애굽의 총리가 되었다는 소식을 듣고 믿지 못하여 그의 심장이 멈출 정도로 놀랐다.

27 **"그들이 또 요셉이 자기들에게 부탁한 모든 말로 그에게 말하매 그들의 아버지 야곱은 요셉이 자기를 태우려고 보낸 수레를 보고서야 기운이 소생한지라"**

◇"소생한지라": 야곱은 비로소 제정신이 들었다.

28 **"이스라엘이 이르되 족하도다 내 아들 요셉이 지금까지 살아있으니 내가 죽기 전에 가서 그를 보리라 하니라"**

◇"그를 보리라": 야곱은 요셉이 살아있음을 깨닫고 죽기 전에 아들을 만나러 가겠다고 결심한다. 모든 소망을 접은 늙은 아버지에게 아들의 초청은 하나의 전환점이 된다. 그들이 이방 땅에 일정 기간 머물게 될 것이라는 아브라함에게 주셨던 예언의 성취이기도 하다(15:13-16).

제35강

기근 중에도 번성

◇본문 창세기 46:1-47:31
◇요절 창세기 47:27
◇찬송 588장, 570장

1. 이스라엘은 애굽으로 가기 전에 무엇을 합니까(46:1)? 그는 왜 '이삭의 하나님'께 희생 제사를 지낼까요? 하나님께서는 야곱에게 어떤 방향을 주십니까(2-3a)?

2. 하나님께서 야곱에게 주신 약속은 무엇입니까(3b-4)? 하나님은 왜 애굽에서 큰 민족을 이루고자 하실까요? 야곱은 하나님의 방향에 어떻게 순종합니까(5-7)?

3. 이스라엘 가족을 어떻게 소개합니까(8-25)? 모두 몇 명입니까(26-27)? 여기에는 무슨 뜻이 있을까요?

4. 요셉은 아버지를 어떻게 맞이합니까(28-30)? 요셉은 바로에게 가족을 어떻게 소개하며, 그 이유는 무엇입니까(31-47:6)? 야곱은 바로 앞에서 자신을 어떻게 소개합니까(7-9)? 그가 바로를 축복한 데는 무슨 뜻이 있을까요(7b, 10-12)?

5. 요셉은 기근 중에 있는 백성을 어떻게 살립니까(13-20)? 하지만 백성은 누구에게 매이고 맙니까? 요셉은 어떤 세금 정책을 세웁니까(21-26)?

6. 이스라엘은 어떻게 살고 있습니까(27)? 그들이 기근 중에도 '생육하고 번성한 데'는 무슨 뜻이 있습니까? 야곱은, 왜 자신이 조상의 묘지에 묻히기를 바랍니까(28-31)?

제35강

기근 중에도 번성

◇본문 창세기 46:1-47:31
◇요절 창세기 47:27
◇찬송 588장, 570장

1. 이스라엘은 애굽으로 가기 전에 무엇을 합니까(46:1)? 그는 왜 '이삭의 하나님'께 희생 제사를 지낼까요? 하나님께서는 야곱에게 어떤 방향을 주십니까(2-3a)?

1 "이스라엘이 모든 소유를 이끌고 떠나 브엘세바에 이르러 그의 아버지 이삭의 하나님께 희생제사를 드리니"

◇"희생 제사": 야곱은 아버지 이삭의 땅에 '안녕'이라는 인사를 하고 있다. 가나안은 하나님께서 아버지 이삭에게 머물라고 말씀하셨던(26:2) 곳이다. 따라서 '이삭의 하나님'이라고 표현한 것이다.

2 "그 밤에 하나님이 이상 중에 이스라엘에게 나타나 이르시되 야곱아 야곱아 하시는지라 야곱이 이르되 내가 여기 있나이다 하매"

◇"하나님이 이상 중에": 하나님께서 이스라엘에게 나타나셨다. 왜냐하면 가나안은 함부로 떠날 수 있는 곳이 아니기 때문이다.

3 a "하나님이 이르시되 나는 하나님이라 네 아버지의 하나님이니 애굽으

로 내려가기를 두려워하지 말라..."

◇"애굽으로 내려가기를 두려워하지 말라": 아버지 이삭에게는 "애굽으로 내려가지 말라."라고 하셨다(26:2). 하지만 야곱에게는 "내려가라."라고 말씀하신다.

하나님은 그의 백성을 향한 특별한 계획으로 일하신다. 하나님은 원칙적으로 아브라함의 씨가 애굽으로 내려가는 것을 반대하신다. 가나안을 떠나는 것은 약속의 땅에서 물러나는 것이기 때문이다. 따라서 하나님의 허락 없이 약속의 땅을 떠나는 것은 믿음이 없는 행위처럼 보인다. 그런데 왜 야곱은 애굽으로 내려가야 하는가? 하나님께서 야곱으로 애굽으로 내려가라고 하신 뜻은 무엇인가?

2. 하나님께서 야곱에게 주신 약속은 무엇입니까(3b-4)? 하나님은 왜 애굽에서 큰 민족을 이루고자 하실까요? 야곱은 하나님의 방향에 어떻게 순종합니까(5-7)?

3 b "... 내가 거기서 너로 큰 민족을 이루게 하리라"

◇"내가": 하나님은 야곱에게 애굽에서 네 가지를 하실 것을 약속하신다: 큰 민족, 함께 하심, 다시 돌아옴, 평안한 죽음.

◇"큰 민족을 이루게": 그곳에서 큰 민족을 이루고자 하신다. 이것은 하나님께서 아브라함에 주신 약속(12:2)이다. 그 약속을 이루고자 한다. 야곱 가족은 가족이 아닌 국가로 발전할 것이다. 중요한 점은 그 약속을 이루는 장소에 관한 것이다. 지금까지는 가나안에서 이루려는 것처럼 보였다. 하지만 하나님은 애굽에서 이루려고 하신다.

왜 큰 민족을 이루는 것이 가나안이 아니라 애굽인가? 가나안 땅에서 큰 민족이 되어버리면 하나님이 민족의 신으로 전락할 수 있다. 그러나 애굽에서 큰 민족을 이루면 세계의 신이 된다. 이것을 말하는 것이 출애굽의 한 주제이다. 하나님은 애굽을 야곱의 집이 이스라엘 나라로 세워질 장소, 모태로 쓰신다. 하나님은 온 세상을 창조하시고 다스리시는 분으로 드러내려는 데 그 목적이 있다.

이 사상을 오늘 우리에게는 어떻게 적용할 수 있을까? 하나님께서 로마를 쓰셨다. 유럽과 미국을 쓰셨다. 기독교가 한 지역의 변방의 종교가 아님을 보여주신 것이다. 전 세계 만민의 하나님으로 드러나기를 원하신다. 오늘 우리를 통해서 세계선교를 이루시는 것도 같은 맥락으로 이해할 수 있다. 두 번째 약속은 무엇인가?

4 "내가 너와 함께 애굽으로 내려가겠고 반드시 너를 인도하여 다시 올라올 것이며 요셉이 그의 손으로 네 눈을 감기리라 하셨더라"

◇"함께 애굽으로 내려가겠고": 하나님도 이스라엘과 함께 애굽으로 내려가신다. 하나님은 벧엘에서부터 야곱과 함께하셨다. 이제는 애굽에서도 함께 하신다. 야곱이 큰 민족을 이루는 일은 하나님께서 함께하심으로 출발한다. 하나님께서 이스라엘을 큰 민족으로 이루어주신다.

◇"다시 올라올 것이며": "내가 반드시 너를 거기에서 데리고 나오겠다." 하나님께서 그를 다시 가나안으로 인도하신다. 하나님을 섬겨오던 믿음의 후손이 이제 커다란 민족으로 성장하기 위하여 애굽으로 내려간다. 횃불 언약(15:13-17) 중 "이방에서 객이 되리라."라는 약속을 성취한다. 동시에 장차 가나안 땅으로 돌아올 출애굽 사건의 시작이다. 하나님의 놀라운 계획을 시작함과 아울러 하나님은 반드시 약속을 지키시는 분이다. 세 번째 약속은 무엇인가?

◇"네 눈을 감기리라": "요셉이 너의 눈을 직접 감길 것이다." 이스라엘은 그토록 그리워한 요셉을 만날 것이다. 그리고 그는 그 아들 품에서 죽을 것이다. 야곱은 어떻게 하는가?

5 "야곱이 브엘세바에서 떠날새 이스라엘의 아들들이 바로가 그를 태우려고 보낸 수레에 자기들의 아버지 야곱과 자기들의 처자들을 태우고"

6 "그들의 가축과 가나안 땅에서 얻은 재물을 이끌었으며 야곱과 그의 자손

들이 다함께 애굽으로 갔더라"

◇"야곱과 그의 자손들이": 지금까지는 족장 한 개인을 중심으로 이야기를 진행하였다. 하지만 지금부터는 가족, 즉 공동체를 중심으로 하나님의 사역이 바뀐다.

7 "이와 같이 야곱이 그 아들들과 손자들과 딸들과 손녀들 곧 그의 모든 자손을 데리고 애굽으로 갔더라"

◇"애굽으로 갔더라": 야곱은 하나님의 말씀에 순종하여 애굽으로 내려간다.

여기에는 무슨 뜻이 있는가? 아브라함이 갈대아 우르를 떠나서 가나안을 향하여 출발했듯이, 이제 야곱은 가나안을 떠나 애굽을 향해 출발한다. 두 사람 모두는 하나님의 뜻에 순종하여 자기 고향을 떠났다. 두 사람의 순종은 아브라함의 씨에 대한 하나님의 선택에 있어서 중추적인 역할을 한다. 이스라엘의 가족은 누구인가?

3. 이스라엘 가족을 어떻게 소개합니까(8-25)? 모두 몇 명입니까(26-27)? 여기에는 무슨 뜻이 있을까요?

8 "애굽으로 내려간 이스라엘 가족의 이름은 이러하니라 야곱과 그의 아들들 곧 야곱의 맏아들 르우벤과"

◇"이스라엘 가족의 이름은 이러하니라": 애굽으로 내려간 이스라엘 가족 이름은 다음과 같다. 이름을 기록할 때 두 가지 형식을 따르고 있다. 첫째로, 출생 순서가 아닌 아내에게서 낳은 순서를 따른다. 둘째로, 한 아내에게서 낳은 자식의 수를 마지막에 통계를 내고 있다.

◇"맏아들 르우벤": 야곱의 맏아들은 르우벤이다. 일단 먼저 그 이름을 말한다.

9 "르우벤의 아들 하녹과 발루와 헤스론과 갈미요"

10 "시므온의 아들은 여무엘과 야민과 오핫과 야긴과 스할과 가나안 여인의 아들 사울이요"

11 "레위의 아들은 게르손과 그핫과 므라리요"

12 "유다의 아들 곧 엘과 오난과 셀라와 베레스와 세라니 엘과 오난은 가나안 땅에서 죽었고 베레스의 아들은 헤스론과 하물이요"

13 "잇사갈의 아들은 돌라와 부와와 욥과 시므론이요"

14 "스불론의 아들은 세렛과 엘론과 얄르엘이니"

15 "이들은 레아가 밧단아람에서 야곱에게 난 자손들이라 그 딸 디나를 합하여 남자와 여자가 삼십삼 명이며"

◇"레아": 이들은 밧단아람에서 레아와 야곱 사이에서 태어난 자손이다. 이 밖에 딸 디나가 더 있다. 레아가 낳은 아들딸이 모두 33명이다.

16 "갓의 아들은 시뵨과 학기와 수니와 에스본과 에리와 아로디와 아렐리요"

17 "아셀의 아들은 임나와 이스와와 이스위와 브리아와 그들의 누이 세라며 또 브리아의 아들은 헤벨과 말기엘이니"

18 "이들은 라반이 그의 딸 레아에게 준 실바가 야곱에게 낳은 자손들이니 모두 십육 명이라"

◇"실바": 레아의 종 실바와 야곱 사이에서 태어난 자손이다. 실바는 라반이 자기 딸 레아에게 준 몸종이다. 그가 낳은 자손이 모두 16명이다.

19 "야곱의 아내 라헬의 아들 곧 요셉과 베냐민이요"

20 "애굽 땅에서 온의 제사장 보디베라의 딸 아스낫이 요셉에게 낳은 므낫세와 에브라임이요"

21 "베냐민의 아들 곧 벨라와 베겔과 아스벨과 게라와 나아만과 에히와 로스와 뭅빔과 훕빔과 아릇이니"

22 "이들은 라헬이 야곱에게 낳은 자손들이니 모두 십사 명이요"
◇"라헬": 이들은 라헬과 야곱 사이에서 태어난 자손인데, 14명이다.

23 "단의 아들 후심이요"

24 "납달리의 아들 곧 야스엘과 구니와 예셀과 실렘이라"

25 "이들은 라반이 그의 딸 라헬에게 준 빌하가 야곱에게 낳은 자손들이니 모두 칠 명이라"
◇"빌하": 이들은 빌하와 야곱 사이에서 태어난 자손이다. 빌하는 라반이 자기 딸 라헬을 출가시킬 때 준 몸종이다. 그가 낳은 자손은 모두 17명이다. 야곱의 전체 가족은 몇 명인가?

26 "야곱과 함께 애굽에 들어간 자는 야곱의 며느리들 외에 육십육 명이니 이는 다 야곱의 몸에서 태어난 자이며"
◇"며느리들 외에": 며느리들을 제외하였다. 즉 아들들과 손자들만 기록하였다.
◇"육십육 명": 야곱과 함께 애굽으로 간 사람은 며느리들을 뺀 그 직계 자손만 66명이다.

27 "애굽에서 요셉이 낳은 아들은 두 명이니 야곱의 집사람으로 애굽에 이른 자가 모두 칠십 명이었더라"

◇"칠십 명": 요셉이 낳은 아들 둘까지 합하면 70명이다. 전체 결론이다.

가나안에서 내려간 66명과 애굽에서 사는 요셉의 가족 4명을 더하면 모두 70명이다. 그런데 이 숫자는 정확한 가족 수를 말하는 것은 아니다. 우리는 이 숫자를 상징적으로 본다. 하나님께 선택을 받지 못한 나라를 '70'(10:2-31)으로 말한 것과 대조를 이룬다.

이 명단을 통해서 주고자 하는 메시지는 무엇인가? 첫째로, 야곱은 아브라함에게 말씀하신 약속대로 수많은 자손을 얻었다. 아브라함은 이삭과 이스마엘, 이삭은 에서와 야곱을 낳았다. 하지만 야곱은 하나님의 축복으로 많은 자손을 얻었다.

둘째로, 이스라엘 민족은 이스라엘의 자손 '70명'을 통해서 시작되었다. 이스라엘의 12지파는 야곱의 12아들에서 시작했다.

셋째로, 애굽에서 그 70명이 민족을 이룬다. 후에 그들이 애굽을 떠날 때 장정만 60만 명에 이르렀다. 하나님께서 약속하셨고 그 약속을 친히 이루셨기 때문이다. 요셉은 애굽으로 온 아버지를 어떻게 맞이하는가?

4. 요셉은 아버지를 어떻게 맞이합니까(28-30)? 요셉은 바로에게 가족을 어떻게 소개하며, 그 이유는 무엇입니까(31-47:6)? 야곱은 바로 앞에서 자신을 어떻게 소개합니까(7-9)? 그가 바로를 축복한 데는 무슨 뜻이 있을까요(7b, 10-12)?

28 "야곱이 유다를 요셉에게 미리 보내어 자기를 고센으로 인도하게 하고 다 고센 땅에 이르니"

◇"유다를 요셉에게 미리 보내어": 유다가 점점 무대 위로 등장하고 있다. 유다가 야곱의 가족을 고센으로 인도하는 역할을 한다.

29 "요셉이 그의 수레를 갖추고 고센으로 올라가서 그의 아버지 이스라엘을 맞으며 그에게 보이고 그의 목을 어긋 맞춰 안고 얼마 동안 울매"

◇"맞으며": 요셉이 이스라엘을 맞으려고 고센으로 갔다. 요셉이 아버지를 보고서 목을 껴안고 한참 울었다. 그들은 23년 만에 상봉하였다. 이스라엘은 얼마나 기뻐하는가?

30 "이스라엘이 요셉에게 이르되 내가 지금까지 살아 있고 내가 네 얼굴을 보았으니 지금 죽어도 족하도다"

◇"지금 죽어도 족하도다": 야곱은 요셉이 살아 있는 것을 보고 대단히 기뻐한다.

31 "요셉이 그의 형들과 아버지의 가족에게 이르되 내가 올라가서 바로에게 아뢰어 이르기를 가나안 땅에 있던 내 형들과 내 아버지의 가족이 내게로 왔는데"

32 "그들은 목자들이라 목축하는 사람들이므로 그들의 양과 소와 모든 소유를 이끌고 왔나이다 하리니"

◇"목자들"(רָעָה, *ra'ah*): '풀을 뜯기다(pasture)'라는 동사에서 나왔다. 분사형 '로에(y[ero)'는 '양치는 사람, 목자(shepherd)'이다. 그들은 본래부터 목자인데, 양과 소와 모든 재산을 챙겨서 이리로 왔다.

33 "바로가 당신들을 불러서 너희의 직업이 무엇이냐 묻거든"

34 "당신들은 이르기를 주의 종들은 어렸을 때부터 지금까지 목축하는 자들이온데 우리와 우리 선조가 다 그러하니이다 하소서 애굽 사람은 다 목축을 가증히 여기나니 당신들이 고센 땅에 살게 되리이다"

◇"목축하는 자들": 집짐승을 기르는 사람(keepers of livestock)이다.

요셉은 왜 이렇게 말하도록 했을까? 그는 가족을 고센 땅에 정착하도록 한다. 그는 가족과 함께 살려고 한다. 그는 애굽과는 독립된 생활을 하려고 한다. 요셉은 자기 가족이 정체성을 지키면서 공동체를 이루며 살도록 이런 지혜를 만든 것이다. 애굽 사람은 목자와 함께하지 않는다. 요셉은 바로에게 가서 무엇이라고 말하는가?

1 "요셉이 바로에게 가서 고하여 이르되 내 아버지와 내 형들과 그들의 양과 소와 모든 소유가 가나안 땅에서 와서 고센 땅에 있나이다 하고"

2 "그의 형들 중 다섯 명을 택하여 바로에게 보이니"

◇"다섯 명": '5'는 애굽 사람이 가장 좋아하는 숫자이다. 의도적으로 5명을 택하였다.

3 "바로가 요셉의 형들에게 묻되 너희 생업이 무엇이냐 그들이 바로에게 대답하되 종들은 목자이온데 우리와 선조가 다 그러하니이다 하고"

◇"목자": 그들은 요셉의 말대로 '목자'라고 대답한다.

4 "그들이 또 바로에게 고하되 가나안 땅에 기근이 심하여 종들의 양 떼를 칠 곳이 없기로 종들이 이곳에 거류하고자 왔사오니 원하건대 종들로 고센 땅에 살게 하소서"

◇"고센": 그들은 고센 땅에 살도록 청한다.

5 "바로가 요셉에게 말하여 이르되 네 아버지와 형들이 네게 왔은즉"

6 "애굽 땅이 네 앞에 있으니 땅의 좋은 곳에 네 아버지와 네 형들이 거주하게 하되 그들이 고센 땅에 거주하고 그들 중에 능력 있는 자가 있거든 그들로 내 가축을 관리하게 하라"

◇"내 가축을 관리하게 하라": 요셉이 애굽의 총리가 된 것처럼 야곱과 그의 아들들도 바로의 가축을 관리한다.

7 "요셉이 자기 아버지 야곱을 인도하여 바로 앞에 서게 하니 야곱이 바로에게 축복하매"

◇“야곱이 바로에게 축복하매”: 야곱은 하나님을 대신하여 바로를 축복한다. 바로의 반응은 무엇인가?

8 “바로가 야곱에게 묻되 네 나이가 얼마냐”

9 “야곱이 바로에게 아뢰되 내 나그네 길의 세월이 백삼십 년이니이다 내 나이가 얼마 못 되니 우리 조상의 나그네 길의 연조에 미치지 못하나 험악한 세월을 보내었나이다 하고”

◇“백삼십 년”: 야곱의 나이는 130년이다. 조상의 길에 비하면 얼마 되지 않지만, 험악한 세월을 보냈다.

◇“나그네 길”: 야곱은 어렸을 때 외갓집으로 도망하였다. 사랑하던 아내가 죽고 또한 애지중지하던 아들 요셉을 잃었다. 베냐민마저 잃을까 노심초사하며 살아왔다. 그는 먹을거리 때문에 바로 앞에 서는 처지가 되었다. 그의 생애는 축복들로 가득해 보이지만 고난도 많았다. 그는 또 가나안 땅을 약속받았으나 그 땅을 소유하지 못하고 정처 없이 방황하였다. 피조물인 인간이 참된 휴식을 누리지 못하며 지상에서 영적 평안을 갈구하며 수고하고 애쓰는 생활에 대한 표현이기도 하다.

10 “야곱이 바로에게 축복하고 그 앞에서 나오니라”

바로를 축복한 야곱을 통해서 무엇을 배울 수 있는가? 야곱은 하나님의 종으로서 바로 앞에 선 것이다. 당시 최강의 왕이었던 바로가 방문자인 야곱에게 축복하지 않았다. 오히려 손님이 그 나라의 왕을 축복한다. 이것은 아브라함에 대한 하나님의 약속을 기억나게 한다. “하나님의 자손을 축복하는 자를 축복하실 것이다.”(12:2a)라는 약속이 이루어지고 있다.

11 “요셉이 바로의 명령대로 그의 아버지와 그의 형들에게 거주할 곳을 주되 애굽의 좋은 땅 라암셋을 그들에게 주어 소유로 삼게 하고”

◇"좋은 땅 라암세스": 야곱 가족은 기름진 땅을 소유하였다. 야곱은 바로를 축복하고 바로에게 좋은 땅을 받았다.

12 "또 그의 아버지와 그의 형들과 그의 아버지의 온 집에 그 식구를 따라 먹을 것을 주어 봉양하였더라"

5. 요셉은 기근 중에 있는 백성을 어떻게 살립니까(13-20)? 하지만 백성은 누구에게 매이고 맙니까? 요셉은 어떤 세금 정책을 세웁니까(21-26)?

13 "기근이 더욱 심하여 사방에 먹을 것이 없고 애굽 땅과 가나안 땅이 기근으로 황폐하니"

14 "요셉이 곡식을 팔아 애굽 땅과 가나안 땅에 있는 돈을 모두 거두어들이고 그 돈을 바로의 궁으로 가져가니"

◇"돈을 모두 거두어들이고": 요셉은 은 20에 '노예'로 팔려 왔었다. 그런데 애굽 온 땅을 '노예'로 사들이고, 땅의 모든 은을 취한다.

15 "애굽 땅과 가나안 땅에 돈이 떨어진지라 애굽 백성이 다 요셉에게 와서 이르되 돈이 떨어졌사오니 우리에게 먹을 거리를 주소서 어찌 주 앞에서 죽으리이까"

16 "요셉이 이르되 너희의 가축을 내라 돈이 떨어졌은즉 내가 너희의 가축과 바꾸어 주리라"

17 "그들이 그들의 가축을 요셉에게 끌어오는지라 요셉이 그 말과 양 떼와 소 떼와 나귀를 받고 그들에게 먹을 것을 주되 곧 그 모든 가축과 바꾸어서 그 해 동안에 먹을 것을 그들에게 주니라"

18 "그 해가 다 가고 새해가 되매 무리가 요셉에게 와서 그에게 말하되 우리가 주께 숨기지 아니하나이다 우리의 돈이 다하였고 우리의 가축 떼가 주께로 돌아갔사오니 주께 낼 것이 아무것도 남지 아니하고 우리의 몸과 토지뿐이라"

19 "우리가 어찌 우리의 토지와 함께 주의 목전에 죽으리이까 우리 몸과 우리 토지를 먹을 것을 주고 사소서 우리가 토지와 함께 바로의 종이 되리니 우리에게 종자를 주시면 우리가 살고 죽지 아니하며 토지도 황폐하게 되지 아니하리이다"

20 "그러므로 요셉이 애굽의 모든 토지를 다 사서 바로에게 바치니 애굽의 모든 사람들이 기근에 시달려 각기 토지를 팔았음이라 땅이 바로의 소유가 되니라"

◇"바로": 바로는 세소스트리스 3세(Sesostris III, 주전 1878-1843)이다.

◇"땅이 바로의 소유가 되니라": 땅도 결국 바로의 소유가 되었다.

21 "요셉이 애굽 땅 이 끝에서 저 끝까지의 백성을 성읍들에 옮겼으나"

22 "제사장들의 토지는 사지 아니하였으니 제사장들은 바로에게서 녹을 받음이라 바로가 주는 녹을 먹으므로 그들이 토지를 팔지 않음이었더라"

◇"제사장": '라(Ra)'를 주신(主神)으로 한 잡다한 이방신을 섬기는 사람을 말한다.

◇"제사장들은 바로에게서 녹을 받음이라": 바로는 애굽 정치와 종교의 우두머리였고 제사장들에게 급료를 주는 자이다. 요셉은 그런 제사장들을 예외로 한다.

23 "요셉이 백성에게 이르되 오늘 내가 바로를 위하여 너희 몸과 너희 토지를 샀노라 여기 종자가 있으니 너희는 그 땅에 뿌리라"

◇"바로를 위하여 너희 몸과 너희 토지를 샀노라": 사람과 토지도 바로의

소유가 된다. 그들은 목숨은 건졌지만 바로에게 매이게 된다.

24 "추수의 오분의 일을 바로에게 상납하고 오분의 사는 너희가 가져서 토지의 종자로도 삼고 너희의 양식으로도 삼고 너희 가족과 어린아이의 양식으로도 삼으라"

◇"오분의 일": 곡식을 거둘 때 거둔 것에서 오분의 일을 바로에게 바쳐야 한다. 아브라함은 멜기세덱에게 십 분의 일을 바친 것(14:20)과 대조된다.

25 "그들이 이르되 주께서 우리를 살리셨사오니 우리가 주께 은혜를 입고 바로의 종이 되겠나이다"

◇"주께서 우리를 살리셨사오니": 백성은 요셉을 '주'로 부른다.

◇"바로의 종이 되겠나이다": 애굽의 국민은 모든 것을 다 팔아버려 노예로 전락하였다.

26 "요셉이 애굽 토지법을 세우매 그 오분의 일이 바로에게 상납되나 제사장의 토지는 바로의 소유가 되지 아니하여 오늘날까지 이르니라"

◇"토지법": 요셉은 토지법을 만들었다. 그것은 오분의 일을 바로에게 바치는 법이다. 제사장의 땅은 바로의 것이 되지 않았다. 토지법은 정치개혁의 핵심이다. 요셉은 전국을 장악해버린다. 애굽의 노예로 온 사람이 애굽을 '노예'로 삼아버린다. 이스라엘은 어떻게 사는가?

6. 이스라엘은 어떻게 살고 있습니까(27)? 그들이 기근 중에도 '생육하고 번성한 데'는 무슨 뜻이 있습니까? 야곱은, 왜 자신이 조상의 묘지에 묻히기를 바랍니까(28-31)?

27 "이스라엘 족속이 애굽 고센 땅에 거주하며 거기서 생업을 얻어 생육하고 번성하였더라"

◇"생육하고 번성하였더라": 그들은 애굽의 백성과 대조를 이루고 있다.

이 말씀을 통해서 무엇을 배울 수 있는가? 애굽은 메마르지만, 이스라엘은 번성하고 있다. 애굽은 요셉의 노예가 되었다. 기근 때문에 모든 것을 국가에서 관리하기 때문이다. 요셉이 관리하고 있다. 애굽 백성의 삶은 전부 국가에, 바로에매여 버렸다. 애굽은 기근 때문에 메마르고 있다. 그러나 이스라엘은 많은 열매를 맺고 숫자가 늘어났다. 이방인으로 애굽에 온 이스라엘은 독립된 공동체로 성장한다. 애굽 국민은 기근 중에 노예로 전락하지만, 이스라엘은 그런 기근 중에도 물질적으로 수적으로 번성하고 있다.

어떻게 이런 일이 가능한가? 하나님께서 그렇게 하신 것이다. 하나님께서는 창 1:28을 이스라엘을 통해서 새롭게 성취하신다. 하나님께서는 '새 아담' 아브라함을 통해서 이루고자 하신 약속을 이루신다. 야곱이 애굽으로 온 것은 하나님의 약속을 좌절시키는 것이 아니다. 오히려 실현하고 있다. 하나님은 그 약속을 지키시는 신실하신 분이다. 하나님께서는 당신의 백성을 번성하게 하신다.

우리에게 주는 의미는 무엇일까? 세상이 아무리 힘들지라도, 경제가 아무리 어려울지라도, 하나님께서 함께하시면 번성할 수 있다. 하나님께서 복을 주시면 물질적으로나 수적으로 번성할 수 있다. 중요한 것은 환경이 아니다. 하나님의 뜻에 순종하는 삶이다. 하나님께서 오늘 우리 교회도 번성하도록 해 주시기를 바란다. 야곱은 그곳에 얼마나 살았는가?

28 "야곱이 애굽 땅에 십칠 년을 거주하였으니 그의 나이가 백사십칠 세라"

◇"십칠 년": 야곱은 그 땅에서 17년을 살았다. 그의 나이가 147세이었다. 그때 야곱은 요셉에게 무엇을 부탁하는가?

29 "이스라엘이 죽을 날이 가까우매 그의 아들 요셉을 불러 그에게 이르되 이제 내가 네게 은혜를 입었거든 청하노니 네 손을 내 허벅지 아래에 넣고 인애와 성실함으로 내게 행하여 애굽에 나를 장사하지 아니하도록 하라"

◇"허벅지 아래에 넣고": 중요한 일에 대한 맹세의 표현이다.

30 "내가 조상들과 함께 눕거든 너는 나를 애굽에서 메어다가 조상의 묘지에 장사하라 요셉이 이르되 내가 아버지의 말씀대로 행하리이다"

◇"조상의 묘지에 장사하라": 야곱은 외국 땅에 묻히는 것을 바라지 않는다. 하나님은 그 약속을 애굽이 아닌 가나안에서 이루실 것으로 믿기 때문이다. 가나안을 향한 소망은 하나님 나라에 대한 소망으로 이어진다.

31 "야곱이 또 이르되 내게 맹세하라 하매 그가 맹세하니 이스라엘이 침상 머리에서 하나님께 경배하니라"

◇"침상 머리에서 하나님께 경배하니라": 하나님께 감사한다. 이렇게 하여 야곱, 이스라엘의 생애는 끝이 났다.

제36강

다음 세대를 위한 축복

◇본문　창세기 48:1-22
◇요절　창세기 48:16
◇찬송　406장, 405장

1. 요셉은 아버지에게 왜 두 아들을 데리고 갔습니까(1)? 야곱은 왜 힘을 내어 침상에 앉았습니까(2)? 야곱은 요셉에게 왜 '벧엘의 하나님'에 대하여 증언합니까(3-4)?

2. 야곱은 요셉의 두 아들의 지위를 어떻게 승격시킵니까(5-6)? 여기에는 어떤 뜻이 있을까요? 야곱은 왜 그들을 택했습니까(7)? 야곱은 그들을 어떻게 축복합니까(8-14)?

3. 야곱은 어떤 하나님께 축복을 구합니까(15-16a)? 야곱이 두 아들에게 축복하는 목적은 무엇입니까(16b)? 야곱의 '다음 세대를 위한 축복'이 오늘 우리에게 주는 의미는 무엇입니까?

4. 요셉은 아버지가 오른손을 에브라임의 머리에 얹은 것을 보고 왜 기뻐하지 않습니까(17-18)? 아버지는 요셉의 지적을 왜 허락하지 않습니까(19-20)? 이런 모습을 오늘 우리에게는 어떻게 적용할 수 있습니까?

5. 야곱은 요셉에게 어떤 소망을 심습니까(21-22)? '조상의 땅'을 언급한 데는 어떤 뜻이 있습니까?

제36강

다음 세대를 위한 축복

◇본문 창세기 48:1-22
◇요절 창세기 48:16
◇찬송 406장, 405장

1. 요셉은 아버지에게 왜 두 아들을 데리고 갔습니까(1)? 야곱은 왜 힘을 내어 침상에 앉았습니까(2)? 야곱은 요셉에게 왜 '벧엘의 하나님'에 대하여 증언합니까(3-4)?

1 "이 일 후에 어떤 사람이 요셉에게 말하기를 네 아버지가 병들었다 하므로 그가 곧 두 아들 므낫세와 에브라임과 함께 이르니"

◇"므낫세와 에브라임": 요셉은 아버지의 병환 소식을 들었다. 요셉은 두 아들 므낫세와 에브라임을 데리고 아버지께 갔다.

요셉은 왜 두 아들을 야곱에게로 데리고 갔을까? 그 두 아들은 애굽에서 태어났다. 그들은 애굽 여인의 소생이었다. 따라서 언약의 족장인 아버지를 통해서 그들 역시 이스라엘 가족의 일원이라는 보증을 받고자 했다. 그들도 야곱의 자손이라는 정통성이 필요하다. 아버지가 그것을 인정해 줘야 한다. 그래서 그는 두 아들을 아버지께로 데리고 갔다. 야곱은 그들을 어떻게 맞이하는가?

2 "어떤 사람이 야곱에게 말하되 네 아들 요셉이 네게 왔다 하매 이스라엘

이 힘을 내어 침상에 앉아"

◇"이스라엘이 힘을 내어": 이스라엘은 마지막 사명을 감당하려고 힘을 내고 있다. 족장의 사명은 믿음의 사역을 계승하는 일이다. 후계자를 축복하여 세우는 일이다. 자기 대에 끝나는 것만큼 안 좋은 것도 없다. 역사는 계속되어야 한다.

3 "요셉에게 이르되 이전에 가나안 땅 루스에서 전능하신 하나님이 내게 나타나사 복을 주시며"

4 "내게 이르시되 내가 너로 생육하고 번성하게 하여 네게서 많은 백성이 나게 하고 내가 이 땅을 네 후손에게 주어 영원한 소유가 되게 하리라 하셨느니라"

◇"이 땅을 네 후손에게 주어": 야곱은 과거에 주신 축복을 회상하면서 미래의 축복을 제시하고 있다.

이런 야곱을 통해서 무엇을 배울 수 있는가? 야곱은 하나님께서 말씀하셨던 신앙유산을 후손에게 전수한다. 신앙유산은 앞으로 자자손손 계속되어야 한다. 왜냐하면 하나님의 약속은 실패하지 않기 때문이다. 그 후손의 운명은 그 약속에 달려 있다. 그 약속에 순종하여 사는 일이 중요하다. 야곱은 요셉이 그 약속을 붙들고 살기를 소망하고 있다. 그 방법으로 하나님의 복을 다음 세대가 받는다. 그리고 계속해서 이어간다. 야곱은 두 손자의 지위를 어떻게 보증하는가?

2. 야곱은 요셉의 두 아들의 지위를 어떻게 승격시킵니까(5-6)? 여기에는 어떤 뜻이 있을까요? 야곱은 왜 그들을 택했습니까(7)? 야곱은 그들을 어떻게 축복합니까(8-14)?

5 "내가 애굽으로 와서 네게 이르기 전에 애굽에서 네가 낳은 두 아들 에브라임과 므낫세는 내 것이라 르우벤과 시므온처럼 내 것이 될 것이요"

◇"에브라임과 므낫세는 내 것이라": 야곱은 손자들을 아들로 입양한다.
◇"르우벤과 시므온처럼": 야곱은 그들을 장자의 자리에까지 높인다. 요셉에게 장자권을 준다. 그에게 두 몫을 주었다.

6 "이들 후의 네 소생은 네 것이 될 것이며 그들의 유산은 그들의 형의 이름으로 함께 받으리라"

◇"형의 이름으로": 두 아들은 삼촌과 함께 유산을 상속받을 것이다.

7 "내게 대하여는 내가 이전에 밧단에서 올 때에 라헬이 나를 따르는 도중 가나안 땅에서 죽었는데 그곳은 에브랏까지 길이 아직도 먼 곳이라 내가 거기서 그를 에브랏 길에 장사하였느니라(에브랏은 곧 베들레헴이라)"

◇"라헬이 나를 따르는 도중 가나안 땅에서 죽었는데": 야곱은 라헬을 유일한 아내로 생각했다. 따라서 그녀의 아들들이 장자가 되어야 한다고 생각하고 있다. 그래서 요셉의 아들들을 아들로 승격시킨 것이다.

이런 야곱을 통해서 무엇을 배울 수 있는가? 그는 복의 상속자로서 앞으로 이스라엘이라고 불리는 백성 가운데 어느 족속이 그 일원이 될 수 있는가를 결정할 수 있는 권리를 가지고 있다. 하나님의 축복을 직접 받은 자만이 그 축복을 전수해 줄 수 있기 때문이다. 에브라임과 므낫세는 아브라함의 약속을 상속하게 될 이스라엘의 지파가 되었다. 야곱은 그들이 애굽에서 태어났음에도 불구하고 구속사적 견지에서 이스라엘 가계의 일원으로 받아들인다. 야곱은 애굽에서 태어난 그들이 하나님의 구속 사역의 주인공이 되기를 바란다.

어떤 점에서 그들은 애굽적인 사고로 살 것이다. 제국의 문화 문명의 렌즈로 살 것이다. 그들은 이른바 선교지에서 태어난 2세대들이라고 할 수 있다. 하지만 야곱은 그런 그들도 하나님의 구속 사역의 주인공이 되기를 원한다. 믿음의 계승자들이 되기를 원한다. 다음 세대의 주인공이 되기를 원한다. 야곱은 한 세대로 끝나는 삶을 생각하지 않는다. 야곱은 그들을 어떻게 축복하는가?

8 "이스라엘이 요셉의 아들들을 보고 이르되 이들은 누구냐"

9 "요셉이 그의 아버지에게 아뢰되 이는 하나님이 여기서 내게 주신 아들들이니이다 아버지가 이르되 그들을 데리고 내 앞으로 나아오라 내가 그들에게 축복하리라"

10 "이스라엘의 눈이 나이로 말미암아 어두워서 보지 못하더라 요셉이 두 아들을 이끌어 아버지 앞으로 나아가니 이스라엘이 그들에게 입맞추고 그들을 안고"

11 "요셉에게 이르되 내가 네 얼굴을 보리라고는 생각하지 못하였더니 하나님이 내게 네 자손까지도 보게 하셨도다"

12 "요셉이 아버지의 무릎 사이에서 두 아들을 물러나게 하고 땅에 엎드려 절하고"

13 "오른손으로는 에브라임을 이스라엘의 왼손을 향하게 하고 왼손으로는 므낫세를 이스라엘의 오른손을 향하게 하여 이끌어 그에게 가까이 나아가매"

14 "이스라엘이 오른손을 펴서 차남 에브라임의 머리에 얹고 왼손을 펴서 므낫세의 머리에 얹으니 므낫세는 장자라도 팔을 엇바꾸어 얹었더라"

◇"엇바꾸어 얹었더라": 이스라엘은 에브라임이 작은 아들인데도 그의 오른손을 에브라임의 머리 위에 얹고, 므낫세는 맏아들인데도 그의 왼손을 므낫세의 머리 위에 얹었다. 야곱이 그의 팔을 엇갈리게 내민 것이다. 성경에서는 오른편을 명예와 축복의 위치로 여긴다(신 11:29, 시 110:1).

3. 야곱은 어떤 하나님께 축복을 구합니까(15-16a)? 야곱이 두 아들에게 축복하는 목적은 무엇입니까(16b)? 야곱의 '다음 세대를 위한 축복'이

오늘 우리에게 주는 의미는 무엇입니까?

15 "그가 요셉을 위하여 축복하여 이르되 내 조부 아브라함과 아버지 이삭이 섬기던 하나님, 나의 출생으로부터 지금까지 나를 기르신 하나님,"

◇"그가 요셉을 위하여 축복하여": 야곱은 요셉을 축복한다. 야곱은 누구의 이름으로 축복하는가?

◇"아브라함과 아버지 이삭이 섬기던 하나님,": 첫째로, 조상의 하나님이시다.

◇"나의 출생으로부터 지금까지 나를 기르신 하나님": 둘째로, 야곱이 태어난 날로부터 오늘까지 기르신 하나님이시다.

16 "나를 모든 환난에서 건지신 여호와의 사자께서 이 아이들에게 복을 주시오며 이들로 내 이름과 내 조상 아브라함과 이삭의 이름으로 칭하게 하시오며 이들이 세상에서 번식되게 하시기를 원하나이다"

◇"모든 환난에서 건지신 여호와의 사자께서": 셋째로, 야곱을 온갖 어려움에서 건지신 하나님이시다. 하나님은 야곱을 목자로 인도하고 보호하셨다. 야곱의 믿음은 오랜 기간에 걸쳐 성숙했고, 삶의 어려운 시기에 여호와를 신뢰하는 것을 배웠다.

야곱이 고백한 하나님은 어떤 의미가 있는가? 야곱은 조상의 하나님과 자기 하나님이 같은 분임을 고백한다. 족장의 믿음을 자기를 포함하여 다음 세대에까지 연결하고 있다. 야곱은 그 하나님께 무엇을 위해서 기도하는가?

◇"아이들에게 복을 주시오며": 야곱은 아이들 자체를 축복하기를 원한다. 그것은 그들이 믿음의 후계자가 되는 것이다.

이것이 그들에게 주는 의미는 무엇일까? 제국의 현실에 비춰보면 야곱의 축복은 불안정할 수 있다. 제국과 그들의 현실이 너무나 다르기 때문이다. 하지만 야곱은 그 어린아이들이 하나님 축복의 대열에 동참하기를 원한다. 왜냐하면 하나님께서 그렇게 축복하실 것이기 때문이다.

◇"칭하게 하시오며": '알려지게 해 주십시오.'라는 뜻이다. 즉 다음 세대까지 아브라함과 이삭과 야곱의 이름이 알려지기를 원한다. 이것은 아브라함의 하나님, 이삭의 하나님, 야곱의 하나님을 증언하고자 한다. 다음 세대로 축복이 이어져야 하는 목적은 선배의 하나님을 전파하는 일이다.

◇"이들이 세상에서 번식되게": 그들의 자손이 번성하는 일이다. 우리 자신과 우리 교회도 이 땅에서 번성해야 한다. 그때 요셉은 왜 기뻐하지 않는가?

4. 요셉은 아버지가 오른손을 에브라임의 머리에 얹은 것을 보고 왜 기뻐하지 않습니까(17-18)? 아버지는 요셉의 지적을 왜 허락하지 않습니까(19-20)? 이런 모습을 오늘 우리에게는 어떻게 적용할 수 있습니까?

17 "요셉이 그 아버지가 오른손을 에브라임의 머리에 얹은 것을 보고 기뻐하지 아니하여 아버지의 손을 들어 에브라임의 머리에서 므낫세의 머리로 옮기고자 하여"

18 "그의 아버지에게 이르되 아버지여 그리 마옵소서 이는 장자이니 오른손을 그의 머리에 얹으소서 하였으나"

◇"장자이니 오른손을 그의 머리에 얹으소서": 요셉은 아버지가 장자에게 오른손으로 축복하기를 바란다. 그것은 당연한 생각이다.

19 "그의 아버지가 허락하지 아니하며 이르되 나도 안다 내 아들아 나도 안다 그도 한 족속이 되며 그도 크게 되려니와 그의 아우가 그보다 큰 자가 되고 그의 자손이 여러 민족을 이루리라 하고"

◇"나도 안다": 야곱은 자신의 축복 행위가 일반적인 관습을 따르지 않음을 알고 있다.

◇"그의 아우가 그보다 큰 자가 되고": 아우가 형보다 더 크게 되고 아우의 자손에게서 여러 겨레가 갈라져 나올 것이다. 야곱은 의도적으로 동생을 세운다. 이것은 야곱의 의도 속에 담긴 하나님의 섭리이다.

20 "그날에 그들에게 축복하여 이르되 이스라엘이 너로 말미암아 축복하기를 하나님이 네게 에브라임 같고 므낫세 같게 하시리라 하며 에브라임을 므낫세 보다 앞세웠더라"

◇"에브라임을 므낫세보다 앞세웠더라": 야곱은 에브라임을 므낫세 보다 앞세웠다. 우리는 성경 안에서 이렇게 바뀐 축복의 손을 자주 만난다.

하나님은 얼마나 자주 우리의 순서를 뒤바꾸시는가? 우리가 거의 관심을 두지 않은 사람을 얼마나 자주 앞세우시는가? 우리가 많은 애정을 쏟는 사람을 얼마나 가볍게 여기시는가? 그분께서 우리가 좋아하는 것을 이해하지 못하거나 고려하지 않아서 바꾸실까? 하나님은 당신의 뜻을 따라 행하신다. 우리는 그분을 신뢰해야 한다.

5. 야곱은 요셉에게 어떤 소망을 심습니까(21-22)? '조상의 땅'을 언급한 데는 어떤 뜻이 있습니까?

21 "이스라엘이 요셉에게 또 이르되 나는 죽으나 하나님이 너희와 함께 계시사 너희를 인도하여 너희 조상의 땅으로 돌아가게 하시려니와"

◇"조상의 땅으로 돌아가게 하시려니와": 야곱은 요셉에게 "약속의 땅을 잊지 말라."라고 당부한다. 왜냐하면 그들이 애굽에서 영원히 살 수 없기 때문이다. 애굽은 그들이 영원히 살 곳이 아니다. 그들은 돌아갈 곳이 있는 사람들이다. 그들은 지금 애굽에서 정착하며 살지라도 가나안, 약속의 땅을 소망하며 살아야 한다.

이 사상은 오늘 우리에게 어떤 의미인가? 우리가 살 곳은 이 세상이 아니다. 우리는 '조상의 땅'이 있다. 즉 돌아가야 할 고향이 있다. 약속의 땅이 있다. 그 땅을 사모하며 살아야 한다.

22 "내가 네게 네 형제보다 세겜 땅을 더 주었나니 이는 내가 내 칼과 활로 아모리 족속의 손에서 빼앗은 것이니라"

◇"세겜": '어깨(shoulder)', '등(back)'이라는 뜻이다.

◇"네 형제보다 세겜 땅을 더 주었나니": "네 형제들보다 한 몫을 더 주겠다("I give you one portion more than your brothers)." "네 형제들에게 산비탈 하나를 주느니 너에게 주었다(I have given to you rather than to your brothers one mountain slope)." "세겜 하나만은 네 형제들에게 주지 않고 너에게 준다." 여기에는 언어 유희가 있다. 야곱은 요셉에게 세겜을 더 주었다. 이곳은 후에 요셉의 매장지가 되었다(수 24:32).

제37강

생명 살리는 하나님의 계획

◇본문 창세기 49:1-50:26
◇요절 창세기 50:20
◇찬송 304장, 435장

1. 야곱은 아들들을 불러 무엇을 말하고자 합니까(49:1-2)? 르우벤은 어느 정도 탁월합니까(3)? 하지만 그는 왜 으뜸이 되지 못합니까(4)? 삶의 현장에서 충동을 이기는 것이 얼마나 중요합니까?

2. 시므온과 레위는 왜 흩어집니까(5-7)? 유다에게 임한 축복은 무엇입니까(8-10)? '실로'는 누구를 말할까요? 유다의 풍요로움이 어느 정도입니까(11-12)? 스불론, 잇사갈, 단, 갓, 아셀, 그리고 납달리는 각각 어떻게 됩니까(13-21)?

3. 요셉은 어느 정도 번성합니까(22)? 요셉은 대적자들을 어떻게 이깁니까(23-25a)? 요셉은 또 어떤 복을 받습니까(25b-26)? 베냐민은 어느 정도 강한 사람이 됩니까(27)? 야곱은 각 아들을 어떻게 축복한 겁니까(28)?

4. 야곱은 왜 조상에게로 돌아가고자 합니까(29-33)? 요셉은 아버지의 장례를 어떻게 치릅니까(50:1-14)? 장례 절차를 자세하게 기록한 데는 어떤 뜻이 있을까요?

5. 요셉의 형제들은 어떤 생각을 합니까(15)? 그들은 요셉에게 무엇을 원합니까(16-18)? 요셉은 그들에게 무엇이라고 말합니까(19-21)? 요셉이 형들을 위로하는 힘은 어디에서 왔습니까? 생명을 살리는 하나님의 계획을 오늘 우리에게는 어떻게 적용할 수 있습니까?

6. 요셉은 형제들에게 어떤 믿음을 심습니까(22-26)? 이 믿음이 오늘 우리에게 주는 의미는 무엇일까요?

제37강

생명 살리는 하나님의 계획

◇본문 창세기 49:1-50:26
◇요절 창세기 50:20
◇찬송 304장, 435장

1. 야곱은 아들들을 불러 무엇을 말하고자 합니까(49:1-2)? 르우벤은 어느 정도 탁월합니까(3)? 하지만 그는 왜 으뜸이 되지 못합니까(4)? 삶의 현장에서 충동을 이기는 것이 얼마나 중요합니까?

1 **"야곱이 그 아들들을 불러 이르되 너희는 모이라 너희가 후일에 당할 일을 내가 너희에게 이르리라"**

◇"후일에": '미래의 정해지지 않은 시간', '조만간에'로 해석할 수 있다.

◇"당할 일을": 야곱은 아들들을 불러서 그들에게 후일에 일어날 일을 말한다. 그의 예언은 그들의 행동과 그들의 성품을 근거로 하고 있다. 아들들에 따라 당할 일은 가까운 미래로부터 종말론적인 메시아 왕국에 이르기까지 다양하다.

2 **"너희는 모여 들으라 야곱의 아들들아 너희 아버지 이스라엘에게 들을지어다"**

3 **"르우벤아 너는 내 장자요 내 능력이요 내 기력의 시작이라 위풍이 월등**

하고 권능이 탁월하다마는"

◇"르우벤": 야곱은 그에게 가장 먼저 말한다.

◇"내 장자요 내 능력이요 내 기력의 시작이라 위풍이 월등하고 권능이 탁월하다마는": 그는 맏아들이고, 힘이고, 기력의 첫 열매다. 그 영예가 드높고 그 힘이 드세다. 르우벤은 야곱의 장자로서 다른 형제들보다 탁월한 위풍과 명예를 타고났다. 그는 장자인 만큼 야곱을 이어 하나님의 언약을 계승할 자이다. 아버지를 이은 가정의 지도자이다. 그러나 그는 어떻게 되는가?

4 "물의 끓음 같았은즉 너는 탁월하지 못하리니 네가 아버지의 침상에 올라 더럽혔음이로다 그가 내 침상에 올랐었도다"

◇"물의 끓음": 통제되지 않는 충동을 말한다.

◇"탁월하지 못하리니": 일반적인 기대를 뒤엎고 있다. 그의 특징인 '탁월'이 그 기능을 잃고 만다.

◇"아버지의 침상에 올라 더럽혔음이로다": 그 원인을 밝히고 있다. 이것은 창 35:22의 사건을 말한다. 그는 장자로서 탁월하지만, 아버지의 위엄을 범하였기 때문에 더는 장자권을 가지지 못한다.

우리는 무엇을 생각할 수 있는가? 충동적인 죄의 심각성이다. 그는 통제하지 못하는 충동 때문에, 아니 충동을 이기지 못하였기 때문에 장자로서 실패하고 말았다. 탁월함도 중요하지만, 충동을 이기는 것은 더욱 중요하다.

2. 시므온과 레위는 왜 흩어집니까(5-7)? 유다에게 임한 축복은 무엇입니까(8-10)? '실로'는 누구를 말할까요? 유다의 풍요로움이 어느 정도입니까(11-12)? 스불론, 잇사갈, 단, 갓, 아셀, 그리고 납달리는 각각 어떻게 됩니까(13-21)?

5 "시므온과 레위는 형제요 그들의 칼은 폭력의 도구로다"

◇"시므온과 레위": 그들은 레아의 소생이다.

◇"칼은 폭력의 도구로다": 34:25-30의 사건과 연결되어 있다. 그들은 세겜 성에 대해서 피의 보복을 선동했었다. 그들은 그 대가를 지금 치르고 있다.

6 "내 혼아 그들의 모의에 상관하지 말지어다 내 영광아 그들의 집회에 참여하지 말지어다 그들이 그들의 분노대로 사람을 죽이고 그들의 혈기대로 소의 발목 힘줄을 끊었음이로다"

◇"모의": 비밀 회담에 들어가지 않는다.

7 "그 노여움이 혹독하니 저주를 받을 것이요 분기가 맹렬하니 저주를 받을 것이라 내가 그들을 야곱 중에서 나누며 이스라엘 중에서 흩으리로다"

◇"저주": 이것은 야곱이 그들에게 내린 저주이다. 시므온 지파는 유다 지파에게 흡수 병합되어 사라진다.

◇"이스라엘 중에서 흩으리로다": 레위 지파는 온 땅에 흩어진다.

8 "유다야 너는 네 형제의 찬송이 될지라 네 손이 네 원수의 목을 잡을 것이요 네 아버지의 아들들이 네 앞에 절하리로다"

◇"유다": '찬송을 받을지어다.'라는 뜻이다.

◇"형제의 찬송이 될지라": 여기서는 '형제의 찬송이 될지라.'로 바뀐다.

◇"네 손이 네 원수의 목을 잡을 것이요": 그의 손이 원수의 목을 움켜쥠으로써 형제들이 절하고 찬송한다.

9 "유다는 사자 새끼로다 내 아들아 너는 움킨 것을 찢고 올라갔도다 그가 엎드리고 웅크림이 수사자 같고 암사자 같으니 누가 그를 범할 수 있으랴"

◇"사자 새끼": 강한 자의 모습, 승리자의 모습이다. 사자는 동물의 왕이

다. 왕조를 상징한다.

10 "규가 유다를 떠나지 아니하며 통치자의 지팡이가 그 발 사이에서 떠나지 아니하기를 실로가 오시기까지 이르리니 그에게 모든 백성이 복종하리로다"

◇"규": 왕의 지휘봉인데, 권위와 주권을 상징한다.

◇"통치자의 지팡이": 다스리는 자를 의미한다. 이것은 유다의 통치권에 관한 이야기이다. 왕의 권위나 왕국, 또는 다른 지파들의 지도자라는 의미이다. 이것은 유다의 계통을 통해서 '언약의 씨'가 이어질 것을 말하고 있다.

◇"실로": '그에게 속한 자', 혹은 '그의 것인 사람'이라는 뜻이다. 전통적으로는 '메시아'로 이해한다. 메시아는 유다 족속 다윗의 아들이시다.

◇"그에게 모든 백성이 복종하리로다": 야곱이 이스라엘 영역을 넘어서서 다른 나라들도 포함하는 왕권의 개념을 가지고 있다. "메시아가 올 때까지 왕국은 그의 것이며 열방은 그에게 순종할 것이다."

11 "그의 나귀를 포도나무에 매며 그의 암나귀 새끼를 아름다운 포도나무에 맬 것이며 또 그 옷을 포도주에 빨며 그의 복장을 포도즙에 빨리로다"

◇"그 옷을 포도주에 빨며": 풍족함에 대한 상징적 표현이다.

12 "그의 눈은 포도주로 인하여 붉겠고 그의 이는 우유로 말미암아 희리로다"

◇"포도주", "우유": 그의 눈은 포도주 빛보다 진하고, 그의 이는 우유 색깔보다 흴 것이다. 이것은 힘과 능력의 상징이다. 이 본문 속의 영상은 장차 올 메시아의 다스림에 대한 묘사를 보여주고 있다. 이사야 63:1-6은 그 옷이 포도즙을 밟는 자의 옷과 같이 장차 정복하실 왕의 모습을 보여준다. 그의 붉은 옷은 승리한 군인의 피 묻은 옷과 같다. 그는 경건하지 못한 나라에 대한 하나님 진노의 심판을 하려고 오실 것이다. 요한계시록은 그리스도 승리의 귀환에 이 모습을 적용하였다(계 19:11, 13, 15).

13 "스불론은 해변에 거주하리니 그곳은 배 매는 해변이라 그의 경계가 시돈까지리로다"

◇"스불론": 스불론은 바닷가에 살며 그 해변은 배가 정박하는 항구가 될 것이다. 그의 영토는 시돈에까지 이를 것이다. 장차 스불론이 거할 지경을 말하고 있다. 그는 해상 교역을 통해 부자가 될 것이다.

14 "잇사갈은 양의 우리 사이에 꿇어앉은 건장한 나귀로다"

15 "그는 쉴 곳을 보고 좋게 여기며 토지를 보고 아름답게 여기고 어깨를 내려 짐을 메고 압제 아래에서 섬기리로다"

◇"압제 아래에서 섬기리로다": 그는 압제를 받으며 섬기는 노예가 될 것이다.

16 "단은 이스라엘의 한 지파 같이 그의 백성을 심판하리로다"

17 "단은 길섶의 뱀이요 샛길의 독사로다 말굽을 물어서 그 탄 자를 뒤로 떨어지게 하리로다"

18 "여호와여 나는 주의 구원을 기다리나이다"

◇"기다리나이다": 아들들의 소망은 메시아의 오심에 있다. 즉 유다 지파로부터 나올 왕을 기다린다.

19 "갓은 군대의 추격을 받으나 도리어 그 뒤를 추격하리로다"

◇"추격하리로다": 갓은 적군의 공격을 받을 것이다. 마침내 적군의 뒤통수를 칠 것이다. 원수의 최종적인 패배에 대한 소망을 표현하고 있다.

20 "아셀에게서 나는 먹을 것은 기름진 것이라 그가 왕의 수라상을 차리리로다"

◇"수라상을 차리리로다": 아셀에게서 먹거리가 넉넉히 나올 것이니 그가

임금의 수라상을 맡을 것이다. 그들은 풍성함과 진미를 누린다.

21 "납달리는 놓인 암사슴이라 아름다운 소리를 발하는도다"

◇"놓인 암사슴이라": 발이 빠른 것을 비유하고 있다.

3. 요셉은 어느 정도 번성합니까(22)? 요셉은 대적자들을 어떻게 이깁니까(23-25a)? 요셉은 또 어떤 복을 받습니까(25b-26)? 베냐민은 어느 정도 강한 사람이 됩니까(27)? 야곱은 각 아들을 어떻게 축복한 겁니까(28)?

22 "요셉은 무성한 가지 곧 샘 곁의 무성한 가지라 그 가지가 담을 넘었도다"

◇"무성한 가지": '열매 맺는 자의 아들'이라는 뜻이다. 요셉은 상당히 번성할 것이다.

◇"샘 곁의 무성한 가지라 그 가지가 담을 넘었도다": 성장력이 강한 포도나무가 높이 올라간다.

23 "활 쏘는 자가 그를 학대하며 적개심을 가지고 그를 쏘았으나"

◇"활 쏘는 자": 요셉의 번성은 대적자로부터 공격의 빌미가 되었다. 대적은 그를 향해서 냉소를 보였고, 그를 향해 활을 쏘며, 그를 미워했다. 이 압력은 요셉의 삶 가운데서 형들로부터 시작되었다. 그러나 요셉은 그 공격 앞에서 어떻게 하는가?

24 "요셉의 활은 도리어 굳세며 그의 팔은 힘이 있으니 이는 야곱의 전능자 이스라엘의 반석인 목자의 손을 힘입음이라"

◇"전능자 이스라엘의 반석인 목자의 손을 힘입음이라": 요셉은 여호와 하나님의 강건한 힘으로 보호를 받는다. 요셉을 지키시는 하나님은 목자이시다. 그분은 반석, 즉 안정되고 변함이 없으신 분이다.

25 "네 아버지의 하나님께로 말미암나니 그가 너를 도우실 것이요 전능자로 말미암나니 그가 네게 복을 주실 것이라 위로 하늘의 복과 아래로 깊은 샘의 복과 젖먹이는 복과 태의 복이리로다"

◇"위로 하늘의 복과 아래로 깊은 샘의 복과 젖먹이는 복과 태의 복이리로다": 위로 하늘에서 내리는 복, 아래로 깊은 샘에서 솟아오르는 복, 젖가슴에서 흐르는 복, 태에서 잉태되는 복을 베푸실 것이다.

26 "네 아버지의 축복이 내 선조의 축복보다 나아서 영원한 산이 한 없음 같이 이 축복이 요셉의 머리로 돌아오며 그 형제 중 뛰어난 자의 정수리로 돌아오리로다"

◇"축복보다 나아서": 요셉이 받는 복은 너무나 커서 사람들이 상상할 수 있는 가장 좋은 땅보다 더 좋을 것이다.

◇"요셉의 머리로 돌아오며": 장자권의 명분을 유다가 취했다면 요셉은 실리를 취한다.

27 "베냐민은 물어뜯는 이리라 아침에는 빼앗은 것을 먹고 저녁에는 움킨 것을 나누리로다"

◇"베냐민": 베냐민은 물어뜯는 이리다. 베냐민의 용기와 힘을 찬양한다. 이것은 유다와 같은 모습으로 원수에 대한 정복자로서의 모습을 보여준다. 베냐민 지파의 후손으로는 에훗(삿 3:15), 사울(삼상 9:1), 그리고 요나단이 있다.

28 "이들은 이스라엘의 열두 지파라 이와 같이 그들의 아버지가 그들에게 말하고 그들에게 축복하였으니 곧 그들 각 사람의 분량대로 축복하였더라"

◇"분량대로 축복하였더라": 야곱은 아들 하나하나에 알맞게 축복하였다. 이 축복은 에덴동산에서 잃어버린 축복을 회복하는 것이다. 하나님은 아브라함을 부르실 때 축복을 약속하셨는데, 그 축복의 핵심은 복락원

이다. 열두 지파의 미래를 통해서 복락원의 역사가 이루어진다. 그래서 열두 지파를 세우는 것이 중요하다.

4. 야곱은 왜 조상에게로 돌아가고자 합니까(29-33)? 요셉은 아버지의 장례를 어떻게 치릅니까(50:1-14)? 장례 절차를 자세하게 기록한 데는 어떤 뜻이 있을까요?

29 "그가 그들에게 명하여 이르되 내가 내 조상들에게로 돌아가리니 나를 헷 사람 에브론의 밭에 있는 굴에 우리 선조와 함께 장사하라"

30 "이 굴은 가나안 땅 마므레 앞 막벨라 밭에 있는 것이라 아브라함이 헷 사람 에브론에게서 밭과 함께 사서 그의 매장지를 삼았으므로"

◇"막벨라": 야곱은 죽으면 조상과 함께 막벨라 밭에 있는 매장지에 묻히고자 한다.

31 "아브라함과 그의 아내 사라가 거기 장사되었고 이삭과 그의 아내 리브가도 거기 장사되었으며 나도 레아를 그곳에 장사하였노라"

◇"그곳": 아브라함과 그분의 아내 사라, 이삭과 그분의 아내 리브가 등이 그곳에 묻혀 있다. 야곱은 레아를 거기에 묻었다.

32 "이 밭과 거기 있는 굴은 헷 사람에게서 산 것이니라"

◇"헷 사람에게서 산 것이니라": 야곱은 유언을 통해서 후손에게 약속의 땅을 새롭게 인식시키고 있다. 이것은 야곱이 마지막 순간까지 하나님의 약속에 대한 믿음을 보여준다.

33 "야곱이 아들에게 명하기를 마치고 그 발을 침상에 모으고 숨을 거두니 그의 백성에게로 돌아갔더라"

◇"돌아갔더라": '모은다(gather).' '옮기다'라는 뜻이다. 그는 '그의 백성

에게 합류했다.' 그는 마지막 숨을 거두었다.

1 "요셉이 그의 아버지 얼굴에 구푸려 울며 입맞추고"

2 "그 수종 드는 의원에게 명하여 아버지의 몸을 향으로 처리하게 하매 의원이 이스라엘에게 그대로 하되"

3 "사십 일이 걸렸으니 향으로 처리하는 데는 이 날수가 걸림이며 애굽 사람들은 칠십 일 동안 그를 위하여 곡하였더라"

◇"사십 일": 40일 동안 그 몸에 향을 넣었다.

◇"칠십 일": 70일 동안 그의 죽음을 슬퍼했다. 야곱의 죽음이 당시 사회에 큰 부분을 차지고 있었음을 보여준다.

4 "곡하는 기한이 지나매 요셉이 바로의 궁에 말하여 이르되 내가 너희에게 은혜를 입었으면 원하건대 바로의 귀에 아뢰기를"

5 "우리 아버지가 나로 맹세하게 하여 이르되 내가 죽거든 가나안 땅에 내가 파 놓은 묘실에 나를 장사하라 하였나니 나로 올라가서 아버지를 장사하게 하소서 내가 다시 오리이다 하라 하였더니"

6 "바로가 이르되 그가 네게 시킨 맹세대로 올라가서 네 아버지를 장사하라"

◇"장사하라": 바로는 요셉의 요청을 허락하였다. 가나안으로 가도록 했다.

7 ◇"요셉이 자기 아버지를 장사하러 올라가니 바로의 모든 신하와 바로 궁의 원로들과 애굽 땅의 모든 원로와"

8 "요셉의 온 집과 그의 형제들과 그의 아버지의 집이 그와 함께 올라가고 그들의 어린아이들과 양 떼와 소 떼만 고센 땅에 남겼으며"

◇"고센 땅에 남겼으며": 요셉은 온 집안과 그들에게 딸린 어린아이들과

양 떼와 소 떼는 고센 땅에 남겨두었다.

9 "병거와 기병이 요셉을 따라 올라가니 그 떼가 심히 컸더라"

◇"그 떼가 심히 컸더라": 장례 행렬이 대단히 컸다.

10 "그들이 요단 강 건너편 아닷 타작 마당에 이르러 거기서 크게 울고 애통하며 요셉이 아버지를 위하여 칠 일 동안 애곡하였더니"

11 "그 땅 거민 가나안 백성들이 아닷 마당의 애통을 보고 이르되 이는 애굽 사람의 큰 애통이라 하였으므로 그 땅 이름을 아벨미스라임이라 하였으니 곧 요단 강 건너편이더라"

◇"아벨미스라임"(Abel-mizraim): '애굽의 애곡', '애굽의 초원(mourning or meadow of Egypt)'이라는 뜻이다.

12 "야곱의 아들들이 아버지가 그들에게 명령한 대로 그를 위해 따라 행하여"

13 "그를 가나안 땅으로 메어다가 마므레 앞 막벨라 밭 굴에 장사하였으니 이는 아브라함이 헷 족속 에브론에게 밭과 함께 사서 매장지를 삼은 곳이더라"

◇"장사하였으니": 아들들은 아버지의 명령에 따라 가나안 땅으로 모셔다가 막벨라 밭에 있는 굴에 장사하였다.

14 "요셉이 아버지를 장사한 후에 자기 형제와 호상꾼과 함께 애굽으로 돌아왔더라"

◇"돌아왔더라": 요셉은 장례를 치르고 난 다음에 애굽으로 돌아왔다.

장례 절차를 자세하게 기록한 데는 어떤 뜻이 있을까? 야곱의 장례를 통해서 무엇을 가르치는가? 그것은 약속의 땅으로의 귀환이다. 야곱의 장례 행렬에는 요셉과 그의 형제들이 애굽의 수행원들과 함께 약속의 땅으로 올라가는 영상을 보여

주고 있다. 이것은 '땅'의 약속에 대한 하나님의 신실함과 그 땅으로 돌아갈 하나님 백성의 소망을 기억하도록 한다. 요셉도 언젠가는 약속의 땅으로 돌아갈 것을 보여준다. 그런 중에 형들은 무엇을 걱정하는가?

5. 요셉의 형제들은 어떤 생각을 합니까(15)? 그들은 요셉에게 무엇을 원합니까(16-18)? 요셉은 그들에게 무엇이라고 말합니까(19-21)? 요셉이 형들을 위로하는 힘은 어디에서 왔습니까? 생명을 살리는 하나님의 계획을 오늘 우리에게는 어떻게 적용할 수 있습니까?

15 "요셉의 형제들이 그들의 아버지가 죽었음을 보고 말하되 요셉이 혹시 우리를 미워하여 우리가 그에게 행한 모든 악을 다 갚지나 아니할까 하고"

◇"악을 다 갚지나 아니할까": 요셉의 형들은 아버지가 요셉을 사랑함을 보고 그를 미워하였다. 그리고 요셉을 애굽으로 팔았다. 형들은 그런 행위를 '악'이라고 표현한다. 형들은 아버지의 죽음을 보고 요셉을 두려워한다. 요셉을 미워하게 된 원인이 그 아버지에게 있었는데, 그 원인을 제공했던 아버지가 돌아가셨다. 그들은 자신들의 행위의 심각성을 깨달았다. 요셉에 대해서 형들은 아직 해결하지 않은 찌꺼기가 남아 있었다. 마음속에 자유와 평화가 없다.

16 "요셉에게 말을 전하여 이르되 당신의 아버지가 돌아가시기 전에 명령하여 이르시기를"

17 "너희는 이같이 요셉에게 이르라 네 형들이 네게 악을 행하였을지라도 이제 바라건대 그들의 허물과 죄를 용서하라 하셨나니 당신 아버지의 하나님의 종들인 우리 죄를 이제 용서하소서 하매 요셉이 그들이 그에게 하는 말을 들을 때에 울었더라"

◇"형들이 네게 악을 행하였을지라도 이제 바라건대 그들의 허물과 죄를

용서하라": 아버지는 형들의 허물과 죄를 용서하기를 바랐다.

◇"용서하소서": 형들은 처음에는 사람을 보내서 요셉에게 용서를 구했다. 그들은 죄책으로 인한 괴로움을 해결 받고자 한다. 요셉의 반응은 어떠한가?

◇"울었더라": 요셉은 형들의 말을 듣고 울었다. 그는 형들의 진심을 의심했기 때문에 운 것일까? 아니면 형들이 아직도 과거에 매여있는 모습이 안타까워서 울었을까?

18 "그의 형들이 또 친히 와서 요셉의 앞에 엎드려 이르되 우리는 당신의 종들이니이다"

◇"엎드려": 형들은 이제 직접 찾아와서 용서를 구한다. 요셉의 꿈이 현실로 이루어졌다. 형들은 과거에는 애굽의 총리인 요셉에게 절을 하였다. 하지만 이제는 동생인 요셉을 인정한다. 요셉은 형들을 어떻게 맞이하는가?

19 "요셉이 그들에게 이르되 두려워하지 마소서 내가 하나님을 대신하리이까"

◇"두려워하지 마소서": 그는 형들을 벌하지 않는다. 보복하지 않는다. 성숙한 신앙인의 모습이다. 이런 성숙함은 어디에서 오는가?

◇"내가 하나님을 대신하리이까": 보복이나 벌은 하나님만이 하신다. 요셉은 하나님을 대신할 수 없다. 하나님은 어떤 분이신가?

20 "당신들은 나를 해하려 하였으나 하나님은 그것을 선으로 바꾸사 오늘과 같이 많은 백성의 생명을 구원하게 하시려 하셨나니"

◇"해하려 하였으나 하나님은 그것을 선으로 바꾸사": 형들은 그를 해치려고 하였지만, 하나님은 오히려 그것을 선하게 바꾸셨다. 형들의 의도와 하나님의 의도를 서로 대조한다. 하나님은 형들의 악한 의도를 선으로 바꾸셨다. 형들은 악을 위해서 그것을 계획했으나 하나님께서 선을 위

해서 그것을 계획하셨다. 요셉은 자기의 삶을 주관하시고 섭리하시는 하나님을 믿는다. 이 섭리를 통하여 형들을 위로한다. 하나님의 선한 의도는 무엇인가?

◇"많은 백성의 생명을 구원하게 하시려 하셨나니": 하나님께서 만민의 생명을 구원하시기 위해서 형들의 악한 의도를 선하신 의도로 바꾸셨다.

이 말씀이 오늘 우리에게 주는 뜻은 무엇인가? 오늘 우리에게 현실은 자주 절박한 문제로 다가온다. 그 문제에 마음을 빼앗겨 버린다. 그러면 복수심이 생긴다. 하지만 모든 사건과 인간의 계획 뒤에는 하나님의 변하지 않는 계획이 놓여 있다. 중요한 것은 사람이 하나님의 계획을 막지 못한다는 점이다. 음모를 꾸미는 형들이나 제국의 권력도 하나님의 계획을 막지 못한다. 하나님은 자기 백성을 위한 계획이 있는데, 그 계획은 절대로 실패하지 않는다.

바울은 자기 백성을 위한 하나님의 확실한 목적에 관한 확신을 다음과 같이 서정적인 어조로 표현한다. "우리가 알거니와 하나님을 사랑하는 자 곧 그의 뜻대로 부르심을 입은 자들에게는 모든 것이 합력하여 선을 이루느니라"(롬 8:28). 그러므로 우리는 어떤 상황에서도 모든 것을 합력하여 선을 이루시는 하나님을 계속해서 믿어야 한다.

그 하나님의 계획은 무엇인가? 생명을 구원하는 일이다. 생명을 살리는 일이다. 제국은 생명을 주지 못한다. 오직 이스라엘의 하나님만이 그 생명을 보증하신다. 지금도 하나님은 많은 사람을 살리기 위해서 당신의 계획을 실행하신다. 그러므로 형들은 어떻게 해야 하는가?

21 "당신들은 두려워하지 마소서 내가 당신들과 당신들의 자녀를 기르리이다 하고 그들을 간곡한 말로 위로하였더라"

◇"두려워하지 마소서": 형들은 두려워하지 말아야 한다. 요셉은 형들에게 어떤 믿음을 심는가?

6. 요셉은 형제들에게 어떤 믿음을 심습니까(22-26)? 이 믿음이 오늘 우리에게 주는 의미는 무엇일까요?

22 "요셉이 그의 아버지의 가족과 함께 애굽에 거주하여 백십 세를 살며"

23 "에브라임의 자손 삼대를 보았으며 므낫세의 아들 마길의 아들들도 요셉의 슬하에서 양육되었더라"

24 "요셉이 그의 형제들에게 이르되 나는 죽을 것이나 하나님이 당신들을 돌보시고 당신들을 이 땅에서 인도하여 내사 아브라함과 이삭과 야곱에게 맹세하신 땅에 이르게 하시리라 하고"

◇"맹세하신 땅에 이르게 하시리라": 요셉은 가족에게 "하나님께서 반드시 너희를 돌보시고 너희를 이 땅에서 인도하여 내셔서 아브라함과 이삭과 야곱에게 맹세하신 땅에 이르게 하실 것이다."라는 믿음을 심는다. 요셉은 장자의 위상으로 자기 임종의 자리에서 족장의 신앙유산을 전달하고 있다. 요셉은 하나님께서 그 약속을 성취하기 위해서 친히 역사 속에 개입하실 것을 믿었다.

25 "요셉이 또 이스라엘 자손에게 맹세시켜 이르기를 하나님이 반드시 당신들을 돌보시리니 당신들은 여기서 내 해골을 메고 올라가겠다 하라 하였더라"

◇"돌보신다": '방문하신다.'라는 뜻이다. 이 말은 하나님께서 축복이나 저주를 위해서 개입하시는 것을 가리킨다. 하지만 여기서는 그 백성을 구원하시기 위해서 방문하시는 것을 말한다. 요셉은 자신은 비록 죽어도 하나님은 여전히 살아계셔서 마치 자신이 그리하였던 것처럼 일일이 형제들을 찾아보시며 보살펴 주실 것임을 확신한다.

◇"내 해골을 메고 올라가겠다 하라": 요셉도 야곱과 마찬가지로 자신의 진정한 안식처가 애굽이 아니라 약속의 땅임을 알고 있다. 그는 약속이

이루어질 땅에 묻히기를 원한다. 그는 약속의 성취를 굳게 믿고 있다. 동시에 후손도 이런 사실을 영접하기를 원한다. 즉 약속의 땅을 사모하기를 원한다.

26 "요셉이 백십 세에 죽으매 그들이 그의 몸에 향 재료를 넣고 애굽에서 입관하였더라"

◇"죽으매": 요셉은 110세에 세상을 떠났다. 그를 애굽에서 입관하였다. 요셉 이후의 이야기는 출애굽기로 이어진다.

참고 도서

김의원. 『하늘과 땅, 그리고 족장들의 톨레돗』. 서울: 총신대학교 출판부, 2005.

김정우. 『구약통전-상』. 서울: 이레서원, 2002.

김지찬. 『구약개론』. 서울: 대한예수교장로회총회, 2000.

서철원. 『창세기』. 서울: 그리심, 2001.

송제근. 『오경과 구약의 언약신학』. 서울: 두란노, 2004.

유재원. 『모세오경』. 서울: 솔로몬, 1998.

유재원. 『창세기 강해』. 서울: 민영사, 1998.

이학재. 『구약성경에서 배운다』. 서울: 이레서원, 2001.

Brueggemann, Walter. *Interpretation, a Bible commentary for teaching and preaching: Genesis*. 강성열 옮김. 『창세기: 목회자와 설교자를 위한 주석』. 서울: 한국장로교출판사, 2000.

Ross, Allen P. *Creation and Blessing*. 김창동 옮김. 『창조와 축복』. 서울: 디모데, 2007.

D. Fee, Gordon & Stuart, Douglas. *How to Read the Bible Book by Book*. 김진선 역. 『책별로 성경을 어떻게 읽을것인가』. 서울: 한국성서유니온선교회, 2004.

Douglas, J. D. *New Bible Dictionary*. 나용하 · 김의원 번역. 『새성경 사전』. 서울: 기독교문서선교회, 2001.

Hummel, Charles E. *The Galileo Connection*. 황영철 옮김. 『갈릴레오 사건』. 서울: IVP, 2000.

Sailhamer, John H. *The Pentateuch as Narrative*. 김동진 · 정충하 역. 『(서술로서의) 모세오경』. 서울: 새순출판사, 1997.

Sailhamer, John H. *Introduction to Old Testament Theology*. 김진섭 역. 『구약신학 개론: 정경적 접근』. 서울: 솔로몬, 2003.

Thielicke, Helmut. *How the World Began*. 이진희 옮김. 『세상이 어떻게 시작되었는가』. 서울: 컨콜디아사, 1994.

Young, E. J. *In the beginning: Genesis chapters 1 to 3 and the authority of Scripture*. 서세일 역. 『창세기 1.2.3 장 강의』. 서울: 한국로고스연구원, 1998.

Wenham, Gordon J. *WBC-Genesis*. 박영호 옮김. 『창세기』. 서울: 솔로몬, 2000.

Wenham, Gordon J. *Exploring the Old Testament. vol. 1: The Pentateuch*. 박대영 옮김. 『성경이해 3: 모세오경』. 서울: 성서유니온선교회, 2007.

Wolf, Hebert M. *An Introduction to The Old Testament Pentateuch*. 엄성옥 옮김. 『오경개론』.서울: 은성, 2002.

Danielou, Jean. *In the Beiginning: Genesis I-III*. Trans. Julien L. Dandolf. Lawrence: Helicon Press, 1965.

R. Rice, John. *A Verse-by-Verse Commentary: Genesis*. Murfreesboro: Sword of the Lord Publishers, 1975.

Samuel, Lee. *Genesis*. Seoul: UBF Press, 2001.

Thomas., W.H. Griffith. *Genesis: A devotional commentary*. Grand Rapids: Eerdmans, 1979.

Waltke, Bruce K. *Genesis*. Grand Rapids: Zondervan, 2001.

김의원. "출애굽기는 어떤 책인가." 『출애굽기: 어떻게 설교할 것인가』. 서울: 두란노, 2003.

김정우. "창세기 설교 어떻게 할 것인가." 『그 말씀』. 서울: 두란노, 1998-2.

김정우. "창세기 강해." 『성서사랑방』. 서울: 한국신학정보연구원, 1997-1.

김정우. "창세기 강해 2." 『성서사랑방』. 서울: 한국신학정보연구원, 1997-2.

손석태. "창조와 타락 그리고 구원의 시작." 『창세기 어떻게 설교할 것인가』. 서울: 두란노, 2003.

송제근. "창세기의 구조와 신학." 『창세기 어떻게 설교할 것인가』. 서울: 두란노, 2003.

송제근. "출애굽기에 나타난 신학적 주제들." 『출애굽기: 어떻게 설교할 것인가』. 서울: 두란노, 2003.

Craigie, Peter S. "모세 오경을 어떻게 읽은 것인가." 『그말씀』. 서울:두란노, 1998-2.

매튜, 켄. "모세 오경의 현대적 이해." 『그 말씀』. 서울: 두란노, 1998-2.

홀, 케빈. "창세기 1-11장의 신학." 『창세기 어떻게 설교할 것인가』. 서울: 두란노, 2003.